Heiner Haan · Gottfried Niedhart

Geschichte Englands II

Geschichte Englands

in drei Bänden

I

Von den Anfängen
bis zum 15. Jahrhundert
von Karl-Friedrich Krieger

II

Vom 16. bis zum 18. Jahrhundert
von Heiner Haan und Gottfried Niedhart

III

Im 19. und 20. Jahrhundert
von Gottfried Niedhart

HEINER HAAN
GOTTFRIED NIEDHART

Geschichte Englands

vom 16. bis zum 18. Jahrhundert

VERLAG C.H.BECK MÜNCHEN

Mit 5 Karten sowie 10 Tabellen und
graphischen Darstellungen

Die erste Auflage dieses Buches erschien 1993.
Zweite, durchgesehene Auflage. 2002

3. Auflage. 2016
Unveränderter Nachdruck

© Verlag C.H.Beck oHG, München 1993
Druck u. Bindung: Beltz Bad Langensalza GmbH, Bad Langensalza
Satz: Druckerei C.H.Beck, Nördlingen
Umschlagabbildung: London, Blick über die Themse mit Westminster Bridge.
Gemälde von William James, um 1771 (Archiv für Kunst und Geschichte, Berlin)
Umschlaggestaltung: Bruno Schachtner, Dachau
Gedruckt auf säurefreiem, alterungsbeständigem Papier
(hergestellt aus chlorfrei gebleichtem Zellstoff)
Printed in Germany
ISBN 978 3 406 33005 6

www.chbeck.de

Inhalt

Drittes Kapitel:
Reform und Revolution. Die politische Entwicklung
Englands im Zeitalter der Tudors und Stuarts

Karten und Tabellen

Karten

Tabellen und graphische Darstellungen

Vorwort

Als die Tudors 1485 auf dem Schlachtfeld von Bosworth die englische Königskrone erwarben, lag England nicht nur geographisch am Rande Europas. Es war auch in seiner Bedeutung für die europäische Entwicklung eher marginal. Ganz anders sah es dreihundert Jahre später aus. Ende des 18. Jahrhunderts wurde von London aus ein großes Weltreich regiert, war Frankreich als weltpolitischer Hauptkonkurrent deutlich ins Hintertreffen geraten. Als Pionierland des Westens, wo parlamentarisch regiert wurde und die Industrielle Revolution ihre Wurzeln hatte, zog das Land die Blicke Kontinentaleuropas auf sich. Dazwischen lag der Übergang zu frühmoderner Staatlichkeit, nationalkirchlicher Selbständigkeit, Marktwirtschaft und Kapitalismus, erfolgte außerordentliches Wachstum in Bevölkerung, Landwirtschaft, Gewerbe und Handel, vertiefte sich jedoch auch gleichzeitig die materielle und kulturelle Kluft zwischen Reichen und Armen. Dazwischen lagen nicht zuletzt die revolutionären Prozesse des 17. Jahrhunderts mit ihren unterschiedlichen Trägergruppen und Stufen der Radikalisierung. England war das erste Land, in dem ein Monarch nach einem förmlichen Prozeß hingerichtet wurde.

Die Geschichte Englands in der frühen Neuzeit ist lange Zeit als einlinige Erfolgs- und Fortschrittsgeschichte geschrieben worden, in der sich soziale Mobilität, wirtschaftliches Wachstum und politische Freiheit wechselseitig bedingten und vorantrieben. Der große englische Whig-Historiker Thomas Babington Macaulay formulierte um die Mitte des 19. Jahrhunderts: „Die Geschichte unseres Landes während der letzten einhundertsechzig Jahre ist in hohem Grade die Geschichte des physischen, moralischen und intellektuellen Fortschritts". Gegen diese vom Liberalismus des 19. Jahrhunderts begründete und vom Marxismus des frühen 20. Jahrhunderts weiterentwickelte Deutung der Vergangenheit als Erfolgsgeschichte hat Herbert Butterfield schon in den dreißiger Jahren Bedenken erhoben, als er davor warnte, die englische Geschichte nach den Bedürfnissen der Gegenwart zu arrangieren und als fortschrittliche Sonderwegsgeschichte zu idealisieren. Spätere Historiker haben diese Kritik aufgegriffen und weiter vorangetrieben. So ist, insbesondere seit den siebziger Jahren, eine gänzlich neue Sicht der frühneuzeitlichen Geschichte Englands entstanden. Hatte Christopher Hill noch 1967 die Grundzüge der „Whig-Interpretation" zur einzig möglichen Haltung gegenüber der Vergangenheit erklärt, so meinte Geoffrey R. Elton 1984 mit großer Bestimmtheit: „The Whigs have had their day". Die Revisionisten bezweifeln das Ausmaß der Veränderung, die nach Ansicht der Whig-Liberalen in der frühen Neuzeit in England am Werk war. An die Stelle der Revolution trat jetzt die Rebellion, an die Stelle von Wandel und Aufbruch die Vorstellung von Beharrung und Kontinuität. Das früher zum Hort der Freiheit hochstilisierte Parlament war jetzt ein auf Konsens bedachter Elite-Klub, der das Ancien Régime so lange wie möglich zu erhalten suchte. Die Revisionisten leugnen den revolutionären Wandel des 17. Jahrhunderts und sehen das England des 18. Jahrhunderts als integralen Bestandteil des vormodernen und vorrevolutionären Europa.

In der folgenden Darstellung werden die Einwände der Revisionisten insofern ernst genommen, als die englische Geschichte der frühen Neuzeit nicht eindimensional beschrieben wird, wie es früher die liberale oder marxistische Geschichtsschreibung getan hat. Es erscheint uns aber verfehlt, auf die alten reduktionistischen Sichtweisen eine neue folgen zu lassen, die Sprengkräfte des 16. und 17. Jahrhunderts zu leugnen und die relative Modernität des 18. Jahrhunderts zu bestreiten. Der Leser wird bemerken, daß wir die Ambivalenzen darstellen wollen, in denen Politik und Gesellschaft standen, die Ambivalenz von Kontinuität und Wandel, Reform und Revolution, Kontrolle und Freiheit, wirtschaftlichem Wachstum und sozialen Kosten, Ordnung und Unordnung. Das erste Kapitel unserer Darstellung rekonstruiert das allgemeine Ordnungsgefüge, in dem die Engländer und Engländerinnen in der frühen Neuzeit gelebt haben. Das zweite Kapitel behandelt Prozesse des wirtschaftlichen und gesellschaftlichen Wandels, die sich im Verlauf des 16. und 17. Jahrhunderts aus dem Handeln der Menschen im Rahmen dieses Ordnungsgefüges ergeben haben. Diese Wandlungsprozesse haben ein Eingreifen der staatlichen Ordnungsmacht erfordert und eine partielle Transformation des Ancien Régime erzwungen. Davon ist im dritten Kapitel die Rede. Das vierte Kapitel wendet sich der Entfaltung des Parlamentarismus nach der Glorreichen Revolution, dem Wachstum der vorindustriellen Wirtschaft und der außenpolitischen Expansion zu, bevor abschließend die Grenzen der Stabilität des 18. Jahrhunderts erörtert werden.

Wir haben uns in die Schuld einer breiten internationalen Forschung begeben und hoffen, daß wir in ausreichender Weise kenntlich gemacht haben, wem wir im besonderen verpflichtet sind. Mit dem vorliegenden Band, von dem Heiner Haan die Kapitel 1 bis 3. III und Gottfried Niedhart die darauf folgenden Passagen verfaßt hat, kommt die seit 1987 erschienene dreibändige Geschichte Englands zum Abschluß, der 1982 eine „Einführung in die englische Geschichte" vorausging. Dem Verlag und besonders Peter Schünemann gilt unser Dank für das geduldige Engagement, mit dem unser Vorhaben begleitet wurde.

Regensburg und Mannheim, im November 1992   *H. H. und G. N.*

Erstes Kapitel
Land und Leute.
Die Struktur der englischen Gesellschaft in der frühen Neuzeit

I. Subsistenzökonomie, Marktwirtschaft und Kapitalismus

1. Die Verteilung der Bevölkerung auf Stadt und Land

Als Heinrich VII. Tudor am 22. August 1485 die englische Königskrone auf dem Schlachtfeld von Bosworth erwarb, lebten in England rund zwei Millionen Menschen.[1] Etwa neun Zehntel davon wohnten auf dem Land – in kleinen Dörfern und Weilern, auf Einödgehöften und in verstreut gelegenen Hütten. Von den 500 bis 700 englischen Siedlungen, die den Rechtsstatus einer Stadt besaßen, hatte – neben der Metropole London – nur noch Norwich eine Bevölkerung, die eindeutig über 10000 Einwohnern lag. Fünf weitere Städte – Bristol, Exeter, Salisbury, York und Coventry – hatten Bevölkerungen zwischen 5000 und 10000 Bewohnern. Bei dem Rest der städtischen Siedlungen handelte es sich um kleine und kleinste Land- und Provinzstädte, in denen in den zwanziger Jahren des 16. Jahrhunderts durchschnittlich nur jeweils 500 bis 600 Menschen wohnten. Deren Lebensweise unterschied sich nicht wesentlich von derjenigen der englischen Landbevölkerung.

Zwei Jahrhunderte später hatte sich an dieser Verteilung der Bevölkerung auf Stadt und Land nur wenig geändert. Der Anteil der städtischen Bevölkerung stieg zwar im Verlauf des 16. und 17. Jahrhunderts von ca. 10–12% auf ca. 22–23%. Diese Entwicklung resultierte jedoch in erster Linie aus der außergewöhnlichen Expansion der Hauptstadt London, deren Bevölkerung sich in der Zeit von 1500 bis 1700 von 60000 bis 75000 auf ca. 550000 Einwohner vermehrte und zu Beginn des 18. Jahrhunderts mehr als 10% der englischen Gesamtbevölkerung umfaßte. Von den übrigen „Großstädten" erzielten nur Norwich, Newcastle und Great Yarmouth Wachstumsraten, die über dem Durchschnitt des allgemeinen Bevölkerungsanstiegs lagen: die Bevölkerung von Norwich stieg im Verlauf des 16. und 17. Jahrhunderts auf rund 30000 Menschen, diejenige von Newcastle auf ca. 16000 und die von Yarmouth auf etwa 10000. Gemeinden wie Birmingham, Leicester, Nottingham, Leeds oder Liverpool, die im Verlauf des 18. Jahrhunderts zu führenden Industrie- und

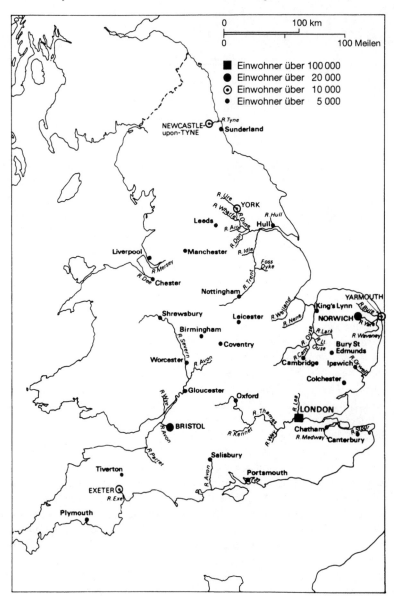

Städte und schiffbare Flüsse in England um 1700
(aus: C.G.A. Clay, Economic Expansion and Social Change: England 1500–1700,
2 Bde., 1984, hier Bd. 1, S. 168)

Handelsstädten aufstiegen, befanden sich um 1700 noch auf dem Niveau kleiner Provinzstädte. Die Bevölkerungen von Bristol, Exeter und York lagen jetzt bei ca. 20000, 14000 bzw. 12000 Einwohnern. Die eindeutige Mehrheit der englischen Bevölkerung aber lebte nach wie vor in Dörfern und kleinen Landstädten, die nur selten mehr als 1000 Einwohner hatten. Die Gesamtstruktur der Bevölkerung blieb somit bis in das 18. Jahrhundert hinein ländlich geprägt. Das bedeutete zugleich, daß der überwiegende Teil der englischen Bevölkerung während der gesamten frühen Neuzeit seinen Lebensunterhalt ganz oder zumindest teilweise aus den ländlichen Ressourcen bezog.

2. Grundlagen der Landwirtschaft

England war von Natur aus – etwa entlang einer nordsüdlich verlaufenden Linie von Teesmouth im Nordosten nach Weymouth im Südwesten – in zwei große Landschaftszonen unterteilt, die sich nach Klima und Bodenbeschaffenheit und dementsprechend auch nach der vorherrschenden Art der landwirtschaftlichen Produktion deutlich voneinander unterschieden.[2] In den *Highlands*, die sich über die nordwestlichen Grafschaften von Northumberland bis Cornwall erstreckten, war das Klima relativ kalt und naß und der Boden vergleichsweise karg und großenteils schlecht zu pflügen. Hier lebten die Menschen in der Hauptsache von Weide- und Milchwirtschaft, wobei sowohl in den nördlichen Grafschaften Northumberland, Cumberland, Durham, Westmoreland, Lancashire und West Yorkshire als auch in weiten Teilen von Devon und Cornwall die Schafzucht den mit Abstand wichtigsten Erwerbszweig darstellte (*open pasture farming regions*). In den *Lowlands* Süd- und Nordostenglands war das Klima demgegenüber vergleichsweise trocken und der Boden insgesamt gesehen relativ fruchtbar. Hier betrieben die Bewohner Viehzucht und Ackerbau, wobei sie beides in unterschiedlicher Weise miteinander kombinierten, je nach Art der lokalen Bodenverhältnisse und in Anpassung an die jeweilige Wirtschaftskonjunktur (*mixed farming regions*). In den Ebenen von Yorkshire und Lincolnshire sowie in bestimmten Regionen von Norfolk und Suffolk, wo die Bodenverhältnisse nicht besonders günstig waren, wurde überwiegend Schafzucht und Getreideanbau betrieben, wobei die Schafzucht hier in erster Linie der Dünger-Produktion diente. Die Bewohner der Midlands kombinierten auf unterschiedliche Art und Weise Getreideanbau und Viehzucht. Die Marschgegenden der nordöstlichen Küstengebiete verbanden den Anbau von Korn mit Viehmästung. Daneben gab es aber auch in den *Lowlands*, insbesondere in den ausgedehnten Waldzonen südlich und nördlich von London, Regionen, in denen die Menschen überwiegend von Weidewirtschaft lebten, wobei sich hier die Grafschaften Norfolk und Suffolk auf

Agrarregionen in England, 1500 - 1640

0   50   100   150 km
0   50   100 Meilen

☐ Ackerbau- und Weidewirtschaft

■ bewaldete Weideregionen

▨ offene Weidewirtschaft

Agrarregionen in England, 1500–1640
(aus: D. M. Palliser, A Developing Economy. In: Chr. Haigh (Hg.), The Cambridge Historical Encyclopedia of Great Britain and Ireland, 1985, S. 176)

Milchwirtschaft und Schweinezucht spezialisiert hatten, wohingegen die Grafschaften Essex, Kent und Sussex Viehmästung und Schweinezucht miteinander kombinierten (*wood pasture farming regions*).

Hauptmerkmal der frühneuzeitlichen Agrarverfassung war – in England wie auf dem europäischen Festland –, daß die Bauern, die den Grund und Boden bestellten, darüber zum größten Teil nicht als Eigentümer verfügten. Die grundlegende Institution der englischen Agrarverfassung war die adlige Grundherrschaft (*manor*). Durch sie wurde die englische Landbevölkerung in der Hauptsache in zwei „Klassen" eingeteilt: in die privilegierte Klasse der Grundherren, die als *lords of manors* (*landlords*) den größten Teil des landwirtschaftlich genutzten Grund und Bodens als Obereigentümer kontrollierten und dadurch, mit S. T. Bindoff gesprochen, ein „unverdientes Einkommen" erzielten, und in die Masse der bäuerlichen Produzenten, die das Land als Pächter (*tenants*) bestellten und so ihren Lebensunterhalt „verdientermaßen" bestritten.[3] Die *landlords* nutzten ihre Ländereien (*estates*) teils als Eigenland (*demesne land*), das sie entweder mit Hilfe von Lohnarbeitern selbst bewirtschafteten, oder von Jahr zu Jahr bzw. für einen bestimmten Zeitraum an bäuerliche Produzenten ausliehen; teils als Pachtland (*customary land*), das sie nach den – von Region zu Region und zum Teil auch von Ort zu Ort sehr verschiedenen – Gebräuchen der Grundherrschaft (*customs of the manor*) langfristig verpachteten. Die wichtigsten Einkünfte, welche die Grundherren aus ihren Ländereien erzielten, waren auf der einen Seite die Einnahmen aus dem Verkauf ihrer überschüssigen Produkte, auf der anderen Seite die Abgaben, die sie in Gestalt von jährlichen Renten (*rents*) und einmalig fälligen Besitzwechselgebühren (*fines, entry fees*) von ihren Pächtern bezogen.

Die bäuerlichen Pächter, die in England – im Unterschied zu den Grundholden in Kontinentaleuropa – am Ende des Mittelalters bis auf wenige Ausnahmen bereits aus der Leibeigenschaft (*villainage*) entlassen waren und somit die volle persönliche Freiheit besaßen, setzten sich in dinglicher Hinsicht aus drei Gruppen zusammen. Die größte Gruppe bildeten – zumindest zu Beginn unserer Epoche – diejenigen Pächter, deren materielle Verhältnisse auf der Grundlage der *customs of the manor* geregelt waren. Ihre Rechte und Pflichten gegenüber den Grundherren wurden in einem Rechtsprotokoll (*copy of court roll*) festgehalten, von dem die Grundholden eine Kopie erhielten. Diese *customary tenants* oder *copyholders* waren als Erbpächter praktisch unkündbar. Wenn ein Grundherr seinen Landbesitz reorganisieren wollte, mußte er die Höfe der *customary tenants* aufkaufen und seinem Eigenland zuschlagen. Dies ist im 16. und 17. Jahrhundert relativ häufig geschehen, so daß der Anteil der *copyholders* im Verlauf dieser Epoche tendenziell zurückging. Die beiden anderen Pächtergruppen waren die *leaseholder-tenants* bzw. *leaseholders* und die *free tenants* bzw. *freeholders*. Die *leaseholders* bewirtschafteten ihr Land aufgrund eines zeitlich befristeten Pachtvertrages (*lease*), dessen Bedingungen bei jedem Vertragsabschluß immer wieder neu ausgehandelt wurden. Die *freeholders* waren den Grundherren nur mehr nominell zinspflichtig und konnten davon abgesehen über ihr Land frei verfügen. Die Abgaben, die sie zu zahlen hatten, waren ein für allemal fixiert und bestanden schon zu Beginn der Tudorzeit häufig nur noch in bloßen Anerkennungsgebühren, die zum Einkommen der *landlords* nicht mehr viel beitrugen. Mit dem Verfall des Geldwertes im Verlauf des

16. Jahrhunderts verloren diese Abgaben weiter an Bedeutung, so daß sich ihre Verwaltung oft kaum mehr lohnte, und viele Grundherren auf ihre Eintreibung freiwillig verzichteten. Aus dem *freehold* wurde damit praktisch ein, im modernen Sinne, freies Eigentum. In der ersten Hälfte des 16. Jahrhunderts machten die *freeholders* schätzungsweise ein Fünftel der bäuerlichen Bevölkerung aus, die *leaseholders* etwa ein Neuntel. Im weiteren Verlauf der Epoche ist das *leasehold* die vorherrschende Pachtform in England geworden.

Neben dem Grund und Boden, der innerhalb oder außerhalb des Systems der Grundherrschaft von *einem* adligen Grundherrn bzw. *einem* bäuerlichen Pächter oder Eigentümer individuell genutzt wurde, gab es in England in der frühen Neuzeit auch noch relativ viel Land, das einer Vielzahl von Personen *gemeinsam* zur Befriedigung ihrer persönlichen Lebensbedürfnisse zur Verfügung stand. Die Nutzung dieses *common land* erfolgte nach altem Gewohnheitsrecht (*custome*). Die beiden wichtigsten *common rights* waren die *grazing rights* und die *rights to gather*. Die *grazing rights* ermöglichten es den *commoners*, eine bestimmte Anzahl von Schafen, Kühen oder anderen Tieren auf den Gemeindewiesen und -weiden aufzuziehen. Die *rights to gather* gestatteten es ihnen, bestimmte Naturprodukte wie Holz und Kohle, Lehm und Sand, Früchte und Beeren aus dem Gemeindeland zu beziehen. In einigen Gemeinden verfügten die *commoners* auch über das Fisch- und Jagdrecht oder über das Recht der Nachernte. Die *common rights* waren ein wesentlicher Bestandteil der Ökonomie der klein- und unterbäuerlichen Schichten. So bescheiden diese Rechte häufig auch waren, so vermittelten sie der landarmen Bevölkerung doch die Möglichkeit, zumindest einen Teil ihres Lebensunterhaltes selbständig zu erwirtschaften und damit ihre Abhängigkeit von Lohnarbeit zu reduzieren. Die *common rights* waren jedoch von Region zu Region und von Gemeinde zu Gemeinde in sehr unterschiedlichem Umfang vorhanden. In manchen Gegenden Englands hat es diese Rechte überhaupt niemals gegeben, in anderen waren sie im 16. und 17. Jahrhundert bereits weitgehend eingeschränkt oder beseitigt, und insgesamt gesehen ist die Bedeutung des *common land* für die englische Landwirtschaft, im Verlauf der frühen Neuzeit deutlich zurückgegangen.

Die konkrete Organisation der landwirtschaftlichen Produktion war von Grafschaft zu Grafschaft sehr verschieden. Die wichtigsten Faktoren, die in diesem Zusammenhang eine Rolle gespielt haben, waren – neben den bereits skizzierten allgemeinen natürlichen Gegebenheiten – insbesondere die Siedlungsweise, die Form der Feldbestellung und die Größe der landwirtschaftlichen Betriebe, die ihrerseits maßgeblich durch die jeweiligen Erbgewohnheiten mit bestimmt wurde. Die Bewohner der relativ dicht besiedelten *mixed farming regions* lebten – zumindest zu Beginn unserer Epoche – überwiegend in geschlossenen Dörfern, die von zwei, drei oder noch mehr großen offenen Feldern (*open fields*) umgeben waren, die ihrerseits in eine Vielzahl unumzäunter Feldstreifen (*strips*) aufgeteilt waren, die zwar in Einzeleigentum standen, aber von den Eigentümern bzw. Pächtern gemeinsam bewirtschaftet wurden. An die *open fields* schloß sich dann das Gemeinde- oder Ödland an, das zum Grasen der Tiere genutzt wurde und für den Fall des Bevölkerungswachstums als Reserve für Ackerland zur Verfügung stand. Die Dorfgenossen waren in der Bewirtschaftung von Grund und Boden einer Vielzahl von Vorschriften unterworfen, die sowohl den Zeitplan betrafen, der für die Bestellung der Äcker verbindlich war, als auch die Durchführung der Arbeiten selbst. Wo ein Dorf den geschlossenen Besitz eines einzigen Grundherrn bildete, führte dieser in der Regel die Aufsicht über das kommunale Wirtschaftssystem. In denjenigen Ortschaften, die mehreren Grundherrn unterstanden oder nur teilweise in das System der *manors* einbezogen waren, war hierfür meist der größte Pächter im Dorf zuständig. Allgemein gesprochen war die Stellung der *landlords* in den *mixed farming regions* relativ stark ausgeprägt, was auch darin seinen Ausdruck fand, daß hier nicht nur in adligen, sondern auch in bäuerlichen Kreisen das Erbrecht der Primogenitur vorherrschte. Die einzelnen Bauernhöfe waren dementsprechend relativ groß und wurden häufig unter Hinzuziehung von Lohnarbeitern bewirtschaftet. Die Erbregelung der Primogenitur bedeutete zugleich, daß die jüngeren Söhne der bäuerlichen Produzenten sich außerhalb ihrer Geburtsorte niederlassen mußten, wenn sie eine selbständige landwirtschaftliche Existenz begründen wollten.

Die *pasture farming regions* und die *wood pasture regions* waren demgegenüber, jedenfalls in der ersten Hälfte unserer Epoche, noch eher dünn besiedelt, was unter anderem auch damit zusammenhing, daß die Viehzucht und insbesondere die Schafzucht einen geringeren Arbeitsaufwand als der Ackerbau erforderte. Die vorherrschende Siedlungsform der Schafweideregionen war die Streusiedlung, mit mehr oder weniger isoliert gelegenen Einzelgehöften und Weilern. Die Bewirtschaftung des hier überwiegend eingezäunten Landes erfolgte meist auf individueller Basis. Die ökonomische Kontrollfunktion der Grundherrschaft war – schon aufgrund der dezentralisierten Siedlungsweise – relativ schwach ausgebildet. Die vorherrschende Erbregelung in den bäuerlichen Familien war die Realteilung bzw. das *Borough English*, bei dem der jüngste Sohn den Hof übernahm, nachdem seine älteren Geschwister bereits zu Lebzeiten der Eltern mit Land abgefunden worden waren. Die einzelnen Betriebsgrößen waren in den Weideregionen infolgedessen relativ klein. Die bäuerlichen Produzenten waren daher systematisch darauf angewiesen, neben ihrem eigenen Grund und Boden auch noch *common land* zu bewirtschaften bzw. einen Teil ihres Lebensunterhaltes aus Lohnarbeit zu bestreiten, wozu ihnen vor allem die gewerbliche Hausindustrie Gelegenheit bot.

Die Wirtschaftsweise der ländlichen Bevölkerung war – zumindest in der ersten Hälfte unserer Epoche – noch überwiegend subsistenzorientiert. „Die Bauern", so heißt es in einem italienischen Reisebericht aus dem Jahre 1497, „sind so träge und langsam, daß sie gar nicht daran denken, mehr Weizen zu säen, als sie für ihren eigenen Verbrauch benötigen".[4] Eine reine Subsistenzökonomie ohne regelmäßige Marktkontakte hat es allerdings in England schon zu Beginn der Tudorepoche kaum mehr gegeben. Alle Haushalte waren dazu gezwungen, wenigstens einen Teil ihrer Erzeugnisse bzw. einen Teil ihrer familiären Arbeitskraft auf dem Markt zu verkaufen, um sich die Geldmittel zu verschaffen, die sie unbedingt brauchten, um ihre Renten und Steuern bezahlen und sich diejenigen Güter und Dienstleistungen kaufen zu können, die sie nicht selbst produzierten. Der Geldbedarf der Masse der ländlichen Bevölkerung war indessen verhältnismäßig gering. „Geld war nicht etwas, das die kleinen Bauern häufig in die Hand bekamen". Die kommerziellen Aktivitäten der überwiegenden Mehrheit der bäuerlichen Bevölkerung hielten sich im allgemeinen in engen Grenzen. Vor allem aber: wenn die kleineren Bauern einen Teil ihrer Produktion vermarkteten, taten sie dies in erster Linie, um ihre unmittelbaren Lebensbedürfnisse zu befriedigen, nicht aber um sich auf diesem Wege zu bereichern. Die meisten Bauern zogen es vor, gegebenenfalls weniger zu arbeiten als mehr zu verdienen. Waren die Ernteerträge überdurchschnittlich gut, so tendierten sie eher dazu, mehr zu konsumieren, als Rücklagen für Investitionen zu bilden. Infolge dieser konsumorientierten Lebensweise waren vor allem die kleinbäuerlichen Betriebe häufig schlecht ausgestattet und relativ wenig ertragreich, was im späten 16. und 17. Jahrhundert – in Verbindung mit dem säkularen Wachstum der englischen Bevölkerung – mit dazu geführt hat, daß es in England vorübergehend zu Engpässen in der Lebensmittelversorgung kam.

3. Handel und Gewerbe

Die Landwirtschaft war in der ganzen frühen Neuzeit mit Abstand der dominierende Sektor des englischen Wirtschaftslebens. Daneben haben aber auch die Gewerbeproduktion und die verschiedenen Branchen des tertiären Wirtschaftssektors eine nicht zu unterschätzende Rolle gespielt. „Die Industrie war in England schon lange vor der industriellen Revolution weit verbreitet".[5]

Die nicht-agrarischen Erwerbszweige, die in England während der frühen Neuzeit praktiziert wurden, lassen sich mit D. C. Coleman in drei Gruppen zusammenfassen. Die erste Gruppe umfaßte alle diejenigen

Branchen, in denen bestimmte landwirtschaftliche Produkte weiter verarbeitet wurden. Dazu gehörten insbesondere das Nahrungsmittelgewerbe (Bäcker, Brauer, Gastwirte etc.), die Textilindustrie (Weber, Färber, Walker, Schneider, Mützenmacher, Strumpfwirker) sowie das Baugewerbe (Maurer, Zimmerleute, Glaser). Die zweite Gruppe stellten drei „Industriezweige", die sich durch die Verwendung besonderer Rohstoffe auszeichneten: 1. das Ledergewerbe (Gerber, Schuster, Handschuhmacher), das auf der einheimischen Erzeugung von Tierhäuten basierte; 2. das Holz verarbeitende Gewerbe (Zimmerleute, Schreiner, Tischler, Schiffsbauer), das seine Grundlage in den ausgedehnten Wäldern Englands besaß; sowie 3. der Kohlebergbau und die metallverarbeitende Industrie, die sich an das Schürfen der einheimischen Bodenschätze anschloß. Die dritte Gruppe nicht-agrarischer Erwerbszweige bildeten alle jene Berufe, welche die Zeitgenossen unter den Begriffen *trades* und *professions* zusammenfaßten. Zu den *trades* gehörten die verschiedenen Branchen des Großhandels und des Transportgewerbes (Großkaufleute, Binnenhändler, Zollpächter, Lieferanten der Regierung). Die *professions* umfaßten alle möglichen Tätigkeiten im Bereich der Kirche, des Rechts, der Verwaltung, der Medizin und des Bildungswesens, deren Ausübung spezielle Kenntnisse und Fertigkeiten voraussetzte.

Ein großer Teil dieser nicht-agrarischen Erwerbszweige war in den Städten angesiedelt. Selbst in den kleinen englischen Landstädten lebten in der frühen Neuzeit regelmäßig Gewerbetreibende aus diversen Branchen, die teils auf Bestellung, teils auf Vorrat arbeiteten und so den Handwerkerberuf mit dem des Einzelhändlers verbanden. Je größer die Städte waren, desto differenzierter war in der Regel ihre Beschäftigungsstruktur. In mittleren Provinzstädten wie Yarmouth, Ipswich, Southampton oder Winchester gab es zu Beginn des 17. Jahrhunderts 50 bis 100 verschiedene Erwerbszweige, in Norwich, der zweitgrößten Stadt des Landes, waren es zur gleichen Zeit über 170. Die städtischen Handwerker waren größtenteils in Zünften organisiert, die den Zugang zu den Gewerben kontrollierten und die Ausbildung der Lehrlinge überwachten. Die Zunftgenossen arbeiteten meist in ihren Wohnhäusern bzw. in kleinen Werkstätten, die sich unmittelbar daran anschlossen, zum Teil als reiner Familienbetrieb, zum Teil mit Unterstützung von ein oder zwei Lehrlingen oder einem angemieteten Gesellen. Wenn die Geschäfte expandierten, tendierten die Handwerker eher dazu, andere weniger ausgelastete Berufskollegen in deren eigenen Häusern für sich arbeiten zu lassen als zusätzliche Arbeitskräfte bei sich selbst einzustellen. Die Betriebsgrößen der handwerklich organisierten Produktionsstätten waren daher durchweg sehr klein.

Das städtische Handwerk produzierte in der Hauptsache für den lokalen Markt. Daneben gab es jedoch auch verschiedene Gewerbezweige, die stärker spezialisiert waren und sich im Fernhandel engagierten. Diese auf die Erzeugung von Massenprodukten ausgerichteten Industrien, die im allgemeinen weniger auf handwerksmäßig ausgebildete Fachkräfte angewiesen waren, dafür aber einen um so größeren Bedarf an ungelernten Arbeitskräften hatten, waren in erster Linie auf dem Land angesiedelt. Die Entstehung und Ausbreitung dieser ländlichen „Protoindustrie" ist vor allem auf zwei Bedingungen zurückzuführen: zum einen auf die vermehrte Nachfrage nach Gewerbeprodukten sowohl auf dem englischen Binnenmarkt als auch auf den überseeischen Märkten, und zum anderen auf das reiche Arbeitskräftepotential innerhalb der bäuerlichen Unterschichten. Die Hauptform, in der diese ländlichen Industriezweige organisiert waren, bildete das Verlagswesen (putting-out system), bei dem die Verleger für die Bereitstellung der Rohstoffe und für den Absatz der fertigen Produkte sorgten, während die Produktion selbst zum überwiegenden Teil in den Häusern und Hütten der klein- und unterbäuerlichen Bevölkerung stattfand, die meist auch ihr eigenes Handwerkszeug bzw. ihre eigenen Produktionsgeräte benutzten.[6] Dieses System hatte für die Unternehmer-Kaufleute den Vorteil, daß sie ihr Kapital in erster Linie – in Gestalt von Rohstoffen, halbfertigen und fertigen Produkten sowie Löhnen – in der Zirkulationssphäre anlegen konnten und dadurch in hohem Maße flexibel blieben. Wenn die Geschäfte gut gingen, konnten sie ihr industrielles Engagement relativ leicht erhöhen, indem sie mehr Rohstoffe vorstreckten und neue Haushalte in ihr Verlagssystem einbezogen. In schlechten Zeiten aber konnten sie sich genauso leicht wieder aus ihren verlegerischen Aktivitäten zurückziehen. Die klein- und unterbäuerlichen Heimarbeiter waren demgegenüber mehr oder weniger schutzlos den Wechsellagen von Wirtschaft und Politik ausgeliefert.

Der mit Abstand wichtigste nicht-agrarische Erwerbszweig war während der gesamten frühen Neuzeit die Textilindustrie. Überall in England, in den Städten wie auf dem Land, war eine Vielzahl von Spinnern, Webern und anderen Textilarbeitern voll- oder nebenberuflich damit beschäftigt, die lokalen Bevölkerungen mit demjenigen Bekleidungsmaterial zu versorgen, das diese sich nicht selbst herstellen wollten oder konnten. Darüber hinaus aber hatten sich in einzelnen, überwiegend ländlichen Regionen besondere Textilindustrien etabliert, die in erster Linie für den Fernhandel produzierten. Die drei wichtigsten englischen Textilregionen waren: 1. die westlichen Grafschaften Wiltshire, Gloucestershire, Somerset, Dorset und Devonshire; 2. einige Distrikte in Ostengland, darunter vor allem das südliche Suffolk und das nördliche Essex sowie das Gebiet in und um Norwich in der Grafschaft Norfolk; sowie 3. das West Riding der Grafschaft Yorkshire. Der Hauptzweig der ländlichen Textilindustrie, die sich auf die Produktion von Massenproduktion für den Fernhandel spezialisiert hatte, war die Tuch- und Zeugmacherei, die auf der

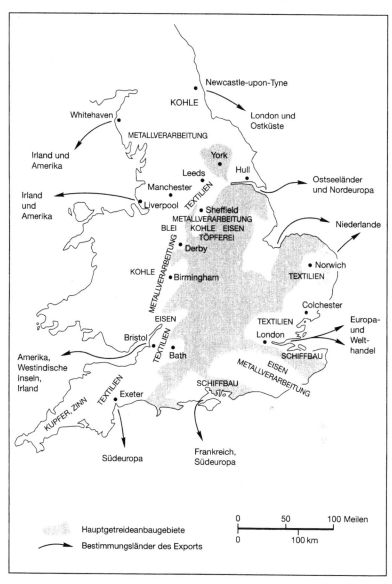

Newcastle-upon-Tyne
KOHLE
Whitehaven
London und
Ostküste
METALLVERARBEITUNG
Irland und
Amerika
York
Leeds
Hull
Irland
und
Amerika
Manchester
Ostseeländer
und Nordeuropa
Liverpool
TEXTILIEN
Sheffield
METALLVERARBEITUNG
BLEI   KOHLE   EISEN
TÖPFEREI
Niederlande
Derby
KOHLE
METALLVERARBEITUNG
Birmingham
Norwich
TEXTILIEN
Colchester
EISEN
TEXTILIEN
Europa-
und
Welt-
handel
Bristol
TEXTILIEN
London
Amerika,
Westindische
Inseln,
Irland
Bath
SCHIFFBAU
METALLVERARBEITUNG
EISEN
Exeter
SCHIFFBAU
KUPFER, ZINN
TEXTILIEN

Südeuropa
Frankreich,
Südeuropa

Hauptgetreideanbaugebiete

Bestimmungsländer des Exports

0   50   100 Meilen

0   100 km

Die englische Wirtschaft um 1700
(aus: J. A. Sharpe: Early Modern England. A Social History, 1550–1760,
1987, S. 128)

Verarbeitung von Schafwolle basierte. Die Tuche, darunter vor allem das breitgewebte, hochwertige *broadcloth* (*woolen cloth*) und der schmaler gewebte, weniger kostspielige *kersey* – die beiden Hauptprodukte der sog. *old draperies* – wurden aus kurzfaserigem Streichgarn produziert; die billigeren Zeuge (*worsted cloth*) aus langfaserigem Kammgarn. Neben den reinen Tuchen und Zeugen wurden – insbesondere seit dem 17. Jahrhundert – auch Mischgewebe aus Kammgarn für die Kette und Streichgarn für den Schuß (*half-worsted* oder *stuff*) oder aus Kammgarn für die Kette und Baumwolle oder Seide für den Schuß (*slight stuff* oder *new draperies*) hergestellt. Vor allem die Fabrikation der besseren Tuche erforderte eine Vielzahl von Arbeitsgängen. Dabei wurden die vorbereitenden Maßnahmen wie das Waschen, Färben, Streichen oder Kämmen und die Endverarbeitung – Walken, Rauhen und Färben – häufig in zentralisierten Produktionsstätten erledigt. Das Spinnen und Weben der Tuche und die Zeugmacherei waren demgegenüber zum größten Teil in den Hütten und Häusern der Heimarbeiter ausgelagert, wobei die Frauen in der Regel das Spinnen übernahmen, während die Männer für das Weben zuständig waren.

Ein anderer wichtiger Industriezweig, der in der Hauptsache auf dem Land praktiziert wurde, war der Bergbau und das metallverarbeitende Gewerbe. England war reich an Bodenschätzen, vor allem in den westlichen und nordwestlichen Landesteilen, die damit in gewisser Weise für die relativ ungünstigen landwirtschaftlichen Verhältnisse entschädigt wurden. In den *Highlands* gab es kaum eine Grafschaft, in der nicht eine größere Anzahl von Menschen mit dem Abbau und der Weiterverarbeitung von Kohle, Erden, Steinen und Erzen beschäftigt war. Ein Großteil des Bergbaus wurde von der bäuerlichen Bevölkerung als Nebenerwerb betrieben. Die Betriebsgrößen waren dementsprechend meistens sehr klein. Die wichtigsten Kohlereviere lagen in Nordost- und in Nordwestengland. Die Steinbruchindustrie war insbesondere in der Grafschaft Dorset vertreten, wo sie im 17. Jahrhundert mehr Menschen beschäftigte als alle anderen gewerblichen Produktionszweige zusammen, ausgenommen die Tuchmacherei. Die englische Eisengewinnung und Eisenverarbeitung war zu Beginn des 16. Jahrhunderts vorzugsweise in dem weitläufigen Waldgebiet von Sussex und Kent (Weald) angesiedelt, verlagerte jedoch später ihren Schwerpunkt in die Grafschaft Shropshire und in die westlichen Midlands. Blei wurde zunächst vor allem in Derbyshire und Wales gewonnen, später auch in Durham und Cumberland, Zinn und Kupfer – letzteres allerdings in größerem Umfang erst seit dem 17. Jahrhundert – vor allem im Lake-District sowie in Devon und Cornwall.

Der größte Teil der Tauschaktionen, die während der frühen Neuzeit in England stattfanden, wurden über die regionalen Märkte und Messen der kleinen Provinzstädte abgewickelt. Die Städte besaßen zwar kein Handelsmonopol, die bäuerlichen Produzenten konnten ihre überschüssigen Produkte auch direkt untereinander austauschen, und zahlreiche Dörfer besaßen ihre eigenen Lokalmärkte. Der größte Teil des Warenverkehrs lief aber über die regelmäßig stattfindenden Märkte und Messen der kleinen Landstädte. Hier vollzog sich für die Masse der Bevölkerung der Übergang von der traditionellen Subsistenzökonomie zum eigentlichen Wirtschaftsleben. Die Tauschaktionen, die auf den kleinstädtischen Märkten und Messen stattfanden, waren wesentlich dadurch geprägt, daß die Produzenten und Konsumenten direkt miteinander in Kontakt traten. Der Hauptzweck dieser marktwirtschaftlichen Aktivitäten war nicht die Maximierung von Geldeinkünften, sondern die unmittelbare Befriedigung von Konsumbedürfnissen. Es hat jedoch im frühneuzeitlichen England auch bereits Kräfte und Bewegungen gegeben, die dahin tendierten, auf der Grundlage dieser einfachen Marktwirtschaft eine dritte Handlungsebene zu errichten, auf der sich diejenigen Aktivitäten entfalten konnten, die „den Tausch mehr auf ein Kräfteverhältnis als auf wechselseitige Bedürfnisse" gründeten.[7] Das bevorzugte Betätigungsfeld dieser kapitalistischen Tauschaktionen war der Fernhandel. Ihre Hauptträger und Nutznießer waren die Großkaufleute in den Hafenstädten, allen voran diejenigen Londons, die den Außenhandel kontrollierten und darüber hinaus einen maßgeblichen Einfluß auf den interregionalen Binnenhandel hatten.

II. Statusgruppen und Einkommensschichten

1. Die adligen Grundbesitzer

Der Aufbau der englischen Gesellschaft in der frühen Neuzeit entspricht exakt dem Bild, das Fernand Braudel für die Zeit vom 15. bis zum 18. Jahrhundert allgemein entworfen hat: „Was auf Anhieb auffällt, ist eine Handvoll Privilegierter an der Spitze der Pyramide, denen als Gesellschaft im Kleinstformat in der Regel alles zufällt: Macht, Reichtum, ein Großteil der Produktionsüberschüsse; sie regieren, verwalten, befehlen, fällen die Entscheidungen, sichern durch Investitionen die Produktion, steuern den Kreislauf der Güter und Dienstleistungen und den Fluß des Geldes. Unterhalb dieser Spitze staffelt sich die Vielzahl der Wirtschafts*träger*, der Arbeitenden aller Ränge, der Regierten. Und zuunterst kommt die ungeheure Masse der sozial Gestrandeten, die Welt der Arbeitslosen".[8]

Das Hauptmerkmal der englischen Gesellschaftsstruktur während der frühen Neuzeit war also die soziale Ungleichheit. In der *Description of*

Anzahl der Familien	Rang, Stand, Titel oder Beruf	durchschn. Anzahl v. Pers. p. Fam.	Anzahl insgesamt	jährliches Einkommen pro Familie (£ s.)	jährliches Einkommen insgesamt (£)	jährliches Eink. pro Pers. (£ s. d.)	jährliche Ausgaben pro Pers. (£ s. d.)	jährlicher Beitrag zur Mehrung d. Reichtums pro Pers. (£ s. d.)	jährlicher Zuwachs insgesamt (£)
160	weltliche Pairs	40	6400	3200	512000	80 0 0	70 0 0	10 0 0	64000
26	geistliche Pairs	20	520	1300	33800	65 0 0	45 0 0	20 0 0	10400
800	Baronets	16	12800	880	704000	55 0 0	49 0 0	6 0 0	76800
600	Ritter	13	7800	650	390000	50 0 0	45 0 0	5 0 0	39000
3000	Esquires	10	30000	450	1350000	45 0 0	41 0 0	4 0 0	120000
12000	Gentlemen	8	96000	280	3360000	35 0 0	32 0 0	3 0 0	288000
5000	Pers. in bedeut. Ämtern u. Stellen	8	40000	240	1200000	30 0 0	26 0 0	4 0 0	160000
5000	Pers. in unbedeut. Ämtern u. Stellen	6	30000	120	600000	20 0 0	17 0 0	3 0 0	90000
2000	bedeut. Handels- u. Kauffahrteischiffer	8	16000	400	800000	50 0 0	37 0 0	13 0 0	208000
8000	unbed. Handels- u. Kauffahrteischiffer	6	48000	198	1584000	33 0 0	27 0 0	6 0 0	288000
10000	Männer des Rechts	7	70000	154	1540000	22 0 0	18 0 0	4 0 0	280000
2000	hohe Geistliche	6	12000	72	144000	12 0 0	10 0 0	2 0 0	24000
8000	unbedeutendere Männer der Kirche	5	40000	50	400000	10 0 0	9 4 0	0 16 0	32000
40000	vermögende Freisassen	7	280000	91	3640000	13 0 0	11 15 0	1 5 0	350000
120000	andere Freisassen	5½	660000	55	6600000	10 0 0	9 10 0	0 10 0	330000

Familien	Stand / Bezeichnung	Köpfe je Familie	Zahl der Personen	Einkommen je Familie (£ s)	Gesamt-Einkommen (£)	Einkommen je Kopf (£ s d)	Ausgaben je Kopf (£ s d)	Zuschlag/Abzug je Kopf (£ s d)	Gesamt (£)
150000	Bauern	5	750000	42 10	6375000	8 10 0	8 5 0	0 5 0	187500
15000	Männer d. Wiss. u. d. freien Künste	5	75000	60	900000	12 0 0	11 0 0	1 0 0	75000
50000	Krämer und Kaufleute	4½	225000	45	2250000	10 0 0	9 0 0	1 0 0	225000
60000	Handwerker und Gewerbetreibende	4	240000	38	2280000	9 10 0	9 0 0	0 10 0	120000
5000	Offiziere der Flotte	4	20000	80	400000	20 0 0	18 0 0	2 0 0	40000
4000	Offiziere der Armee	4	16000	60	240000	15 0 0	14 0 0	1 0 0	16000
50000	gewöhnliche Seeleute	3	150000	20	1000000	7 0 0	7 10 0	0 10 0	75000
364000	Taglöhner und Dienstboten	3½	1275000	15	5460000	4 10 0	4 12 0	0 2 0	127500
400000	Häusler und Arme	3¼	1300000	6 10	2000000	2 0 0	2 5 0	0 5 0	325000
35000	gewöhnliche Soldaten	2	70000	14	490000	7 0 0	7 10 0	0 10 0	35000
	Landstreicher, wie Zigeuner, Diebe, Bettler usw.		30000		60000	2 0 0		2 0 0	60000
500586	das sind also insgesamt Pers., die den Reichtum der Nation vermehren	5⅓	2675520	68 18	34488800	12 18 0	11 15 4	1 2 8 (Zuschlag)	3023700
849000	Pers., die den Reichtum der Nation schmälern	3⅓	2825000	10 12	9010000	3 3 0	3 7 0	0 4 0 (Abzug)	622500
1349586	alles in allem	4 1/13	5500520	32 5	43498800	7 18 0	7 9 3	0 8 9	2401200

Gregory Kings „Verzeichnis von Einkommen und Ausgaben der verschiedenen Familien in England" (Schätzung für das Jahr 1688)
(aus: P. Laslett, Verlorene Lebenswelten. Geschichte der vorindustriellen Gesellschaft, 1988, S. 46f.)

England von William Harrison, die 1577 publiziert wurde, heißt es in diesem Zusammenhang: „Wir in England teilen unser Volk gewöhnlich in vier Kategorien (*sorts*) ein": 1. die *gentlemen*, denen Harrison neben den Angehörigen des hohen und des niederen Adels auch diejenigen zuordnet, „die einfach gentlemen genannt werden"; 2. die *citizens* und *burgesses*, das sind die bürgerlichen Eliten der Stadtgesellschaft; 3. die *yeomen*, welche die oberste Schicht der bäuerlichen Gesellschaft darstellen; und schließlich die „vierte Sorte von Menschen", zu der Harrison alle diejenigen Individuen rechnet, die „weder Stimme noch Macht im Staate haben, sondern regiert werden müssen und nicht andere regieren sollen".[9] Ein Jahrhundert später erstellte Gregory King in seiner großen Bestandsaufnahme des englischen Nationalreichtums für das Jahr 1680 eine Hierarchie von 26 *Ranks, Degrees, Titels and Qualifications,* die von den weltlichen und geistlichen *Lords* angeführt wird und bis zu den Vaganten, Zigeunern, Dieben und Bettlern herabreicht.[10] In dem 1709 publizierten *Review of the State of the British Nation* von Daniel Defoe finden sich die verschiedenen Schichten der englischen Gesellschaft dann in sieben Gruppen zusammengefaßt: an der Spitze der Gesellschaft 1. „die Großen" (*the great*) und 2. „die Reichen" (*the rich*), die „im Überfluß" bzw. „verschwenderisch" leben; darunter 3. „die mittleren Schichten" (*the middle sort*), denen es in der Regel „gut" geht; und schließlich, als Hauptabteilungen des gemeinen Volkes 4. „die arbeitenden Klassen" (*the working trades*), die sich abrackern müssen, aber „keine Not" leiden; 5. „das Landvolk" (*the country people, farmers* etc.), die „ein leidliches Auskommen haben"; 6. „die Armen" (*the poor*), die sich nur „mit Mühe selbst ernähren" können; und 7. „die Elenden" (*the miserables*), die „in großer Not leben".[11]

Diese zeitgenössischen Beschreibungen dokumentieren, wie Vertreter des englischen Bildungsbürgertums die Gesellschaft wahrnahmen, in der sie lebten. Der empirisch-statistische Aussagewert dieser Quellen ist eher begrenzt. Das intensive Interesse der Zeitgenossen für *ranks* und *degrees, titles* und *qualifications* ist gleichwohl signifikant. Es rückt die grundlegende Tatsache in den Blick, daß die englische Gesellschaft der frühen Neuzeit in hohem Maße hierarchisch strukturiert war. Tatsächlich waren es zwei Formen der Ungleichheit, die das gesellschaftliche Leben während dieser Zeit in England geprägt haben: zum einen die materielle Ungleichheit der Lebensverhältnisse, d.i. die ungleiche Verteilung der gesellschaftlichen Belastungen und Belohnungen, die durch die Art und Weise bedingt war, wie die Engländer ihren Lebensunterhalt produzierten; und zum anderen bestimmte Formen der rechtlichen und politischen Ungleichheit, die das neuzeitliche England aus seiner mittelalterlichen Vergangenheit übernahm und von sich aus weiterentwickelte.

Die markanteste Trennungslinie, die die englische Gesellschaft durch-
zog, war die zwischen *gentlemen* und *non-gentlemen*. Die *gentlemen*
bildeten die *upper classes*, die das Land politisch und wirtschaftlich
regierten und beherrschten.[12] Der englische Adel war indessen keine
homogene gesellschaftliche Großgruppe, sondern gliederte sich in mehrere Schichten, die sich nach Status, Reichtum und Macht mehr oder
weniger deutlich voneinander unterschieden.[13] Die beiden Hauptgruppen
nach Statuskriterien waren der Hochadel (*peerage*) und der Niederadel
(*gentry*).

Die *peerage* der Herzöge (*dukes*), Grafen (*earls*), Marktgrafen (*marquises*), Vizegrafen (*viscounts*) und Barone (*barons*) bildete eine besondere
Statusgruppe, die sich durch den Besitz ihres vererbbaren Titels, ihre
privilegierte Rechtsstellung und ihre besondere parlamentarische Vertre-
tung im englischen Oberhaus deutlich von den übrigen *gentlemen* abhob.
Zum *peer* wurde man geboren oder von der Krone ernannt. Die damit
verbundene Auszeichnung war jeweils auf ein männliches Mitglied jeder
Familie beschränkt.

Der Kleinadel, der sich aus *baronets, knights, esquires (squires)* und
mere gentlemen zusammensetzte, stellte in sich keine geschlossene Statusgruppe dar. Sein gemeinsames Merkmal war das Recht, ein Wappen zu
führen. Davon abgesehen waren für die einzelnen Abteilungen der *gentry*
jeweils besondere Zulassungskriterien vorgesehen, die allerdings in der
Praxis, zumindest in den unteren Rängen, nicht immer streng eingehalten
wurden. Der vererbbare Titel des *baronet* wurde 1611 neu geschaffen, um
die Kluft zwischen *peerage* und *gentry* zu verringern und den Übergang
von der einen zur anderen Gruppe flexibler zu gestalten. Die *knights* –
ursprünglich eine militärische Auszeichnung – wurden vom König ernannt und mußten in den Listen des *Herald's College* eingetragen sein.
Die *esquires*, die alle möglichen Sorten von Landbesitzern umfaßten,
waren demgegenüber nicht im *Herald's College* eingetragen. Die Kategorie der *mere gentlemen* war eigentlich für die jüngeren Brüder der *esquires* und ihre Nachkommen reserviert, wurde tatsächlich aber auch von
zahlreichen kleineren Grundbesitzern, Akademikern und Geschäftsleuten nicht-adliger Herkunft als Einstieg in die *upper classes* genutzt.

Ein *gentleman* war, mit Thomas Smith gesprochen, der in den sechziger Jahren des 16. Jahrhunderts schrieb, ein Mann, „der müßig und ohne
eigene körperliche Arbeit leben konnte und die Haltung, die Lebensfüh-
rung und das Ansehen eines *gentleman* besaß".[14] Ein *gentleman* mußte
demnach vor allem über regelmäßige „unverdiente Einkünfte" verfügen.
Die wichtigste Grundlage der materiellen Unabhängigkeit der *gentlemen*
war der Besitz von Land. Wie aus der auf S. 111 abgedruckten Statistik
hervorgeht, haben der Hoch- und der Niederadel um 1690 zusammen
etwa drei Viertel des Grund und Bodens in England und Wales kontrol-

liert. Die individuellen Besitzgrößen waren extrem verschieden. Während die *dukes, earls* und *marquises* oft riesige Ländereien besaßen, die sich über mehrere Grafschaften erstreckten, bestanden die *estates* der kleineren *landlords* häufig nur aus ein oder zwei aneinander angrenzenden Höfen und einigen dazu gehörigen Hütten, in denen die Tagelöhner lebten, die das Land bestellten. Nach Keith Wrightson läßt sich die englische *gentry* auf der Basis von Eigentumskategorien in der Hauptsache in drei Gruppen einteilen: 1. die *greater* oder *upper gentry*, 2. die *middling gentry* und 3. die *lesser* oder *parish gentry*. Die Größe des Grundbesitzes, die für jede dieser drei Kategorien charakteristisch war, variierte von Region zu Region und von Grafschaft zu Grafschaft. Das Reichtumsgefälle innerhalb der einzelnen Grafschaften war jedoch in jedem Fall enorm. So besaß zum Beispiel zu Beginn des 17. Jahrhunderts in der Grafschaft Yorkshire die *lesser gentry* Landbesitz zwischen 50 und 1000 Morgen (*acres*), die *middling gentry* zwischen 1000 und 5000 Morgen und die *upper gentry* zwischen 5000 und 20000 Morgen. Die kleinere und die mittlere *gentry* bewirtschafteten in der Regel einen Großteil ihres Landbesitzes in eigener Regie und bezog dementsprechend ihre Einkünfte in der Hauptsache aus dem Verkauf von überschüssigen Agrarprodukten. Die größeren *landlords* waren demgegenüber zum großen Teil bloße Rentiers. Sie lebten in der Hauptsache von den Einkünften, die sie aus der Verpachtung ihrer Ländereien erzielten. Die Höhe der Einnahmen, welche die *gentlemen* auf die eine oder die andere Weise bezogen, waren von Fall zu Fall verschieden, je nach Größe des Grundbesitzes und der Qualität des Managements. In der Grafschaft York besaßen 1642 von insgesamt 679 *gentry*-Familien 362 ein Jahreseinkommen von unter 250 Pfund, 244 verfügten jährlich über 250–1000 Pfund und 73 über mehr als 1000 Pfund. In der Grafschaft Kent betrugen zu derselben Zeit die Einnahmen der *parish gentry* durchschnittlich etwa 200 Pfund im Jahr, diejenigen der größten *landlords* bis zu 10000 Pfund. Generell gesprochen lag die Haupttrennungslinie nach Reichtumskriterien zwischen Großadel und Kleinadel in der zweiten Hälfte des 17. Jahrhunderts etwa bei einem Jahreseinkommen von 4000 bis 5000 Pfund. Um eine solche Summe zu erwirtschaften, war ein Besitz von mindestens 10000 bis 15000 *acres* erforderlich. Nach den Berechnungen von Gregory King lagen die durchschnittlichen Jahreseinnahmen der adligen Familien am Ausgang des 17. Jahrhunderts zwischen 280 und 3200 Pfund. Die Einnahmen der weltlichen *peers* waren mehr als 200 mal so groß wie diejenigen der Tagelöhner und Dienstboten.

Finanzielle Unabhängigkeit war die conditio sine qua non für die Zugehörigkeit zum Adelsstand. Der gesellschaftliche Status eines *gentleman* war indessen nicht nur eine Frage des Einkommens, er beruhte mindestens ebenso sehr auf der spezifischen Art und Weise, wie das vorhandene

Vermögen ausgegeben wurde. Mit Thomas Smith gesprochen: „A Gentleman (if he will be so accounted) must go as a Gentleman", also ein *gentleman* mußte gut erzogen und einigermaßen gebildet sein. Er mußte einen aufwendigen Lebensstil führen, sich elegant kleiden, repräsentativ wohnen, viele Diener um sich haben und ein gewisses soziales Engagement zeigen. Und er mußte vor allem viel Zeit haben und ein großzügiger Gastgeber für seine Standesgenossen sein. Ein solcher Lebensstil verschaffte gesellschaftliche Anerkennung, die u. a. darin ihren Ausdruck fand, daß, wer so wie ein *gentleman* lebte, in öffentliche Ämter berufen und damit in den engeren Zirkel der „politischen Nation" aufgenommen wurde. Die *knights* und *esquires* wurden zu Friedensrichtern *(Justices of the Peace)*, Großkonnetabeln (High Constables of Hundreds) und zu Mitgliedern der *Grand Juries* ernannt. Die höheren Ämter der Grafschaftsverwaltung, wie die *Deputy-Lieutenants* und *die leading justices* wurden im allgemeinen von Angehörigen der *middling* und *upper gentry* besetzt. Die reicheren *baronets*, *knights* und *esquires* stellten zugleich einen Großteil der Abgeordneten, welche die Grafschaften in das englische Unterhaus entsandten. Die politisch aktiven Mitglieder der *gentry* waren vielfach Klienten der lokalen Magnaten, die ihrerseits normaler Weise gemeinsam mit der Krone die nationale Politik beherrschten. Die weltlichen *peers* spielten – begünstigt durch das Ausscheiden der Äbte und den Niedergang des sozialen Status der Bischöfe im Gefolge der Reformation – die führende Rolle im englischen Oberhaus. Sie stellten mindestens die Hälfte der Sitze im *Privy Council*, besaßen praktisch das Monopol der *Lord-Lieutenancies* und hatten, wenn nicht juristisch, so doch faktisch einen Anspruch auf einen Großteil der hohen Ämter im königlichen Haushalt. Die 50–160 Familien umfassende *peerage* war somit nicht nur die herausragende Statusgruppe innerhalb der englischen Gesellschaftspyramide und die mit Abstand reichste Einkommensschicht. Sie bildete zugleich auch die maßgebliche Komponente der politischen Machtelite und stellte – gemeinsam mit vielleicht 30 bis 40 weiteren Familien aus der *upper gentry* – den eigentlichen Kern der englischen Herrschaftsklasse dar.

2. Bürgerliche Eliten und Großbauern

Wie die *gentlemen* so gliederten sich auch die *non-gentlemen* in mehrere Schichten, deren Lebensverhältnisse sich deutlich voneinander unterschieden. An der Spitze der nicht-adligen Gesellschaft standen die – in den zeitgenössischen Beschreibungen regelmäßig besonders hervorgehobenen – *citizens* und *burgesses* und die *yeomen*. Die *citizens* und *burgesses* waren die bürgerlichen Eliten der Stadtgesellschaft, die *yeomen* repräsentierten die oberste Schicht der bäuerlichen Bevölkerung. Was die beiden

Gruppen miteinander verband, war die Tatsache, daß ihre Mitglieder in ausreichendem Maße über Produktionseigentum und Geschäftskapital bzw. über hervorragende professionelle Kenntnisse und Fähigkeiten verfügten und so dazu in der Lage waren, ökonomisch selbständig zu leben und in mehr oder weniger großem Umfang Reichtum zu akkumulieren. Aufgrund dieser Tatsache waren die *citizens* und *burgesses* und die *yeomen* bei ihren Zeitgenossen geachtet. Sie übernahmen Aufgaben in der kommunalen Selbstverwaltung, besaßen zum großen Teil das Recht, an den Wahlen zum Unterhaus teilzunehmen, und die erfolgreichsten Vertreter unter ihnen waren dazu prädestiniert, in die Klasse der *gentlemen* aufzusteigen.

Die *citizens* und *burgesses* rekrutierten sich in erster Linie aus den *trades* und den *professions*.[15] Die reichsten Mitglieder dieser beiden Berufsstände erfüllten in materieller Hinsicht voll und ganz die Anforderungen, die an den Status eines *gentleman* gestellt wurden. Die Großkaufleute, die sich auf das Export-Import-Geschäft spezialisiert, und die rechtsgelehrten Anwälte, die Zutritt zu den höheren Gerichten hatten, waren häufig wohlhabender als die Angehörigen der kleinen *gentry*. Dennoch wurde der gesellschaftliche Status der *citizens* und *burgesses* von den zeitgenössischen Publizisten im allgemeinen niedriger eingestuft als derjenige des landbesitzenden Adels. Die *landords* selbst bewunderten zwar den Reichtum des Großbürgertums, hatten jedoch häufig Vorbehalte sowohl gegenüber der Art und Weise, wie dieser – wenn nicht durch eigener Hände Arbeit, so doch verbunden mit kontinuierlichen persönlichen Anstrengungen – erwirtschaftet wurde, als auch gegenüber der Form, in der die Eliten der Stadtgesellschaft ihr Vermögen ausgaben – insgesamt gesehen weniger konsum- und geselligkeitsorientiert, als geschäftsmäßig-kommerziell. In der ersten Hälfte des 17. Jahrhunderts fand in England eine öffentliche Diskussion darüber statt, ob der jüngere Sohn eines *gentleman*, der eine Lehrlingsstelle bei einem städtischen Geschäftsmann antrat, damit seinen adligen Status verlor oder nicht. Und noch 1669 formulierte der zeitgenössische Publizist Edward Chamberlayne: „Kaufleute sind zu allen Zeiten und von allen Nationen für nicht adlig gehalten worden".[16]

Im Unterschied zu den meisten kontinentaleuropäischen Ländern gab es in England jedoch keine formalen Bestimmungen, die es dem Adel verboten hätten, sich im Bereich der städtischen Ökonomie zu engagieren. In der Praxis existierte zwischen bürgerlichen Stadteliten und adligen Landeliten eine Vielzahl von persönlichen und beruflichen Kontakten. Viele jüngere Söhne der *gentlemen*, die durch das Erbrecht der Primogenitur aus der Grundbesitzerklasse ausgeschlossen wurden, begannen in London oder in einer anderen größeren Stadt eine bürgerliche Karriere als Lehrling in einem Kaufmannskontor oder als rechtsgelehrter Anwalt an der Rechtsschule des gemeinen Rechts (*Inns of Court*). Nicht alle jungen *gentlemen*, die in die Stadt zogen, reüssierten dort. Vielen gelang jedoch der Aufstieg in das städtische Establishment, und manch einer kehrte, nachdem er in der Stadt reich geworden war, am Ende seines Lebens, als Grundbesitzer auf das Land zurück. Ebenso gelang es zahlreichen Angehörigen des Großbürgertums, durch den Erwerb von Grundbesitz in die adlige Landgesellschaft aufzusteigen.[17] Dieser beständige Austausch zwischen adligen und bürgerlichen Eliten hat wesentlich mit zur sozialen Stabilität in England beigetragen, die im Verlauf unserer Epoche nur ein einziges Mal wirklich erschüttert wurde, als in der Mitte des 17. Jahrhunderts der englische Bürgerkrieg ausbrach.

Während die *citizens* und *burgesses* eine eigene soziale Hierarchie darstellten, waren die *yeomen* ein integrierender Bestandteil der ländlichen Gesellschaft, in der sie hinter den *gentlemen* den zweiten Rang einnahmen. Die *yeomen*, deren Vorfahren in vielen Fällen grundherrliche Vögte gewesen waren, die in Abwesenheit ihrer *landlords* deren Angelegenheiten besorgt hatten, bildeten – wie es Thomas Fuller im 17. Jahrhundert formulierte – „einen Stand, den es fast nur in England gab" und der sich dadurch auszeichnete, daß er „in der gemäßigten Zone zwischen Größe und Entbehrung lebte".[18] Wie für die *gentlemen* so gab es auch für die *yeomen* keine verbindliche juristische Definition. Nach Harrison setzte der Status eines *yeoman* die Möglichkeit voraus, „wohlhabend zu leben, einen ansehnlichen Haushalt zu unterhalten und sich für die Erlangung von Reichtümern abzurackern". In der Vergangenheit wurden die *yeomen* vielfach mit den sogenannten *40 shilling-freeholders* identifiziert, die an den Wahlen zum Unterhaus teilnehmen durften. Neuere Forschungen haben jedoch ergeben, daß sich unter den Großbauern auch zahlreiche *copyholders* und *leaseholders* befanden, und umgekehrt keineswegs alle *40 shilling-freeholders* für sich den Status eines *yeoman* in Anspruch nahmen. Was den *yeoman* von dem Rest der bäuerlichen Bevölkerung unterschied, war in erster Linie nicht die juristische Form, in der er über sein Land verfügte, sondern zum einen die Menge an Land, die er bewirtschaftete, und zum anderen die spezifische Art und Weise, in der er seine Landwirtschaft betrieb.

Die Grundstücksflächen, die die einzelnen *yeomen* bestellten, lagen im allgemeinen zwischen 25 bis 50 und 500 bis 600 *acres*. Die Netto-Einnahmen, die sie aus diesen Flächen erzielten, betrugen nach Cambell zwischen 40/50 und 100/200 Pfund im Jahr. In dem Tableau von Gregory King werden die durchschnittlichen Jahreseinnahmen der *yeomen* mit 91 Pfund angegeben. Die Grundstücksflächen und Jahreseinnahmen der größeren *yeomen* waren damit im Prinzip genau so groß und zum Teil sogar noch größer als die der kleinen *gentry*, und in jedem Fall wesentlich größer als die der meisten übrigen Bauern und Pächter. Was den *yeoman* jedoch vor allem sowohl von dem Rest der bäuerlichen Gesellschaft als auch von vielen *gentlemen* unterschied, war die Art und Weise, wie er seinen Grund und Boden bewirtschaftete und den Ertrag seiner Arbeit nutzte. Das Besondere seiner Betriebsführung bestand darin, daß er sein wirtschaftliches Verhalten nicht an den Grundsätzen der traditionellen Subsistenzökonomie orientierte, sondern an dem Prinzip der Profitmaximierung. Die *yeomen* produzierten in erster Line für den Markt und tendierten dahin, ihre Gewinne vorzugsweise nicht zu konsumieren, sondern für die Arrondierung und Modernisierung ihrer Höfe zu benutzen. Der *yeoman*, so heißt es in der Beschreibung von Thomas Fuller, „trägt Bauernkleider, aber er bezahlt mit goldener Münze; er hat Zinn auf seinen Knöpfen, und Silber in seiner Tasche". Aufgrund seiner relativ bescheidenen Lebensweise und seiner Geschäftstüchtigkeit war der *yeoman* dazu in der Lage, auch Zeiten einer wirtschaftlichen Flaute einigermaßen gut zu überstehen, während mancher *gentleman* in solchen Wechsellagen das Opfer seines aufwendigeren Lebensstils wurde. Die *yeomen* waren daher, zumindest bis in die Mitte des 17. Jahrhunderts hinein, sowohl absolut wie auch relativ gesehen, *die* Aufsteigerklasse der englischen Gesellschaft. Aufgrund des Ansehens, das sie genossen, wurden die *yeomen* häufig zu Geschworenen bei Gericht ernannt.

3. Städtische und ländliche Mittel- und Unterschichten

Der zahlenmäßige Umfang der bürgerlichen Stadteliten und Großbauern läßt sich nur schwer schätzen. Der Historiker Clay nimmt an, daß die *yeomen* im 16. und 17. Jahrhundert etwa 3–4% der ländlichen Bevölkerung ausmachten. Der Anteil der bürgerlichen Eliten an der Stadtbevölkerung ist sicher nicht größer gewesen. Geht man ferner davon aus, daß sich der Anteil der *gentlemen* an der englischen Gesamtbevölkerung während der frühen Neuzeit zwischen 2 und 3% bewegte, so repräsentieren die bisher vorgestellten Gesellschaftsgruppen zusammengenommen kaum mehr als 10% der englischen Bevölkerung. Der Rest, und damit in jedem Fall die überwiegende Mehrheit, gehörte zu jener „vierten Sorte von Menschen", die nach William Harrison dazu bestimmt waren, „regiert zu werden und nicht andere regieren sollen".[19]

Aber auch diese „vierte Sorte" stellte in sich keine homogene gesellschaftliche Klasse dar. Sie umfaßte vielmehr eine Vielzahl von Berufs- und Personengruppen mit ganz unterschiedlichen Lebenslagen. In der noch relativ wenig erforschten städtischen Gesellschaft verlief die Hauptmarkierungslinie innerhalb des *common people* zwischen den *freemen,* die einem selbständigen Beruf nachgingen und bestimmte politische Rechte besaßen, und dem Rest der Bevölkerung. Die *freemann* – überwiegend kleine Handwerker und Ladenbesitzer sowie die mittleren und unteren Ränge der *professions* – bildeten schätzungsweise ein Drittel bis die Hälfte der männlichen Stadtbevölkerung. Ihre materiellen Verhältnisse gestalteten sich im einzelnen sehr unterschiedlich, im allgemeinen jedoch zumindest erträglich. Ihre Mitwirkung an der Stadtregierung beschränkte sich jedoch im wesentlichen auf die Ebene der Pfarrgemeinde.

Unterhalb der *freemen* standen die verschiedenen Kategorien von Lohnarbeitern, angefangen von den Handwerksgesellen bis hin zu der Masse der ungelernten Gelegenheitsarbeiter, „von denen wenig mehr bekannt ist als die Tatsache, daß viele von ihnen in großer Armut lebten".[20]

Innerhalb der ländlichen Gesellschaft lassen sich unterhalb der Ebene der *yeomen* in der Hauptsache drei Schichten voneinander unterscheiden, wobei die Übergänge allerdings fließend waren: 1. die Kleinbauern (*husbandmen, smallholders*), 2. die Häusler (*cottagers*) und 3. die Landarbeiter (*living in servants* und *outworkers*). Die Ökonomie der *husbandmen* beruhte in erster Linie auf dem Betrieb der eigenen Landwirtschaft. Die Kleinbauern, die um 1600 vielleicht noch 50% der englischen Bevölkerung ausmachten, bewirtschafteten in der Regel 5–50 Morgen Land, das zum größten Teil gepachtet war. Die größten *husbandmen* verfügten somit im Prinzip über genau soviel Land wie die kleineren *yeomen*. Im Unterschied zu den *yeomen* war die Ökonomie der *husbandmen* jedoch überwiegend nicht markt-, sondern subsistenzorientiert. Das Leitziel der kleinbäuerlichen Subsistenzökonomie war die Behauptung eines möglichst großen Ausmaßes an Selbstgenügsamkeit. Wieviel Land dazu notwendig war, um dieses Ziel zu erreichen, läßt sich generell nicht feststellen. Nach den Berechnungen von Peter Bowden konnte ein besser gestellter Kleinbauer mit einem Besitz von 30 Morgen zu Beginn des 17. Jahrhunderts in einem normalen Erntejahr einen Netto-Ertrag von 14–15 Pfund im Jahr erwirtschaften. Davon brauchte er – im Falle eines sechsköpfigen Haushaltes – etwa 11 Pfund, um seine wichtigsten Lebenskosten zu bestreiten. Der verbleibende Überschuß ermöglichte ihm „eine einigermaßen erträgliche, obwohl keineswegs leichte Existenz"[21]. In einem schlechten Jahr lebte ein solcher *husbandman* mit 30 Morgen Land an der Grenze des Existenzminimums. Nur eine Minderheit der Bauern unterhalb der *yeoman*-Ebene besaßen indessen einen Hof in dieser Größenordnung. In Chippenham (Cambridgeshire) wurde im 16. Jahrhundert ein Fünftel der *open fields* von einem einzigen *yeoman* bewirtschaftet, ein Drittel der Pächter hatte 30 *acres* und mehr, die Hälfte der bäuerlichen Produzenten besaß hingegen nicht mehr als ein Haus und zwei Äcker. In Laxton (Nottinghamshire) setzte sich die bäuerliche Bevölkerung 1635 zur Hälfte aus Kleinbauern mit 5–40 Morgen zusammen, und zu einem Drittel aus Häuslern und Landarbeitern mit weniger als 5 *acres*. In Willingham (Cambridgeshire) besaß 1603 ein einziger Pächter 59 *acres*, 48 Pächter verfügten über 5–38 *acres*, 9 über weniger als 5 *acres* und

67 Haushalte besaßen überhaupt kein eigenes Land. In den Lincolnshire-
fenlands lag die mittlere Größe eines Bauernhofes bei knapp 7 Morgen.
Eine Bauernwirtschaft mit weniger als 25/30 Morgen Land war nur dann
überlebensfähig, wenn sie neben dem eigenen Grund und Boden auf
common land zurückgreifen konnte bzw. wenn sie die eigene Landwirtschaft mit Lohnarbeit für andere landwirtschaftliche Betriebe oder mit
gewerblicher Heimarbeit kombinierte.

In der Ökonomie der Häusler und Landarbeiter spielte die Bewirtschaftung von eigenem Grund und Boden eine untergeordnete Rolle. Ein
Gesetz aus dem Jahre 1589 bestimmte zwar, daß ein individuelles cottage-
holding mindestens 4 Morgen groß sein sollte. Eine Durchsicht von 43
manorial surveys aus 13 Grafschaften hat jedoch ergeben, daß von den
insgesamt 650 smallholdings mit 5 Morgen und weniger, die hier erfaßt
sind, nur 7% einen Umfang von 4–5 Morgen hatten, 26% hingegen nicht
einmal 1 Morgen groß waren, und 41% lediglich aus einem cottage und
einem dazu gehörenden Garten bestanden. Nach den Schätzungen von
Alan Everitt besaßen ca. zwei Drittel der englischen Häusler lediglich
einen mehr oder weniger großen Garten und vielleicht dazu noch ein
oder zwei kleinere Landparzellen (closes).[22] Eine Auswertung von Nach-
laß-Inventaren (probate inventories) hat gezeigt, daß diese Kleinsteigen-
tümer einen maßgeblichen Teil ihrer Subsistenzmittel aus der Nutzung
von common land bezogen, insbesondere aus der Haltung von Kühen,
Schafen, Schweinen und anderen Tieren auf den Gemeindewiesen und
-weiden bzw. in den Gemeindewäldern. Die common rights waren jedoch
von Region zu Region und von Ort zu Ort in sehr unterschiedlichem
Ausmaß vorhanden. In Feckenham (Worcestershire) hatten z.B. im ausgehenden 16. Jahrhundert alle Einwohner das Recht, eine unbegrenzte
Anzahl von Tieren aller Art auf dem common land grasen zu lassen. In
Nassington (Northamptonshire) durfte jeder Häusler drei Stück Vieh
und zehn Schafe auf den commons halten. In den dicht besiedelten Tälern
und Ebenen der Lowlands waren hingegen die Weiderechte der cottagers
bereits im 16. Jahrhundert weitgehend eingeschränkt. In Kirkby Moorsi-
de, wo noch 1560 jeder Einwohner zumindest ein oder zwei Tiere auf
dem Gemeindeland grasen lassen konnte, scheinen die Häusler ein Jahrzehnt später ihre common rights vollkommen verloren zu haben.

Wo common land nicht mehr oder nur noch in einem sehr beschiede-
nen Umfang zur Verfügung stand, waren die landarmen und landlosen
Familien darauf angewiesen, ihren Lebensunterhalt in erster Linie durch
die Vermarktung ihrer Arbeitskraft zu verdienen. In den Ackerbauregionen der Lowlands bestand ein relativ großer Bedarf an Lohnarbeit. Kaum
ein landwirtschaftlicher Betrieb oberhalb der mittleren Ebene der husbandmen war dazu in der Lage, die gesamte Arbeit, die im Verlauf eines
Jahres anfiel, allein durch Familienmitglieder zu besorgen. Auf den grö-

ßeren Gütern, die in der Hauptsache für den Markt produzierten, wurde häufig die gesamte einfache Arbeit durch Lohnarbeiter verrichtet. Die Anmietung von Lohnarbeitern erfolgte in der englischen Landwirtschaft in der frühen Neuzeit prinzipiell auf zweierlei Art und Weise, und dementsprechend lassen sich hier auch zwei Sorten von Landarbeitern unterscheiden: zum einen die Inleute (*servants in husbandry, living in servants*), die im Hause ihres Arbeitgebers lebten, dort verköstigt wurden und zusätzlich einen bestimmten Jahreslohn erhielten; und zum anderen die Tagelöhner (*outworkers, day labourers*), die einen eigenen Haushalt besaßen. Die Inleute waren unselbständige Vollzeit-Landarbeiter, meist junge Männer und Frauen im Alter zwischen 15 und 25 Jahren, für die die Arbeit in einem fremden Haushalt im allgemeinen nur eine Durchgangsphase in ihrem Lebenszyklus darstellte, während der sie die Gründung eines eigenen Haushaltes vorbereiteten. Die Tagelöhner waren demgegenüber überwiegend Saisonarbeiter. Sie wurden jeweils für besondere Zwecke angemietet, verrichteten ihre Arbeiten häufig mit eigenem Arbeitsgerät und wurden entweder nach Aufgaben oder nach Tagen bezahlt. In den Wintermonaten war es für die Tagelöhner in der Regel schwer, Arbeit auf fremden Höfen zu finden. Aufgrund dieser strukturellen „Unterbeschäftigung" waren die Mitglieder der landarmen und landlosen Familien systematisch dazu gezwungen, neben der Lohnarbeit innerhalb der Landwirtschaft auch noch gewerbliche Arbeiten auf fremde Rechnung zu übernehmen. Der wichtigste Zweig der *cottage-industry* war die Textilfabrikation. Eine Auswertung von Nachlaßinventaren hat ergeben, daß mindestens ein Viertel der englischen Häuslerbevölkerung, von der solche Verzeichnisse überliefert sind, nebenberuflich mit dem Krempeln und Spinnen von Wolle und dem Stricken von Strümpfen beschäftigt war, in den Midlands sogar bis zu 50%. In der Grafschaft Hertfordshire waren zwei Drittel der *cottagers*, die Nachlaßinventare hinterlassen haben, in der Fabrikation von hölzernem Handwerkszeug engagiert, das von hier in großen Mengen in die *open-field* Regionen der *Lowlands* transportiert und dort vertrieben wurde.

Nach den Berechnungen von Peter Bowden hat ein regelmäßig beschäftigter Tagelöhner im frühen 17. Jahrhundert in Südengland maximal 10 Pfund und 8 Shilling im Jahr verdient. Nach K. Wrightson und D. Levine lag das Jahreseinkommen einer Arbeiterfamilie in dem Dorf Terling (Essex) am Ende des 17. Jahrhunderts bei etwa 15 Pfund. Das entspricht dem Wert, den auch Gregory King in seiner Berechnung des englischen Nationaleinkommens für das Jahr 1688 ansetzt. Hinsichtlich der Ausgabenseite scheint die Annahme realistisch, daß eine Landarbeiterfamilie in einem normalen Jahr durchschnittlich 11–14 Pfund benötigte, um die notwendigsten Kosten für Nahrungs- und Kleidungsmittel, Brennmaterial und Wohnungsmiete bestreiten zu können, aber deutlich

mehr, wenn die Ernten schlecht ausfielen oder die Preise aus anderen
Gründen anstiegen. „Welche Schätzungen wir auch immer zugrundele-
gen, fest steht auf jeden Fall, daß das Leben eines Arbeiters ein beständi-
ger Kampf um das nackte Überleben war".[23]

Die gesellschaftlichen Großgruppen, aus denen sich die englische Bevölkerung in der frühen Neuzeit zusammensetzte, bildeten zwar keine statischen Größen. Im Gegenteil: Soziale Mobilität hat – speziell in England –
sowohl innerhalb der einzelnen gesellschaftlichen Schichten als auch von
„Klasse" zu „Klasse" systematisch stattgefunden. Die Gesamtstruktur
der englischen Gesellschaft hat sich dadurch im Verlauf der frühen Neuzeit jedoch nicht geändert. Um noch einmal aus dem Weltpanorama von
Braudel zu zitieren: „Wenn die Karten des sozialen Spiels auch nicht ein
für allemal ausgegeben sind, kommt es doch nur selten und immer nur in
sehr geringem Ausmaß zu Neuverteilungen. Wie sehr sich die Leute auch
mühen mögen, eine höhere Stufe der sozialen Leiter zu erklimmen, der
Aufstieg dauert oft mehrere Generationen, wobei sich die schließlich
errungene Stellung nicht ohne Kampf behaupten läßt. Seit es lebendige
Gesellschaften mit Ehrenrängen und schmalen Zugangswegen zur Macht
gibt, ist dieser Gesellschaftskrieg nicht abgerissen, und so wissen wir im
voraus, daß in Staat, Adel, Bürgertum, Kapitalismus und Kultur nur
wirklich zählt, wer auf die eine oder andere Weise in die Spitzenpositio-
nen der Gesellschaft gelangt. Von dieser erhabenen Höhe aus wird regiert, verwaltet, Recht gesprochen, indoktriniert, hier wird Reichtum
angehäuft und sogar gedacht; hier entsteht immer wieder aufs neue der
Glanz der Kultur. Was in diesem Zusammenhang besonders erstaunt, ist
die *gleichbleibend* kleine Zahl der Privilegierten".[24] Diese grundlegende
Struktur der sozialen Ungleichheit bildet den allgemeinen Rahmen, in
dem die englische Bevölkerung in der frühen Neuzeit Geschichte gemacht und Geschichte erlitten hat, jede Schicht auf die ihr eigene Weise.
Wenn im zweiten Kapitel dieses Buches – unter den Leitbegriffen Prosperität und Mobilität – Prozesse wirtschaftlichen und sozialen Wandels
im 16. und 17. Jahrhundert dargestellt werden, so gilt es dabei insbesondere deutlich zu machen, daß diese Prozesse von den einzelnen Schichten
der englischen Gesellschaft sehr unterschiedlich erfahren wurden. „Wer
diese Unterschiede ignoriert oder verdunkelt, oder es versäumt, ihre Bedeutung in angemessener Weise zu würdigen, verfälscht unser Bild von
der Vergangenheit."[25]

III. Haushalt und Familie

1. Die Einheit von Haus und Familie

In der modernen bürgerlichen Welt ist die Stellung des Individuums dadurch charakterisiert, daß es dem Staat bzw. der Gesellschaft unmittelbar gegenübersteht. In der frühen Neuzeit waren demgegenüber die einzelnen Menschen in eine Vielzahl von Kleingruppen und Verbänden eingebunden. „Diese traditionalen Vergesellschaftungsformen beschränkten sich nicht darauf, zu versorgen, zu verwalten und das Wirtschaftsleben zu regulieren. Sie legten ihren Mitgliedern auch soziale, moralische und religiöse Pflichten auf, gewährten in Notfällen solidarische Hilfe und pflegten das gemeinsame Band durch Festlichkeiten geselliger und religiöser Art".[26]

Die soziale und politische Basiseinheit der frühneuzeitlichen Gesellschaft war die Einheit von Haushalt und Familie.[27] Während der moderne Begriff der Familie im wesentlichen auf die enge Lebensgemeinschaft von Eltern und unselbständigen Kindern beschränkt ist, bezeichnete man in der frühen Neuzeit als „Familie" die Gemeinschaft von Personen, die in einem Haus bzw. unter einem gemeinsamen Hausvorstand zusammenlebten. Dazu zählten neben den verheirateten Eheleuten und deren Kindern auch die Mägde und Knechte, die Lehrjungen und Gesellen sowie gegebenenfalls auch Verwandte. Nachdem man in der Vergangenheit lange der Meinung war, daß in der vorindustriellen Gesellschaft generell die drei Generationen umfassende Groß- oder Stammfamilie vorherrschte, haben die Untersuchungen der *Cambridge Group for the History of Population and Social Structure* inzwischen für England nachgewiesen, daß hier auch bereits in der frühen Neuzeit die aus Eltern und unselbständigen Kindern bestehende Kernfamilie der am weitesten verbreitete Haushaltstyp war, mit und ohne zusätzliches Gesinde. Eine Analyse von 61 lokalen Bevölkerungs- und Zensuslisten vom späten 16. bis zum frühen 19. Jahrhundert hat ergeben, daß sich über 70% der hier erfaßten Haushalte aus nicht mehr als zwei Generationen zusammensetzten. Weniger als 6% umfaßten drei Generationen und nur ganz wenige Haushalte enthielten Verwandte, die nicht zur Kernfamilie des Haushaltsvorstandes gehörten. Noch deutlicher tritt die Dominanz der Kernfamilie in dem frühesten *local census* zum Vorschein, der bisher untersucht wurde, einer Steuerliste aus der Stadt Coventry aus dem Jahre 1523. Unter den insgesamt 1302 Haushalten, die hier erfaßt werden, befinden sich nur drei Einheiten, in denen mehr als zwei Generationen zusammenlebten, und nur 1% der aufgeführten Haushalte enthalten überhaupt irgendwelche erwachsenen Verwandten. Die Verhältnisse von Coventry dürfen sicher nicht ohne weiteres verallgemeinert werden. Es hat in England in der frühen Neuzeit, insbesondere innerhalb des Adels, zweifellos auch Familienformen gegeben, die komplexer strukturiert waren. Die überwiegende Mehrzahl der englischen Haushalte bestand jedoch schon zu Beginn unserer Epoche aus einfachen Kernfamilien, die allerdings in vielen Fällen mit nicht-verwandten Hausangestellten, Lehrlingen, Ammen und Gesinde in einer Hausgemeinschaft zusammenlebten.[28]

Nach den Untersuchungen, die Peter Laslett in 100 Gemeinden durchgeführt hat, enthielten in der Zeit von 1574–1821 29% der englischen Haushalte zumindest eine Person, die nicht mit der Kernfamilie verwandt war. Das Vorhandensein oder nicht Vorhandensein von Dienstpersonal war in starkem Maße schichtenspezifisch geprägt. In denjenigen Gemeinden, für die ausreichend informative Zensuslisten überliefert sind, lag der Anteil der Familienkonstellationen mit Gesinde innerhalb der *gentry* durchschnittlich bei 84,1%, in der Klasse der *yeomen* bei 71,9%, in den Haushalten der *husbandmen* bei 46,8% und in den Arbeiterfamilien bei 2,2%. Die durchschnittliche Größe der englischen Familien (incl. Bediensteten) lag zwischen 4 und 5 Personen, wobei jedoch gut die Hälfte der englischen Bevölkerung in Haushalten mit 6 und mehr Personen gelebt hat. Die tatsächliche Familiengröße war eng an den sozialen Status gekoppelt. So lebten z. B. in Coventry 1523 in den Haushalten der Bauarbeiter durchschnittlich nur drei bis vier Personen, in denjenigen der Kaufleute hingegen sieben bis acht. Die durchschnittliche Größe der Adelsfamilien findet sich in dem Bevölkerungstableau Gregory Kings – je nach Rang – mit 8–40 Mitgliedern angegeben. Im konkreten Einzelfall wurde die Größe der englischen Familien vor allem von zwei Faktoren bestimmt: zum einen von dem Vorhandensein oder Nicht-Vorhandensein von Hausangestellten und Gesinde, und zum anderen von der Zahl der Kinder, die mit ihren Eltern unter einem Dach zusammenlebten. Letztere hing ihrerseits sowohl vom Abstand der Geburten ab, als auch von dem Zeitpunkt, an dem die Kinder das elterliche Haus verließen.

Aus dem bisher Gesagten sollte deutlich geworden sein, daß die englische Familie der frühen Neuzeit nicht so sehr durch bestimmte verwandtschaftliche Beziehungen geprägt wurde, und auch nicht durch ihre zahlenmäßige Größe. Was die traditionelle Haushaltsfamilie in erster Linie von der modernen bürgerlichen Familie unterscheidet, ist vielmehr die Vielzahl von Funktionen, die sie zu erfüllen hatte. Das Hauptkennzeichen der traditionellen Haushaltsfamilie war die enge Verschränkung von Personalbeziehungen und Sachbeziehungen. Die Familie der frühen Neuzeit enthielt potentiell alle Lebensbereiche. Sie diente nicht nur, wie dies heute der Fall ist, der Reproduktion von Individuum und Gesellschaft, sondern besaß – zumindest für einen großen Teil der Bevölkerung – darüber hinaus auch die soziale Organisationsform eines Wirtschaftsbetriebes. Zwar gab es an der Spitze der englischen Gesellschaftspyramide adlige Familien, die nicht selbst produzierten, sondern in der Hauptsache von der Verpachtung ihrer Ländereien lebten, während an der Basis der Gesellschaft eine wachsende Zahl von Familien dazu gezwungen wurde, zumindest einen Teil ihres Lebensunterhaltes durch Lohnarbeit außerhalb der eigenen Wohnung zu verdienen. Der überwiegende Teil der englischen Agrar- und Gewerbeproduktion fand indessen im 16. wie im 18. Jahrhundert im Rahmen der traditionellen Hausökonomie statt, zumal auch jene relativ zahlreichen Erwerbstätigen, die keinen eigenen Haushalt gründeten, zum größten Teil als Gesinde und Dienstpersonal in andere Familienbetriebe integriert waren. Die Familie war somit die zentrale Einrichtung sowohl der Reproduktion als auch der Produktion. Schließlich bildete das Haus – institutionalisiert in der Person des Haushaltsvorstandes – auch die Basis der öffentlichen Rechts- und Herrschaftsordnung. Der *pater familias* war der Hauptadressat der kirchlichen, staatlichen und grundherrschaftlichen Ordnungspolitik. Er fungierte nicht nur als Betriebsleiter, Lehrherr und Erzieher innerhalb des Hauses, sondern war zugleich auch für das Verhalten der ihm unterstellten Familienmitglieder außerhalb des Hauses mit verantwortlich und besaß zu diesem Zweck ein umfassendes Züchtigungsrecht, dem sich prinzipiell auch die Hausfrau unterwerfen mußte.

2. Strategien der Haushaltsgründung

Die grundlegende Bedeutung der Institution der Familie in der englischen Gesellschaft der frühen Neuzeit hatte zwangsläufig zur Folge, daß die Gründung eines neuen Haushaltes nicht bloße Privatangelegenheit war, die lediglich das junge Paar betraf und daneben allenfalls noch die für Ehe- und Familienangelegenheiten zuständigen kirchlichen und staatlichen Instanzen. Die Haushaltsgründung war vielmehr, wie es J. Gillis formuliert hat, „ein soziales Drama, das die Familie, die adligen Grundherren und die Nachbarn in einem kollektiven Prozeß zusammenführte, der darauf abzielte, das *match* richtig zu gestalten, in wirtschaftlicher, sozialer und psychologischer Hinsicht ebenso wie in juristischer".[29]

Eine „richtige Hochzeit" vollzog sich im England der frühen Neuzeit in drei Schritten, die in hohem Maße ritualisiert waren und sukzessive höhere Anforderungen an die Beteiligten stellten. Den Ausgangspunkt und – auch im juristischen Sinne – die eigentliche Grundlage der Eheschließung bildete das gegenseitige Heiratsversprechen des Paares, das in der Regel öffentlich ausgetauscht und von einer symbolischen Handlung wie dem Austausch von Ringen oder anderen Liebesbeweisen begleitet wurde. Die gebräuchlichste Formel, die bei dieser Zeremonie verwandt wurde, war die, welche ein junger Mann in Buckinghamshire 1521 benutzte, als er seiner Auserwählten gelobte: „Ich Robert nehme die Agnes zu meiner Ehefrau, für gute und für schlechte Tage, und darauf verpfände ich mein Wort".³⁰ Wenn dieses Versprechen vor mindestens zwei Zeugen in der Zeitform des Präsens abgegeben wurde bzw. wenn im Falle der Verwendung des Futurs („Ich Robert werde die Agnes zur Ehefrau nehmen") die Verbindung im Anschluß an die Abgabe des Versprechens sogleich sexuell vollzogen wurde, galt eine solche Selbstverheiratung allgemein als rechtsgültig, auch dann, wenn das Paar danach keine weiteren, offizielleren Schritte der Verehelichung mehr unternahm. Der normale Weg war jedoch der, daß im Anschluß an den grundlegenden Konsens der Partner als zweite Etappe der Eheschließung die öffentliche Zustimmung der Eltern bzw. nahen Anverwandten erfolgte, an die sich dann als Schlußakt die kirchliche Trauung anschloß. Diese setzte ihrerseits in der Regel ein dreimaliges Aufgebot voraus, das der lokalen Gemeinschaft Gelegenheit gab, die geplante Haushaltsgründung zu begutachten und gegebenenfalls Einwände dagegen vorzutragen, die unter Umständen dazu führen konnten, daß das Projekt am Ende nicht zustandekam. In dem Tagebuch von William Whiteway findet sich dieser Dreischritt der Familiengründung auf anschauliche Art und Weise dokumentiert. Die diesbezüglichen Aufzeichnungen beginnen am 6. April 1620 mit der Notiz: „Ehe (marriage) geschlossen zwischen mir W. M. Whiteway und Eleanor Parkins, meiner einzig Geliebten, die Gott beschützen möge". Am 4. Mai 1620 verzeichnet das Tagebuch dann, daß das junge Paar „in der Halle meines Vaters Parkins gegen 9 Uhr abends (von) Mr. John White in Anwesenheit unserer Eltern vermählt (bewrothed) wurde." Und am 14. Juni schließlich heißt es: „Ich William Whiteway wurde mit Eleanor Parkins von Mr. John White in der Dreieinigkeitskirche von Dorchester getraut (married), in Anwesenheit des größten Teils der Stadt".³¹

Nach dem common law konnte in England in der früheren Neuzeit prinzipiell jeder Mann und jede Frau heiraten, sobald sie das Alter der Adoleszenz erreicht hatten. Der junge Mann mußte damit mindestens 14, die Frau mindestens 12 Jahre alt sein. Die Forschungen von E. A. Wrigley und R. S. Schofield haben jedoch ergeben, daß in England im späten 16. und im frühen 17. Jahrhundert praktisch jeder sechste Mann und jede sechste Frau unverheiratet blieben. In der zweiten Hälfte des 17. Jahrhunderts ist der Anteil der Unverheirateten zeitweilig sogar auf über 25% der Bevölkerung angestiegen. Noch bemerkenswerter jedoch ist die Tatsache, daß diejenigen Engländer und Engländerinnen, die in der frühen Neuzeit eine Ehe eingingen, dies im allgemeinen relativ spät taten: die Frauen durchschnittlich mit 26 und die Männer mit 27 bis 29 Jahren. Diese Kombination von später Heirat und hohem Anteil von Ehelosigkeit entspricht einem Verhaltensmuster, das in der frühen Neuzeit auch in anderen Regionen Nordwesteuropas weit verbreitet war. Der Entstehungsprozeß dieses „nordwesteuropäischen Heiratsmusters" ist noch weitgehend unerforscht. Die demographischen Konsequenzen dieses Modells liegen jedoch auf der Hand. Wenn die Frauen generell einen relativ großen Teil der Zeit, in der sie Kinder gebären konnten, unverheiratet blieben, und wenn darüber hinaus relativ viele Frauen überhaupt nicht heirateten und somit zu keinem Zeitpunkt die Möglichkeit besaßen, legitimerweise Kinder zu gebären, so sank durch ein solches Verhalten die Geburtenrate. Daß die Zeitgenossen diesen Zusammenhang bewußt reflektierten, ist indessen kaum anzunehmen. Nach Wrigley ist das Heiratsmuster, das speziell die englische Bevölkerung in der frühen Neuzeit praktizierte, nicht auf eine rationale Strategie der Geburtenkontrolle zurückzuführen, sondern auf die „unbewußt-rationale" Befolgung allgemeiner sozialer Konventionen, die sich auf die Qualifikationen bezogen, die für eine Eheschließung vorausgesetzt wurden.[32]

Die mit Abstand wichtigste Konvention, die in diesem Zusammenhang eine Rolle gespielt hat, war die Forderung an die jungen Leute, erst dann zu heiraten, wenn sie einen selbständigen Haushalt gründen konnten. „Wenn Du verheiratet bist", so heißt es in einem zeitgenössischen Ratgeber für angehende Ehemänner, „so lebe, wenn irgend möglich, mit Deiner Frau in einer eigenen Familie". Denn zwei Hausväter oder zwei Hausfrauen unter einem Dach führen meist zu „Unannehmlichkeiten für alle Parteien"[33] Die meisten Engländer und Engländerinnen haben sich in der frühen Neuzeit an diese Devise gehalten und erst dann geheiratet, wenn sie dazu in der Lage waren, sich selbständig niederzulassen. In den besser situierten Schichten konnten die jungen Leute im allgemeinen damit rechnen, daß sie bei der Familiengründung von ihren Eltern materiell unterstützt wurden, wobei diese dann allerdings auch für sich das Recht in Anspruch nahmen, bei der Partnerwahl – mehr oder weniger maßgeblich – mitzuwirken. In den mittleren und unteren Schichten waren die Jugendlichen demgegenüber in erster Linie auf ihre eigenen Fähigkeiten und Ressourcen angewiesen und brauchten infolgedessen auch weniger Rücksicht auf ihre Eltern zu nehmen. In jedem Fall aber war die Gründung eines eigenen Haushaltes ein Schritt, den die jungen Leute nicht automatisch vollzogen, sondern erst dann, wenn sie ihn sich „leisten" konnten. „Jede Heirat war das Ergebnis einer Kosten-Nutzen-Kalkulation, in der Hauptsache durch das Paar selbst, aber auch durch Freunde und Verwandte".[34]

Die wichtigsten Kriterien, die bei dieser Güterabwägung eine Rolle spielten, waren nach R. A. Houlbrooke „die Karriere des Individuums oder der Familie, die Homogamieregel, der Charakter des in Aussicht genommenen Ehepartners sowie persönliche Zuneigung oder Liebe. Diese Kriterien wurden von Schicht zu Schicht in unterschiedlicher Weise miteinander kombiniert und gewichtet. In den besitzenden Schichten wurde das Interesse des Individuums im allgemeinen dem Interesse der Familie untergeordnet. Insbesondere in der Aristokratie und der gehobenen *gentry* war die Eheanbahnung in erster Linie eine Strategie, die Kontinuität der Familie und ihres Besitzes sicherzustellen. In diesen privilegierten Schichten wurden vor allem die Ehen der Haupterben überwiegend von den Eltern oder von Vormündern „arrangiert", wobei die erforderliche Zustimmung des Paares häufig eine bloße Formalität war. Aber selbst innerhalb des Adels konnte die Initiative auch von den Kindern ausgehen, und dies nicht nur bei den Söhnen, sondern auch bei den Töchtern. So findet sich in der zweiten Hälfte des 15. Jahrhunderts in den berühmten *Paston letters* der Fall überliefert, daß ein Sohn, der ohne Wissen seiner Mutter geheiratet hatte, sich danach bei dieser dafür entschuldigte, daß er ihr seine Braut nicht vor der Hochzeit vorgestellt hatte. In einem anderen Fall hatte sich eine Tochter der Paston-Familie heimlich mit dem Verwalter ihres Vaters verlobt. Die Eltern unternahmen daraufhin alles Mögliche, um ihre Tochter zu veranlassen, die in ihren Augen unpassende Verbindung wieder zu lösen. Sie schlugen das Mädchen und zwangen es schließlich sogar, das elterliche Haus zu verlassen. Am Ende setzte sich aber doch die Tochter durch. Sie heiratete den Mann ihrer Wahl, und dieser blieb weiter in den Diensten ihres Vaters beschäftigt.

In den bäuerlich-handwerklichen Schichten war die Partnerwahl in stärkerem Maße eine persönliche Angelegenheit der jungen Leute. Aber auch hier spielten materielle Erwägungen durchweg eine hervorragende Rolle. Als der Londoner Sekretär des Flottenamtes, Samuel Pepys, in den 6oer Jahren des 17. Jahrhunderts seinen Bruder Tom bei der Suche nach einer geeigneten Partnerin beriet, beurteilte er jedes „Projekt" zunächst einmal nach der Größe der Mitgift, die eine in Aussicht genommene Kandidatin mitbrachte. Handwerksgesellen heirateten häufig Handwerker-Witwen, die wesentlich älter als sie selbst waren, weil dies für sie die beste, oft sogar die einzige Chance war, sich selbständig zu machen. Wo die Eltern in bäuerlichen oder handwerklichen Schichten ihre Kinder bei der Gründung eines eigenen Haushaltes unterstützten, erwarteten sie zumindest, daß die jungen Leute sie vor der offiziellen Eheschließung um ihre Zustimmung baten. Es sind auch Fälle überliefert, in denen die Eltern die Höhe des Heiratsgutes von der Kooperation ihrer Kinder bei der Partnersuche abhängig machten. So vermachte z.B. der *yeoman* William Ingleby aus der Grafschaft Durham in der ersten Hälfte des 17. Jahrhunderts für den Fall seines Todes jeder seiner Töchter eine Mitgift in Gestalt von Land und Geld, jedoch unter der Voraussetzung, daß die Töchter mit Zustimmung ihrer Mutter und zweier Onkel heirateten; andernfalls sollten sie lediglich die vorgesehene Summe Geldes erhalten. Der normale Verlauf einer Familiengründung in den bürgerlich-bäuerlichen Schichten sah wahrscheinlich so aus, daß die Initiative von dem jungen Mann ausging, der sich zunächst darum bemühte, mit seiner Auserwählten einig zu werden, um sich daran anschließend deren Eltern vorzustellen und mit diesen über die Höhe der Mitgift zu verhandeln. Ein Fall, der nach diesem Muster ablief, ist aus dem frühen 17. Jahrhundert aus der Grafschaft Somerset überliefert. Hier setzte eine Tochter ihren Vater davon in Kenntnis, daß ein gewisser Walter Woodrow sie heiraten wollte und darum bat, sich vorstellen zu dürfen. Der Vater reagierte auf diese Mitteilung mit der Feststellung, daß „wenn die Tochter den Mann liebe und dazu entschlossen sei, ihn zu heiraten, dieser in seinem Haus willkommen sei". Am darauf folgenden Sonntag erschien dann besagter Walter, in Begleitung seiner Schwester, und hielt im Verlauf eines gemeinsamen Essens um die Hand der Tochter an, wobei er von dem Vater die Antwort erhielt, daß dieser „wenn die beiden sich einig seien, deren Verbindung zustimmen würde". Daran anschließend setzte man sich zusammen, um über das Heiratsgut zu verhandeln. Dabei gelang es dem Vater, die ursprünglichen Vorstellungen Walters zu dämpfen, wobei ihm der Umstand zugute kam, daß der junge Mann offensichtlich sehr in seine Tochter verliebt war.[35]

Die Chancen der Kinder aus eigentumslosen Schichten, einen eigenen Haushalt zu gründen, hingen in erster Linie von der Aussicht auf eine regelmäßige Beschäftigung ab. Daneben spielte auch die Entwicklung der Reallöhne eine gewichtige Rolle sowie die Möglichkeit, eine bescheidene Wohnung zu mieten. Das wichtigste Kriterium der Partnerwahl bildete jedoch in diesen Schichten die beiderseitige Arbeitsfähigkeit. Die Zustimmung der Eltern – sofern diese überhaupt noch lebten – war in den *lower classes* meist eine bloße Formsache. Dafür waren die ganz armen Paare, wenn sie heiraten wollten, in stärkerem Maße als die Angehörigen der übrigen Schichten von dem Einverständnis der kommunalen Autoritäten abhängig. Denn obwohl theoretisch jeder Engländer das Recht hatte, eine Ehe zu schließen, verfügten die Gemeinden doch über eine ganze Reihe informeller Möglichkeiten, sogenannte „Bettlerhochzeiten" zu verhindern. Davon abgesehen wäre es aber auch unrealistisch anzunehmen, daß die jungen Menschen aus den unteren Schichten unbedingt danach strebten, sich in aller Form zu verheiraten. Die Gründung eines eigenen Haushaltes bedeutete sicher einen nicht unbeträchtlichen Statusgewinn, vor allem für den jungen Mann. Auf der anderen Seite war damit aber auch die Übernahme einer größeren Verantwortung verbunden, die um so stärker ins Gewicht fiel, als die Institution der Ehe in England in der frühen Neuzeit im Prinzip unauflösbar war. Zu heiraten war daher insbesondere für die *labouring poor* eine riskante Entscheidung, so daß es gerade in diesen Schichten viele junge Leute vorzogen, nicht offiziell zu heiraten. Sie entwickelten statt dessen alternative Formen des Zusammenlebens von Mann und Frau, von denen sie glaubten, daß sie ihren spezifischen Lebensverhältnissen mehr entsprachen.[36] Die große Bedeutung materieller Gesichtspunkte für die Eheschließung im England der frühen Neuzeit bedeutet nicht, daß die persönlichen Gefühle der jungen Menschen dabei keine Rolle gespielt haben. Es mag zutreffen, daß im Adel „eher aus Konvention als aus Affektion" geheiratet wurde. Doch auch hier hat das Kriterium der persönlichen Zuneigung durchaus eine Bedeutung gehabt. In den übrigen Gesellschaftsschichten wurde allgemein anerkannt, daß eine gute Ehe auch Liebe zwischen den Ehepartnern voraussetzte. Es ist vielfach überliefert, daß Frauen Bewerber ablehnten, für die sie keine Gefühle empfanden. Auf der anderen Seite war aber auch innerhalb des gemeinen Volkes die persönliche Zuneigung ein Kriterium, das bei der Partnerwahl in der Regel nicht isoliert berücksichtigt wurde. „Liebe war an ihrem Platz eine gute Sache, aber man sollte klug lieben".[37] Wie die Familie selbst ein Mischverhältnis zwischen Sachbeziehungen und persönlichen Beziehungen darstellte, so waren auch bei der Familiengründung materielle Interessen und Emotionen so eng miteinander gekoppelt, das es wenig Sinn macht, das eine dieser beiden Momente gegen das andere ausspielen zu wollen.

Das am meisten beachtete Kriterium der Partnerwahl war wahrscheinlich im 16. wie im 18. Jahrhundert die Homogamie-Regel, nach der es sich empfahl, sich in seinem eigenen Stand zu verheiraten. Zwar lassen sich, insbesondere für das späte 16. und das frühe 17. Jahrhundert auch eine ganze Reihe von Fällen nachweisen, in denen diese Regel durchbrochen wurde, indem insbesondere jüngere Geschwister von Haupterben ihre Partner aus anderen, meist benachbarten Schichten wählten – also die Nachkommen der *peerage* aus der gehobenen *gentry* und dem wohlhabenden Stadtbürgertum oder die jungen Leute der *gentry* aus dem bürgerlichen Mittelstand und den Kreisen der *yeomen*. Ein solches Heiratsverhalten begünstigte jene soziale Mobilität innerhalb der englischen Gesellschaft, von der bereits in anderem Zusammenhang die Rede war. Dieser Gesichtspunkt darf indessen nicht überbewertet werden. Insgesamt gesehen haben die Ehen, die in England in der frühen Neuzeit geschlossen wurden, die hierarchische Struktur der englischen Gesellschaft nicht infragegestellt, sondern nachhaltig unterstützt und bestätigt. Mit dem Historiker Wrightson gesprochen: „Der Prozeß der Familiengründung reflektierte getreulich die soziale Ordnung und diente zugleich dazu, diese aufrecht zu erhalten: mitsamt ihren Privilegien, ihren Möglichkeiten, ihren Zwängen und ihren Ungerechtigkeiten".

3. Mann und Frau, Eltern und Kinder

Nach dem englischen *common law* war die Frau in der Ehe unter die Vormundschaft des Mannes gestellt, der sie in Schutz nahm, sie gerichtlich vertrat und zugleich auch Zugriff auf ihr Vermögen und ihren Besitz besaß. Das konkrete Zusammenleben von Mann und Frau wurde jedoch weniger von den juristischen und moralischen Maßstäben bestimmt, die von außen an die Ehe herangetragen wurden, als von den spezifischen Anforderungen und Bedingungen der gemeinsamen Hausökonomie. In den meisten Familien leisteten sowohl der Mann als auch die Frau einen wichtigen Beitrag zur Erwirtschaftung des Lebensunterhaltes, wobei jeder Teil eine besondere Rolle zu erfüllen hatte, in der er praktisch unersetzbar war. In den adligen Schichten bestand der Beitrag des Mannes in erster Linie in der Erhaltung und Vermehrung des Familienbesitzes, während die Frau mit der Leitung des Haushaltes betraut war. Das Tagebuch der Lady Margaret Hoby (1599–1605) gibt einen anschaulichen Überblick über die vielfältigen Aufgaben, die mit dieser Rolle verbunden waren. Während der Abwesenheit ihrer Männer haben die adligen Frauen darüber hinaus häufig auch Funktionen übernommen, die die Verwaltung der Ländereien betrafen. Sie zogen Renten ein, bezahlten die Diener, führten Abrechnungen durch und organisierten den Verkauf von landwirtschaftlichen Produkten. Der *gentleman* Thomas Knyvett aus Norfolk wußte, was er sagte, als er seiner Frau während des englischen Bürgerkrieges versicherte: „Ich kann keinen besseren Verwalter als Dich haben, um unsere Geschäfte zu besorgen".[38]

In den großbäuerlichen Familien waren die ökonomischen Rollen von Mann und Frau in der Regel stärker miteinander verflochten. Dabei waren die Männer in erster Linie für die Arbeit auf den Feldern zuständig, die Frauen hingegen für die Betreuung von Haus und Garten incl. der Viehwirtschaft. In der Zeit der Ernte, in der besonders viel Arbeit anfiel, unterstützte die Frau aber den Mann auch bei der Feldarbeit. Sie fuhr das Getreide zum Müller und erledigte Geschäfte auf dem Markt. In den kleinbäuerlichen Familien, die die Landwirtschaft mit der häuslichen Textilarbeit kombinierten, waren die Frauen in der Regel für das Krempeln und Spinnen der Wolle zuständig, während die Männer den Webstuhl bedienten. In den ländlichen Unterschichten war partnerschaftliche Zusammenarbeit meistens nicht möglich. Wo der Tagelöhner in einem fremden Haushalt beschäftigt war, mußte die Frau die eigene Hauswirtschaft allein besorgen. Häufig war sie selbst auch noch dazu gezwungen, sich außerhalb des Hauses zu verdingen. „Das Paar, das von Lohnarbeit bei verschiedenen Arbeitgebern abhängig war, ... bildete innerhalb des ländlichen Spektrums den Gegenpol zu dem Großbauer und seiner Frau, die auf ihrem Hof in einer integrierten Partnerschaft zusammenlebten".

Die ökonomische Rollenverteilung in den städtischen Haushalten ist
erst wenig erforscht. Der Zugang zu den Handwerkerberufen stand im
allgemeinen nur den Männern offen. Die Tatsache, daß Handwerkerfrau-
en die Betriebe ihrer Männer nach deren Tod – zumindest vorübergehend
– selbständig weiterführten, läßt jedoch darauf schließen, daß die Frauen
darin auch bereits zu Lebzeiten ihrer Männer in der einen oder anderen
Weise mitgearbeitet haben. Aus einigen Branchen ist überliefert, daß die
Frauen für den Verkauf der Handwerksprodukte zuständig waren. In
Oxford wurden im frühen 16. Jahrhundert die Ausbildungsverträge mit
den Lehrlingen von dem Handwerkerehepaar gemeinsam ausgefertigt.
Die Aufgaben der Handwerkerfrauen beschränkten sich somit keineswegs auf die Hausarbeit im engeren Sinne. Auch in den Kaufmannsfamilien waren die Frauen vielfach an den Geschäften ihrer Männer beteiligt.
Einige von ihnen waren sogar, wie aus ihren Testamenten hervorgeht, als
selbständige Kauffrauen engagiert, insbesondere in London. Die ökonomischen Mann-Frau-Beziehungen in den städtischen Lohnarbeiterfami-
lien waren ähnlich strukturiert wie diejenigen der eigentumslosen Schichten auf dem Land. Einer Armen-Liste aus Norwich, die um 1570 erstellt
wurde, ist zu entnehmen, daß in den hier aufgeführten Haushalten 86%
der Frauen über 21 Jahren erwerbstätig waren, aber nur relativ wenige
verheiratete Frauen mit ihren Männern zusammen gearbeitet haben. Besonders schlecht waren diejenigen Frauen aus armen Schichten gestellt,
deren Männer gestorben oder aber weggezogen waren, weil sie vor Ort
keine Beschäftigung fanden.

In einer Zeit, die noch keine effiziente Geburtenkontrolle kannte, führte die – mit dem Austausch eines Eheversprechens in der Regel verbundene – Aufnahme sexueller Beziehungen systematisch dazu, daß die Frau
über kurz oder lang schwanger wurde. Diesbezügliche Untersuchungen
haben ergeben, daß in England während der frühen Neuzeit über ein
Drittel der ehelichen Erstgeburten innerhalb von 12 Monaten nach der
Hochzeit stattfanden. Falluntersuchungen für einzelne Gemeinden haben
darüber hinaus gezeigt, daß englische Frauen, die 25 Jahre verheiratet
waren, im 17. Jahrhundert durchschnittlich sechs bis sieben Kinder auf
die Welt brachten. Die soziale Schichtenzugehörigkeit hat in diesem Zusammenhang offenbar keine Rolle gespielt. Wenn es zutrifft, daß in den
Ehen der gehobenen Schichten gewisse Techniken der Empfängnisverhü-
tung (Enthaltsamkeit, coitus interruptus) praktiziert wurden, so haben
die Bauern- und Handwerkerfrauen die Zahl ihrer Schwangerschaften
wahrscheinlich vor allem dadurch reduziert, daß sie ihre Kinder über
einen relativ langen Zeitraum selbst stillten. Frauen aus ganz armen Familien, die ihre Kinder, weil sie keine Zeit dazu hatten, meist nicht selbst
stillen konnten, sondern Ammen übergaben, waren in besonders starkem
Maße von Fehl- und Totgeburten betroffen.[39]

Neuere Untersuchungen haben ergeben, daß in England in dem Zeitraum von 1550 bis 1700 etwa jedes siebte Kind im Verlauf seines ersten Lebensjahres gestorben ist und jedes fünfte oder sogar jedes vierte, bevor es das Alter von 10 Jahren erreichte. Die wichtigsten Ursachen dieser hohen Kindersterblichkeitsrate waren Komplikationen bei der Geburt, angeborene Gesundheitsschäden sowie eine Reihe von Kinderkrankheiten. Eine Falluntersuchung für die Gemeinde Ludlow (Shropshire) läßt darauf schließen, daß Säuglinge besonders anfällig für bestimmte Winterinfektionen waren, während Kleinkinder, die nicht mehr gestillt wurden, in stärkerem Maße von Sommerepidemien wie der Roten Ruhr heimgesucht wurden sowie von Krankheiten, die aus der außereuropäischen Welt nach England importiert wurden. Eine weitere Ursache der hohen Kindersterblichkeit waren Unfälle sowie aus sozialer Not erfolgte Kindestötungen.

Die Gründung eines eigenen Haushaltes bedeutete in der frühen Neuzeit für die englischen Paare eine radikale Umstrukturierung ihrer familiären Beziehungen im Sinne der Loslösung von der Herkunftsfamilie. Diese Loslösung wurde indessen während einer langen Jugendphase schrittweise vorbereitet. Die englischen Jugendlichen haben ihr Elternhaus im allgemeinen früh verlassen. Ein Italiener, der um 1500 durch England gereist ist, hat bei dieser Gelegenheit festgestellt, daß die Engländer ihre Kinder „höchstens bis zum Alter von 7–9 Jahren bei sich zu Hause (behalten). Danach senden (sie) sowohl die Jungen als auch die Mädchen in andere Haushalte, wo (die Jugendlichen) weitere 7–9 Jahre hart arbeiten müssen … Nur wenigen bleibt dieses Schicksal erspart; denn jeder, er mag so reich sein, wie er will, schickt seine Kinder in andere Familien und nimmt dafür fremde (Kinder) in seinen eigenen Haushalt auf". Die Kinder, die ihr Elternhaus einmal verlassen haben – so heißt es in dem Reisebericht weiter –, kehren dorthin in der Regel nicht mehr zurück, es sei denn besuchsweise. „Die Mädchen werden von ihren Herrschaften verheiratet, und die Jungen verheiraten sich selbst, so gut sie können".[40]

Neuere Untersuchungen haben gezeigt, daß dieses Verhaltensmuster in England während der frühen Neuzeit tatsächlich in allen Schichten praktiziert wurde. Es gab zwar, insbesondere in den großbäuerlichen Familien, auch Kinder, die relativ lange oder sogar ein Leben lang im Hause ihrer Eltern verblieben. Die überwiegende Mehrheit der Jugendlichen verließ ihr Elternhaus jedoch bereits in jungen Jahren. Die Söhne aus den gehobenen Schichten gingen im Anschluß an eine höhere Schulausbildung häufig an eine der beiden Universitäten des Landes bzw. an die *Inns of Court*, um hier ihre berufliche Karriere vorzubereiten. Die beiden wichtigsten Institutionen, in denen sich die Loslösung der Generationen voneinander vollzog, waren jedoch der Gesindedienst (*service*) und die

Lehre (*apprenticeship*). Bedienstete und Lehrlinge bildeten zusammen genommen zu jedem gegebenen Zeitpunkt unserer Epoche mindestens 15% der englischen Gesamtbevölkerung, die Bediensteten allein durchschnittlich 13%. Die Jungen und Mädchen, die als *servants* in einen anderen Haushalt eintraten, verließen ihr Elternhaus in der Regel als frühe *teenagers*. Die Zeitspanne, die sie *in service* verbrachten, betrug zwischen 10 und 15 Jahren, wobei sie ihre Arbeitgeber in der Regel von Jahr zu Jahr wechselten. Die verbreitetste Form des *service* bildete der Dienst auf einem Bauernhof (*farming service, service in husbandry*). Nach den Berechnungen Lasletts arbeiteten in der Zeit von 1574–1821 rund 60% der englischen Bevölkerung im Alter von 15 bis 24 Jahren als *servants in husbandry*. Der Gesindedienst in der Landwirtschaft erfüllte gleichzeitig zwei wichtige Funktionen. Die kleinbäuerlichen und unterbäuerlichen Familien, die mehr Kinder hatten, als sie im eigenen Haushalt beschäftigen und ernähren konnten, benutzten diese Institution als „eine nachträgliche Form der Familienplanung". Die großbäuerlichen Haushalte hingegen, die ihre Höfe mit dem Personal der eigenen Kernfamilie allein nicht bewirtschaften konnten, befriedigten durch die Aufnahme von *servants* einen Großteil ihres zusätzlichen Bedarfs an Arbeitskraft. Ann Kussmaul hat errechnet, daß in England in der frühen Neuzeit zumindest ein Drittel, vielleicht aber sogar die Hälfte der in der Landwirtschaft geleisteten Lohnarbeit von *farm-servants* erbracht wurde.[41]

Im Unterschied zu den Bediensteten wurden die Lehrlinge meist für einen längeren Zeitraum eingestellt, in der Regel für sieben Jahre, zum Teil aber auch noch darüber hinaus. Während dieser Zeit sollten sie die Fähigkeiten erwerben, die dazu notwendig waren, um sich später selbständig niederzulassen – als Handwerker, als Kaufmann oder in einer der zahlreichen *professions*. Eine Anstellung als Lehrling, die praktisch nur für Jungen in Betracht kam, war im allgemeinen nur mit Unterstützung der Eltern möglich. Denn die Handwerker- und Kaufmannsfamilien, die Lehrlinge ausbildeten, verlangten dafür hohe Einstellungsprämien, die die Jugendlichen aus eigenen Mitteln allein kaum aufbringen konnten. Von daher ist es auch zu erklären, daß die Lehrlinge sich vorzugsweise aus den gehobenen und mittleren Gesellschaftsschichten rekrutierten. Eine Untersuchung von 15 Londoner Handelskompanien hat ergeben, daß von den insgesamt 8000 Lehrlingen, die in diesen Gesellschaften in der Zeit von 1570 bis 1646 ausgebildet wurden, 12,6% von *knights, esquires* und *mere gentlemen* abstammten. Der Rest kam aus den mittleren Rängen der städtischen und ländlichen Gesellschaft. Im Unterschied zu den *servants*, die neben Kost und Logis auch noch einen jährlichen Geldlohn erhielten, über den sie selbst verfügen konnten, bekamen die Lehrlinge im allgemeinen kein Gehalt, und wo sie doch eines bezogen, war dieses in der Regel sehr gering.

Wie die englischen Jugendlichen die frühe Trennung von ihren Eltern empfanden und welche Konsequenzen sich daraus für ihren weiteren Lebenslauf ergaben, läßt sich kaum eindeutig feststellen. Auf der einen Seite bedeutete das frühe Ausscheiden aus dem Elternhaus für die Jugendlichen sicher eine Chance. Sie konnten dadurch ihren Horizont erweitern, alternative Einstellungen und Verhaltensweisen kennenlernen, manuelle Fertigkeiten erwerben, ein kleines Kapital ansparen, Freunde und Förderer gewinnen und mit alledem eine eigene Existenzgründung vorbereiten. Auf der anderen Seite lebten die Jugendlichen in den fremden Haushalten, in denen sie untergebracht wurden, grundsätzlich als Abhängige. Dabei war die Dauer der Abhängigkeit „nicht durch die Dauer des Lernens bestimmt, sondern umgekehrt die Dauer des Lernens durch die Dauer der Abhängigkeit".[42] Das gilt nicht nur für den Bereich des Gesindedienstes, sondern auch für die Ausbildung in den meisten handwerklichen und kaufmännischen Berufen. Darauf hat bereits Adam Smith in seinem berühmten *Wealth of Nations* hingewiesen: „Lange Lehrzeiten sind einfach unnötig ... In herkömmlichen mechanischen Handwerken mag sicherlich schon eine Anleitung von nur wenigen Tagen dazu ausreichen."[43] Tatsächlich wurden jedoch sowohl die Lehrlinge als auch die Bediensteten über viele Jahre hinweg von ihren Dienstherren als billige Arbeitskräfte ausgenutzt.

Die starke Präsenz von Sachbeziehungen hat einige Historiker zu der Annahme veranlaßt, daß die persönlichen Beziehungen in der traditionellen Haushaltsfamilie generell kühl und distanziert waren.[44] Das trifft indessen für England nicht zu, weder für die Beziehungen zwischen Mann und Frau noch für diejenigen zwischen Eltern und Kindern. Die englischen Ehepaare der frühen Neuzeit haben nicht nur zusammen gewirtschaftet und gearbeitet, sie haben darüber hinaus auch einen großen Teil ihrer Mußezeit miteinander verbracht, sei es für sich allein, indem sie sich unterhielten, einander Geschichten erzählten oder eine Vielzahl von Spielen miteinander spielten, sei es in Gemeinschaft mit Freunden und Nachbarn, in Tavernen und Gasthäusern, auf Dorffesten und Spaziergängen. Dabei wurde viel gemeinsam gegessen und getrunken, getanzt und musiziert. Mann und Frau haben sich auf vielerlei Art und Weise miteinander vergnügt. Sie haben einander betreut, wenn sie krank waren, haben sich nach einander gesehnt, wenn sie vorübergehend voneinander getrennt lebten und haben Wert darauf gelegt, nahe beieinander beerdigt zu werden. All das findet sich in Tagebüchern, Autobiographien, Briefen und Testamenten hundertfach festgehalten und überliefert. Es besteht daher kein Grund, daran zu zweifeln, daß „Liebe in der Ehe" im England der frühen Neuzeit nicht nur ein in den zeitgenössischen Verhaltensbüchern hoch eingeschätztes Ideal gewesen ist, sondern auch in der Praxis tatsächlich existiert hat.

Auf der anderen Seite ist in den englischen Ehen der frühen Neuzeit aber auch viel gestritten worden. Das war damals im Prinzip nicht anders als heutzutage. Im Unterschied zu heute, wo die Paare die Möglichkeit der Ehescheidung besitzen, galt in England jedoch in der frühen Neuzeit, und insbesondere seit der Reformation, der Grundsatz: „Einmal geheiratet, für immer verheiratet".[45] Eine regelrechte Scheidung, mit dem Recht auf Wiederverheiratung, war bis zu der Rechtsreform von 1857 nur den Angehörigen des Adels möglich, auf dem Wege einer *Privat Act of Parliament*. Dieses Verfahren war jedoch sehr langwierig und zugleich sehr kostspielig und wurde daher nur sehr selten und fast ausschließlich von Männern in Anspruch genommen, im 18. Jahrhundert durchschnittlich ein Mal im Jahr. Der Rest der Bevölkerung besaß lediglich die Möglichkeit einer „Trennung von Tisch und Bett", die von den kirchlichen Gerichten im Falle von Ehebruch, brutaler Gewaltanwendung und andauernder Unverträglichkeit angeordnet werden konnte, was indessen in der Praxis auch nicht häufig vorkam. Daneben gab es noch eine Reihe inoffizieller Formen der Selbstscheidung analog der in anderem Zusammenhang bereits angesprochenen Selbstverheiratung. Dazu gehörte insbesondere das sogenannte *wife-selling*, ein Ritual, bei dem eine Frau von ihrem Mann im gegenseitigen Einverständnis öffentlich an einen anderen Mann versteigert wurde. „Ehescheidung und Wiederverheiratung fielen so in einem Akt zusammen".[46] Obwohl dieses Verfahren niemals rechtlich sanktioniert wurde, war es doch insbesondere im 18. Jahrhundert relativ verbreitet. Es wurde allerdings fast ausschließlich in den untersten Schichten der Gesellschaft praktiziert. Die meisten zerstrittenen Paare hatten in England während der frühen Neuzeit keine andere Möglichkeit, als solange miteinander auszuharren, bis sie durch den Tod voneinander geschieden wurden. Dabei ist allerdings zu berücksichtigen, daß die Dauer einer Ehe damals aufgrund der niedrigen Lebenserwartung im Vergleich zu heute relativ kurz war (in England im Falle der ersten Ehe durchschnittlich circa 17–20 Jahre). So wurden in England in der frühen Neuzeit wahrscheinlich mehr Ehen durch den Tod vorzeitig beendet, als gegenwärtig auf dem Wege der juristischen Scheidung.

IV. Die lokalen Gemeinschaften

1. Das erweiterte System der Verwandtschaft

Die Familie war in der frühen Neuzeit die soziale Basiseinheit des englischen Gemeinwesens. Das Leben in der Familie war indessen eingebunden in andere Formen des lokalen Zusammenlebens. Die lokalen Gemeinschaften, aus denen sich die englische Gesellschaft zusammensetzte, bildeten keine bloßen staatlichen oder kirchlichen Verwaltungseinheiten, sondern eine umfassende Sozialform. Das gilt für die Tausende von englischen Dörfern, in denen meist nur wenige hundert Menschen zusammenlebten, im Prinzip genauso wie für die mehr oder weniger großen Städte einschließlich der Hauptstadt London, mit ihrer Bevölkerung von einer halben Million Einwohnern im 17. Jahrhundert. Wie unterschiedlich sich das Leben hier und dort im einzelnen auch gestaltete: diese lokalen Gemeinschaften bildeten den äußeren Rahmen, in dem die Angehörigen der verschiedenen gesellschaftlichen Schichten ihre materiellen Interessen und emotionalen Bedürfnisse in der Hauptsache zu befriedigen suchten. Sie stellten diejenige Organisationsform dar, mit der sich die meisten Engländer und Engländerinnen am stärksten identifizierten und solidarisierten. Sie waren schließlich auch der Ort, an dem die einzelnen Individuen und die sozialen Gruppen den größten Teil der Konflikte austrugen, die sich aus der Struktur der gesellschaftlichen Ungleichheit ergaben. Dieser lokale Rahmen der Vergesellschaftung verdient besondere Beachtung.[47]

In der Vergangenheit sind die Historiker lange davon ausgegangen, daß die lokalen Gemeinschaften in der frühen Neuzeit vor allem durch verwandtschaftliche Beziehungen zusammengehalten wurden. Diese Vorstellung ist inzwischen für England revidiert worden.[48] Neuere Untersuchungen haben nicht nur nachgewiesen, daß Familienkonstellationen mit erwachsenen Verwandten in England relativ selten vorkamen, sie haben darüber hinaus auch gezeigt, daß die englische Bevölkerung während unserer Epoche in geographischer Hinsicht überaus mobil gewesen ist, so daß die einzelnen Familien auf lokaler Ebene in verwandtschaftlicher Hinsicht relativ isoliert waren. In dem Dorf Terling (Essex) hatte zum Beispiel 1671 mehr als die Hälfte der insgesamt 122 Haushalte in der eigenen Gemeinde überhaupt keine verwandtschaftlichen Beziehungen zu anderen Haushalten, und bei Familien, die verwandtschaftliche Beziehungen zu anderen Familien am Ort unterhielten, waren diese in den meisten Fällen auf eine einzige Verbindung beschränkt.

Die tatsächliche Bedeutung des erweiterten Systems der Verwandtschaft war in starkem Maße schichtenspezifisch geprägt. Die intensivsten verwandtschaftlichen Beziehungen unterhielten im allgemeinen die Mitglieder des Adels. Die *gentlemen* besaßen in der Regel genügend Zeit und Geld, auch über größere Entfernungen Kontakt miteinander zu pflegen. Sie nutzten diese Möglichkeiten, um ihre wirtschaftlichen Karrieren zu fördern, ihre politischen Allianzen zu erweitern, ihre Kinder vorteilhaft zu verheiraten und auf mannigfaltige Art und Weise gesellig miteinander zu verkehren. Dem Tagebuch von Nicholas Assheton läßt sich entnehmen, daß sich der Personenkreis, der im Leben dieses *gentleman* eine Rolle spielte, 1617/18 zu 30–40% aus Verwandten zusammensetzte. Auf der anderen Seite hat es aber gerade innerhalb des Adels auch spezifische Bedingungen gegeben, welche die Entstehung verwandtschaftlicher Loyalitäten und Solidaritäten eher behinderten als förderten. Dazu gehörte insbesondere die Einrichtung der Primogenitur, nach der der Landbesitz der adligen Familien mehr oder weniger geschlossen an den erstgeborenen Sohn vererbt wurde, während die jüngeren Kinder mit vergleichsweise bescheidenen Geldbeträgen abgefunden wurden. Diese Erbpraxis hat häufig dazu geführt, daß sich die Geschwister gesellschaftlich wie emotional voneinander entfremdeten. Als der Erbe Henry Oxinden von Barham (Kent) im Jahre 1636 die Nachricht erhielt, daß sein jüngerer Bruder James in Cambridge erkrankt war, bot er diesem zwar an, sich für vier bis sechs Wochen auf seinem Landsitz zu erholen, machte zugleich jedoch deutlich, daß er nicht dazu bereit war, den Bruder auf Dauer bei sich aufzunehmen. „Du mußt wissen", so schrieb Henry bei dieser Gelegenheit an James, „daß ich in meinem Haus keine weiteren Personen als meine Frau, meine Kinder und meine Bediensteten wünsche. Um Dir einen Gefallen zu tun, will ich Dich jedoch für die besagte Zeit bei mir aufnehmen. Ich bin sicher, Du gehörst nicht zu denen, die – wenn sie einmal einen Fuß in das Haus eines Freundes gesetzt haben –, dort schamlos und unbescheiden länger verweilen, als sie willkommen sind ... und ich weiß, daß Du inzwischen gelernt hast, daß es einen Unterschied gibt zwischen Mein und Dein, nicht nur unter Fremden, sondern auch unter Freunden und Brüdern".[49] Von ähnlich nüchterner Einstellung zeugt der Ratschlag, den Sir William Wentworth 1604 seinem Sohn gab: „Was die Verwandten betrifft, so pflege den Kontakt zu denen, die reich, ehrlich und diskret sind und nutze sie für deine Angelegenheiten an erster Stelle. Wenn sie ärmer sind, aber gleichzeitig gewissenhaft und bescheiden, betrachte sie mit Wohlwollen. Wenn sie aber Ländereien und Güter besitzen, die an deine eigenen angrenzen, traue ihnen unter keinen Umständen zu sehr, denn aus solchen Gegebenheiten entstehen Rechtsstreitigkeiten und zukünftige Feindschaften".

Außerhalb des Adels hat das erweiterte System der Verwandtschaft vor allem für die Juristen und Kaufleute eine wichtige Rolle gespielt, insbesondere im Zusammenhang mit der Anbahnung geschäftlicher Kontakte. Für die Angehörigen der übrigen Schichten waren verwandtschaftliche Beziehungen hingegen eher sekundär. In mittelständischen Familien wurden Verwandte bevorzugt als Testamentsvollstrecker eingesetzt. *Yeomen* und *husbandmen* nahmen, wenn es die äußeren Umstände zuließen, gelegentlich alleinstehende Elternteile in ihr Haus auf. Die Mitglieder der unteren Schichten der Landbevölkerung, die in besonderem Maße geographisch mobil waren, benutzten ihre in die Städte abgewanderten Verwandten als Anlaufstation, wenn sie selbst dazu gezwungen wurden, ihre Heimatgemeinden zu verlassen. So ist bekannt, daß ein Großteil der weiblichen Zuwanderer in London dort vor ihrer Eheschließung für einige Zeit bei Verwandten gewohnt hat.

Neben diesen schichtenspezifischen Gesichtspunkten haben auch spezifische geographische Faktoren die Quantität und Qualität der verwandtschaftlichen Beziehungen beeinflußt. Vor allem die Präsenz bzw. Nichtpräsenz der Staatsgewalt hat in diesem Zusammenhang eine wichtige Rolle gespielt. Wo der Staat relativ schwach präsent war, wie dies – zumindest zu Beginn unserer Epoche – in den nordenglischen Grafschaften entlang der Grenze zu Schottland der Fall war, haben adlige Verwandtschaftsgruppen – die sogenannten *surnames* – häufig Funktionen im Bereich des Grenzschutzes und der inneren Sicherheit wahrgenommen. Eine der letzten großen Fehden in Northumberland ging 1591 nach 36jähriger Dauer zu Ende. In den nordenglischen Grafschaften ist es auch noch lange üblich gewesen, daß die adligen Jugendlichen nicht nur innerhalb derselben Gesellschaftsschicht heirateten, sondern darüber hinaus auch innerhalb derselben Region. Das führte dazu, daß hier relativ viele Verwandtenehen geschlossen wurden, wodurch häufig auch die jüngeren Söhne Gelegenheit erhielten, eigene Linien zu begründen. Diese besondere Intensität verwandtschaftlicher Beziehungen in Nordengland hat zum Teil auch noch nach der Vereinigung der englischen und der schottischen Krone im Jahre 1603 fortbestanden.

2. Das System der Nachbarschaft

Insgesamt läßt sich jedoch feststellen, daß das System der erweiterten Verwandtschaft für die lokale Vergesellschaftung der Engländer in der frühen Neuzeit eine relativ untergeordnete Rolle gespielt hat. Die Verwandtschaft war, mit Keith Wrightson gesprochen, „so etwas wie eine Reserve", auf die man in besonderen Situationen zurückgreifen konnte, bei sorgfältiger Abwägung der damit verbundenen Vor- und Nachteile.[50] In der Praxis des alltäglichen Lebens zählten hingegen für die meisten Engländer an erster Stelle diejenigen Beziehungen, die sie als Individuen bzw. als individuelle Haushalte im System der Nachbarschaft unterhielten. „Ein guter Nachbar zu sein", war wahrscheinlich das zentrale Verhaltensgebot der lokalen Gemeinschaften. „Wer ein schlechter Nachbar war oder gegen den Geist der guten Nachbarschaft in einer Gemeinschaft verstieß, versündigte sich an der Gemeinschaft selbst".[51]

Nachbarschaftliche Beziehungen beruhten auf den Prinzipien der Gleichwertigkeit und Wechselseitigkeit. Sie beinhalteten sowohl gegenseitige Hilfeleistungen als auch gegenseitige Verpflichtungen, deren Einhaltung durch kollektive Kontrollen und Sanktionen sichergestellt wurden. Hilfeleistungen betrafen mehr oder weniger den gesamten Bereich des alltäglichen Lebens, angefangen von der Kooperation bei der Feldarbeit bis hin zu den eher informellen Nachbarschaftshilfen bei allen möglichen Gelegenheiten. Die routinemäßigen Leistungen dieser Nachbarschaftshilfe haben im allgemeinen wenig historische Spuren hinterlassen. Eine Ausnahme bilden Schuld- und Kreditbeziehungen, die in Testamenten, Nachlaßregistern und Tagebüchern dokumentiert sind. In einer Zeit, in der es – außerhalb der größeren Städte – noch keine speziellen Bankinstitute gab, waren die privaten Haushalte in Geldangelegenheiten mehr oder weniger auf sich selbst angewiesen. Dabei verhielten sie sich im allgemeinen nicht geschäftsmäßig, sondern verließen sich auf das System der gegenseitigen Nachbarschaftshilfe. Eine Analyse von insgesamt 4650 Nachlaßregistern aus den Grafschaften Lincolnshire, Leicestershire und Norfolk für den Zeitraum von 1650 bis 1720 hat ergeben, daß rund 40% dieser Verzeichnisse mehr oder weniger große Geldbeträge auflisten, die den Erblassern geschuldet wurden. Der Kreis der Kreditgeber umfaßt neben Adligen und Kaufleuten auch zahlreiche Angehörige des gewöhnlichen Mittelstandes. Interessant ist, daß dieselben Leute, die auf der einen Seite Geld ausliehen, auf der anderen Seite auch selbst Kredite aufnahmen. Ein gutes Beispiel hierfür ist der Pfarrer Ralph Josselin aus der Grafschaft Essex. Aus seinem Tagebuch geht hervor, daß dieser am 19. 11. 1651 drei Pfund an einen jungen Mann aus Halstead auslieh, „der dringend Geld brauchte, um die fällige Rente an seinen Landlord zahlen zu können". Zehn Tage später erhielt Josselin 3 Pfund, 10 Shilling zurückbezahlt, die er einem gewissen Caplin geliehen hatte, wobei dieser Mann jedoch sogleich einen neuen Kredit über ein Pfund und 10 Shilling aufnahm. Etwa gleichzeitig bezahlte Josselin selbst 4 von insgesamt 8 Pfund zurück, die er einem William Brand schuldete. Am 23. Januar 1652 notierte Josselin dann in seinem Tagebuch: „Ich hatte gar kein Geld mehr und machte mich auf den Weg zu Leuten, die mir Geld schuldeten". Als er nirgends Geld auftreiben konnte, vertraute der Pfarrer schließlich darauf, daß „Gott sich seiner Nöte annehmen würde". Tatsächlich hat Josselin dann unmittelbar darauf doch noch einige ausgeliehene Geldbeträge zurückbezahlt bekommen, so daß er selbst in die Lage versetzt wurde, eigene Schulden zu begleichen.[52]

Das hier beispielhaft dokumentierte Netzwerk von Kredit- und Schuldbeziehungen ist manchmal über die Grenzen der lokalen Gemeinschaften hinausgegangen. In der Hauptsache waren es jedoch unmittelbare Nachbarn, die einander aushalfen, wenn sie in finanzielle Nöte gerieten, jedenfalls häufiger Nachbarn als Verwandte. Die einzelnen Geldbeträge, die so mehr oder weniger informell zwischen Nachbarn ausgeliehen wurden, waren meist klein. Für solche kleinen Darlehen wurden in der Regel keine Zinsen genommen. Man zeigte als Nachbar seinen guten Willen und verließ sich im übrigen auf das Prinzip der Gegenseitigkeit. Bei größeren Beträgen wurden hingegen schriftliche

Verträge abgeschlossen, wobei dann in der Regel auch Zinsen zu zahlen
waren. Die Analyse der Schuld- und Kreditbeziehungen läßt klar erkennen, wie das System der guten Nachbarschaft in der Praxis funktionierte.
Es zeigt zugleich auch, wo die Grenzen dieses Systems lagen. Davon
abgesehen war das gesamte System der Nachbarschaft an bestimmte moralische Voraussetzungen geknüpft. Wer in den Genuß von Nachbarschaftshilfen kommen wollte, mußte selbst ein guter Nachbar sein. Der
yeoman Adam Eyre, über dessen Lebenswandel wir durch eine zeitgenössische Beschreibung unterrichtet sind, war ein solcher Nachbar, wie
man ihn sich wünschte. Er lieh und verlieh Geld in richtiger Höhe, er half
seinen Nachbarn, wenn die Schafe geschert wurden, er beteiligte sich an
der kommunalen Selbstverwaltung, er organisierte Wohltätigkeitsveran-
staltungen (*ales*) zugunsten in Not geratener Gemeindemitglieder, er unterhielt sich und verkehrte mit den übrigen Dorfbewohnern bei Sportver-
anstaltungen und auf Festen, im Wirtshaus und auf dem Marktplatz oder
in Gestalt von gegenseitigen Besuchen, er vermittelte zwischen Nachbarn, die in Streit miteinander geraten waren, und akzeptierte seinerseits
die Vermittlung Dritter, wenn er selbst an einem Streit beteiligt war. Mit
alledem verhielt sich Adam Eyre exakt so, wie man es sich von einem
guten Nachbarn erwartete. Er verhielt sich vor allem konform und unterwarf sich damit zugleich den gegenseitigen Kontrollen, die mit dem System der guten Nachbarschaft untrennbar verbunden waren.

Diese Kontrollen betrafen im Prinzip alle Lebensbereiche, auch diejenigen, die wir heute als privat betrachten: die Prozesse der Brautwerbung
und Familiengründung ebenso wie das Zusammenleben der Eheleute, die
Beziehungen zwischen Eltern und Kindern oder die Niederlassung ver-
mögensloser Zugezogener, die der kommunalen Armenfürsorge zur Last
fallen konnten. Die lokalen Gemeinschaften verfügten zugleich über eine
Vielzahl formeller und informeller Mittel, um diejenigen Mitglieder, die
sich nicht konform verhielten, zurechtzuweisen und gegebenenfalls sogar
aus der Gemeinschaft herauszudrängen. Eine besonders gefürchtete, für
die Betroffenen oft folgenschwere Einrichtung der traditionellen Dorf-
kultur war die „Katzenmusik" (*rough music, charivari*)." ‚Rough music'
ist der Begriff, der in England im allgemeinen gebraucht wird, um rituali-
sierte Formen der Feindseligkeit gegenüber einzelnen zu beschreiben, die
gegen bestimmte sanktionierte Normen der Gemeinschaft verstoßen haben."[53] Eine solche „Katzenmusik", die meist im Schutze der Dunkelheit
stattfand, konnte sehr unterschiedliche Formen annehmen. Ihnen allen
gemeinsam war „ein rauher, ohrenbetäubender Lärm, ein feindseliges
und mitleidloses Gelächter und das Nachäffen von Obszönitäten". Die
häufigsten Anlässe, die zu einer „Katzenmusik" führten, waren Verstöße
gegen die partriarchalische Hausordnung, sexuelle Vergehen, zügelloses
Verhalten bei verheirateten Paaren, Wiederverheiratungen mit einem zu

großen Altersunterschied und ganz generell Verstöße gegen den ungeschriebenen örtlichen Sitten- und Moralkodex. Die Funktion der *rough music* bestand in jedem Fall darin, eine tatsächliche oder angebliche Schande öffentlich zu machen. *Rough music* „heißt öffentlich aussprechen, was vordem nur privat ausgesprochen wurde. Danach gibt es keinen Nebel mehr. Das Opfer muß am nächsten Morgen mit dem Wissen in die Gemeinschaft hinausgehen, daß es in den Augen jedes Nachbarn und jedes Kindes entehrt ist". Der Zweck, den die Dorfgemeinschaft mit einer solchen Entehrung verfolgte, bestand im allgemeinen darin, das Opfer dazu zu veranlassen, sich in Zukunft konform zu verhalten. In manchen Fällen wurde das Ritual der „Katzenmusik" aber auch gegen ein und dieselbe Person Nacht für Nacht wiederholt. In solchen Fällen wurde das Opfer buchstäblich aus der Dorfgemeinschaft „herausgetrommelt".

Die Tyrannei der lokalen Meinung gegenüber abweichendem Verhalten konnte brutal sein. Das England der frühen Neuzeit verfügte indessen auch über eine Vielzahl volkstümlicher Einrichtungen, die den Zusammenhalt der lokalen Gemeinschaften normalerweise auf harmonischere Art gewährleisteten. Dazu gehörten insbesondere die zahlreichen Stadt- und Dorffeste, die sich über das ganze Jahr erstreckten und an denen sich – zumindest in der ersten Hälfte unserer Epoche – mehr oder weniger sämtliche Bevölkerungsschichten aktiv oder als Zuschauer beteiligten: von den Feiern am ersten Montag nach dem Dreikönigsfest (*Plough Monday*) über die Besichtigung der Gemeindegrenzen in der Himmelfahrtswoche (*Rogationtide*), die Gemeinde- und Kirchweihfeste (*wakes, revels, ales*) und das Erntefest (*harvest home*) bis zu den ausgedehnten öffentlichen Vergnügungen im Anschluß an Weihnachten. Dazu gehörten ferner die Hochzeiten, Tauffeste und Beerdigungen, die regelmäßig einen großen Teil der lokalen Bevölkerung zusammenführten.

Dazu gehörten nicht zuletzt auch die ganz alltäglichen Formen der Begegnung auf lokaler Ebene in Gestalt von Spiel- und Tanzveranstaltungen auf den Dorf- und Stadtplätzen, bei Gelegenheit des gemeinschaftlichen Abendspazierganges oder in einer der zahlreichen Gasthäuser und Wirtschaften. Alle diese Einrichtungen und Veranstaltungen „dienten nicht nur zur Erholung von der körperlichen Arbeit bzw. als Entlastung von herrschaftlicher Unterdrückung, sondern sie waren die zentralen Formen kollektiven Lebens und Handelns".[54] Sie förderten den Abbau von Spannungen und die Regulierung von Konflikten, erleichterten die Integration von neuen Gemeindemitgliedern, bekräftigten die Beziehungen, die die Nachbarn untereinander und mit ihrer natürlichen Umgebung unterhielten, gaben den jungen Leuten Gelegenheit, um ein ander zu werben und bestätigten mit alledem den gemeinsamen Lebenszusammenhang in Dorf und Gemeinde.

3. Paternalismus und Ehrerbietung

Diejenigen sozialen Beziehungen, die innerhalb des Systems der Nachbarschaft stattfanden, waren prinzipiell genossenschaftliche Beziehungen zwischen relativ Gleichgestellten. Die lokalen Gemeinschaften waren indessen nicht nur genossenschaftlich strukturiert, sondern zugleich auch herrschaftlich. Ihr Zusammenhalt beruhte nicht allein auf horizontalen Beziehungen zwischen relativ Gleichgestellten, sondern ebenso auf vertikalen Bindungen zwischen sozial höher und niedriger Gestellten, zwischen Mächtigen und Abhängigen. Diese vertikalen Beziehungen, die überwiegend, aber nicht ausschließlich „von oben" definiert und reguliert wurden, gründeten in den Konventionen von Paternalismus und Ehrerbietung (*deference*).[55]

Die konkrete Bedeutung und Gestaltung der vertikalen Beziehungen auf lokaler Ebene war von Dorf zu Dorf und von Stadt zu Stadt sehr verschieden. Der Hauptunterschied – zumindest auf dem Land – resultierte aus der Anwesenheit bzw. Nicht-Anwesenheit eines Mitgliedes der englischen Herrschaftsklasse. Diejenigen Gemeinden, in denen kein *gentleman* residierte, konnten ihre kommunalen Angelegenheiten weitgehend auf genossenschaftlicher Basis regeln. Nach Peter Laslett war dies im ausgehenden 18. Jahrhundert etwa bei 20% der lokalen Gemeinschaften der Fall. In den übrigen Gemeinden, in denen ein Mitglied der herrschenden Klasse präsent war, wurde das Dorfleben dagegen in mehr oder weniger starkem Ausmaß von dem *manor-house* dominiert, das – neben dem königlichen Hof und den Regierungsstellen in London – die wichtigste Grundlage der öffentlichen Ordnung darstellte. „Wer im Schatten eines solchen Landsitzes oder am Rande der Mauern einer adligen Parkanlage aufwuchs, wußte, wer England regierte", selbst dann, wenn „das große Haus" lediglich von einem Pächter bewohnt wurde.[56]

Die Gemeinde Goodnestone-next-Wingham (Kent) kann hierfür als Beispiel gelten. Wie aus einer Aufzeichnung des für diese Gemeinde zuständigen Pfarrers hervorgeht, lebten in Goodnestone im Jahre 1676 insgesamt 276 Personen, in insgesamt 62 Haushalten. Die durchschnittliche Größe der einzelnen Haushalte lag somit bei 4,5 Personen, was ziemlich genau der Durchschnittsgröße sämtlicher englischer Haushalte in der frühen Neuzeit entspricht. Hinter diesem Durchschnittswert verbergen sich jedoch ganz unterschiedliche tatsächliche Haushaltsgrößen. Wie aus der nachfolgend abgedruckten Tabelle hervorgeht, befand sich unter den 62 Haushalten von Goodnestone ein Haushalt, der nahezu ein Zehntel der gesamten Dorfbevölkerung umfaßte, nämlich „das große Haus" des *landlords* Eduard Hales Esq., in dem insgesamt 22 Personen zusammen lebten, d. i. neben dem *squire* selbst seine Frau, 6 Kinder und 14 Bedienstete. Dieser Eduard Hales war die dominierende Figur in Goodnestone. Ihm gehörte der größte Teil des lokalen Grund und Bodens, der zum Teil von dem *landlord* selbst bewirtschaftet wurde, zum Teil an die ortsansässigen Bauern verpachtet war: der größte Teil an 12 Großbauern, deren Haushalte zusammengezählt über 100 Personen umfaßten, darunter ein Viertel *servants;* der Rest an Kleinbauern, die ihr Land ausschließlich durch Familienmitglieder bestellten (in der Übersicht des Dorfpfarrers sind die beiden Gruppen unter der Kategorie *yeomen* zusammengefaßt). Die 12 Großbauern, die neben ihrem gepachteten Land wahrscheinlich auch noch eigenes Land besaßen und ökonomisch weitgehend selbständig wirtschafteten, bildeten gemeinsam mit dem *squire* die eigentliche Dorfgemeinschaft. Der Rest der Bevölkerung lebte unterhalb der Grenze der Selbstgenügsamkeit und war in mehr oder weniger großem Ausmaß von der Person des Gutsherrn abhängig.

Status der Haushalte	Anzahl der Haushalte	mittlere Haushaltsgröße	Variationsbreite	Anzahl der Mitglieder	Anzahl der Kinder	Anzahl der Dienstboten	Anzahl im Hause wohnender Verwandter
Gentlemen	3	9,0	22, 3, 2	27	7	15	1
Freisassen	26	5,8	12–2	151	64	34	3
Handwerker	9	3,9	8–1	35	16	2	0
Tagelöhner	12	3,2	6–2	38	15	0	0
Arme	12	2,1	6–1	25	11	0	1
insgesamt	62	4,45	22–1	276	113	51	5

Die Einwohnerschaft von Goodnestone-next-Wingham, Kent, 1676
(aus: P. Laslett, Verlorene Lebenswelten.
Geschichte der vorindustriellen Gesellschaft, 1988, S. 83)

Der Bereich der „Untertanenökonomie" umfaßte generell nicht nur „die direkten Gefolgsleute des großen Hauses, die Zimmermädchen und Diener, die Kutscher, Kammerdiener und Gärtner, die Wildhüter und Wäscherinnen, sondern auch die weiteren konzentrischen Ringe einer wirtschaftlichen Klientel – die Gewerbe, die mit dem Reiten zu tun hatten, die Luxusgewerbe, die Damenschneider, Pastetenköche und Weinhändler, die Kutschenmacher, die Gastwirte und Stallknechte".[57] Sie alle waren in der einen oder anderen Weise für die Bestreitung ihres Lebensunterhaltes auf die paternalistische Fürsorge ihrer Herrschaften angewiesen. Die Gunstbezeugungen, die die *landlords* ihren Klienten erweisen konnten, waren überaus mannigfaltig. Die *servants*, die in den adligen Haushalten dienten, besaßen ein heimliches Vorrecht auf die Trinkgelder der Besucher, die abgelegte Kleidung ihrer Herrin und die Überschüsse in der Speisekammer. Die Kleinbauern, die über keine langfristigen Pachtverträge verfügten, waren davon abhängig, daß ihnen ihre Herren günstige Pachtbedingungen einräumten und daß sie ihre Kinder als Bedienstete bei sich aufnahmen. Die Handwerker und Lohnarbeiter erhofften sich von den Dorf- und Stadteliten Aufträge und Beschäftigungsmöglichkeiten. Das gute Leumundszeugnis eines *gentleman* oder *yeoman* konnte ausschlaggebend dafür sein, daß ein zugezogener Arbeiter ein *cottage* am Straßenrand errichten durfte, ein bereits ansässiger Häusler Zugang zu den Gemeindewiesen erhielt oder eine alleinstehende Frau von einer Hexenanklage verschont blieb. Die Armen und Kranken reflektierten auf die milden Gaben der lokalen Patrone.

Wenn die besser gestellten Mitglieder der lokalen Gemeinschaften ihren weniger gut situierten Dorfgenossen und Stadtbewohnern diese und andere Gunstbezeugungen erwiesen, die sie selbst meist wenig kosteten, so taten sie dies jedoch nicht aus uneigennützigen Gründen, sondern um ihre eigene privilegierte Stellung vor sich selbst und der Welt zu rechtfertigen. Alle diese paternalistischen Gesten waren darauf berechnet, „eine Gegenleistung an Ehrerbietung einzubringen, die zu den Aufwendungen in gar keinem Verhältnis stand, und verdienen sicherlich nicht die Bezeichnung ‚Verantwortlichkeit'". Die Quintessenz der Ehrerbietung, welche die Mitglieder der *upper classes* von ihren Schutzbefohlenen erwarteten, war die bedingungslose Anerkennung der Legitimität der bestehenden Gesellschaftsordnung. Um diese Anerkennung zu erreichen, mobilisierten die Eliten nicht nur ihre vielfältigen materiellen Ressourcen, sondern auch die kulturellen Machtmittel, über die sie verfügten, und hier vor allem diejenigen Mittel, die sie ihrer einflußreichen Stellung in der englischen Kirche verdankten. Die Bedeutung der Kirche für das Leben der lokalen Gemeinschaften ging in der frühen Neuzeit weit über das hinaus, was wir heute unter dem Begriff „Religion" verstehen. Wie das *manor-house* die materielle Einheit der Dorfgemeinschaft verkörperte, so tat dies die Institution der Kirche in kultureller Hinsicht. Das Gebäude der Kirche war ganz selbstverständlich der Ort, wo die Dorfgenossen sich versammelten, wenn sie ihre Kirchenvorsteher wählten oder ihre Polizeidiener (*Constables*) und Inspektoren der Armenfürsorge (*Overseers of the Poor*) ernannten.

Der Zyklus der kirchlichen Feste war ein getreuer Spiegel des landwirtschaftlichen Kalenders. Und auch viele Gebräuche der traditionellen Volkskultur waren aufs engste mit der Institution der Kirche verbunden. Die Kirche symbolisierte aber auch in besonderem Maß die hierarchische

Struktur der lokalen Gemeinschaften. Wie in der gesellschaftlichen Welt
so hatte auch in der Kirche jeder Dorf- und Stadtbewohner seinen ange-
stammten Platz, die örtlichen Honoratioren in den vorderen Reihen, die
Angehörigen der abhängigen Schichten in den hinteren Rängen. Die
Kirche betrachtete es sicher auch als ihre Aufgabe, die höher gestellten
Gemeindemitglieder an ihre paternalistischen Pflichten zu erinnern. Ihr
gesellschaftliches Hauptanliegen bestand indessen darin, die niedriger
Gestellten dazu anzuhalten, denjenigen Gehorsam zu leisten, die Gott
nach der Auffassung der Kirche dazu bestimmt hatte, ihnen zu gebieten.
So mußten die Jugendlichen bei ihrer Konfirmation nicht nur verspre-
chen, „Vater und Mutter zu lieben, zu ehren und zu unterstützen", sondern darüber hinaus auch geloben, sich alle ihren „Regenten, Lehrern,
Pfarrern und Vorgesetzten zu unterwerfen", sich „ehrerbietig gegenüber
allen höher Gestellten zu verhalten" und ihre „Pflicht an dem Platz in der
Welt zu erfüllen, wohin es Gott gefällt, (sie) zu berufen".[58] Auf diese und
auf andere Weise unterstützte die Kirche die Bemühungen der weltlichen
Eliten, das gesellschaftliche Bewußtsein des gemeinen Volkes auf die Anerkennung der bestehenden Gesellschaftsordnung festzulegen.

In welchem Umfang die kirchlichen Indoktrinationen von den mittleren und unteren Schichten der lokalen Gemeinschaften tatsächlich inter-
nalisiert wurden, läßt sich kaum exakt feststellen. Peter Laslett hat in
seinem bekannten, inzwischen auch ins Deutsche übersetzten Buch „Verlorene Lebenswelten" die Meinung vertreten, daß die vertikalen Loyali-
tätsbeziehungen im vorindustriellen England so stark waren, daß die
sozialen und ökonomischen Gegensätze dadurch weitgehend überlagert
wurden.[59] Laslett hat in diesem Zusammenhang den Begriff der Einklas-
sengesellschaft (*one-class-society*) geprägt und damit die These verbunden,
daß es im England der frühen Neuzeit zwar eine große Zahl von Status-
gruppen gegeben habe, aber nur eine einzige gesellschaftliche Großgruppe, die dazu im Stande gewesen sei, auf nationaler Ebene Klassensolidaritä-
ten zu entwickeln und ihre Interessen gemeinsam zu vertreten. Diese
eindimensionale Darstellung der englischen Frühneuzeitgesellschaft aus
der „Perspektive von oben" ist indessen auf Widerstand gestoßen. Die
Kritik läßt sich in der Hauptsache in zwei Punkten zusammenfassen.

Zum einen haben neuere Untersuchungen erwiesen, daß es in England
in der frühen Neuzeit durchaus kollektive „Volksaktionen" gegeben hat,
die von einem volkstümlichen Konsens darüber getragen wurden, „was
auf dem Markt, in der Mühle, in der Backstube usf. legitim und was
illegitim war".[60] Edward P. Thompson hat in diesem Zusammenhang von
der „moralischen Ökonomie der Armen" (*moral economy of the poor*)
gesprochen. Im Mittelpunkt dieser kleinbürgerlichen und kleinbäuerlichen „Klassenideologie" stand die Vorstellung, daß es eine natürliche
Ordnung der Gesellschaft gab, in der sowohl die Armen als auch die

Reichen in ihren elementaren Lebensinteressen geschützt waren. Wenn diese moralische Grundannahme in Frage gestellt wurde, wenn sich, mit anderen Worten, die Armen von den Reichen allzu kraß ausgebeutet fühlten, konnte die Ehrerbietung, die die niedriger Gestellten den höher Gestellten normalerweise aus wohlverstandenem Eigeninteresse heraus bereitwillig entgegenbrachten, brüchig werden und einem rebellischen Verhalten Platz machen, das sich in kollektiven Protestaktionen wie Lebensmittelrevolten oder *enclosure-riots* manifestierte. Das Ziel solcher Protestdemonstrationen bestand jedoch im allgemeinen nicht darin, die bestehende soziale Ordnung zu verändern, sondern diese aufrechtzuerhalten bzw. wieder herzustellen. Insofern läßt sich diese plebejische Kultur kaum als revolutionär bezeichnen. Sie war indessen ebensowenig eine bloße Kultur der Ehrerbietung und des Gehorsams. Die Armen haben den Paternalismus der Reichen nicht ohne weiteres „zu deren Bedingungen und nach deren gebilligter Selbstdarstellung" akzeptiert. „Die Armen mochten willens sein, der Gentry ihren Respekt zu zollen, aber nur zu einem Preis. Dieser Preis war beträchtlich und die Ehrerbietung oft ohne die geringste Illusion. Von unten konnte sie teils als notwendige Selbsterhaltung, teils als kalkulierte Erpressung von allem, was immer erpreßt werden konnte, gesehen werden. So gesehen erlegten die Armen den Reichen einige der Pflichten und Funktionen des Paternalismus gerade so auf, wie ihnen selbst wiederum die Ehrerbietung auferlegt wurde. Beide Seiten der Gleichung waren in einem gemeinsamen Kraftfeld eingeschlossen".⁶¹

Der zweite Einwand gegen Lasletts „Einklassenmodell" betrifft die innere Organisation und Bewußtseinslage der englischen Herrschaftsklasse selbst. Eine vollkommene Disziplinierung der breiten Massen der Bevölkerung wäre nur dann möglich gewesen, wenn es „eine geeinte kohärente herrschende Klasse gegeben hätte, die zufrieden gewesen wäre, die Beute der Macht freundschaftlich unter sich aufzuteilen und mittels ihrer immensen Verfügungsgewalt über die Mittel zum Leben zu regieren". Eine solche Kohäsion der *upper classes* hat es in England indessen zu keinem Zeitpunkt der frühen Neuzeit wirklich gegeben. Die kontinuierlichen Gegensätze zwischen einzelnen Adelsfraktionen, zwischen denjenigen Adligen, die am königlichen Hof vertreten waren, und denen draußen im Lande (*Court* versus *Country*), zwischen *cavaliers* und *roundheads* und schließlich zwischen *Whigs* und *Tories* sind nicht zuletzt auf unterschiedliche Traditionen und Strategien in den Beziehungen der Eliten zu den unteren Schichten zurückzuführen.

V. Nationale Integration und lokale Selbstverwaltung

1. Die zentralen Einrichtungen des politischen Systems

Die lokalen Gemeinschaften waren während der frühen Neuzeit diejenigen sozialen Gebilde, mit denen sich die überwiegende Mehrheit der englischen Bevölkerung am stärksten identifiziert hat. Die einzelnen Kommunen und auch die Grafschaften haben indessen nicht isoliert voneinander gelebt. Sie waren vielmehr in mannigfaltiger Weise miteinander verbunden – in linguistischer Hinsicht, insofern alle Engländer dieselbe Sprache redeten; in kultureller Hinsicht, insofern sie viele Wahrnehmungsformen, Wertvorstellungen und Verhaltensweisen miteinander teilten; in wirtschaftlicher und sozialer Hinsicht, insofern zwischen den einzelnen Kommunen und Grafschaften ein reger Bevölkerungs- und Warenaustausch stattfand; vor allem aber auch in juristisch-politischer Hinsicht, insofern sämtliche lokale Gemeinschaften in ein und dieselbe Rechtsordnung eingebunden waren und ein und derselben öffentlichen Gewalt unterstanden.

Im Vergleich zu den kontinentaleuropäischen Staaten hat sich in England bereits während des Mittelalters ein bemerkenswert zentralisiertes Staatswesen entwickelt.[62] Der bedeutendste Faktor der politischen Verfassung Englands war der Monarch, dessen Herrschaft sich mehr oder weniger einheitlich über das gesamte Königreich erstreckte. Eine adlige Territorialherrschaft, wie sie auf dem europäischen Festland existierte, gab es in England nicht. In der Ausübung ihrer Gewalt war die englische Krone indessen auf die Unterstützung der politischen Nation angewiesen, die dadurch auch die Möglichkeit besaß, die Definition der Staatszwecke maßgeblich mit zu bestimmen. Die englische Krone hatte kaum eine Chance, über einen längeren Zeitraum eine Politik durchzusetzen, die das Klasseninteresse des Adels nicht angemessen berücksichtigte. Auf der anderen Seite konnten aber auch die Adligen, deren eigene Macht außer auf ihrem Besitz vor allem darauf beruhte, daß sie an der Gewalt des Königs teilhatten, langfristig nicht an einer schwachen Regierung interessiert sein. Die tatsächliche Stärke des englischen Staatswesen hing somit wesentlich davon ab, daß die Krone und der Adel bei der Ausübung der öffentlichen Gewalt miteinander kooperierten.

Das stärkste Band, das die Krone und den Adel miteinander verknüpfte, war das System der Patronage.[63] Der König verfügte über eine Vielzahl von Möglichkeiten, einzelnen Mitgliedern und Gruppen der Gesellschaft Wohltaten zu erweisen und diese dadurch an sich zu binden. Die wichtigsten Bestandteile der königlichen Patronage waren: Pensionen und Leibrenten; Kronländereien, die unter ihrem Wert verkauft oder verpachtet wurden; Handelslizenzen und Gewerbemonopole; Ehrentitel; und vor allem Staatsämter, die ihren Inhabern Geld, Ansehen und Einfluß vermittelten. Ein Adliger, der die Gunst des Königs oder der Königin besaß, konnte die Verteilung der königlichen Patronage beeinflussen und auf diese Weise seinerseits andere, niedriger gestellte Männer an sich ziehen. Die königliche Patronage bildete somit zugleich ein wichtiges Instrument, um die Größe der lokalen Adelsgefolgschaften (*retinues*) zu regulieren, wie diese umgekehrt für die adligen Patrone ein wichtiges Machtmittel darstellten, sich die Gunst des Königs zu verschaffen bzw. zu erhalten. Die Effizienz des königlichen Patronagesystems hing wesentlich davon ab, daß die Krone die ihr zur Verfügung stehenden Patronagemittel – in wohl dosierter Form – auf möglichst viele Personen verteilte und nicht von Favoriten abhängig war. Denn: „Wie viele andere an und für sich bekömmliche Gerichte konnte auch das System der Patronage leicht ungesunde Reaktionen hervorrufen".[64] Während die kluge Patronageverwendung eine unabdingbare Voraussetzung für das Funktionieren der politischen Herrschaftsordnung darstellte, konnte der Mißbrauch dieses Systems extreme Schäden anrichten, insofern dadurch maßgebliche Teile der *gentlemen* der Krone entfremdet wurden.

Die wichtigsten Institutionen, in denen die Krone und die führenden Repräsentanten des Adels auf zentraler Ebene miteinander verkehrten und durch die sie das Land gemeinsam regierten, waren der königliche Hof (*Court*), der geheime Kronrat (*Privy Council*) und das englische Parlament.[65] Die bedeutendste dieser Institutionen war, zumindest während der ersten Hälfte unserer Epoche, der Hof. Der Hof, dessen Organisation und Funktionsweise sich im Verlauf der frühen Neuzeit wiederholt veränderten, bildete das eigentliche Zentrum der englischen Politik. Hier fanden die meisten Regierungsgeschäfte statt. Gleichzeitig war der Hof der zentrale Ort, an dem die Großen des Landes dem Monarchen ihre Loyalität bekundeten und miteinander um die königliche Patronage konkurrierten. Wer wirklich Macht ausüben wollte, mußte daher regelmäßig am Hof präsent sein.

Die zweite zentrale Institution war der geheime Rat, der unter der Bezeichnung *Star Chamber* auch als Gericht fungierte. Der geheime Rat war das oberste Exekutions- und Beratungsorgan und als solches seit Beginn des 15. Jahrhunderts im politischen System Englands fest etabliert. Im Unterschied zu dem „Großen Rat" (*Great Council*), der nur aus besonderem Anlaß und dann in wechselnder Zusammensetzung zusammentrat, war der geheime Rat ein relativ kleines Gremium, das sich überwiegend aus professionellen „Beamten" rekrutierte und regelmäßig tagte, teils in Anwesenheit des Königs, teils aber auch ohne ihn. Im Mittelpunkt seiner Geschäftstätigkeit standen Fragen der inneren Sicherheit, der nationalen Verteidigung und der Außenpolitik. Daneben hatten die Mitglieder dieses Gremiums eine Vielzahl von Routineangelegenheiten zu verrichten, die mehr oder weniger alle Aspekte des öffentlichen Lebens und darüber hinaus auch die Angelegenheiten einzelner Privatleute betrafen.

Die dritte zentrale Einrichtung der englischen Verfassung war das Parlament. England war in der frühen Neuzeit das einzige größere europäische Land, das über ein einigermaßen funktionsfähiges nationales Repräsentationsorgan verfügte. Das englische Parlament setzte sich seit dem 14. Jahrhundert aus drei Bestandteilen zusammen: dem König, den *Lords* und den *Commons*. Die *Lords* wurden von der Krone persönlich nach Westminster geladen. Die *Commons*, d. i. je zwei Vertreter der Grafschaften und zwei Vertreter derjenigen Städte (*cities*) und Marktflecken (*boroughs*), die aufgrund einer besonderen königlichen *charter* das Recht besaßen, im Parlament vertreten zu sein, wurden von den Wahlberechtigten ihrer Wahlkreise gewählt. In den Grafschaften war das aktive Wahlrecht auf diejenigen männlichen Einwohner beschränkt, die ein Jahreseinkommen von mindestens 40 Shilling aus freiem Grundbesitz bezogen (*40 shilling freeholders*). In den Städten und Marktflecken war die Wahlberechtigung auf unterschiedliche Art und Weise geregelt: in einigen Gemeinden durften alle Bürger wählen, die Steuern zahlten, in anderen nur die Mitglieder der kommunalen Selbstverwaltungsorgane und in wiederum anderen ein noch engerer Personenkreis. Die *cities* entsandten durchweg ihre eigenen *citizens* ins Parlament, die *boroughs* ließen sich hingegen in der Regel nicht durch *burgesses* vertreten, sondern durch Mitglieder der lokalen *gentry*. Regelrechte Wahlen wurden im übrigen nur dann durchgeführt, wenn sich mehr als zwei Kandidaten um die zwei Sitze eines Wahlkreises bewarben. War dies nicht der Fall, so war bereits gewählt, wer in der vorgesehenen Form als Kandidat benannt wurde.

Die beiden wichtigsten Rechte des englischen Parlaments waren das Steuerbewilligungsrecht und das Recht auf Mitwirkung an der Gesetzgebung. Die vom König, den *Lords* und den *Commons* gemeinsam beschlossenen Gesetze (*Statutes*) verkörperten die höchste Form des Rechts in England. In der Theorie konnte ein *Statute* nur schon bestehendes Recht allgemein verbindlich feststellen bzw. näher erläutern. In Wirklichkeit hat das englische Parlament jedoch auch systematisch solche *Statutes* verabschiedet, mit denen neues Recht gesetzt wurde. Nach der traditionellen *Whig*-Geschichtsschreibung besaß das Parlament in erster Linie die Funktion, die Macht der Krone zu begrenzen und zu kontrollieren. In der Praxis war das Parlament jedoch, wie zuletzt vor allem Elton betont hat, überwiegend nicht ein Ort des Konfliktes, sondern ein Ort des Kontaktes, an dem die Krone, die *Lords* und die *Commons* in gegenseitigem Interesse einvernehmlich miteinander kooperierten. Dabei war die Krone vor allem daran interessiert, daß das Parlament ihr die finanziellen Mittel bewilligte, die sie zum Regieren benötigte. Die Erwartungen der *Lords* und *Commons* lassen sich nicht so leicht auf einen

Nenner bringen. Obwohl diese sich als Repräsentanten des gesamten englischen Volkes darstellten, vertraten sie doch in erster Linie die Interessen ihres Standes, ihres Wahlkreises und ihrer eigenen Familie.

Neben dem königlichen Hof, dem geheimen Rat und dem Parlament gab es in London auch noch eine Reihe anderer Regierungsstellen, die für die politische Routinearbeit zuständig waren und dafür zu sorgen hatten, daß die von der Krone und deren wichtigsten Ratgebern getroffenen Entscheidungen und Beschlüsse tatsächlich vollzogen wurden. Die wichtigsten dieser „Behörden" waren zu Beginn unserer Epoche: 1. das königliche Siegelamt (*Signet*), das als persönliches Sekretariat des Königs fungierte; 2. das geheime Siegelamt (*Privy Seal office*), das als allgemeines Schreibbüro für die Ausfertigung der offiziellen Verwaltungsanordnungen der Krone bzw. des geheimen Rates zuständig war und in dieser Eigenschaft u. a. auch die Instruktionen an die königlichen Beamten und an die Gesandten an den ausländischen Höfen sowie die Anweisungen an das Kanzleramt und das Schatzmeisteramt anfertigte; 3. das Kanzleramt (*Chancery*), das über das große Siegel (*Great Seal*) verfügte und damit – nach entsprechender Aufforderung durch das *Privy Seal* – diejenigen Maßnahmen veranlassen konnte, die besonders juristisch relevant waren, wie die Übertragung von Land, die Ernennung von Beamten oder den Abschluß von Verträgen mit ausländischen Staaten; sowie 4. das Schatzmeisteramt (*Exchequer*), das – unter der Leitung des Schatzmeister (*Lord Treasurer*) – gemeinsam mit dem *Court of the Dutchy of Lancaster* und den Finanzinstitutionen des königlichen Haushaltes (*the Chamber* und *the Wardrobe*) für die Eintreibung und Verwaltung der königlichen Finanzen zuständig war.

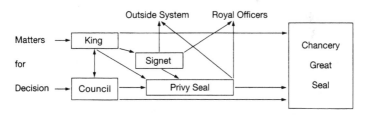

Der englische Regierungsapparat zur Zeit der Tudors
(aus: P. Williams, The Tudor Regime, 1979, S. 40)

Der zahlenmäßige Umfang des englischen Staatspersonals blieb während der gesamten frühen Neuzeit bemerkenswert gering. Unter der Königin Elisabeth gab es in England etwa 600 Beamte, die die Kronländereien verwalteten, und weitere 600, die in den anderen Abteilungen der staatlichen Verwaltung arbeiteten.[66] In dem Bevölkerungstableau Gregory Kings wird die Gesamtzahl der englischen *office-holders* für das Jahr

1680 auf circa 10000 geschätzt. Die französische Monarchie hat demgegenüber bereits zu Beginn des 17. Jahrhunderts an die 40000 Staatsdiener beschäftigt. Die Ernennung der englischen *office-holders* erfolgte durchweg auf dem Wege der Patronage. Die Staatsdiener betrachteten sich selbst als Eigentümer ihrer Ämter und waren, mit Ausnahme der obersten Regierungsbeamten, nicht kündbar. Die Entlohnung der bezahlten Staatsdiener bestand hauptsächlich nicht in dem Gehalt, das sie von der Krone empfingen, sondern in den Gebühren, die sie für jeden offiziellen Akt von den englischen Staatsuntertanen einzogen. Daneben konnte ein Großteil der Amtsinhaber mit Nebeneinnahmen rechnen, sowohl in Form von königlichen Gunsterweisungen als auch von privaten Bestechungsgeldern. Der Personenkreis, der diese lukrativen Stellen besetzte, rekrutierte sich im wesentlichen aus der Schicht der adligen Landbesitzer. Eine besondere *noblesse de robe* hat es in England im Unterschied zu Frankreich nicht gegeben.

2. Die Grundlagen der lokalen Selbstverwaltung

Während die zentralen Regierungsbeamten von der englischen Krone und der englischen Bevölkerung bezahlt wurden, wurden die Grafschaften und Kommunen in erster Linie von unbezahlten Amateuren verwaltet.[67] An der Spitze der Grafschaftsverwaltung standen seit dem ausgehenden 16. Jahrhundert die *Lord-Lieutenants,* als Leiter der Grafschaftsmiliz (*militia*). Die *Lord-Lieutenants* wurden vom König ernannt. Dabei handelte es sich in der Regel um große Aristokraten, die gleichzeitig Mitglieder des königlichen Rates waren und daher die Aufgaben, die mit dem Amt der *Lieutenants* verbunden waren, nur zum Teil persönlich wahrnehmen konnten. Der größte Teil ihrer Arbeit wurde von sogenannten *Deputy Lieutenants* verrichtet, die der lokalen *gentry* angehörten und – im 18. Jahrhundert – Landbesitz im Pachtwert von 400 Pfund p. a. besitzen mußten. Die *Lieutenants* und *Deputy-Lieutenants* waren in erster Linie für das Training und die Ausrüstung der Miliz-Regimenter zuständig, die bis in das 18. Jahrhundert hinein den Kernbestand der englischen Landstreitkräfte bildeten. Daneben nahmen die *Lord-Lieutenants* aber auch noch etliche zivile Verwaltungsaufgaben wahr. Sie achteten darauf, daß die Regierungsverordnungen zur Regulierung des Wirtschaftslebens in ihren Grafschaften eingehalten wurden; überwachten die Nonkonformisten (*recusants*), die sich in ihren Distrikten aufhielten; zogen die Darlehen ein, die gelegentlich von den Steuerpflichtigen zur Finanzierung von außerordentlichen Ausgaben der Krone erhoben wurden; machten Empfehlungen für die Ernennung von Friedensrichtern; und informierten die Krone über die öffentliche Stimmung in den ihnen zugewiesenen Grafschaften. Die *Lord-Lieutenants* bildeten damit das wichtigste Bindeglied zwischen den zentralen Regierungsbehörden und der lokalen Selbstverwaltung.

Unterhalb der *Lord-Lieutenants* und der *Deputy-Lieutenants* standen die Friedensrichter (*Justices of the peace*). Die Friedensrichter bildeten in der frühen Neuzeit die eigentliche Grundlage der lokalen Verwaltung. Wie die *Lieutenants* so waren auch die *Justices of the peace* auf der einen Seite ein integrierender Bestandteil der verallgemeinerten königlichen Gewalt, auf der anderen Seite aber zugleich auch ein gemeinsamer ständischer Besitz des Adels. Die Friedensrichter wurden zwar vom König ernannt und von dem königlichen Rat in ihrer Amtsführung kontrolliert, mußten jedoch Angehörige der lokal verwurzelten *gentry* sein und als solche Grundeigentum mit einem jährlichen Ertragswert von mindestens 20 Pfund (ab 1732 100 Pfund) besitzen – das Zehnfache dessen, was als Qualifikation für das aktive Wahlrecht in den Grafschaften verlangt wurde. „Die lokale Regierung Englands" sollte also, wie es der englische Rechtshistoriker Maitland einmal formuliert hat, „eine Regierung von Landadeligen sein".[68] Die Friedensrichter, die sich, wie ihr Name schon andeutet, ursprünglich in erster Linie um die Aufrechterhaltung bzw. Wiederherstellung des Friedens im Land zu kümmern hatten, waren in der frühen Neuzeit sowohl im Bereich der Justiz als auch im Bereich der Verwaltung tätig. Ihre Hauptwirkungsstätte war der *Court of the Quarter Sessions of the Peace,* der nicht nur als Kriminalgericht fungierte, sondern im Laufe der Zeit auch immer mehr administrative Aufgaben übernahm und insofern die „eigentliche Regierungsbehörde" auf Grafschaftsebene darstellte. *Quarter Sessions* mußten mindestens vier mal im Jahr stattfinden, konnten aber bei Bedarf auch häufiger angesetzt werden. Für kleinere Vergehen waren die sogenannten *Petty Sessions* zuständig, bei denen keine Geschworene mitwirkten. Sie konnten das ganze Jahr über einberufen werden. Eine juristische Ausbildung wurde nur von den Friedensrichtern vorausgesetzt, die bei den *Quarter Sessions* mitwirkten. Der größte Teil der Rechtsübertretungen, die in England während der frühen Neuzeit stattfanden, wurde somit von Laienrichtern geahndet, die sich – auch wenn sie in der Regel nicht ganz ohne Rechtskenntnisse waren – in ihrer richterlichen Tätigkeit „in erster Linie auf ihren gesunden – nämlich ständisch-klassenmäßig geprägten Menschenverstand" verließen.[69] Zu Beginn der Tudor-Epoche waren in jeder englischen Grafschaft durchschnittlich weniger als 10 Friedensrichter im Amt. Während der Regierungszeit der Königin Elisabeth stieg diese Zahl auf durchschnittlich 40–50 und in der Folgezeit ist sie noch weiter in die Höhe gegangen. Diese Entwicklung ist zum Teil darauf zurückzuführen, daß den Friedensrichtern im Verlauf des 16. und 17. Jahrhunderts immer mehr Verwaltungsaufgaben übertragen wurden, so daß sie schließlich die Anwendung von über 300 Gesetzen zu überwachen hatten, die alle ir-

gendwie die Aufrechterhaltung der öffentlichen Ordnung betrafen. Zum
Teil war hierfür aber auch die Tatsache verantwortlich, daß immer mehr
Angehörige der lokalen *gentry* aus Prestigegründen in das Amt des Frie-
densrichters hineindrängten, ohne die damit verbundenen öffentlichen
Pflichten tatsächlich wahrzunehmen.

Die Grafschaften waren die fundamentalen Einheiten der lokalen Verwaltung, aber unterhalb der Grafschaftsebene gab es auch noch andere
Verwaltungseinrichtungen, die für das Funktionieren des englischen Re-
gierungssystems von großer Bedeutung waren. Dazu gehörten insbesondere die Zentgrafschaften (*hundreds*) und die Kirchspiele (*parishes*). Die
Zentgrafschaften waren vor allem für den Einzug der Steuern und die
Musterung der Miliz wichtig. An ihrer Spitze standen jeweils zwei Großkonnetabeln (*High* oder *Chief Constables*), die in der Regel aus dem
Kreis der *lesser gentlemen* berufen wurden. Wesentlich wichtiger als die
Zentgrafschaften waren indessen die ca. 10000 englischen Kirchspiele, die
– insbesondere nach der Reformation – neben ihren kirchlichen Funktionen eine Vielzahl weltlicher Verwaltungsaufgaben wahrnahmen, insbesondere im Zusammenhang mit der lokalen Armenpflege. Die *parishes*
waren zum Teil mit den Dorfgemeinschaften identisch, zum Teil faßten
sie aber auch mehrere Ortschaften und Weiler zu einer Verwaltungsein-
heit zusammen, während sie in den größeren Städten auf einzelne Stadtteile bzw. Straßenzüge beschränkt waren. Die wichtigsten öffentlichen
Repräsentanten und Einrichtungen der Kirchspiele waren: 1. der Pfarrer,
der meist von den adligen Herren präsentiert wurde; 2. die Kirchspielversammlung (*Vestry*), der entweder alle Gemeindemitglieder angehörten
oder, wie zum Beispiel in London, nur eine kleine Gruppe von Honoratioren (*Vestrymen*), die die Gemeinde repräsentierten; 3. die Kirchenvorstände (*Churchwardens*) und der lokale Polizeidiener (*Constable*), der
außer für den Einzug der Steuern und die Abwicklung der Musterungen
insbesondere für die Aufrechterhaltung der öffentlichen Ordnung zuständig war und bei der Wahrnehmung dieser Aufgabe auch Arrestierun-
gen vornehmen konnte; sowie 4., nach der gesetzlichen Reform des englischen Armenrechts, die Inspektoren der Armenfürsorge (*Overseers of
the Poor*), die – unter der Oberaufsicht der *Vestry* und zweier Friedensrichter – die lokalen Personallisten (*poor rate assessment lists*) erstellten,
die für die Erhebung der lokalen Armensteuer (*poor rate, poor levy*)
maßgeblich waren und darüber hinaus teilweise auch bei der Feststellung
der Wahlberechtigten mitwirkten. Die Kirchenvorstände, Polizeibeam-
ten und Armeninspektoren wurden jährlich oder halbjährlich von der
Kirchspielversammlung gewählt. Dabei wurden die Kirchenvorstände
und die Armeninspektoren – ebenso wie die Geschworenen der *Quarter
Sessions* – in der Regel aus der kleinen *gentry* und der *yeomanry* berufen,
während sich die Dorfpolizisten und Gehilfen der Kirchenvorsteher (*si-*

desmen) in erster Linie aus den Schichten der Kleinbauern und Handwerker rekrutierten.

In den ca. 200 städtischen Gemeinden, die durch eine königliche Schenkungsurkunde (*charter*) inkorporiert waren (*incorporated borough*), war die wichtigste Verwaltungseinrichtung der Stadtrat (*corporation*), dessen Mitglieder zum Teil gewählt wurden, zum Teil sich selbst ergänzten. Die überwiegende Zahl dieser *boroughs* wurde von einer kleinen Zahl wohlhabender Kaufmannsfamilien regiert, die in ihrer Amtsführung in großem Maße autonom waren. „Die Behörden der Boroughs unterstanden zwar der Rechtsaufsicht der königlichen Gerichte; diese Rechtsaufsicht wurde jedoch erst wirksam, wenn sich die Stadträte Verletzungen ihrer Verfassungen zuschulde kommen ließen, die dann überdies – und das war angesichts der Kosten eines Gerichtsverfahrens in London ein schier unüberwindliches Hindernis – noch von jemandem eingeklagt werden mußten. Ansonsten waren die Stadträte in ihren Entscheidungen nur an die allgemeinen Gesetze und an die Zirkularinstruktionen der Regierung im gleichen Maße wie die Quarter Sessions gebunden".[70] Der einzige ernsthafte Versuch der Krone, die Macht der lokalen Eliten zu beschränken, endete 1688/89 in der Glorreichen Revolution.

Das allgemeine Ordnungsgefüge, in dem die Engländer und Engländerinnen in der frühen Neuzeit gelebt haben, hat sich im Verlauf dieser Epoche nicht grundlegend verändert. Aber im Rahmen dieser strukturellen Kontinuität haben sich aus dem Handeln der Menschen wirtschaftliche und soziale Wandlungsprozesse ergeben. Diese haben ihrerseits ein Eingreifen der staatlichen Ordnungsmacht erfordert und damit zugleich eine teilweise Transformation des Ancien régime erzwungen. Das Wechselverhältnis von sozio-ökonomischem Wandel und politischer Reform steht im Mittelpunkt der beiden folgenden Kapitel.

Zweites Kapitel
Prosperität und Mobilität.
Prozesse wirtschaftlichen und sozialen Wandels
im 16. und 17. Jahrhundert

I. Bevölkerungswachstum und Preisrevolution

1. Säkulare Wirtschaftslagen

Das 16. Jahrhundert war für Europa im allgemeinen und für England im besonderen ein Zeitalter der säkularen Prosperität, mit John Maynard Keynes gesprochen: „eine der größten Aufschwungszeiten bis zu den neueren Ereignissen in den Vereinigten Staaten... In diesen Goldenen Jahren wurde der Kapitalismus geboren".[71] Wie es zu diesem zweiten großen Wirtschaftsaufschwung seit der Wiederentstehung der Städte gekommen ist, welche Kräfte und Entscheidungen somit die europäische Gesellschaft im allgemeinen und die englische im besonderen aus der langen „Krise des späten Mittelalters" herausgeführt haben, ist noch weitgehend umstritten. Auch die Frage, ob die wirtschaftliche Produktivität im Verlauf des 16. Jahrhunderts nur absolut oder auch pro Kopf der Bevölkerung gestiegen ist, läßt sich wegen der ungünstigen Quellenlage nur schwer beantworten. Die Existenz dieser säkularen Prosperitätsphase als solche gilt jedoch heute allgemein als erwiesen.[72]

Der englische Historiker J. Guy hat die Vermutung geäußert, daß England „unter den Tudors ökonomisch gesünder, expansiver und optimistischer war als zu irgendeiner Zeit seit der römischen Besetzung Britanniens".[73] Neuere Untersuchungen haben indessen nachgewiesen, daß die englische Wirtschaftskonjunktur sich bereits vor dem Regierungsantritt der Stuarts (1603) deutlich abschwächte. „Die letzten Jahre der Regierung Elisabeths können nicht mehr länger als eine Phase der wirtschaftlichen Expansion betrachtet werden".[74] Im Verlauf der ersten Hälfte des 17. Jahrhunderts ist die säkulare Prosperität des 16. Jahrhunderts dann endgültig zu Ende gegangen. Der Historiker, der sich mit dieser Epoche beschäftigt, „hat weniger die expansive Kraft des wirtschaftlichen Aufschwungs zu demonstrieren als vielmehr zu untersuchen, welche Hindernisse das Wachstum beschränkt haben".[75] Im Rückblick von heute läßt sich zwar feststellen, daß die englische Wirtschaft insgesamt gesehen auch in den „mageren Jahren" der frühen Stuart-Zeit zumindest das Niveau behauptete, das sie am Ende der Tudor-Epoche erreicht hatte. Die Zeitgenossen erlebten die erste Hälfte des 17. Jahrhunderts jedoch überwiegend als „eine Zeit schmerzhafter wirtschaftlicher Umstellung". Das letzte Jahrzehnt dieser wirtschaftlichen Stagnationsphase war zugleich diejenige Epoche, in der England von den schwersten politischen und sozialen Unruhen während der frühen Neuzeit heimgesucht wurde. Die schwierige Frage, ob und in welcher Weise diese beiden Krisenerscheinungen miteinander zusammenhingen, ist in anderem Zusammenhang des näheren zu erörtern. Der Übergang von der säkularen Prosperität des 16. Jahrhunderts in die „Krise des 17. Jahrhunderts" war ein Vorgang, der mehr oder weniger in ganz Europa stattfand. Während die damit einsetzende Trendperiode der Stagnation oder sogar Depression jedoch in den meisten kontinentaleuropäischen Staaten bis weit in das 18. Jahrhundert hinein andauerte, setzte in England bereits in der zweiten Hälfte des 17. Jahrhunderts ein erneuter Konjunkturaufschwung ein, in dessen weiterem Verlauf sich Großbritannien neben den Niederlanden als die führende Wirtschaftsmacht in Europa etablierte. Die entscheidende Etappe dieses wirtschaftlichen Aufstiegs fand erst im 18. Jahrhundert statt. Die Grundlagen hierfür wurden jedoch bereits in den letzten vier Jahrzehnten des 17. Jahrhunderts gelegt – nach dem Urteil von Charles Wilson „eine der fruchtbarsten und fortschrittlichsten Perioden in der englischen Geschichte bis auf unsere Zeit". In ihr hat England wahrscheinlich das größte Wirtschaftswachstum in vorindustrieller Zeit erzielt.

2. Das Wachstum und die geographische Umverteilung der Bevölkerung

Die beiden markantesten quantitativ nachweisbaren Komplementärerscheinungen, die den frühkapitalistischen Wirtschaftsaufschwung in England begleitet haben, waren erstens der deutliche Anstieg und die gleichzeitige geographische Umverteilung der Bevölkerung; und zweitens die sogenannte „Preisrevolution", d. i. der säkulare Anstieg der Preise, der – bei gleichzeitiger Stagnation der Löhne – eine bis dahin noch nicht erlebte Profitexpansion zur Folge hatte. Die beiden Phänomene hängen eng miteinander zusammen, und werden daher in diesem Kapitel gemeinsam behandelt.

Nach den Berechnungen von E. A. Wrigley und R. S. Schofield hat sich die Bevölkerung Englands im Verlauf des 16. und 17. Jahrhunderts mehr als verdoppelt: von 2,26 Millionen Menschen im Jahre 1525 auf 5,06 Millionen im Jahre 1701.[76] Die Entwicklung der Bevölkerung erreichte damit im Verlauf des 17. Jahrhunderts erneut das Niveau, das sie am Vorabend des „Schwarzen Todes" (1348) schon einmal gehabt hatte. Welche Kräfte und Entscheidungen diese demographische Erholung im einzelnen ermöglicht und bedingt haben, ist unter den Bevölkerungshistorikern umstritten. Während die einen hierfür in erster Linie das seltenere Auftreten und die begrenztere Reichweite von ansteckenden Krankheiten und das dadurch verursachte Sinken der Sterblichkeitsrate verantwortlich machen, sehen die anderen die entscheidende Ursache in der durch die günstigen ökonomischen Verhältnisse möglich gewordenen Zunahme der Eheschließungen und dem dadurch bedingten Anstieg der Geburtenrate. Die demographische Erholung Englands reicht in ihren Anfängen bis in die beiden letzten Jahrzehnte des 15. Jahrhunderts zurück. Sie schritt zunächst nur sehr langsam voran, beschleunigte sich jedoch seit den zwanziger Jahren des 16. Jahrhunderts und erreichte um 1550 einen ersten Höhepunkt, als die englische Bevölkerung nach über zwei Jahrhunderten erstmals wieder über drei Millionen Menschen betrug. Die 50er Jahre brachten dann, bedingt durch eine Reihe schlechter Ernten und gleichzeitige Krankheitsepidemien mit nationaler Reichweite, einen erneuten Bevölkerungsrückgang, der jedoch im weiteren Verlauf des 16. Jahrhunderts wieder mehr als ausgeglichen wurde, so daß am Ende der Tudorzeit über vier Millionen Menschen in England lebten. In den ersten vier Jahrzehnten des 17. Jahrhunderts stieg die englische Bevölkerung dann um weitere 25% auf über fünf Millionen, um zu Beginn der fünfziger Jahre mit gut 5,2 Millionen ihren säkularen Höhepunkt zu erreichen. In der Folgezeit stabilisierten sich die englischen Bevölkerungsverhältnisse dann auf diesem hohen Niveau. Nach den Schätzungen von Wrigley und Schofield lebten zu Beginn des 18. Jahrhunderts in England 5 058 000 Menschen. Das waren rund eine Million mehr als zu Beginn des 17. Jahrhunderts und rund 2,3 Millionen mehr als im Jahre 1541.

1541	2773851	1606	425335	1671	4982687	1736	5450392
1546	2853711	1611	4416351	1676	5003488	1741	5576197
1551	3011030	1616	4509865	1681	4930385	1746	5634781
1556	3158664	1621	4692975	1686	4864762	1751	5772415
1561	2984576	1626	4719684	1691	4930502	1756	5993415
1566	3128279	1631	4892580	1696	4961692	1761	6146857
1571	3270903	1636	5058102	1701	5057790	1766	6277076
1576	3412722	1641	5091725	1706	5182007	1771	6447813
1581	3597670	1646	5176571	1711	5230371	1776	6740370
1586	3805841	1651	5228481	1716	5275978	1781	7042140
1591	3899190	1656	5281347	1721	5350465	1786	7289039
1596	4011563	1661	5140743	1726	5449957	1791	7739889
1601	4109981	1666	5067047	1731	5263374		

Die englische Bevölkerung, 1541–1791
(aus: E. A. Wrigley und R. S. Schofield, The Population History of England,
1541–1871: A Reconstruction, 1981, S. 208f.)

Die demographische Expansion, die diese Zahlen dokumentieren, bildete eine Entwicklung, von der mehr oder weniger ganz England betroffen wurde. Die konkreten Wachstumsraten und auch der zeitliche Rahmen, in dem sich das Wachstum vollzog, variierten jedoch von Region zu Region und von Gemeinde zu Gemeinde beträchtlich. Während die Bevölkerung von Staffordshire sich zum Beispiel zwischen 1563 und 1660 verdoppelte, stieg sie im Forest of Arden in Warwickshire von 1570 bis 1650 lediglich um 50%. In Wigston Magna (Leicestershire) fand die demographische Expansion in der Hauptsache in den späten Jahrzehnten des 16. Jahrhunderts statt und war um 1620 im wesentlichen abgeschlossen. In Cumbria hingegen vermehrte sich die Bevölkerung zunächst von 1563 bis 1603 um 43%, ging dann von 1603 bis 1641 um ca. 9% zurück, um schließlich um 1680 erneut das Niveau von 1603 zu erreichen. Diese regionalen und lokalen Entwicklungsvarianten resultierten zum Teil aus unterschiedlichen natürlichen Wachstumsraten, zum Teil aber auch aus Wanderungsbewegungen, die eine deutliche geographische Umverteilung der Bevölkerung mit sich brachten. Die Motive, die die Menschen im Tudor- und Stuart-England dazu veranlaßten, ihre Heimatgemeinden zu verlassen und sich in der Fremde niederzulassen, waren im einzelnen sehr verschieden. Ein kleiner Kreis von Privilegierten entschied sich dazu freiwillig aus Karrieregründen (= *betterment migration*). Die meisten Menschen taten diesen Schritt jedoch gezwungenermaßen, weil sie sich in ihrer Heimatgemeinde nicht mehr ernähren konnten (= *subsistence migration*).

Der Hauptstrom der Bevölkerungswanderungen, die in England im 16. und 17. Jahrhundert stattfanden, bewegte sich vom Land in die Städte.[77] Die Städte waren dank ihres Wirtschaftspotentials und ihrer Versorgungssysteme am ehesten dazu in der Lage, die auf dem Land erwerbslos gewordenen Menschen bei sich aufzunehmen. Die Städte waren zugleich auch auf regelmäßige Zuwanderungen angewiesen, weil sie – aufgrund ihrer relativ hohen Sterblichkeitsrate und ihrer verhältnismäßig niedrigen Geburtenrate – meist nicht dazu in der Lage waren, ihre Bevölkerung aus eigener Kraft allein zu reproduzieren. Das gilt insbesondere für die Hauptstadt London, die nach den Berechnungen von Beier und Wrigley in dem Zeitraum von 1560 bis 1620 durchschnittlich 5600 Zuwanderer im Jahr benötigte, um ihre Bevölkerungsdefizite zu ersetzen, und in der Zeit von 1650 bis 1700 sogar an die 8000. So hat London im 16. und 17. Jahrhundert insgesamt gesehen rund zwei Drittel der „überschüssigen" Landbevölkerung absorbiert. Nicht alle Menschen, die sich im Tudor- und Stuart-England auf die Wanderschaft begaben, zog es jedoch vom Land in die Städte. Ein zweiter Bevölkerungsstrom bewegte sich innerhalb des ländlichen Englands aus den relativ dicht besiedelten Ackerbauregionen in die vergleichsweise dünn besiedelten Weide- und Waldzonen, in denen häufig noch extensiv *common land* zur Verfügung stand, das die Neuankömmlinge zur Tierhaltung benutzen konnten. Davon abgesehen waren in den Wald- und Weidezonen auch zahlreiche Verlagsindustrien angesiedelt, die den Zuwanderern die Möglichkeit boten, ihre Einkünfte aus der Landwirtschaft durch Lohnarbeit im Gewerbesektor zu ergänzen.

3. Preisanstieg und Lohnverfall

Das säkulare Wachstum und die geographische Umverteilung der englischen Bevölkerung hat im Verlauf des 16. und 17. Jahrhunderts dazu geführt, daß immer mehr Engländer und Engländerinnen ihre elementaren Lebensmittel nicht mehr selbst produzierten, sondern käuflich erwarben. Auf diesem Hintergrund versteht sich die Bedeutung des zweiten Phänomens, das in diesem Kapitel zur Diskussion steht, die sogenannte „Preisrevolution".[78]

Wie das Wachstum der Bevölkerung, so war auch der säkulare Anstieg der Preise eine Entwicklung, von der mehr oder weniger ganz Europa erfaßt wurde. Die Zeitgenossen haben hierfür vor allem den Import der amerikanischen Edelmetalle verantwortlich gemacht und die dadurch erzeugte Vergrößerung der Geldmenge, die – ohne gleichzeitige Steigerung des Produktionsvolumens – den Wert des Geldes reduziert und damit die Inflation in Gang gesetzt habe. Dieser monetäre Erklärungsansatz hat auch in der Geschichtswissenschaft lange eine herausragende Rolle gespielt. Inzwischen gehen die Historiker jedoch überwiegend davon aus, daß die kurzfristigen Preisfluktuationen im 16. und 17. Jahrhundert in erster Linie durch schwankende Ernteerträge verursacht wurden. Die langfristige Aufwärtsbewegung der Preise aber wird heute in der Hauptsache auf den Druck der steigenden Nachfrage zurückgeführt, die von der wachsenden Bevölkerung ausging – eine Nachfrage, die nur schwer zu befriedigen war, solange ein Großteil der landwirtschaftlichen Produzenten ihr wirtschaftliches Verhalten an den Prinzipien der Subsistenzökonomie orientierte.

Die durchschnittliche Inflationsrate, die England im „langen 16. Jahrhundert" erlebte, lag etwa bei 2% im Jahr. Das erscheint im Vergleich zu den Inflationsraten, die das 20. Jahrhundert produziert hat, nicht sonderlich „revolutionär". Das eigentliche Problem, das unter dem Begriff „Preisrevolution" diskutiert wird, ist indessen auch nicht der säkulare Anstieg der Preise an und für sich, sondern die einschneidende Verschiebung des Preisgefüges, die mit dem absoluten Preisanstieg einherging. Der im folgenden abgedruckte Index der Agrarpreise läßt deutlich erkennen, daß sich die Preise für Getreide, Tierprodukte und Wolle von 1480 bis 1520, als es noch keinen spürbaren Bevölkerungsdruck gab, mehr oder weniger parallel bewegten und insgesamt nur wenig anstiegen. Mit der Beschleunigung des Bevölkerungswachstums seit den zwanziger Jahren lassen sich dann zwei wichtige Veränderungen feststellen. Erstens: Die Preise für alle drei landwirtschaftlichen Produkte gingen deutlich in die Höhe. Und zweitens: Die Getreidepreise und damit die Preise für Grundnahrungsmittel, auf die die Menschen existentiell angewiesen waren, stiegen merklich schneller als diejenigen für Fleisch und Wolle bzw. Textilien. Den größten Sprung nach oben machten die Preise für landwirtschaftliche Produkte insgesamt und jene für Getreide insbesondere in den fünfziger Jahren des 16. Jahrhunderts, als England von einer Reihe verheerender Mißernten heimgesucht wurde. Die dadurch mitbedingten Bevölkerungsverluste bewirkten, in Verbindung mit besseren Ernteerträgen in den sechziger Jahren, eine spürbare Verlangsamung des Preisanstiegs für landwirtschaftliche Produkte, wobei die Getreidepreise sogar vorübergehend sanken. Mit dem erneuten Anstieg der Bevölkerung zogen dann aber auch die Preise in der Folgezeit wieder deutlich an, so daß Getreide in England am Ende des 16. Jahrhunderts fast sechs mal soviel kostete wie zu Beginn des Jahrhunderts, während die Preise für Fleisch- und Tierprodukte in der gleichen Zeit um das dreieinhalb- bis vierfache anstiegen.

Dekade	Getreide	Tierprodukte	Wolle
1480–9	114	107	113
1490–9	97	101	96
1500–9	112	102	93
1510–9	115	118	119
1520–9	154	105	111
1530–9	161	127	122
1540–9	187	159	153
1550–9	348	213	206
1560–9	316	236	205
1570–9	370	257	234
1580–9	454	295	225
1590–9	590	372	315
1600–9	560	387	348

Durchschnittliche Preise für landwirtschaftliche Produkte in England, 1480–1609
(1450–99 = 100)
(aus: J. Guy, Tudor England, 1988, S. 35)

Der Anstieg der Preise für Gewerbeprodukte fiel demgegenüber deutlich niedriger aus. Die Preise für Textilien stiegen vom Ausgang des 15. Jahrhunderts bis zum Beginn des 17. Jahrhunderts mehr oder weniger kontinuierlich von 112 auf 276 Punkte, diejenigen für eine Reihe anderer Manufakturwaren von 98 auf 256 Punkte. Die Differenz des Preisanstiegs zwischen landwirtschaftlichen und gewerblichen Produkten ist vor allem darauf zurückzuführen, daß die ärmeren Schichten wegen der hohen Preise für Grundnahrungsmittel weitgehend auf den Kauf von Textilien und anderen Manufakturwaren verzichten mußten.

Dekade	(1)	(2)	(3)
1480–9	116	93	86
1490–9	101	103	104
1500–9	104	96	97
1510–9	111	88	89
1520–9	148	76	80
1530–9	155	68	80
1540–9	192	70	71
1550–9	289	51	59
1560–9	279	62	66
1570–9	315	64	69
1580–9	357	57	57
1590–9	472	47	49
1600–9	475	46	50

Lebenshaltungskosten und Löhne in Südengland, 1480–1609
(1) Durchschnittliche Lebenshaltungskosten (1451–75 = 100)
(2) Kaufkraft der Löhne von Bauarbeitern (1450–99 = 100)
(3) Kaufkraft der Löhne von Landarbeitern (1450–99 = 100)
(aus: J. Guy, Tudor England, 1988, S. 38)

Der wichtigste Aspekt der „Preisrevolution" war indessen die einschneidende Verschiebung der Relation zwischen den Preisen und Löhnen. Während sich die Preise im Verlauf des 16. Jahrhunderts insgesamt gesehen vervierfachten, haben sich die Löhne in derselben Zeit lediglich knapp verdoppelt. Diese Entwicklung ist wahrscheinlich in erster Linie auf die – durch den säkularen Bevölkerungsanstieg und die Umgestaltung der ländlichen Eigentumsverhältnisse bedingte – Zunahme des Angebots an Arbeitskräften zurückzuführen, daneben aber auch auf die staatliche Lohnpolitik, die – mittels der gesetzlichen Festsetzung von Höchstlöhnen – das allgemeine Lohnniveau künstlich niedrig zu halten versuchte. „Jeder außer einem Idioten weiß", so erläuterte später Adam Smith diese Lohnpolitik, „daß die lower classes arm gehalten werden müssen, da sie sonst niemals fleißig sein werden".[79] Wie aus der oben abgedruckten Tabelle hervorgeht, haben sich die durchschnittlichen Lebenshaltungskosten im Laufe des 16. Jahrhunderts annähernd verfünffacht, während die Kaufkraft der Löhne von Bauarbeitern (in Südengland) um die Hälfte zurückging. Der Rückgang der Reallöhne der Landarbeiter mit eigenem Haushalt bewegte sich etwa in der gleichen Größenordnung. Diese statistischen Angaben lassen sich gewiß nicht ohne weiteres verallgemeinern. Es gab zahlreiche Lohnarbeiter, die nur einen Teil ihrer Lebensmittel auf dem Markt einkauften, sei es, weil sie nicht ausschließlich von Lohnarbeit lebten, sondern auch noch etwas eigene Landwirtschaft betrieben, sei es, weil sie neben ihren Geldlöhnen auch noch Naturallöhne empfingen. Der tatsächliche Anstieg der Einkünfte der lohnabhängigen Schichten war daher wahrscheinlich größer als der Anstieg ihrer nominalen Löhne. Insgesamt gesehen kann jedoch kein Zweifel daran bestehen, daß die unterschiedliche Entwicklung der Preise und Löhne im Tudor- und frühen Stuart-England eine bemerkenswerte Umverteilung des Reichtums zur Folge gehabt hat. Während die adligen Landbesitzer, die den Grund und Boden kontrollierten, und die Großbauern, die für den Markt produzierten, im allgemeinen von der „Preisrevolution" profitierten, mußten diejenigen Wirtschaftsträger, die ihre Subsistenzmittel nicht selbst produzierten und infolgedessen darauf angewiesen waren, ihre Arbeitskraft zu verkaufen, eine deutliche Verschlechterung ihres Lebensstandards hinnehmen.

II. Die Kommerzialisierung der Landwirtschaft

1. Die Expansion der Anbauflächen

Die Getreidepreise erreichten ihren höchsten Stand in den dreißiger und vierziger Jahren des 17. Jahrhunderts. Danach ließ der Druck auf die Lebensmittelpreise tendenziell nach, während die Reallöhne allmählich wieder anstiegen. Die beiden wichtigsten Ursachen, die diesen Umschwung herbeiführten, waren zum einen das Ende des säkularen Bevölkerungswachstums und zum anderen die graduelle Steigerung der Produktionskapazität der englischen Wirtschaft, und hier insbesondere der Landwirtschaft. Obwohl die Zahl der vorwiegend im Agrarsektor Beschäftigten im Verlauf des 16. und 17. Jahrhunderts von schätzungsweise 80% auf 60% zurückging, hat sich das durchschnittliche Jahresvolumen der englischen Agrarproduktion während dieses Zeitraums wahrscheinlich etwa verdoppelt. Diese bemerkenswerte Produktionssteigerung resultierte in der Hauptsache aus drei Entwicklungen: 1. aus einer deutlichen Expansion des landwirtschaftlich genutzten Grund und Bodens; 2. aus einer wirkungsvollen Verbesserung der landwirtschaftlichen Anbaumethoden; und 3. aus einer einschneidenden Reorganisation der landwirtschaftlichen Ressourcen. Diese drei Entwicklungen sind im folgenden zu skizzieren.[80]

Die drei größten Landgewinnungsprojekte, die in England im Verlauf des 16. und 17. Jahrhunderts realisiert wurden, waren 1. die Eindeichung größerer Küstenstreifen in den ostenglischen Grafschaften Lincolnshire, Kent und Essex; 2. die landwirtschaftliche Erschließung großer Waldflächen, die bisher für die königliche Jagd reserviert waren, insbesondere in den westenglischen Grafschaften Wiltshire, Gloucestershire und Worcestershire sowie in der mittelenglischen Grafschaft Leicestershire; sowie 3. die Trockenlegung der ostenglischen Moorböden *(fenlands)*. Die eingedeichten Küstenstreifen in Ostengland wurden in der Folgezeit in erster Linie als Weideland genutzt. Die ökonomische Erschließung der königlichen Wälder stand in engem Zusammenhang mit dem Bestreben der frühen Stuart-Könige, ihre finanzielle Abhängigkeit vom Parlament zu reduzieren. Die Umwandlung der Wälder in landwirtschaftlich genutzte Flächen erfolgte dergestalt, daß zunächst der Umfang des königlichen Eigenlandes in den einzelnen Wäldern festgestellt wurde. Daran anschließend wurde der königliche Waldbesitz an sogenannte *crown farmers* verpachtet, bei denen es sich meist um Höflinge handelte, die dazu authorisiert wurden, das Wild zu töten, die Bäume zu fällen und zu verkaufen, und die gerodeten Flächen zu umzäunen. Diese wurden dann als Acker- bzw. Weideland an bäuerliche Produzenten weiter verpachtet.

Die Sanierung der *fenlands* stand bereits unter der Königin Elisabeth zur Diskussion, wurde aber ebenfalls erst unter den frühen Stuart-Königen systematisch in Angriff genommen, unter der Regie des holländischen Unternehmer-Ingenieurs Cornelius Vermuyden.[81] Der Umfang des Territoriums, das durch diese Sanierungsmaßnahme gewonnen wurde, betrug nach Schätzung des zeitgenössischen Agrarpublizisten Samuel Hartlieb 380000 *acres*. Das entsprach etwa 2% der Gesamtfläche an Äckern, Weiden und Wiesen, die in England in der ersten Hälfte des 17. Jahrhunderts kultiviert waren. Auf den trockengelegten Flächen wurden vor allem die Futterpflanzen Hafer und Rapskohl sowie die Industriepflanzen Hanf und Flachs angebaut. Der wertmäßige Produktionszuwachs, der durch die Sanierung der *fenlands* erzielt wurde, belief sich nach Angaben Vermuydens auf „600000 Pfund per Jahr und mehr". Die Hauptnutznießer dieses Landgewinnungsprojektes waren neben den Stuart-Königen Jakob I. und Karl I. eine Reihe lokaler Großgrundbesitzer wie die Earls von Bedford und Lindsey sowie einige Londoner Kapitalisten, unter ihnen u. a. der berühmt-berüchtigte Sir William Cokayne. Die Leidtragenden der Moorsanierungen in Ostengland wie der Entwaldungen in Westengland waren die örtlichen Kleinbauern und Häusler, die in diesen Gebieten *common rights* besessen hatten, die sie durch die Umwandlung der Wälder und Moorlandschaften in Privateigentum verloren, ohne hierfür angemessen entschädigt zu werden. Diese „Enteignungen" haben in den betroffenen Bevölkerungsschichten zu erheblichen Unruhen geführt.

2. Die Verbesserung der landwirtschaftlichen Anbaumethoden

Wieviel Land in der Tudor- und Stuart-Epoche insgesamt neu kultiviert wurde, läßt sich nicht exakt feststellen. Nach den Schätzungen von C. G. A. Clay hat sich die Gesamtfläche des landwirtschaftlich genutzten Grund und Bodens in England im Verlauf des 16. und 17. Jahrhunderts um etwa 25% erhöht, wobei in dieser Rate aber auch derjenige Zuwachs mit enthalten ist, der aus der kontinuierlichen Inbetriebnahme bisher nur sporadisch genutzter Böden erzielt wurde. Der zeitliche Schwerpunkt der expansiven Entwicklungsmaßnahmen lag im späten 16. und frühen 17. Jahrhundert. In der Zeit danach war nur mehr wenig Land vorhanden, das sich ohne allzu große Kosten neu erschließen ließ. Um so wichtiger wurden seit der Mitte des 17. Jahrhunderts jene Entwicklungsmaßnahmen, die auf eine intensive Steigerung der landwirtschaftlichen Produktivität abzielten. Die diesbezüglichen Möglichkeiten wurden in zahlreichen zeitgenössischen Publikationen diskutiert. Die am weitesten verbreiteten landwirtschaftlichen Traktate waren Fitzherberts *The Boke of Husbandry* und *The Boke of Surveying*, die bereits in den zwanziger Jahren des 16. Jahrhunderts geschrieben wurden; die *Hundreth Good Pointes of Husbandrie* von Thomas Tusser aus dem Jahre 1557, die 1573 – unter dem Titel *Five Hundreth Good Pointes . . .* – in zweiter Auflage erschienen; Sir Hugh Plats *A New and Admirable Art of Setting Corne* (1600) sowie Edward Maxeys *New Instructions of Plowing and Setting of Corn* (1601), die beide für einen sparsameren Umgang mit Saatgut warben; der *Discourse on the Husbandrie used in Brabant and Flanders* von Sir Richard Weston (1645), der die englischen Bauern mit dem bereits weiter fortgeschrittenen Landwirtschaftssystem der Niederlande bekannt machte; sowie nicht zuletzt die Pionierstudien des bekanntesten Agrarpublizisten in der Mitte des 17. Jahrhunderts, Walter Blith, *The English Improver* (1649) und *The English Improver Improved* (1652), die u. a. die künstliche Bewässerung von Wiesen (*water meadow*) betrafen.

Die wichtigste Veränderung der landwirtschaftlichen Anbaumethoden, die in England im 16. und 17. Jahrhundert stattfand, war die Einführung neuer Anbaufrüchte, insbesondere aus Holland. Dabei handelte es sich sowohl um Hack- und Futterpflanzen, durch deren Anbau die Bodenqualität regeneriert und eine vermehrte Tierhaltung ermöglicht wurde, als auch um Industriepflanzen, die der einheimischen Gewerbeproduktion neue Impulse vermittelten und mit dazu beitrugen, neue Arbeitsplätze zu schaffen. Die wahrscheinlich wichtigste Neuerung, in diesem Zusammenhang, war die Einführung des Rübenanbaus (*turnip husbandry*). Die Rüben wurden im August, anschließend an die Ernte, auf Böden gesetzt, die sonst brach lagen, um dann im März/April an Milchkühe und Mastochsen verfüttert zu werden. Die wichtigsten anderen Pflanzen, die im

Verlauf des 16. und 17. Jahrhunderts neu eingeführt wurden, waren: der Hopfen, der die englische Bierproduktion auf eine neue Grundlage stellte; Raps bzw. Rüben (*coleseed or rape*), aus dessen Samen Öl gepreßt wurde, wobei die Rückstände der Ölbereitung zu Ölkuchen verarbeitet wurden, die als Viehfutter und Düngemittel dienten; Flachs und Hanf, woraus Tuche fabriziert wurden sowie Seile, die als Pferdehalfter und zur Ausrüstung der Schiffe benutzt wurden; Safran, das vor allem als Würze, Medizin und Parfüm diente; eine Reihe Färberkräuter wie Wau (*weld, dyer's weed*), Waid (*woad*), und Krapp (*medder*), aus denen die Farbstoffe gewonnen wurden, die für die Tuchindustrie unentbehrlich waren; Maulbeerbäume, auf denen Seidenraupen gezüchtet wurden; und nicht zuletzt auch der Tabak, der erstmals um 1570 in England angepflanzt wurde und sich dort rasch ausbreitete, obwohl die Regierung unter Jakobs I. und Karl I. den Tabakanbau in England verbot, um den englischen Markt den Ernten aus Virginia zu reservieren.

Die Einführung bisher unbekannter Feldfrüchte war vielleicht die auffallendste landwirtschaftliche Neuerung, die in England während des 16. und 17. Jahrhunderts stattfand. Sie war indessen nicht die einzige. Mindestens ebenso bemerkenswert war die Entwicklung zweckmäßigerer Fruchtfolgen, die dazu beitrugen, die Ertragsfähigkeit des Bodens zu steigern (*„up and down" husbandry*).[82] Die diesbezüglichen Maßnahmen waren von Region zu Region sehr verschieden. Auf den ärmeren Böden Nordenglands wurde das Land häufig nach zwei, drei oder vier Jahren Ackerbau für sieben oder acht Jahre als Weideland benutzt. In den fruchtbaren Teilen der *Lowlands* war demgegenüber eine intensivere Rotation von zwei Jahren Ackerbau und einem Jahr Brache die Regel. Der eigentliche Prototyp der „neuen Landwirtschaft" aber wurde das in der zweiten Hälfte des 17. Jahrhunderts entwickelte „Norfolk-System", das es in zwei Unterformen gab: „als Vierfelderwirtschaft mit Weizen, Rüben, Gerste und Klee, und als Sechsfelderwirtschaft mit Weizen, Gerste oder Hafer, Rüben, Hafer oder Gerste gemeinsam mit Klee, danach Futterklee bis zum 21. Juni, gefolgt von der Aussaat von Winterweizen, und abschließend Winterweizen".[83]

Eine dritte Maßnahme, die auf intensive Weise zur Steigerung der landwirtschaftlichen Produktionskapazität beitrug, war die Entwicklung alternativer Düngemethoden in Gestalt der vermehrten Verwendung von tierischen und mineralischen Düngemitteln. Auch diese Veränderung vollzog sich von Region zu Region in unterschiedlicher Weise und in unterschiedlichem Umfang, je nachdem wie es die allgemeinen natürlichen Gegebenheiten und ökonomischen Möglichkeiten zuließen und geboten. In Cornwall verwendete man eine Mischung von Seesand und zerstampften Schalen von Seetieren als Dünger. In Devon benutzte man dazu die Asche von verbranntem Gras und Tang (das sogenannte denshiring). In einigen Gegenden, wie z. B. in Norfolk, experimentierte man mit Kalk und Mergel. In anderen wiederum betrieb man die Schafzucht nicht so sehr, um Fleisch oder Wolle zu gewinnen, sondern um zusätzlichen Dünger zu erzeugen. Dies war insbesondere in der Grafschaft Wiltshire der Fall. Die bisher skizzierten Entwicklungen haben in der Hauptsache der Verbesserung des Ackerbaus gedient. Die wichtigste Veränderung, die während der Tudor- und Stuartepoche im Bereich der englischen Weidewirtschaft stattfand, war die Einführung der künstlichen Bewässerung der trockenen Hochlandwiesen, auf denen Heu erzeugt wurde (*water meadow*).[84] Die Grundlage dieses Verfahrens bildete ein aufwendiges System von Dämmen und Schleusen, mit deren Hilfe die Wiesen vom November bis Mitte März mit einer etwa einem Zoll tiefen Wasserschicht überflutet wurden. Damit wurde zum einen die Fruchtbarkeit der Böden erhöht, zum anderen das Gras vor Frost geschützt. Die Wiesen, die dergestalt behandelt wurden, konnten bereits im März/April abgegrast werden, d. i. ein bis zwei Monate früher als die meisten übrigen. Ihre Besitzer wurden dadurch in die Lage versetzt, eine größere Zahl von Schafen überwintern zu lassen, und sie erreichten zugleich, daß diese früher lammten. Wenn die Wiesen dann Ende April abgegrast waren, wurden sie nochmals für einige Tage unter Wasser gesetzt. Danach ließ man darauf Gras wachsen, das im Juni als Heu geerntet wurde. Das auf diese Weise erzielte Volumen war im allgemeinen vier mal so groß wie das von unbewässerten Wiesen. Im Anschluß an die Heuernte wurden die Wiesen dann bis in den Oktober hinein dem Milchvieh zum Grasen überlassen, bevor sie im November erneut unter Wasser gesetzt wurden.

Die Einführung neuer Feldfrüchte, die Verbesserung der Fruchtfolgen, die vermehrte Verwendung von tierischen und mineralischen Düngemitteln und die Erfindung des *water meadow* markieren eine deutliche Weiterentwicklung der landwirtschaftlichen Anbaumethoden. In welchem Umfang diese und andere Innovationen jedoch tatsächlich praktiziert wurden, läßt sich kaum exakt feststellen. Die zeitgenössischen Agrarpublizisten, die zum größten Teil der Klasse der *gentlemen* entstammten, haben häufig darüber geklagt, daß die bäuerliche Bevölkerung von Hause aus konservativ eingestellt und nur schwer dazu zu bewegen sei, Neuerungen einzuführen. So heißt es etwa in dem 1618 erschienenen *Surveyor's Dialogue* des bekannten Topographen und Rechtsanwalts John Norden: „Es gibt viele Bauern, die nur den Kurs steuern, den sie von ihren Vätern her kennen und niemals eine neue Idee in die Praxis umsetzen".[85] Diese konservative Einstellung der Bauern war indessen von Hause aus nicht unvernünftig. Denn die Einführung neuer landwirtschaftlicher Methoden war immer mit einem Risiko verbunden, so daß vor allem die finanzschwachen Kleinbauern guten Grund hatten, solche Neuerungen zunächst einmal skeptisch zu betrachten.

3. Die Reorganisation der landwirtschaftlichen Ressourcen

Die wahrscheinlich einschneidendste Veränderung, die sich im Verlauf des 16. und 17. Jahrhunderts innerhalb der englischen Landwirtschaft vollzog, war die Reorganisation der landwirtschaftlichen Ressourcen. Das positive Ergebnis dieser Umgestaltung war die Stärkung der kommerziellen Komponente der englischen Landwirtschaft in Gestalt des Aufbaus von Großfarmen, die in erster Linie für den Markt produzierten; die negative Kehrseite dieses Prozesses bildete die tendenzielle Zurückdrängung der traditionellen Subsistenzökonomie. Die damit angesprochenen Veränderungen resultierten in der Hauptsache aus zwei Maßnahmen, die sich gegenseitig unterstützt und ergänzt haben: dem *engrossing* und dem *enclosing*.

Die Begriffe *engrossing* und *enclosing* werden in der Literatur häufig synonym gebraucht. Tatsächlich handelt es sich hierbei jedoch um zwei verschiedene Phänomene, die zwar in der Praxis häufig miteinander verbunden waren, grundsätzlich aber auch getrennt voneinander stattfinden konnten.[86] *To engross land* bedeutete „die Zusammenlegung von zwei oder drei kleineren Bauernhöfen zu einer einzigen Farm", die den Zweck verfolgte, eine effizientere Bewirtschaftung des Grund und Bodens zu ermöglichen. Eine solche Zusammenlegung kam in der Regel dadurch zustande, daß ein marktorientierter Bauer oder Pächter zu seinem bereits vorhandenen Betrieb Grund und Boden dazu kaufte oder pachtete, der bisher von einem anderen Bauern in eigener Regie bewirtschaftet wurde. Das dabei überflüssig werdende Haus des aus der Landwirtschaft ausscheidenden Landwirtes wurde entweder dem Verfall preisgegeben oder aber, zusammen mit einem kleinen Stück Land, einem Häusler verpachtet.

To enclose land bedeutete demgegenüber „die Auslöschung von *common rights*" und damit das Ende der gemeinsamen Bewirtschaftung derjenigen Grundstücke, die von der *enclosure*-Maßnahme betroffen waren. Dabei wurde das *enclosed land* in der Regel, wenn auch keineswegs immer, mit einem Zaun oder einer Hecke umgeben. Die Einhegungen betrafen sowohl Gemeindeweiden, die bisher von den Dorfbewohnern gemeinsam genutzt wurden (*pasture common*), als auch Felder und Wiesen, die im Rahmen des *open-field-farming* genossenschaftlich bewirtschaftet wurden (*common arable fields or meadows*). In dem zuerst genannten Fall wurde das eingehegte Stück Land aus der gemeinsamen Nutzung durch die Dorfgenossen in das Eigentum einer einzelnen Person überführt. In dem anderen Fall bedeutete die Einhegung das Ende der

Gemeindekontrolle und damit zugleich auch das Ende der gemeinschaftlichen Abweidung des *enclosed land* nach der Durchführung der Erntearbeiten. Der *encloser* erhielt damit das ausschließliche Verfügungsrecht über das ihm gehörende Land und brauchte bei dessen Bewirtschaftung nun keinerlei Rücksicht mehr auf irgendwelche kommunalen Vorschriften zu nehmen. Die Einhegung von *common fields or meadows* war in der Regel mit einer Flurbereinigung verbunden, bei der die Dorfgenossen ihren bisher in eine Vielzahl zerstreut liegender Feldstreifen aufgesplitterten Grundbesitz durch Tausch und Kauf zu kompakten Ländereien zusammenfaßten, die dann als solche umzäunt oder eingehegt wurden.

Die *enclosures* sind ein Phänomen, das bereits die Zeitgenossen sehr unterschiedlich beurteilt haben. Der englische Staatsmann und Schriftsteller Thomas More z. B. hat die Einhegungen aufs schärfste kritisiert. In seiner 1516 publizierten „Utopia" heißt es in diesem Zusammenhang: „Damit also ein einziger Prasser, in seiner Unersättlichkeit eine unheilvolle Pest für sein Vaterland, einige tausend Morgen zusammenhängenden Ackerlandes mit einem einzigen Zaun einfriedigen kann, werden die Pächter vertrieben; durch Lug und Trug umgarnt oder mit Gewalt unterdrückt, werden sie enteignet oder, durch Schikanen zermürbt, zum Verkauf gezwungen. Daher wandern die Unglücklichen in jedem Falle aus: Männer, Frauen, Ehemänner, Ehefrauen, Waisen und Witwen, Eltern mit kleinen Kindern und einer mehr zahlreichen als wohlhabenden Familie, wie eben die Landwirtschaft vieler Hände bedarf. Sie wandern aus, sage ich, aus ihrer gewohnten und vertrauten Häuslichkeit und finden keinen Platz, wohin sie sich wenden könnten. Ihren ganzen Hausrat, der sowieso nicht für hohen Preis verkäuflich ist, auch wenn man einen Käufer erwarten könnte, verschleudern sie, da sie ihn loswerden müssen; ist der Erlös auf der Wanderschaft in kurzer Zeit verbraucht, was bleibt ihnen schließlich anderes übrig, als umherzustreunen und zu betteln, obgleich sie auch dann als Landstreicher ins Gefängnis geworfen werden, weil sie sich müßig herumtreiben?"[87] Ein anderer Zeitgenosse rechtfertigt demgegenüber die *enclosures*, indem er darauf hinweist: „Es ist kein richtiger Schluß, daß Entvölkerung vorhanden ist, weil man die Leute nicht länger ihre Arbeit im offnen Feld verschwenden sieht... Wenn nach Verwandlung kleiner Bauern in Leute, die für andere arbeiten müssen, mehr Arbeit flüssig gemacht wird, so ist das ja ein Vorteil, den die Nation... wünschen muß... Das Produkt wird größer sein, wenn ihre kombinierte Arbeit auf einer Pachtung angewandt wird: so wird Surplusprodukt für die Manufakturen gebildet, und dadurch werden Manufakturen, eine der Goldgruben dieser Nation, im Verhältnis zum produzierten Kornquantum vermehrt".[88]

Verallgemeinerungen dieser Art führen indessen in die Irre. Denn in Wirklichkeit haben sich die *enclosures* von Region zu Region auf sehr unterschiedliche Art und Weise vollzogen und ebenso mit ganz unterschiedlichen Konsequenzen. In einigen Grafschaften, wie vor allem in Kent und Essex, waren die Felder und Wiesen bereits zu Beginn des 16. Jahrhunderts weitgehend eingehegt, in anderen hat das *open-field*-System überhaupt niemals existiert. In den Weidezonen der *Highlands*, in denen es im 16. und 17. Jahrhundert noch genügend Land gab, waren die *enclosures* im allgemeinen unproblematisch. Wenn es hier in unserer Epoche noch Land gab, das sich einzuhegen lohnte, so geschah dies überwiegend in gegenseitigem Einvernehmen (*per agreement*), wobei diejenigen Dorfbewohner, deren Rechte durch die Einhegungen beschnitten wurden, meistens dafür entschädigt wurden. Anders war die Situation allerdings in den Getreideanbaugebieten der Midlands, in denen Land prinzipiell knapp war und das erfolgreiche Funktionieren des *open-field-farming* systematisch die Nutzung von *common rights* voraussetzte. Hier hatten die *enclosures* zwangsläufig die Folge, daß die kleineren Subsistenzbauern – langfristig gesehen – aus der Landwirtschaft herausgedrängt bzw. zu Landarbeitern degradiert wurden. Am problematischsten aber waren diejenigen Einhegungen, bei denen Land, das bisher als Akkerland gedient hatte, nach seiner Sanierung in Weideland umgewandelt wurde. Denn bei diesem Typ von *enclosures* wurden nicht nur traditionelle Weiderechte beseitigt, sondern darüber hinaus auch noch potentielle Arbeitsplätze vernichtet, da die Weidewirtschaft weniger arbeitsintensiv war als der Ackerbau. Das führte dazu, daß in Gegenden, die von dieser Entwicklung betroffen waren, zahlreiche Dörfer ihre angestammten Bevölkerungen nicht mehr ernähren konnten und infolgedessen mehr oder weniger entvölkert wurden. Diese sogenannten Depopulationseinhegungen waren jedoch ein räumlich wie zeitlich begrenztes Phänomen. Sie waren in der Hauptsache auf die Grafschaften Leicestershire, Lincolnshire, Warwickshire, Northamptonshire, Bedfordshire und Buckinghamshire beschränkt, und auch hier wurde nur ein relativ kleiner Teil des Landes tatsächlich aus Ackerland in Weideland umgewandelt, bis zu Beginn des 17. Jahrhunderts insgesamt weniger als 10%. Die lokalen Konsequenzen dieser Depopulationseinhegungen sind dennoch nicht zu unterschätzen. In der Grafschaft Leicestershire war davon zwischen 1450 und 1600 jedes dritte Dorf in mehr oder weniger starkem Ausmaß betroffen, wobei jedes sechste Dorf total zerstört wurde. In der Grafschaft Northamptonshire, die von allen Grafschaften am meisten unter den Entvölkerungseinhegungen gelitten hat, wurden nach offiziellen Erhebungen von 1488 bis 1517 insgesamt 1405 Personen aus ihren Heimatgemeinden vertrieben und in der Zeit von 1578 bis 1607 weitere 1444. Der Hauptanlaß für die Umwandlung von Ackerland in Weideland bildete im 16. Jahrhundert die steigende Nachfrage nach Wolle. Als die Wollpreise nach 1609 zu sinken begannen, stellte sich ein Teil der Weidefarmer von

tionskapazität der englischen Landwirtschaft schließlich transformiert wurde".[90]

Der Gesamtzuwachs an Produktivität, den die drei skizzierten Entwicklungen – die Expansion der Anbaufläche, die Verbesserung der Anbautechnik und die Reorganisation der Ressourcen – der englischen Landwirtschaft erbrachten, läßt sich kaum exakt beziffern. Der Agrarhistoriker Kerridge, der in diesem Zusammenhang von einer „Agrarrevolution" spricht, geht davon aus, daß in England im 17. Jahrhundert auch die weniger fortschrittlichen Bauern einen durchschnittlichen Flächenertrag erzielten, der doppelt so groß war wie im ausgehenden Mittelalter, während die innovationsfreudigen Landwirte sogar vier mal so viel erwirtschafteten, sowohl auf dem Getreideland als auf dem Weideland. Nach den Schätzungen von Clay war das Gesamtprodukt der englischen Landwirtschaft im Ausgang des 17. Jahrhunderts etwa zweieinhalb mal so groß wie zu Beginn des 16. Jahrhunderts.[91] Danach hätte sich das Volumen der landwirtschaftlichen Produktion etwa im gleichen Maßstab vergrößert wie der Umfang der Bevölkerung. Dabei läßt der säkulare Anstieg der Agrarpreise im 16. Jahrhundert darauf schließen, daß der Hauptschub der landwirtschaftlichen Produktivitätssteigerung erst im 17. Jahrhundert stattfand. Der Ertrag des 16. Jahrhunderts bestand wahrscheinlich in erster Linie „in der Vermeidung einer Spirale von Bodenerschöpfung und sinkenden Ernteerträgen, die zu einem ähnlich katastrophalen Rückgang des Lebensstandards der unteren Klassen hätte führen können, wie dies im späten 13. Jahrhundert der Fall war".[92] Zwar ist es auch in unserer Epoche in England, insbesondere im letzten Jahrzehnt des 16. und im dritten Jahrzehnt des 17. Jahrhunderts, zu lokalen Versorgungsengpässen gekommen, die gelegentlich so gravierend waren, daß Menschen regelrecht verhungerten. Von einer nationalen Subsistenzkrise ist England jedoch – im Unterschied zu verschiedenen kontinentaleuropäischen Staaten – das ganze 16. und 17. Jahrhundert über verschont geblieben. Der deutlichste Indikator für die Weiterentwicklung der englischen Landwirtschaft ist die Tatsache, daß England seit dem letzten Drittel des 17. Jahrhunderts auch in schlechten Erntejahren kaum mehr Getreide importieren mußte, sondern seinerseits dazu überging, Getreide zu exportieren. In der ersten Dekade des 18. Jahrhunderts beliefen sich die englischen Getreideexporte auf durchschnittlich 283 000 *quarters* im Jahr. Das entsprach dem jährlichen Getreidebedarf von ca. 140 000 Menschen bzw. 2,5 % der englischen Bevölkerung. Diese bemerkenswerte Steigerung der Produktivität der englischen Landwirtschaft wurde allerdings damit erkauft, daß eine große Zahl bisher mehr oder weniger selbständiger Kleinbauern gegen ihren Willen zu abhängigen Lohnarbeitern degradiert wurden und damit – zumindest mittelfristig – eine deutliche Verschlechterung ihrer Lebensqualität hinnehmen mußten.

III. Die Entfaltung der Gewerbeproduktion

1. Die Erweiterung der Textilfabrikation

Die Landwirtschaft bildete sowohl am Anfang als auch am Ende unserer Epoche die Basis der englischen Ökonomie. Ihre Dominanz gegenüber den anderen Wirtschaftszweigen ist jedoch im Verlauf des 16. und 17. Jahrhunderts deutlich zurückgegangen. Moderne Schätzungen gehen davon aus, daß die Landwirtschaft um 1700 von einem jährlichen Gesamtertrag der englischen Wirtschaft in Höhe von 50 Millionen Pfund etwa 20 Millionen aufbrachte, während die Gewerbeproduktion und der Handel zusammen rund 16,5 Millionen beisteuerten.[93]

Der mit Abstand wichtigste nicht-agrarische Produktionszweig war während des ganzen 16. und 17. Jahrhunderts die Tuchfabrikation. Wollene Tuche bildeten einen signifikanten Anteil des jährlichen Nationalproduktes. Sie waren darüber hinaus der erfolgreichste englische Exportartikel. Und in mindestens drei Regionen – in West-England, in East-Anglia und im West Riding der Grafschaft Yorkshire – hing das Wohlergehen eines großen Teils der Bevölkerung wesentlich von der Prosperität der Wollindustrie ab. Wieviele Tuche in England im 16. und 17. Jahrhundert jährlich produziert wurden, läßt sich nicht exakt rekonstruieren. Die uns überlieferten Quellen lassen jedoch darauf schließen, daß sich der Gesamtumfang der englischen Tuchfabrikation, pro Kopf der Bevölkerung, im Verlauf dieses Zeitraums mindestens verdoppelte, vielleicht aber auch verdreifachte.

Während der Regierungszeit der Tudors wurde das Wachstum der englischen Tuchfabrikation in erster Linie von den *old draperies* getragen, die zugleich den wichtigsten Gegenstand des Exporthandels bildeten. Dieser traditionelle Zweig der englischen Textilindustrie hat sich jedoch seit der ersten Hälfte des 17. Jahrhunderts rückläufig entwickelt. Dafür waren vor allem zwei Ursachen verantwortlich: erstens die rückläufige ausländische Nachfrage nach *broadcloth,* die sich aus dem Aufstieg einer eigenen kostengünstig produzierenden Tuchfabrikation in Nord- und Mitteleuropa erklärt; und zweitens die allmähliche Veränderung der Verbraucherpräferenzen – im Ausland wie in England selbst – in Gestalt einer wachsenden Vorliebe für leichtere Stoffe. Daneben hat in diesem Zusammenhang vielleicht auch noch eine Rolle gespielt, daß sich die Qualität der englischen Wolle im Verlauf des 17. Jahrhunderts tendenziell verschlechtert hat, was auf eine veränderte Ernährungsweise der Schafe zurückzuführen ist, die ihrerseits in dem fortschreitenden Prozeß der *enclosures* ihre Ursache hatte. Die Hauptleidtragenden des Niedergangs der *old draperies* waren weniger die Tuchverleger, die ihre unternehmeri-

schen Aktivitäten relativ leicht in andere Erwerbszweige verlagern konnten, als vielmehr die in der Tuchproduktion engagierten Heimarbeiter,
die existentiell auf die Einnahmen aus diesem Erwerbszweig angewiesen
waren. Nach Charles Wilson war der Niedergang der old draperies „die
größte wirtschaftliche Herausforderung", mit der England in der ersten
Hälfte des 17. Jahrhunderts konfrontiert wurde.[94]

Der Niedergang der Fabrikation von schwerem broadcloth wurde indessen – zumindest langfristig – mehr als ausgeglichen durch den Aufbau
alternativer Textilbranchen, die bisher weitgehend unbekannte Produkte
auf den Markt brachten. In einer Denkschrift aus dem Jahre 1613 heißt es
in diesem Zusammenhang: „In jüngster Zeit sind viele Tuch- und Woll-
zeugfabrikate mit so phantastischen Bezeichnungen erfunden worden,
daß die Menschen, die diese neuartigen Materialien tragen, sich ihre Namen nicht merken können. Sie nennen sie new draperies".[95] Die new
draperies waren im Unterschied zu den old draperies im allgemeinen
bunter und leichter und eigneten sich daher auch für den Export in
wärmere Regionen. Sie waren in der Regel zugleich billiger und daher
auch für mittelständische Käuferschichten erschwinglich. Und sie waren
insgesamt gesehen weniger haltbar und mußten daher schneller ersetzt
werden. Das aber stellte in den Augen ihrer Käufer keinen Nachteil dar,
weil diese über die notwendigen finanziellen Mittel verfügten, sich von
Zeit zu Zeit neu einzukleiden, was ihnen zugleich die Möglichkeit eröffnete, mit der Mode zu gehen, die mit der Erfindung der new draperies zu
einem wichtigen Phänomen in der Textilbranche wurde.

Die new draperies wurden ursprünglich von flämischen Tuchmachern
nach England eingeführt, die sich auf der Flucht vor den Truppen des
spanischen Generalkapitäns Alba befanden. Das Hauptzentrum der new
draperies war zunächst der nördliche Teil der Grafschaft Essex, und hier
vor allem die Stadt Colchester, in der in den zwanziger Jahren des
17. Jahrhunderts an die 1500 Dutchmen gelebt haben sollen. Die bekanntesten Produkte von Colchester waren die bays und says, von denen
große Partien nach Spanien und Portugal exportiert wurden, wo aus
ihnen u. a. Mönchsgewänder und militärische Uniformen hergestellt wurden. In der Folgezeit breitete sich die Fabrikation von new draperies dann
auch nach Nordengland aus, in die Grafschaften Suffolk und Norfolk,
und hier vor allem in die Umgebung der Stadt Norwich, wo am Ende des
17. Jahrhunderts über 50% der Bevölkerung in der Textilindustrie beschäftigt war. Die Spezialität von Norwich waren die sogenannten Norwich Stuffs, zu denen insbesondere die bombazines gehörten, ein besonders leichtes und glänzendes Produkt, das aus einer Mischung von Wolle
und Seide bestand. In Westengland etablierten sich die new draperies in
erster Linie in der Grafschaft Devon, die sich auf die Fabrikation von
serges und perpetuanas spezialisierte. Die serges glichen den bays und

says, waren jedoch etwas schwerer als diese. Die *perpetuanas* galten, wie der Name schon andeutet, als besonders langlebig. *Serges* und *perpetuanas* waren zu Beginn des 18. Jahrhunderts die erfolgreichsten englischen Exportartikel, wobei die *serges* insbesondere in die ehemaligen Absatzgebiete der *old draperies* in Nord- und Mitteleuropa verkauft wurden. Daneben wurde in Westengland, in den Grafschaften Wiltshire und Sommerset, auch noch das sogenannte *spanish cloth* produziert, das – wie die *old draperies* – aus reiner Wolle bestand, im Unterschied zu diesen jedoch stark gemustert war. Die Rohmaterialien dieses neuen Produktes kamen zum großen Teil aus Spanien, daher die Bezeichnung *spanish cloth.* Dem West Riding der Grafschaft Yorkshire ist es erst am Ende des 17. Jahrhunderts gelungen, sich auf die Fabrikation von *new draperies* umzustellen, die dann direkt mit denen von Devonshire und East Anglia konkurrierten und diese im Verlauf des 18. Jahrhunderts allmählich verdrängten. Keines dieser neuen Textilprodukte basierte auf größeren technischen Neuerungen. Die beiden wichtigsten Faktoren, die den Aufstieg der *new draperies* ermöglichten, waren erstens die zunehmende Nachfrage nach diesen Produkten, sowohl in England selbst als auch im Ausland; und zweitens die Einwanderung der niederländischen Tuchmacher, die die englischen Textilfabrikanten dazu anregten und ihnen dabei behilflich waren, sich auf die Produktion dieser neuartigen Tuchsorten umzustellen.

2. Neue Konsumgüterindustrien und die Ausweitung der Bergbau- und Hüttenindustrie

Die Expansion und gleichzeitige Reorganisation der Tuchfabrikation war wahrscheinlich diejenige Veränderung im Bereich der englischen Gewerbeproduktion, die von den Zeitgenossen am meisten wahrgenommen und diskutiert wurde. Daneben gab es jedoch noch eine Reihe anderer Entwicklungen, die vor allem wegen ihrer Langzeitwirkung Beachtung verdienen. Dazu gehörte insbesondere der Aufstieg einiger vollkommen neuer Industriezweige, die Konsumgüter produzierten, die bisher entweder von den Verbrauchern selbst hergestellt oder aber importiert wurden. Die Entfaltung dieser neuen Gewerbezweige resultierte anfangs in erster Linie aus der vermehrten Kaufkraft und dem veränderten Kaufverhalten der oberen und mittleren Gesellschaftsschichten, die ihr landwirtschaftliches Gerät ergänzten oder ersetzten, ihre Wohnhäuser renovierten oder ganz neu bauten und sich darin mit reichem Mobiliar und Teppichen, Bibliotheken und Gemälden, Glaswaren und anderen Luxusartikeln einrichteten. Langfristig war hierfür aber auch die vermehrte Nachfrage der unteren Bevölkerungsgruppen verantwortlich, die durch den Niedergang der traditionellen Subsistenzökonomie in zunehmendem Maße dazu gezwungen wurden, ihre alltäglichen Nahrungsmittel und Gebrauchsgegenstände über den Markt zu beziehen.

Die wichtigsten „Konsumgüterindustrien", die im Verlauf des 16. und 17. Jahrhunderts in England entweder ganz neu entstanden oder jedenfalls in bemerkenswertem Umfang expandierten, waren diverse Spezialbranchen im Textilbereich, die andere Rohstoffe als Wolle verarbeiteten, wie die Leinen- und Barchantindustrie in Yorkshire und Lancastershire, die Strumpfwarenproduktion in Norfolk und in anderen Regionen, die Fabrikation von Spitzen für Manschetten, Halskrausen, Schürzen und Handschuhen in den südlichen Midlands und im Südwesten Englands, die Produktion von Stroh- und Damenhüten in Bedfordshire, oder die Seidenindustrie in London; ferner eine Reihe metallverarbeitender Industrien, darunter die Fabrikation von Messerschmied- und Stahlwaren in der Region um Sheffield, die Produktion von Schlössern, Scharnieren und anderen Kleineisenwaren in Birmingham und Wolverhampton sowie die Herstellung von Sattlereisen in Walsall; weiter die Glasindustrie, zunächst im Sussex und Kentish Weald, später in Newcastle in den westlichen Midlands und in London; Salinen in Nordostengland und Zuckerraffinerien in London und Bristol; sowie Seifensiedereien und Alaunwerke, Mälzereien und Brauereien an verschiedenen Orten, letztere insbesondere in London. Alle diese neuen Industriezweige etablierten sich auf einem so hohen Niveau, daß sie bis zum Ende des 17. Jahrhunderts ihre Konkurrenzindustrien aus Kontinentaleuropa fast vollständig vom englischen Markt verdrängten. Einige dieser Branchen waren sogar dazu in der Lage, ihrerseits einen Teil ihrer Produktion auf das europäische Festland und in die amerikanischen Kolonien zu exportieren.

Der Aufstieg der neuen Konsumgüterindustrien wurde ergänzt und unterstützt durch die Ausweitung der einheimischen Bergbau- und Hüttenindustrie. Zwei Entwicklungen waren hier besonders bemerkenswert: zum einen die spektakuläre Expansion des Kohlenbergbaus; und zum anderen das zwar nicht ganz so dramatische, aber gleichwohl beachtliche Wachstum der Roheisenerzeugung.

Die Ausweitung der englischen Eisenerzeugung resultierte in erster Linie aus einer verbesserten Methode der Eisenschmelze. 1496 wurde in England der erste mit Holzkohle betriebene Hochofen errichtet, in dem die Blasebälge, die dem Eisen Sauerstoff zuführten, nicht mehr manuell bedient, sondern durch Wasserkraft angetrieben wurden. Auf diese Weise wurden erstmals Temperaturen erreicht, die das Eisenerz flüssig machten. Dadurch war es möglich, die Schmelzöfen über einen Zeitraum von mehreren Wochen oder sogar Monaten kontinuierlich in Betrieb zu halten und so ihre Produktionskapazität wesentlich zu vergrößern. Während die traditionellen Erzschmelzöfen jährlich maximal 30 Tonnen Eisen produzierten, hatten die modernen Hochöfen bereits im ausgehenden

16. Jahrhundert einen Ausstoß bis zu 200 Tonnen im Jahr, und ein Jahrhundert später sogar bis zu 750/950 Tonnen.

Die Umstellung der englischen Eisenerzeugung auf das neue Hochofenverfahren vollzog sich jedoch in einem langwierigen Prozeß, der sich über anderthalb Jahrhunderte erstreckte. In den fünfziger Jahren des 16. Jahrhunderts waren in England erst 26 moderne Hochöfen im Betrieb, die alle im Weald von Sussex und Kent ihren Standort hatten, wo sich seit dem Mittelalter das Zentrum der englischen Eisenindustrie befand. In der Folgezeit hat sich das Schwergewicht der englischen Roheisenproduktion dann zunehmend nach Nord- und Mittelengland verlagert, so daß 1710 nur noch 21 von insgesamt 82 Hochöfen im Weald stationiert waren. Das Gesamtvolumen der Hochofenproduktion stieg von circa 140 Tonnen Eisen im Jahr 1500 über ca. 5000 Tonnen in der Mitte des 16. Jahrhunderts auf ca. 10000 Tonnen um die Jahrhundertwende, und erreichte in den fünfziger Jahren des 17. Jahrhunderts mit 23–24000 Tonnen seinen vorläufigen Höchststand. Der kleinere Teil des geschmolzenen Roheisens wurde unmittelbar am Standort der Hochöfen zu gußeisernen Erzeugnissen verarbeitet. Der größere Teil wurde jedoch in Blöcke gegossen, die in besonderen Eisenhammerwerken zu Schmiedeeisen weiter verarbeitet wurden, das dann seinerseits das Rohmaterial war für die eisenverarbeitende Industrie.

Sowohl das Erzschmelzen in den Hochöfen als auch die Veredelung des Roheisens in den Hammerwerken erforderte große Mengen von Holzkohle. Moderne Schätzungen gehen davon aus, daß die Kosten für Brennmaterial im 16. und 17. Jahrhundert rund 60–75% der Gesamtkosten der Eisenerzeugung ausmachten. Ähnliches galt zunächst auch für die neuen Konsumgüterindustrien. Die Londoner Bierbrauereien haben in den siebziger und achtziger Jahren des 16. Jahrhunderts jährlich 20000 Wagenladungen Holz verbraucht. Um den Holzbedarf der metallverarbeitenden Industrie zu befriedigen, mußten jährlich eine viertel Million Bäume in England gefällt werden. Verschiedenen Konsumgüterindustrien ist es jedoch im Verlauf des 17. Jahrhunderts gelungen, ihren Betrieb von Holz bzw. Holzkohle auf mineralische Kohle umzustellen.

Kohle wurde in England seit dem 13. Jahrhundert gefördert.[96] Sie wurde jedoch bis ins 16. Jahrhundert hinein nicht besonders geschätzt, weder im industriellen noch im privaten Bereich, wo sie lediglich in der unmittelbaren Nachbarschaft der Kohlengruben als Brennmaterial benutzt wurde, und dies auch gewöhnlich nur von den ärmeren Bevölkerungsschichten. Der säkulare Anstieg der Holzpreise und die Tatsache, daß Holz zwar nicht auf nationaler Ebene, wohl aber in bestimmten Regionen im Verlauf des 16. Jahrhunderts knapp wurde, haben dann jedoch dazu geführt, daß die Engländer ihre Vorurteile gegenüber der Kohle

allmählich abbauten und – insbesondere seit dem letzten Drittel des
16. Jahrhunderts – in zunehmenden Maße Kohle als Brennmaterial benutzten.

Nach Schätzungen des bekannten amerikanischen Wirtschaftshistori-
kers John Nef, die allerdings nicht als besonders zuverlässig gelten, hat
sich der Gesamtumfang der englischen Kohlenförderung in der Zeit von
1551/60 bis 1681/90 von jährlich durchschnittlich 210000 Tonnen auf
2982000 Tonnen erhöht und demnach in etwa vervierzehnfacht. Damit
war England am Ende des 17. Jahrhunderts mit Abstand der größte Koh-
leproduzent in Europa. Die Expansion des englischen Kohlenbergbaus
resultierte in erster Linie aus dem spektakulären Aufstieg des Kohlere-
viers in Northumberland und Durham, mit dem Zentrum Newcastle-
upon-Tyne, wo insgesamt gesehen wenigstens die Hälfte der Kohle gefördert wurde, die im 16. und 17. Jahrhundert in England verbraucht
wurde. Weitere Schwerpunkte der englischen Kohleproduktion lagen in
den Grafschaften Shropshire, Nottinghamshire, Staffordshire und Süd-
yorkshire. Dazu kamen – in der zweiten Hälfte des 17. Jahrhunderts – die
großen Kohlereviere von Südwales und an der Küste von Cumberland.
Der größte Abnehmer von Kohle war London, das in erster Linie von
Newcastle aus über die Küstenschiffahrt beliefert wurde. Im Landesin-
nern wurde Kohle in der Hauptsache auf Flüssen und Kanälen transportiert. Ein Transport über Land kam aus Kostengründen nur über sehr
kleine Strecken in Betracht. Nach einer zeitgenössischen Kalkulation kostete der Kohlentransport über Land im Jahre 1675 für 15 Meilen genau-
soviel wie der Wassertransport für 300 Meilen. Bei einem Straßentrans-
port über drei Meilen konnte sich der Endverkaufspreis der Kohle um
60% verteuern.

Nach den Berechnungen von Nef wurden am Ende des 17. Jahrhunderts etwa zwei Drittel der englischen Kohleförderung in privaten Haushalten verbraucht und ein Drittel im industriellen Bereich. Die ersten
Industriebranchen, die sich auf die Verwendung von Kohle als Brennmaterial umstellten, waren das Braugewerbe, die Alaunherstellung, die Salz-
fabrikation und die Textilfärberei. Um 1700 wurde darüber hinaus aber
auch bereits ein Großteil der Mälzereien, Seifensiedereien, Glasmanufak-
turen, Zuckerraffinerien, Papiermühlen und Keramikwerkstätten auf der
Basis von Kohle betrieben. Wo immer es gelang, eine Industriebranche
von Holz auf Kohle umzustellen, wurde diese dadurch in die Lage versetzt, ihre Produktionskapazität zu vergrößern. Diejenigen Branchen, die
bis in das 18. Jahrhundert bei der traditionellen Holzfeuerung verblieben,
expandierten demgegenüber wesentlich langsamer. So war die englische
Eisenhüttenindustrie trotz ihrer Umstellung auf den modernen Hoch-
ofenbetrieb schon in den zwanziger Jahren des 17. Jahrhunderts nicht
mehr dazu in der Lage, den einheimischen Bedarf an Roheisen zu befrie-

digen. Das eisenverarbeitende Gewerbe mußte daher im Verlauf des
17. Jahrhunderts in zunehmendem Maße Stabeisen importieren.

3. Die Weiterentwicklung der Gewerbeorganisation

Zu Beginn des 16. Jahrhunderts wurde der englische Kohlebergbau in
erster Linie von Bergarbeiter-Bauern betrieben, die manchmal in kleinen
Korporationen zusammengeschlossen waren, insgesamt gesehen jedoch
nur über sehr bescheidene Mittel verfügten und sich daher auf den Abbau
jener Flöze beschränkten, die relativ leicht zugänglich waren. Im weiteren Verlauf des 16. und 17. Jahrhunderts wurde der Kohlebergbau dann
aber in zunehmendem Maße auch auf Gruben ausgedehnt, die tiefer unter
Tage lagen und geographisch weniger günstig gelegen waren. Um diese
Gruben zu erschließen und auszubeuten, waren verhältnismäßig große
Investitionen notwendig, die nur von kapitalkräftigen Geschäftsleuten
aufgebracht werden konnten, die den Bergbau mit Hilfe von Lohnarbeitern und technischen Experten betrieben. Auf diese Weise hat die Expansion des Kohlebergbaus im Laufe der Zeit auch mit dazu beigetragen die
Entfaltung kapitalistischer Organisationsprinzipien in der englischen Gewerbeproduktion zu beschleunigen.

Eine ähnliche Konzentration von Kapital und Arbeitskraft wie im
Kohlebergbau hat im Laufe des 17. Jahrhunderts auch in einigen anderen
Industriezweigen stattgefunden, die auf der Ausnützung von Kohle ba-
sierten oder mit Hilfe von Wassermühlen betrieben wurden. Das gilt
insbesondere für die Eisenindustrie. Das größte englische Eisenunterneh-
men waren die Crowley-Eisenwerke, deren Begründer Ambrose Crowley bei seinem Tod (1713) ein Geschäftsvermögen von über 100000
Pfund hinterließ. Crowley war wahrscheinlich auch der erste englische
Unternehmer, der in seinen Betrieben das moderne Stechuhrverfahren
einführte, um seine widerspenstigen Arbeiter besser kontrollieren zu
können. In einer eigens zu diesem Zweck eingeführten, insgesamt über
100000 Worte umfassenden Werksordnung heißt es in diesem Zusammenhang: „Ich bin von manchen Tagelöhnern mit dem Wissen der Buchhalter schrecklich betrogen worden und habe weit mehr Arbeitszeit bezahlt, als ich es guten Gewissens hätte tun können, und viele Buchhalter
waren so treulos und niederträchtig, daß sie mir die Faulheit und Nach-
lässigkeit der Tagelöhner verbargen“ (Anordnung 40). Und weiter: „Um
Faulheit und Schändlichkeit aufzudecken, und die Guten und Fleißigen
zu belohnen, hielt ich es für angemessen, durch einen Aufseher einen
Zeitplan aufstellen zu lassen und Ordnung zu schaffen, und so sei be-
kanntgemacht, daß es von 5 bis 8 und von 7 bis 10 fünfzehn Stunden sind,
von denen 1½ für Frühstück, Mittagessen usw. abgezogen werden. Das
bedeutet 13½ Stunden exakte Arbeit“ (Anordnung 103). Der Betriebslei-

ter der Crowley-Werke wurde angewiesen, für jeden Tagelöhner eine eigene Kontrollkarte aufzustellen, auf der auf die Minute genau „Kommen" und „Gehen" eingetragen wurden. „Und da mir zu Ohren kam, daß verschiedene Angestellte ehrlos genug waren, sich bei ihrem Weggang nach den am schnellsten gehenden Uhren und einer zu früh schlagenden Glocke zu richten, bei ihrer Ankunft jedoch nach zu langsam gehenden Uhren und einer verspätet schlagenden Glocke, ... soll hinfort keine hier geführte Person sich nach irgendeiner anderen Uhr, Glocke oder sonstigem Zeitmesser als der des Aufsehers richten, und diese Uhr darf niemals nachgestellt werden, es sei denn durch ihren Inhaber".[97]

In dieser Werksordnung betreten wir, mit Edward P. Thompson gesprochen, „schon im Jahre 1700 den vertrauten Boden des disziplinierten Industriekapitalismus mit Kontrollkarte, Aufseher, Denunzianten und Fabrikstrafen". Der Beitrag, den dieser moderne „Industriekapitalismus" zum Gesamtvolumen der englischen Gewerbeproduktion im 16. und 17. Jahrhundert geleistet hat, war indessen noch vergleichsweise bescheiden. Der allergrößte Teil der englischen Gewerbeproduktion fand um 1700 noch genauso wie um 1500 in Produktionseinheiten statt, die sowohl in räumlicher als auch in personeller Hinsicht sehr klein waren und nur eine sehr geringe Kapitalausstattung erforderten. Die städtischen Gewerbebetriebe blieben in erster Linie handwerksmäßig organisiert. Der Beitrag, den das Handwerk zum Gesamtwachstum der englischen Gewerbeproduktion im 16. und 17. Jahrhundert leistete, resultierte im wesentlichen aus der Vermehrung der Zahl der Handwerksbetriebe. Die Apparate und Gerätschaften, mit denen diese Betriebe ausgestattet waren, wurden meist von Generation zu Generation weitergegeben und brauchten nur relativ selten ersetzt bzw. ergänzt werden. Der Einkauf der Rohmaterialien, die in den Handwerksbetrieben verarbeitet wurden, erfolgte meist auf den lokalen Märkten, nicht selten gegen Kredit. Die Arbeit selbst wurde zum größten Teil von Familienmitgliedern verrichtet. In der Stadt Chester, in der die Schuhindustrie den führenden Gewerbezweig darstellte, arbeitete noch zu Beginn des 17. Jahrhunderts die Hälfte der städtischen Schuhmacher ohne jede fremde Hilfe, und in denjenigen Betrieben, in denen neben den Familienmitgliedern noch fremde Arbeitskräfte angestellt waren, handelte es sich dabei in den meisten Fällen lediglich um einen oder zwei Gesellen.

Das ländliche Gewerbe war demgegenüber, insofern es sich auf die Produktion von Massenartikeln spezialisiert hatte, in der Hauptsache verlagsmäßig organisiert. Das Wachstum, das in der ländlichen Gewerbeindustrie im Verlauf des 16. und 17. Jahrhunderts erzielt wurde, resultierte in erster Linie aus der vermehrten und effizienteren Ausnutzung der Arbeitskraft der klein- und unterbäuerlichen Bevölkerung in der Form von Heimarbeit. Die Expansion der ländlichen Verlagsindustrie hat wahrscheinlich den größten Beitrag zum Gesamtwachstum der englischen Gewerbeproduktion im 16. und 17. Jahrhundert geleistet. Aber diese Entwicklung hat in den einzelnen Regionen Englands in sehr unterschiedlichem Ausmaß stattgefunden. Am stärksten waren hiervon die Weidezonen in Nordengland betroffen, in denen eine große Anzahl von Haushalten existentiell dazu gezwungen waren, mit den Verleger-Unternehmern zu kooperieren. In den *mixed-farming* Regionen, in denen die kommerziell orientierten Großbauern nicht darauf angewiesen waren, ihre Einkünfte durch gewerbliche Aktivitäten in eigener Regie oder für fremde Rechnung zu ergänzen, und die in ihrem Dienst stehenden Landarbeiter hierzu in der Regel keine Zeit hatten, war die Gewerbetätigkeit auf dem Land demgegenüber eher eine Ausnahme. Sie blieb auf diejenigen Produktionszweige beschränkt, die entweder – wie zum Beispiel die Papierindustrie – relativ wenig Arbeitskräfte erforderte, oder – wie die Spitzenfabrikation – in erster Linie Frauen und Kinder beschäftigte. Auch die Weidezonen Südostenglands, die um 1500 noch relativ stark „industrialisiert" waren, haben sich im Verlauf des 16. und 17. Jahrhunderts in zunehmenden Maße auf die Landwirtschaft konzentriert, was vor allem auf die diesbezügliche Nachfrage der nahe gelegenen Hauptstadt London und das vergleichsweise hohe Lohnniveau dieser Region zurückzuführen ist. „Sowohl die Entindustrialisierung des ländlichen Südens als auch die Industrialisierung des Nordens hatten um 1700 noch eine weite Strecke zu gehen, aber beide Prozesse waren unterwegs, und der dramatische Gegensatz zwischen den Ökonomien dieser beiden Regionen, der für die englische Geschichte des 19. Jahrhunderts so bezeichnend ist, deutete sich bereits vor 1700 an".[98]

IV. Die Expansion des Außenhandels

1. Die Ausweitung des Europahandels

Die Ausweitung der englischen Gewerbeproduktion wurde nachhaltig unterstützt durch die Expansion des Außenhandels. Zu Beginn der Tudorepoche war England noch eine europäische Randzone, die sich gegenüber den bereits weiter entwickelten Wirtschaftsregionen Kontinentaleuropas in „halbkolonialer Abhängigkeit" befand. Ein Großteil des englischen Außenhandels – wahrscheinlich mehr als 40% – wurde von italienischen, deutschen und anderen ausländischen Kaufleuten kontrolliert. Die kommerziellen Aktivitäten der englischen Ex- und Importeure waren im wesentlichen auf die Küstengebiete des nordeuropäischen Festlands beschränkt. Der Gesamtbeitrag, den der Außenhandel zum englischen Nationaleinkommen leistete, fiel noch kaum ins Gewicht. Zwei Jahrhunderte später war England neben den Niederlanden zur führenden Handelsmacht in Europa aufgestiegen. Die fremden Kaufleute waren aus London verdrängt. Der Aktionsradius der englischen Geschäftsleute erstreckte sich bis nach Asien und über den Atlantik. Mehr als ein Viertel der in England erzeugten Manufakturwaren wurde exportiert, ein Viertel der in England selbst vermarkteten Manufakturwaren war ausländischer Herkunft und ein Großteil der englischen Gewerbeproduktion basierte auf importierten Rohmaterialien. Der Außenhandel war zu einer der wichtigsten Grundlagen des englischen Nationalreichtums geworden.[99]

In der ersten Hälfte des 16. Jahrhunderts wurde das Wachstum des englischen Außenhandels in erster Linie von den *old trades* getragen, die im ausgehenden Mittelalter gegründet wurden. Das dynamische Moment dieser Trendperiode bildete der Export von wollenen Tuchen. Das Gesamtvolumen der englischen Tuchausfuhr hat sich in der Zeit von 1470 bis 1550 mehr als verdreifacht. Die Zahl der jährlich exportierten Tuche stieg während dieser Zeit von durchschnittlich 40000 auf 130000 *cloths* (ein *cloth* bzw. *shortcloth* war ein fiktives Standard-Tuch von 24 *yards*, das die Zollbehörden für die Berechnung der Exportgebühren benutzten). Die Hauptursache für diesen bemerkenswerten Anstieg der Textilausfuhr bildete der wachsende Wohlstand der nordwesteuropäischen Regionen, der es den dort lebenden Bevölkerungen ermöglichte, mehr Produkte aus England zu importieren. Eine zweite Ursache war das internationale Preisgefüge. Da die Preise in England während der ersten Hälfte des 16. Jahrhunderts etwas langsamer anstiegen als im übrigen Europa, besaßen die englischen Waren im Ausland einen gewissen Preisvorteil.

Die beiden wichtigsten Textilprodukte, die England in der ersten Hälfte des 16. Jahrhunderts exportierte, waren das breitgewebte, hochwertige *broadcloth* und der schmaler gewebte, billigere *kersey*. Die *broadcloths* wurden zum großen Teil in halbfertigem Zustand exportiert, d. i. ungefärbt und nicht appretiert (*white* und *undressed*). Die *kerseys* wurden demgegenüber meist in England selbst fertig verarbeitet. Um die Mitte des 16. Jahrhunderts waren diese beiden Produkte mit 75–80% am Gesamtwert der englischen Ausfuhr beteiligt. Davon wurden rund 90% von London aus verschifft. Die führende Rolle Londons im englischen Außenhandel war vor allem auf zwei Faktoren zurückzuführen: zum einen auf die außergewöhnliche Machtposition der *Fellowship of the Merchant Adventurers of London,* die 1497 durch eine Parlamentsakte das Monopol für die Tuchausfuhr nach Nordeuropa erwarb; und zum anderen auf die günstige geographische Anbindung der englischen Hauptstadt an das niederländische Antwerpen, das in der ersten Hälfte des 16. Jahrhunderts den Mittelpunkt der europäischen Weltwirtschaft bildete. Die Stadt an der Schelde war der zentrale Umschlagsort für Waren aus ganz Europa und zugleich der wichtigste Markt für jene neuen Handelsgüter, welche

die portugiesischen Kaufleute von ihren Entdeckungs- und Eroberungs-
reisen über den Atlantik und in den indischen Ozean nach Europa zu-
rückbrachten, darunter vor allem Gewürze und Zucker. In Antwerpen
befand sich daher auch die Hauptniederlassung der *Merchant Adventurers* auf dem europäischen Festland. In Antwerpen wurden die englischen
Rohwollstoffe zu Ende verarbeitet, ehe sie an ihre endgültigen Bestim-
mungsorte weiter befördert wurden: auf dem Landweg nach Rouen bzw.
nach Lübeck und von da aus weiter nach Mittel- und Osteuropa, oder auf
der Rheinroute über Köln und Frankfurt nach Süddeutschland und von
da aus weiter über Venedig und Ragusa bis in die Balkanländer und in die
Türkei. Aus Antwerpen kamen schließlich auch die meisten Handelswa-
ren, die in der ersten Hälfte des 16. Jahrhunderts nach England importiert
wurden: nicht-wollene Textilien, diverse Metallwaren, Farbstoffe und
andere Rohmaterialien für die englische Textilproduktion sowie eine
Vielzahl von Luxusgütern, darunter vor allem französische und spanische
Weine, die normalerweise das ganze 16. und 17. Jahrhundert über wenigstens 10% der englischen Gesamteinfuhr ausmachten.

Während der Außenhandel Londons in der ersten Hälfte des 16. Jahrhunderts in bemerkenswerter Weise expandierte, entwickelten sich die
Handelsbeziehungen der englischen Provinzhäfen (*out-ports*) während
dieser Zeit deutlich rückläufig. Die beiden Hauptleidtragenden dieses
Konjunkturwandels waren die alten Handelsstädte Bristol und Southampton, deren traditionelle Handelsbeziehungen zu Frankreich, Spanien
und Italien in der frühen Tudorzeit mehr oder weniger vollständig zu-
sammenbrachen. Die einzigen *out-ports*, die sich behaupten konnten,
waren die nordenglische Hafenstadt Hull, die nach wie vor größere Partien von Yorkshire *kerseys* und *dozens* nach Norddeutschland und in die
baltischen Länder exportierte, sowie Ipswich und Exeter, die gleichfalls
im Textilhandel engagiert blieben, gemeinsam aber nicht einmal 5% des
Londoner Umsatzes erreichten. Der Hauptnutznießer der säkularen
Handelsexpansion der frühen Tudorepoche war demnach ganz eindeutig
die Hauptstadt an der Themse und mit ihr die *Merchant Adventurers*, die
während dieser Zeit „das wohl einträglichste, bequemste und – entgegen
ihrem Namen – risikoloseste Geschäft der englischen Handelsgeschichte"
betrieben.[100]

Das herausragende Moment der internationalen Handelsbeziehungen
im Zeitalter der Königin Elisabeth (1558–1603) bildete die Verlagerung
des Zentrums der europäischen Weltwirtschaft von Antwerpen nach Ge-
nua. Der ökonomische Niedergang Antwerpens – eingeleitet 1557 durch
die Staatsbankrotte Frankreichs und Spaniens, beschleunigt 1572 durch
den Ausbruch des niederländischen Unabhängigkeitskrieges und endgültig besiegelt 1585 durch die Schließung der Scheldemündung durch die
Holländer – stellte für den englischen Außenhandel eine enorme Heraus-

forderung dar. Ingesamt gesehen läßt sich jedoch feststellen, daß die englischen Kaufleute die Schwierigkeiten, die sich für sie aus dem Niedergang Antwerpens ergaben, mit Erfolg gemeistert haben.[101] Die *Merchant Adventurers,* die von dieser Entwicklung am meisten betroffen waren, verlegten ihre Aktivitäten nach Deutschland: zuerst nach Emden (1563/64) dann nach Hamburg (1567/77), danach noch einmal nach Emden (1579/87) und schließlich nach Stade, wo sie neue Handelsstationen errichteten, die mehr oder weniger alle jene Funktionen übernahmen, die in der Vergangenheit Antwerpen erfüllt hatte. Als die *Merchant Adventurers* 1597 – als Vergeltung für die Vertreibung der Hansekaufleute aus England – das Territorium des Deutschen Reiches verlassen mußten, hatten sich die Verhältnisse in den nördlichen Niederlanden inzwischen so weit stabilisiert, daß sich die englischen Kaufleute jetzt in dem holländischen Middelburg niederlassen konnten und von hier aus ihre Geschäfte weiter betrieben.

Die überlieferten Daten der Londoner Tuchausfuhr lassen darauf schließen, daß die *Merchant Adventurers* in der zweiten Hälfte des 16. Jahrhunderts nicht mehr ganz so erfolgreich waren wie in den Boomjahren der frühen Tudorepoche. Das bedeutete indessen keinesfalls, daß das Gesamtvolumen des englischen Außenhandels während dieser Zeit zurückgegangen ist. Denn während sich die Geschäfte der Londoner Kaufleute in der zweiten Hälfte des 16. Jahrhunderts wahrscheinlich leicht rückläufig entwickelten, haben die Provinzhäfen während dieser Phase ihre Umsätze definitiv gesteigert und damit zumindest einen Teil der Verluste wieder gut gemacht, die sie in der ersten Hälfte des 16. Jahrhunderts hinnehmen mußten. Das gilt sowohl für die Häfen an der Nordostküste, York und Hull, die in verstärktem Maße Tuche und Wollzeug nach Danzig und Elbing exportierten und dafür Flachs, Pech und Teer sowie – gegen Ende des Jahrhunderts – Getreide nach England importierten; als auch für die Häfen an der Südwestküste, Exeter, Bristol und Chester, die den Niedergang der flämischen Textilindustrie im Verlauf des niederländischen Unabhängigkeitskrieges dazu nutzten, neue Märkte für die westenglische Textilindustrie zu erschließen – zunächst in Frankreich, später auch in Spanien und Portugal. Der Gesamtanteil der Provinzhäfen an der englischen Textilausfuhr hat sich in der zweiten Hälfte des 16. Jahrhunderts von etwa 10% auf etwa 25% erhöht.

Die bemerkenswerteste Entwicklung im Bereich des englischen Außenhandels während der ersten Hälfte des 17. Jahrhunderts war der Niedergang des traditionellen Nordeuropageschäftes. Hatte sich der Gesamtwert der englischen Tuchausfuhr in dem Zeitraum von 1606/14 noch durchschnittlich auf 1 193 000 Pfund im Jahr belaufen, so betrug dieser im Jahre 1640 nur noch 847 000 Pfund. Besonders betroffen von diesem Rückgang waren die halbfertigen *broadcloths,* von denen 1606 allein aus

London noch über 90000 Stück exportiert wurden, 1640 hingegen nur noch 30000. Die Gründe, die zu diesem Niedergang der *old draperies* geführt haben, waren überaus vielschichtig. Die wichtigste hausgemachte Ursache war das berühmt-berüchtigte Cokayne-Projekt (1614/17), das darauf abzielte, das englische Tuch nicht mehr halbfertig, sondern vollständig verarbeitet zu exportieren, um so den Wert der exportierten Waren zu erhöhen und gleichzeitig neue Arbeitsplätze in der einheimischen Industrie zu schaffen. Die Realisierung dieses Projektes scheiterte jedoch sowohl an den unzulänglichen technischen und finanziellen Voraussetzungen der englischen Tuchfabrikation als auch an den Repressalien der holländischen Regierung. Die englische Regierung, die das Projekt zunächst unterstützt hatte, sah sich daher nach einer dreijährigen Experimentierphase dazu gezwungen, den alten modus procedendi der Tuchausfuhr wieder herzustellen. Die wichtigsten exogenen Faktoren, die bei dem Niedergang des Exports der *old draperies* eine Rolle gespielt haben, waren: 1. der Ausbruch des Dreißigjährigen Krieges (1618), der zumindest zeitweilig eine Unterbrechung der Handelsbeziehungen auf dem europäischen Festland mit sich brachte; 2. die damit eng verknüpften Münz- und Währungsmanipulationen der „Kipper- und Wipperzeit" (1617–1623), die sich, generell gesprochen, dahingehend auswirkten, daß die englischen Produkte in Kontinentaleuropa teurer wurden und sich dort daher schwieriger verkaufen ließen; 3. der Aufstieg eigener Textilindustrien in Nord- und Mitteleuropa, die zum Teil kostengünstiger als die englische Industrie produzierten; sowie 4. ein allmählicher Modewandel auf seiten der europäischen Konsumenten, die mehr und mehr dazu übergingen, sich mit groberem Wollenzeug einzukleiden, das kontinentale Textilindustrien besonders preisgünstig anboten.

Der Niedergang des englischen Nordeuropageschäftes mit *old draperies* wurde jedoch – zumindest langfristig – mehr als ausgeglichen durch die Erschließung der südeuropäischen Märkte, die etwa zur gleichen Zeit begann. Zu Beginn des 17. Jahrhunderts waren die Regionen südlich der Alpen und der Pyrenäen dem englischen Außenhandel noch so gut wie völlig verschlossen. Die wenigen englischen Manufakturwaren, die im 16. Jahrhundert auf dem Landweg nach Italien gelangten, waren zum allergrößten Teil für Endabnehmer in den Balkanländern und in Kleinasien bestimmt. Der direkte Warenverkehr mit den europäischen Mittelmeerländern beschränkte sich im wesentlichen auf den Austausch von etwas Tuch gegen Wein und Öl, was in der Gesamtbilanz des englischen Außenhandels kaum ins Gewicht fiel. In der ersten Hälfte des 17. Jahrhunderts stießen die englischen Kaufleute dann jedoch in zunehmendem Maße auch in den südeuropäischen Raum vor. Die wichtigste Voraussetzung dieser Entwicklung war der Niedergang der mediterranen Gewerbeproduktion, und hier insbesondere der Niedergang der italienischen und der katalanischen Textilindustrie, die bisher die südeuropäischen Märkte mit ihren Produkten versorgt hatte. Der Hauptartikel, mit dem die englischen Exporteure sich den Mittelmeerraum erschlossen, waren die *new draperies*. Der Gesamtwert der aus England exportierten *new draperies* stieg in der Zeit von 1606/14 bis 1640 von durchschnittlich 347000 Pfund auf 605000 Pfund im Jahr. Der größte Teil dieser Wachstumsrate resultierte aus der Expansion des Südeuropageschäftes. Dieses beschränkte sich im übrigen nicht nur auf das Exportgeschäft, sondern erstreckte sich – vor allem seit den dreißiger Jahren – in zunehmendem Maße auch auf den Importverkehr. Die wichtigsten Waren, die die englischen Kaufleute aus den iberischen Ländern importierten, waren neben Wein, Wolle und Öl vor allem Südfrüchte – Rosinen, Feigen und Orangen – sowie brasilianischer Zucker. Die Importe aus Italien bestanden in der Hauptsache aus Öl und Seide. Im Jahre 1621 waren die aus dem Mittelmeerraum importierten Waren mit rund einem Drittel an dem Gesamtvolumen der englischen Importe beteiligt.

2. Die Grundlegung des Überseehandels mit Asien und Amerika

Das herausragende Moment der Entwicklung des englischen Außenhandels während der zweiten Hälfte des 17. Jahrhunderts bildete der Aufstieg des Warenverkehrs mit der außereuropäischen Welt. Nach den Schätzungen von D. C. Coleman hat sich das Gesamtvolumen des englischen Außenhandels in der Zeit von 1640 bis 1700 mehr als verdoppelt. Wie aus den auf S. 102 und 104 abgedruckten Tabellen hervorgeht, lag der geographische Schwerpunkt des englischen Außenhandels auch in der zweiten Hälfte des 17. Jahrhunderts noch eindeutig in Europa. Das eigentlich dynamische Moment der außenwirtschaftlichen Aktivitäten Englands war indessen jetzt der Überseehandel mit Asien und Amerika.

Die ersten Anfänge der englischen Expansion in die außereuropäische Welt reichen bis in das ausgehende 15. Jahrhundert zurück, als der Venezianer Giovanni Caboto von Bristol aus den Versuch unternahm, die damals noch für möglich gehaltene Nord-West-Passage nach China zu durchsegeln und dabei auf die reichen Fischgründe von Neufundland stieß.[102] Die eigentliche Geschichte des englischen „Imperialismus" beginnt jedoch im Zeitalter der Königin Elisabeth, auf dem Hintergrund des Niedergangs des London-Antwerpen-Handels. Das Hauptprojekt, das die englische Expansionsbewegung in dieser Zeit verfolgte, war die Erschließung eines direkten Zugangs zu den hochwertigen asiatischen Märkten, die die portugiesischen Seefahrer über die Süd-Ost-Passage rund um das Kap der guten Hoffnung entdeckt hatten. Die wichtigsten Etappen dieses englischen Unternehmens waren: 1. der Vorstoß einer Forschungsexpedition unter Hugh Willoughby und Richard Chancellor bis zur Mündung der nördlichen Dvina (1553/54), der die Gründung der *Moscovy Company* nach sich zog, die in der Folgezeit fünf größere Reisen auf dem Landweg nach Persien unternahm; 2. die Gründung der *Turkey Company* (1582), aus der 1589 die *Levant Company* hervorging, die das Monopol für den lukrativen Handel mit dem mittleren Osten erhielt; und 3. die Gründung der *East-India-Company* (1599/1600), die das Privileg für den gesamten Asienhandel erwarb und sich in der Folgezeit u. a. in Surate (1612), Madras (1620), Bombay (1668) und Calcutta (1690) niederließ. Alle diese Handelsgesellschaften wurden von der Londoner Finanzwelt dominiert. Im Unterschied zu den *Merchant Adventurers* waren jedoch die Mitglieder dieser neuen Gesellschaften in erster Linie am Importhandel interessiert. Was sie antrieb, war „ein von Motiven des Erwerbs und der räuberischen Aneignung gespeister Drang nach exotischen Gütern und nach den Profiten, die sich im Handel mit den Produkten der außereuropäischen Welt erzielen ließen".[103]

Die englische Expansion über den Atlantik vollzog sich unter völlig anderen Bedingungen als diejenige in die ostasiatischen Gewässer. In Asien fanden die englischen Kaufleute ein bereits hoch entwickeltes Handelssystem vor, das sie für ihre Zwecke nutzen konnten, daneben freilich auch selbstbewußte Potentaten, die die Bedingungen festsetzten, unter denen sich die Europäer an diesem kommerziellen System beteiligen durften. In Amerika stießen die englischen Entdecker und Eroberer hingegen auf eine Welt, die sie selbst erst wirtschaftlich erschließen mußten, bevor sie diese mit Gewinn ausbeuten konnten. Die wichtigsten Stationen auf dem Wege der Errichtung des englischen Kolonialreiches in Nordamerika waren: 1. die Beteiligung an dem Fischfang vor der nordamerikanischen Küste, insbesondere vor Neufundland, seit dem frühen 16. Jahrhundert; 2. die förmliche Inbesitznahme Neufundlands und die Gründung von St. John durch Humphrey Gilbert (1583); 3. die Besitznahme von Virginia durch Sir Walter Raleigh (1584) und die daran anschließende Gründung von Jamestown durch die 1606 gegründete Virginia Company (1608); 4. die Gründung und Besiedlung der Neuengland-Staaten Maine, New Hampshire, Vermont, Massachusetts, Rhode Island und Connecticut (1620–1640); 5. die Errichtung der mittelatlantischen Kolonien Maryland (seit 1632), Delaware und New Jersey mit New York (1664) und Pennsylvania (1681); sowie 6. das weitere Vordringen an der nordamerikanischen Südküste in Gestalt der Gründung von Carolina (1665/70) und Georgia (1732). Die Inbesitznahme und Besiedlung des amerikanischen Kontinents wurde begleitet von der Gründung diverser Handelsgesellschaften, die zunächst von denselben Kaufleuten dominiert wurden, die auch bereits den Levante- und Asienhandel kontrollierten.[104] Als sich jedoch herausstellte, daß die wirtschaftliche Erschließung Nordamerikas wesentlich größere unternehmerische und vor allem auch finanzielle Anstrengungen erforderte als das rein kommerzielle Engagement in den bereits etablierten Handelsmärkten im mittleren und fernen Osten, zogen sich die Londoner Kaufmannsfamilien aus dem Amerikageschäft zurück und überließen dieses „neuen Männern", bei denen es sich überwiegend um Angehörige des Mittelstandes bzw. um jüngere Söhne aus der *gentry* handelte, die sich entweder selbst in Amerika niederließen oder aber in Partnerschaften mit den kolonialen Siedlern zusammenarbeiteten, indem sie diese mit Land, Werkzeug und Arbeitskräften versorgten und die Vermarktung ihrer Produkte in Europa übernahmen.

Der dritte Schwerpunkt der frühen englischen Expansionsbewegung nach Übersee bildete die westindische Karibik.[105] Die Inselwelt der Karibik wurde ursprünglich von Spanien für sich allein in Anspruch genommen. Die spanische Krone konnte jedoch nicht verhindern, daß sich in dieser Region auch andere europäische Nationen festsetzten. Die wichtigsten englischen Eroberungen in der Karibik waren St. Kitts (1625), Barbados (1625) und Jamaika (1655). Die englischen Siedler nutzten die westindischen Inseln zunächst vor allem zum Anbau von Tabak. Die Tabakfarmen waren meist kleinflächig und wurden von ihren Eigentümern überwiegend mit Hilfe von Neuankömmlingen aus Großbritannien bewirtschaftet, daneben aber auch durch schwarze Sklaven, die aus Westafrika „importiert" wurden. In den vierziger Jahren gaben die englischen Karibikinseln den Tabakanbau dann jedoch auf und gingen statt dessen – mit maßgeblicher Unterstützung holländischer Unternehmer, die sich zuvor in Brasilien engagiert hatten – zum Anbau von Zuckerrohr über. Die Arbeit auf den Zuckerplantagen und in den Zuckermühlen wurde fast ausschließlich von Schwarzen geleistet, deren Anteil an der Gesamtbevölkerung infolgedessen sprunghaft in die Höhe ging: auf Barbados, das in den sechziger Jahren des 17. Jahrhunderts zum größten Zuckerproduzenten der Welt aufstieg, von weniger als 20% im Jahre 1645 auf über 60% Mitte der siebziger Jahre.

	N. und NW. Europa	S. Europa und Mittelmeerraum	Amerika	Asien
1622 (London)	63	31	6	100
1663/9 (London)	45	31	24	100
1699–1701 (England und Wales)	41	27	19	13	100
1752–4 (England und Wales)	35	19	33	13	100

Herkunftsländer der englischen Importe, 1622–1752/4 (Anteile nach Werten)
(aus: D. C. Coleman, The Economy of England 1450–1750, 1977, S. 138)

Das dynamische Moment innerhalb des Warenverkehrs zwischen England und der außereuropäischen Welt war im 17. Jahrhundert der Importhandel.[106] Wie aus der oben abgedruckten Tabelle hervorgeht, stieg der wertmäßige Anteil der aus Asien und Amerika eingeführten Güter am Gesamtwert der englischen Importe in der Zeit von 1622 bis 1699/1701 von 6% (London) auf 32% (England und Wales). In der gleichen Zeit sank der Anteil der Importe aus Nord- und Westeuropa von 63% auf 41% und der aus Südeuropa und dem Mittelmeerraum von 31% auf 27%. Die wichtigsten Handelsgüter, die England aus dem fernen Osten importierte, waren in der ersten Hälfte des 17. Jahrhunderts Gewürze, darunter vor allem Pfeffer aus dem nördlichen Sumatra und dem südlichen Indien. In der zweiten Hälfte des 17. Jahrhunderts war die Hauptbranche des Asienhandels dann der Import von Baumwollstoffen (*calicoes*), die in Indien so kostengünstig produziert wurden, daß sie trotz der hohen Transportkosten einen deutlichen Preisvorteil vor den einheimischen Textilerzeugnissen in England besaßen.[107] Der Umfang der *calicoes*-Importe (incl. kleinerer Seiden-Partien) stieg von jährlich durchschnittlich 28000 Stück in der Mitte der sechziger Jahre über 544692 Stück in den siebziger Jahren bis auf 1250000 Stück in den Jahren 1683/85. Danach wurde die Einfuhr von Baumwollartikeln im Interesse der einheimischen Textilindustrie limitiert. Etwa zur gleichen Zeit begann der Aufstieg des englischen Teehandels, zunächst auf der Grundlage von Importen aus China, der im Verlauf des 18. Jahrhunderts die führende Branche des Asienhandels wurde.

Die mit Abstand wichtigste Handelsware, die England aus Amerika importierte, war seit der Mitte des 17. Jahrhunderts der Zucker. Zu Beginn der Tudor-Epoche war der Zucker – in England wie auf dem europäischen Festland – noch weitgehend unbekannt. Moderne Schätzungen gehen davon aus, daß davon damals pro Kopf der englischen Bevölkerung allenfalls ein kleiner Löffel voll im Jahr zur Verfügung stand, was tatsächlich bedeutete, daß nur die Oberschichten in den Genuß dieses seltenen Produktes kamen. Das änderte sich in der Folgezeit von Grund auf. Von 1622 bis 1699/1701 stieg der Wert der jährlichen Londoner Zuckereinfuhr von 82000 Pfund auf 526000 Pfund. Der Gesamtwert des englischen Zuckerimports lag am Ausgang des 17. Jahrhunderts bei 630000 Pfund im Jahr. Solange der Zucker eine Luxusware war, wurde er in erster Linie für medizinische Zwecke verwandt. In dem Maße, wie er zu einer Massenware herabsank, diente der Zucker zunächst in der Hauptsache als Süßstoff und Konservierungsmittel. Im Verlauf des 18. Jahrhunderts wurde er darüber hinaus – in Verbindung mit anderen Lebensmitteln – zu einem billigen Nahrungssubstitut für die ärmeren Schichten. In der „Kulturgeschichte des Zuckers" von S. W. Mintz heißt es in diesem Zusammenhang: „Die Geschichte des Zuckers im Vereinigten Königreich weist viele ‚Zufallsereignisse' auf ... Dennoch beruht der Anstieg des Zuckerkonsums nach 1650 keineswegs auf einem Zufall; im Gegenteil, er war eine direkte Folge der in der britischen Gesellschaft bestehenden Herrschaftsverhältnisse und der Art der Machtausübung".[108]

	Exporte			
	N. und NW. Europa	S. Europa und Mittelmeerraum	Amerika	Asien
1663/9 (London)	43	48	9	100
1699–1701 (England und Wales)	52	33	12	3 · 100
1752–4 (England und Wales)	38	34	20	8 · 100
	Re-exporte			
1699–1700 (England und Wales)	72	11	16	1 · 100
1752–4 (England und Wales)	72	8	18	2 · 100

Bestimmungsländer der englischen Exporte und Re-exporte, 1663/9–1752/4
(Anteile nach Werten)
(aus: D. C. Coleman, The Economy of England 1450–1750, 1977, S. 138)

Die Transformation des englischen Importhandels, die in der zweiten Hälfte des 17. Jahrhunderts stattfand, zog auch eine strukturelle Veränderung des Exporthandels nach sich. Wie aus der oben abgedruckten Tabelle hervorgeht, lag der geographische Schwerpunkt des englischen Exporthandels auch am Ende des 17. Jahrhunderts noch eindeutig in Europa. Die aus England in die außereuropäische Welt exportierten Waren gingen zum größten Teil nach Amerika. Die englischen Einfuhren aus Asien wurden zu 80% mit amerikanischem Silber bezahlt, das entweder über den Atlantik und die Süd-Ost-Passage rund um das Kap der guten Hoffnung oder aber den Pazifik und die Philippinen nach Indien befördert wurde. Die wichtigsten Veränderungen hinsichtlich der warenmäßigen Zusammensetzung der englischen Exporte waren: 1. der relative Rückgang der Textilexporte; 2. die tendenzielle Zunahme der Exporte von anderen Manufakturwaren und 3. die deutliche Ausweitung des Exports von Nahrungsmitteln, insbesondere von Getreide. Die eigentliche *commercial revolution* der zweiten Hälfte des 17. Jahrhunderts bildete indessen die dramatische Zunahme des Re-exporthandels, dessen Umfang sich von 1640 bis 1700 mehr als vervierfachte.[109] Die Grundlage hierfür war der Importhandel mit Asien und Amerika. Von den aus Indien eingeführten Baumwollstoffen wurden am Ausgang des 17. Jahrhunderts über zwei Drittel re-exportiert. Bei den Tabakeinfuhren aus Amerika belief sich der Anteil der Re-exporte auf fast zwei Drittel und bei der Zuckereinfuhr aus der Karibik immerhin auf die Hälfte. Damit übernahm England in der zweiten Hälfte des 17. Jahrhunderts die Entrepôt-Rolle, die bis dahin die Niederlande wahrgenommen hatten. Der Triumph des englischen über den holländischen Zwischenhandel ist zum Teil auf die kommerzielle Überlegenheit Englands zurückzuführen, zum Teil aber auch darauf, daß die englischen Kaufleute es verstanden, das politische und militärische Machtpotential des englischen Gemeinwesens für ihre Zwecke zu mobilisieren. Dem waren die Niederlande am Ende nicht gewachsen.

Der spektakuläre Aufstieg des englischen Re-exporthandels wurde begleitet von der Grundlegung des sogenannten Dreieckshandels (*triangular trade*[110]). Dieser Dreieckshandel glich dem Zwischenhandel, insofern hier wie dort Güter gehandelt wurden, die nicht für den einheimischen Verbrauch bestimmt waren. Im Unterschied zum Re-exporthandel wurden die im Dreieckshandel gehandelten Waren aber nicht erst nach England eingeführt, um von hier aus wieder ausgeführt zu werden; sie wurden vielmehr direkt in ihre endgültigen Bestimmungsländer transportiert. Das erste Dreiecksgeschäft, das nach diesem Muster abgewickelt wurde, war der Verkehr über den nördlichen Atlantik, bei dem von England Arbeitskräfte, Lebensmittel und Salz nach Neufundland verschifft wurde, um dort Fische zu fangen und zu konservieren, die dann zu den atlantischen Inseln, nach Spanien und Portugal sowie in den westlichen Mittelmeerraum gebracht und hier gegen Wein, Salz und Südfrüchte eingetauscht wurden. Ein anderes Geschäft dieser Art bestand im Einkauf von Getreide und Holz, das aus dem Baltikum nach Südeuropa transportiert wurde und hier den englischen Kaufleuten den Einstieg in den innermediterranen Warenverkehr ermöglichte. Der bekannteste Dreieckshandel, der in der zweiten Hälfte des 17. Jahrhunderts von England aus organisiert wurde, war jedoch der, der den Export englischer Manufakturwaren nach Westafrika, die Lieferung afrikanischer Sklaven in die Karibik und den Import westindischen Zuckers nach England miteinander kombinierte. Der wichtigste, wenn auch vielleicht nicht profitabelste Zweig dieses Dreiecksgeschäftes war der Sklavenhandel, für den England durch den Asiento-Vertrag von 1713 auch das Monopolrecht für die spanischen Kolonien in Amerika erwarb.[111]

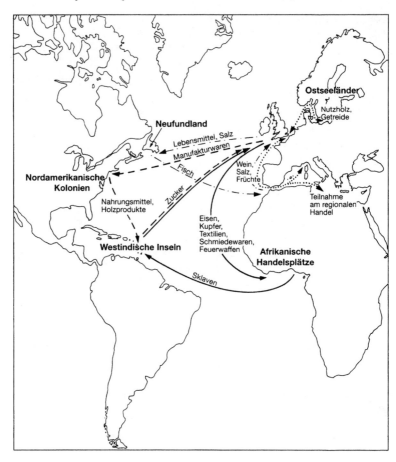

Englischer Dreieckshandel um 1700
(aus: C. G. A. Clay, Economic Expansion and Social Change:
England 1500–1700, 2 Bde., 1984, hier Bd.2, S. 173)

Das Hauptzentrum des englischen Außenhandels war um 1700 wie um 1500 die Hauptstadt London. Aber das Übergewicht Londons gegenüber den englischen Provinzhäfen hat in der zweiten Hälfte des 17. Jahrhunderts tendenziell abgenommen. Die Hauptnutznießer dieser Entwicklung sind die englischen Häfen an der Westküste gewesen, insbesondere Bristol und Liverpool, die sich seit dem Jahre 1640 mit Erfolg in den Atlantikhandel eingeschaltet und in der Folgezeit eine wichtige Rolle bei der Vermarktung der Kolonialprodukte in ganz England übernommen hatten. „Auf diese Weise hat die Ausweitung des englischen Außenhandels auf die neue Welt in dieser Epoche auch mit dazu beigetragen, die Isolation Nord-West-Englands zu überwinden und die Integration der englischen Ökonomie voranzutreiben".[112]

V. Die Transformation der Gesellschaft

1. Mobilität innerhalb der Oberschichten

Die Prozesse des wirtschaftlichen Wandels, die in England im 16. und 17. Jahrhundert stattfanden, führten zu einem bemerkenswerten Anstieg des nationalen Wohlstandes. Das gesamtgesellschaftliche Wachstum hatte indessen nicht die Konsequenz, daß sich damit auch der Lebensstandard der englischen Bevölkerung generell verbesserte. Das Gegenteil war der Fall: Während die *gentlemen* und die oberen Ränge der Bauern und des Bürgertums am Ende des 17. Jahrhunderts insgesamt gesehen deutlich mehr konsumieren konnten als zu Beginn des 16. Jahrhunderts, hat sich der Lebensstandard der breiten Masse der Bevölkerung im Verlauf dieses Zeitraums eindeutig verschlechtert. Mit den Worten des Historikers Guy gesprochen: „Die Hauptdynamik des Wandels war Wachstum, der Effekt aber war, die Gesellschaft zu polarisieren".[113]

Die gesellschaftlichen Veränderungen, die sich aus der Transformation der englischen Ökonomie ergaben, betrafen prinzipiell alle Schichten der Bevölkerung. Das Schwergewicht des sozialen Wandels lag indessen eindeutig auf dem Land. Die Hauptbetroffenen waren jene beiden Klassen, die seit Jahrhunderten den Mittelpunkt der ländlichen Gesellschaft bildeten: auf der einen Seite die relativ kleine Gruppe des landbesitzenden Adels, und auf der anderen die Masse der bäuerlichen Produzenten. Für die adligen Großgrundbesitzer bedeuteten die wirtschaftlichen und gesellschaftlichen Veränderungen, die sich im Tudor- und Stuart-England vollzogen, sowohl eine Bedrohung als auch eine Chance. Das Hauptproblem, dem sich die *landed classes* im 16. und 17. Jahrhundert gegenüber sahen, war das Phänomen der Preisinflation. Diejenigen *landlords,* die ihr Land langfristig verpachtet hatten, erfuhren durch den säkularen Anstieg der Preise zunächst einmal einen deutlichen Rückgang ihrer Renteneinkünfte. Auf diesem Hintergrund versteht sich ein in der Form des Dialoges geschriebener Traktat aus dem Jahre 1581, in dem ein Ritter sich über die Auswirkungen des Preisanstiegs auf die einzelnen Bevölkerungsschichten ausläßt und dabei zu dem Resümee gelangt: „Ihr, mein Nachbar, der Landmann, Ihr Herr Händler, und Ihr, Gevatter Kupferschmied, sowie die anderen Handwerker, Ihr wißt Euch schon ganz gut zu helfen. Denn um wieviel alle Dinge teurer sind, als sie waren, um soviel erhöht Ihr die Preise Eurer Waren und Tätigkeiten, die Ihr wieder verkauft. Aber wir haben nichts zu verkaufen, dessen Preise wir erhöhen könnten, um einen Ausgleich zu schaffen für die Dinge, die wir wieder kaufen müssen".[114]

Die Entwertung der Renteneinkünfte traf die davon betroffenen *landlords* um so härter, als der konventionelle Standard der Ausgaben, der sich mit dem Status eines *gentleman* verband, im Verlauf des 16. und 17. Jahrhunderts deutlich in die Höhe ging. Dafür waren vor allem zwei Entwicklungen maßgeblich: Zum einen der Anstieg der Ausgaben, die die *landlords* für die standesgemäße Verheiratung ihrer Töchter aufzubringen hatten; und zum anderen die großen Kosten, die aus dem Um- bzw. Neubau der adligen Wohnsitze resultierten. Die Mehrkosten, die den adligen Grundherren im Zusammenhang mit der Verheiratung ihrer Töchter entstanden, waren in erster Linie darauf zurückzuführen, daß die Zahl der standesgemäß zu versorgenden Töchter aufgrund des allgemeinen Bevölkerungswachstums deutlich zunahm, während die Zahl der zur Verfügung stehenden männlichen Erben, bedingt durch das Erbrecht der Primogenitur, begrenzt blieb. Außerdem sahen sich die *landlords* mit der Tatsache konfrontiert, daß die neureichen bürgerlichen Familien ihren Töchtern häufig eine sehr hohe Mitgift gaben, um diesen eine Einheirat in den grundbesitzenden Adel zu ermöglichen. Dadurch wurden die alteingesessenen Familien praktisch dazu gezwungen, ihre Töchter ähnlich großzügig zu versorgen. Der durchschnittliche Wert des Heiratsgutes, das die Familien des Hochadels ihren Töchtern mitgaben, ist vom ausgehenden 15. Jahrhundert bis zum frühen 17. Jahrhundert von 750 auf 3550 Pfund angestiegen.

Der Um- bzw. Neubau der adligen Wohnsitze wurde vor allem dadurch möglich und in gewisser Weise auch notwendig, daß England nach den jahrhundertelangen innerfeudalen Machtkämpfen des späten Mittelalters unter der Regierung der Tudors innenpolitisch weitgehend befriedet wurde. Dadurch wurden die ländlichen Eliten dazu veranlaßt, ihre bisher eher festungsartigen Wohnanlagen gegen komfortabel eingerichtete Landhäuser und Villen einzutauschen, in denen sie einen vergleichsweise privaten Lebensstil entfalteten. Niemals zuvor und nie wieder danach wurden in England innerhalb eines Zeitraums von 50 Jahren soviele adlige Landsitze neu gebaut bzw. umgebaut als von circa 1575 bis 1625. Die Ausgaben dafür waren außerordentlich groß, wobei die eigentlichen Baukosten häufig weniger ins Gewicht fielen als die Kosten für die zeit- und standesgemäße Einrichtung der neuen Wohnanlagen in Gestalt von Glasfenstern, Kaminsimsen, Stukkaturarbeiten, Wandbehängen, Teppichen, Möbeln, Tafelservice etc.

Diejenigen *landlords,* denen es nicht gelang, sich der säkularen Wirtschaftskonjunktur anzupassen und ihre Einkünfte dementsprechend zu vermehren, konnten diese und andere gesellschaftlich mehr oder weniger unvermeidbare Mehrausgaben nur dadurch finanzieren, daß sie sich kurzfristig verschuldeten und langfristig einen Teil ihres Grundbesitzes verkauften. Die Untersuchungen von L. Stone haben ergeben, daß von insgesamt 41 *peerage*-Familien, deren wirtschaftliche Entwicklung sich über die Zeit von 1558 bis 1602 rekonstruieren läßt, 13 Familien wenigstens die Hälfte, und weitere 25 Familien wenigstens ein Viertel ihrer *manors* verloren. In der Zeit von 1602 bis 1641 waren dies – von insgesamt 37 erfaßten Familien – 14 respektive 22. In der Grafschaft Yorkshire gerieten zwischen 1558 und 1642 von insgesamt 963 *gentry* Familien 397 in finanzielle Schwierigkeiten, wobei 87 von diesen dazu gezwungen wurden, ihren gesamten Grundbesitz zu verkaufen.

Insgesamt gesehen läßt sich jedoch feststellen, daß die überwiegende Mehrheit der adligen Grundbesitzer die wirtschaftlichen Schwierigkeiten, mit denen sie im Zeitalter der Tudors und Stuarts konfrontiert wurden, mit Erfolg gemeistert und darüber hinaus auf unterschiedliche Art und Weise aus dem frühkapitalistischen Wirtschaftsaufschwung Nutzen gezogen haben. Die Hauptstrategie, mit der die *landed classes* auf die Agrarkonjunktur des 16. und 17. Jahrhunderts reagierten, zielte auf die Erhöhung der Einnahmen aus ihrem Grundbesitz. Das Hauptmittel hierfür bildete die Umgestaltung der Pachtverhältnisse. Dabei gingen die *landlords* in der Regel so vor, daß sie Land, das bisher als *copyhold* verpachtet war, zunächst in *leasehold* umwandelten, und danach den im Rahmen der Grundherrschaft langfristig ausgeliehenen Grund und Boden nur noch kurzfristig verpachteten, in der Regel nicht länger als 21 Jahre. Diese Reorganisation hatte für die Grundbesitzer den Vorteil, daß sie den Pachtzins immer wieder neu aushandeln und der jeweiligen Konjunkturlage anpassen konnten.

Auf diese Weise ist es den meisten Grundherren gelungen, ihre Renteneinkünfte deutlich zu vermehren. Um ein Beispiel zu nennen: das *manor* von Ilketshall, das zu dem Mettingham College *estate* gehörte, das Sir Nicholas Bacon 1562 von Henry Denny erwarb, war in den dreißiger Jahren des 16. Jahrhunderts noch für lediglich 10 Pfund im Jahr verpachtet. Denny erhielt dafür 1561, auf der Grundlage eines Vertrages über 21 Jahre, bereits 13 Pfund, 6s und 8d. Als dieser Vertrag 1581 auslief, konnte Bacon das von Denny erworbene *manor* nunmehr für 60 Pfund im Jahr verpachten. Bis zum Jahre 1646 erhöhten sich die Einnahmen aus diesem Objekt auf schließlich 160 Pfund. Die gesamten Pachteinkünfte des Mettingham College *estate* stiegen in der Zeit von 1530 bis 1656 um 900%.[115] Selbstverständlich läßt sich dieses Beispiel nicht ohne weiteres verallgemeinern. Die tatsächliche Entwicklung der grundherrlichen Renteneinkünfte gestaltete sich von Besitz zu Besitz sehr verschieden. Dabei spielten sowohl natürlich-geographische Voraussetzungen eine Rolle als auch die tradierten Pachtbeziehungen und nicht zuletzt die Bereitschaft und die Fähigkeit des einzelnen *landlord*, die jeweils besonderen Verhältnisse zu seinem Vorteil auszunutzen. Insgesamt gesehen kann man jedoch feststellen, daß sich die allgemeine Machtbilanz zwischen den Grundherren und den Pächtern infolge des säkularen Bevölkerungswachstums und der dadurch vermehrten Nachfrage nach Land im Verlauf des 16. und frühen 17. Jahrhunderts deutlich zugunsten der *landlords* verschob.

Davon abgesehen bildeten die Einkünfte aus der Verpachtung ihrer Ländereien auch nur einen Teil der Einnahmen, aus denen die *gentlemen* ihren Lebensunterhalt bestritten. Die meisten Mitglieder der *gentry* bewirtschafteten zumindest einen Teil ihres Grundbesitzes in eigener Regie, und der Anteil derjenigen *landlords,* die in erster Linie für den Markt produzierten, ist im Verlauf des 16. und 17. Jahrhunderts deutlich größer geworden. Als landwirtschaftliche Unternehmer profitierten die Grundherren – zumindest bis um die Mitte des 17. Jahrhunderts – sowohl von den niedrigen Löhnen, die sie ihren Arbeitern zahlten, als auch von den hohen Preisen, die ihre Erzeugnisse auf dem Markt erzielten. Darüber hinaus besaßen die *landlords* auch am ehesten die Bereitschaft und die Fähigkeit, neue landwirtschaftliche Methoden zu erproben und gegebenenfalls definitiv einzuführen. So waren sie darauf vorbereitet, auch unter den veränderten Konjunkturbedingungen nach 1640 konkurrenzfähig zu bleiben.

Der Aufstieg der Spencers von Althorp in Northamptonshire ist ein gutes Beispiel dafür, wie man als *gentleman* durch persönliches Engagement in der Landwirtschaft prosperieren konnte. Der Begründer dieses Hauses, Sir John Spencer, stammte aus einer Viehmästerfamilie in Warwickshire. Nachdem er das Land, auf dem er sein Vieh mästete, zunächst gepachtet hatte, erwarb er seit 1506 einen zusammenhängenden Komplex eigener Weiden, auf denen er Schafe hielt, die überwiegend aus seiner eigenen Zucht kamen. Seine Nachfolger vergrößerten sowohl den Landbesitz als auch den Tierbestand der Familie. Um die Mitte des 16. Jahrhunderts galten die Spencers als eine der reichsten Familien in England. Um die Wende vom 16. zum 17. Jahrhundert zählten ihre Herden an die 14000 Schafe. Der wirtschaftliche Aufstieg der Spencers wurde ergänzt und unterstützt durch eine Reihe ausgezeichneter Heiratspartien. Sir Johns Sohn, William, heiratete die Tochter einer der ältesten und angesehensten *gentry*-Familien aus Northamptonshire, den Knighleys. Sir John II. ehelichte die Tochter eines Kaufmannes aus der Londoner City, Sir Thomas Kitson; Sir John III. die Erbin eines wohlhabenden Rechtsanwaltes, Sir Robert Catlin; und William II. Baron Spencer die älteste Tochter des Grafen von Southampton. Zu Beginn des 17. Jahrhunderts beliefen sich die jährlichen Einnahmen der Spencers auf 6500–8000 Pfund, wovon sie etwa 4000 Pfund aus ihrer Schafwirtschaft bezogen, den Rest aus der Verpachtung von Grundbesitz, in dem sie ihre Gewinne investiert hatten.

Die unternehmerischen Aktivitäten der *gentlemen* konzentrierten sich in erster Linie auf den Bereich der Land- und Forstwirtschaft. Daneben waren die *landlords* aber auch im Kohlebergbau und in der Eisenindustrie engagiert. Die Bleigrube und -schmelze in Swaledale (North Riding) brachte ihrem Besitzer Lord Wharton in den 70er Jahren des 17. Jahrhunderts einen jährlichen Gewinn von 3200 Pfund. Diejenigen Adligen, die am königlichen Hof verkehrten, besaßen darüber hinaus die Möglichkeit, sich an den Unternehmungen der privilegierten Überseegesellschaften zu beteiligen oder lukrative Regierungsposten zu erwerben.

So hat die überwiegende Mehrheit der *gentlemen* auf die eine oder die andere Weise aus dem frühkapitalistischen Wirtschaftsaufschwung für sich Nutzen gezogen.

Der deutlichste Beleg für den wachsenden Wohlstand der adligen Grundbesitzer als Klasse gesehen bildet die Entwicklung der ländlichen Eigentumsverhältnisse. Wie aus der folgenden Tabelle hervorgeht, hat sich der Anteil des Adels an der Gesamtfläche des landwirtschaftlich genutzten Grund und Bodens in England von ca. 40–45% im Jahre 1436 auf 60–70% im Jahre 1688 erhöht. Der Hauptnutznießer dieser Entwicklung waren die Familien der mittleren und kleineren *gentry*. Während der Anteil, den die großen Magnaten kontrollierten, mit 15–20% etwa gleich blieb, hat sich der Anteil der mittleren und kleineren *landlords* von 25% auf 45–50% erhöht und somit nahezu verdoppelt. Die englische *gentry* von 1688 ist indessen nicht identisch mit derjenigen von 1436. Ein Großteil der Familien, die am Ende des 17. Jahrhunderts die *landed classes* bildeten, sind erst im Verlauf der Tudor- und Stuartepoche in den Adel aufgestiegen. Im extremen Fall der Grafschaften Essex und Hertfordshire betrug der Anteil der Neuadligen um die Mittel des 17. Jahrhunderts 85–90%, in Suffolk und Northamptonshire sowie in Yorkshire, Leicestershire und Norfolk zwischen 60 und 70%, in Kent und Cheshire immerhin auch noch 25% bzw. 20%. Im Verlauf des 16. und 17. Jahr-

Verteilung des Grund-besitzes (in %):	1436 (England)	c. 1690 (England und Wales)	c. 1790	1873 (England)
I. Magnaten	15–20	15–20	20–25	24
II. Gentry	25	45–50	50	55
III. Großbauern	20	25–33	15	10
IV. Kirche und Krone	25–35	5–10	10	10

Die Verteilung des Grundbesitzes in England und Wales, 1436–1873
(aus G. E. Mingay, The Gentry, The Rise and Fall of a Ruling Class, 1976, S. 59)

hunderts vollzog sich somit ein großer Wandel in der Zusammensetzung der englischen Herrschaftsklasse. Der bekannte englische Historiker R. H. Tawney hat in diesem Zusammenhang die These formuliert, daß die Familien, die vom Regierungsantritt der Königin Elisabeth bis zum Ausbruch des englischen Bürgerkrieges in den Adel aufstiegen, ihren Aufstieg in erster Linie ihrer modernen Berufs- und Wirtschaftsauffassung verdankten. „Es waren landwirtschaftliche Kapitalisten, die sich Bahn brachen und denen die Zukunft gehörte".[116] Nach Tawney waren diese „Aufsteiger" zugleich die maßgeblichen Träger des Widerstandes gegen das Ancien Régime der Stuart-Könige und die entschiedensten Vorkämpfer einer „bürgerlichen Revolution", die darauf abzielte, die politischen Herrschaftsstrukturen Englands – die *balance of power* – den kapitalistischen Eigentumsverhältnissen – der *balance of property* – anzupassen und damit die beschleunigte Entfaltung bürgerlich-kapitalistischer Lebensverhältnisse in England zu ermöglichen. Diese Interpretation hat sich indessen – zumindest in dieser Gradlinigkeit – nicht durchgesetzt. Die meisten Historiker vertreten heute den Standpunkt, daß sich der allgemeine Charakter der englischen Herrschaftsklasse durch den „Aufstieg der *gentry*" nicht wesentlich verändert hat. Nur wenige der neuadligen *landlords* waren Parvenüs in dem Sinne, daß sie aus einer wirklich einfachen Gesellschaftsschicht kamen. Die meisten von ihnen standen bereits vor ihrer Nobilitierung in gesellschaftlichem Kontakt mit den *upper classes*. Bei vielen handelte es sich um jüngere Söhne adliger Familien, die durch das Erbrecht der Primogenitur zunächst aus der landbesitzenden Klasse ausgeschlossen wurden, ehe sie auf dem Umweg über eine bürgerliche Karriere wieder in die *landed society* zurückkehrten und damit zugleich auch die Lebensweise und die Wertvorstellungen der Adelsgesellschaft übernahmen. Auf der anderen Seite hat jene Verbürgerlichung der Berufs- und Wirtschaftsauffassung, die Tawney der neuen *gentry* zuschreibt, der Tendenz nach auch innerhalb des alt eingesessenen Adels stattgefunden. Von daher ist es auch zu erklären, daß sich die Parteien im englischen Bürgerkrieg nicht nach den Kriterien des alten und neuen Adels formierten, wie dies von Tawney postuliert wird.

Die Zusammensetzung der englischen Herrschaftsklasse hat sich im Verlauf des 16. und 17. Jahrhunderts indessen nicht nur in personeller, sondern auch in quantitativer Hinsicht verändert. Die *upper classes* sind nicht nur reicher, sondern zugleich auch zahlreicher geworden. Die *peerage* vergrößerte sich von 50–60 Mitglieder auf 160, die *baronets* von 200 auf 800, die *knights* und *esquires* von ca. 500 bzw. 800 auf 600 bzw. 3000 und die *mere gentlemen* von schätzungsweise 5000 auf 12000 Mitglieder bzw. Familien. Der Gesamtumfang der *upper classes* hat sich so unter den Tudors und Stuarts in etwa verdreifacht, während sich der Umfang der

Gesamtbevölkerung in derselben Zeit lediglich verdoppelte. Die Konsequenzen, die sich aus dieser relativen Vergrößerung des Adels ergaben, waren in sich widersprüchlich. Auf der einen Seite bildete die Multiplikation der *gentry* eine unmittelbare Verstärkung des personellen Herrschaftspotentials der englischen Krone. Neuere Untersuchungen gehen davon aus, daß im späten 17. Jahrhundert zwei Drittel bis drei Viertel der englischen Dörfer mindestens einen *resident squire* besaßen, während dies im frühen 16. Jahrhundert etwa in der Grafschaft Suffolk oder in der Grafschaft Buckingham nur bei jedem fünften bzw. jedem zehnten Dorf der Fall war. Auf der anderen Steite stellte die zahlenmäßige Vergrößerung des Adels aber auch ein zusätzliches Ordnungsproblem dar. Sie verschärfte den innerelitären Konkurrenzdruck und machte es der Krone schwerer, die politische Nation zu integrieren und zu dirigieren.

2. Die Polarisierung der Gesellschaft in Reiche und Arme

Die wichtigste Veränderung, die im 16. und 17. Jahrhundert innerhalb der bäuerlichen Bevölkerung stattfand, war der Niedergang der Kleinbauern (*smallholders, husbandmen*). Die Hauptursache dieser Entwicklung war der säkulare Anstieg der Pachtabgaben, durch den die *husbandmen*, die bisher in erster Linie für den eigenen Bedarf produziert hatten, in zunehmendem Maße in die Marktwirtschaft hineingezogen wurden. Vom Standpunkt der englischen Gesamtwirtschaft aus betrachtet, war diese Entwicklung durchaus wünschenswert. Die Kommerzialisierung der Landwirtschaft bildete eine wichtige Voraussetzung dafür, daß die wachsende Bevölkerung Englands in ausreichendem Maße mit Lebensmitteln versorgt wurde. Für die kleinbäuerliche Bevölkerung selbst stellte der Übergang von der Subsistenzökonomie zur Marktwirtschaft indessen eine enorme Herausforderung dar. Das Haupthandikap der *husbandmen* bestand darin, daß sie in ihrer überwiegenden Mehrheit zu wenig produzierten, um zugleich die Anforderungen der Außenwelt und die Bedürfnisse ihres eigenen Haushaltes befriedigen zu können. Die kleinen Landbesitzer waren daher systematisch dazu gezwungen, sich entweder zusätzliche Einnahmequellen zu erschließen, indem sie ihre Landwirtschaft erweiterten bzw. in verstärktem Maße Lohnarbeit leisteten, oder aber ihren Konsum einzuschränken, um einen größeren Teil ihres Produktes vermarkten zu können. „Wenn ihre Säue Ferkel werfen", so heißt es in einer zeitgenössischen Quelle, „oder ihre Hennen Küken ausbrüten, können sie es sich nicht leisten, diese selbst zu essen, sondern müssen sie verkaufen, um ihre Renten bezahlen zu können. Sie können weder die Eier essen, die ihre Hühner legen, noch die Äpfel und Birnen, die auf ihren Bäumen wachsen (...), sondern müssen alles zu Geld machen".[117] Trotz Konsumverzicht und Mehrarbeit waren indessen viele Kleinbauern nicht dazu in der Lage, die erhöhten Renten und Besitzwechselgebühren zu bezahlen. Sie verschuldeten sich und wurden, wenn sie ihre Schulden nicht zurückzahlen konnten, schließlich dazu gezwungen, ihre Höfe zu verlassen. Die letzte Lebensspur dieser gescheiterten Existenzen ist dann häufig eine Notiz in den Grundbüchern der *landlords,* in der kurz und bündig festgestellt wird: „vollkommen zahlungsunfähig", „verschuldet weggelaufen, um Soldat zu werden", „hat sein Hab und Gut bei Nacht weggeschafft und sich verschuldet davon gemacht" etc.

Neben dem verstärkten wirtschaftlichen Druck von seiten der adligen Grundbesitzer haben aber auch noch andere Faktoren mit dazu beigetragen, daß die Zahl der selbständigen Bauern in England im Verlauf des 16. und 17. Jahrhunderts drastisch zurückging. Der wichtigste dieser sekundären Faktoren waren die bäuerlichen Erbgewohnheiten. Während in den Kreisen der *landlords* das Erbrecht der Primogenitur praktiziert wurde, haben die Bauern, sofern sie über ihren Grund und Boden frei verfügten, eher dahin tendiert, auch ihren jüngeren Söhnen ein Stück Land zu vererben, um diesen eine eigene Haushaltsgründung zu ermöglichen. Diese Landparzellen für die Nebenerben wurden entweder von dem eigenen Hof der Familie abgetrennt oder aber käuflich erworben, wozu die *smallholders* jedoch in der Regel nur dadurch in der Lage waren, daß sie sich zunächst verschuldeten und schließlich einen Teil ihres eigenen Grund und Bodens verkauften. Die Konsequenz dieser bäuerlichen Erbpraxis war somit in dem einen wie in dem anderen Fall die tendenzielle Fragmentierung des kleinbäuerlichen Grundbesitzes. In Regionen, in denen den *husbandmen* neben ihrem eigenen Land noch zusätzlich *common land* zur Verfügung stand, waren auch solche kleinen Höfe weiterhin existenzfähig, wenngleich die Familien, die sie bewirtschafteten, meist eine Reduktion ihres Lebensstandards in Kauf nehmen mußten. Wo die *common rights* indessen bereits eingeschränkt bzw. ganz abgeschafft waren, führte die Fragmentierung der kleinbäuerlichen Besitzflächen auf die Dauer zu dem gleichen Ergebnis wie die säkulare Erhöhung der Renten und Besitzwechselgebühren. Während die Erhöhung der Pachtabgaben jedoch in erster Linie die *leaseholders* mit zeitlich befristeten Pachtverträgen traf, waren von der Fragmentierung des kleinbäuerlichen Grundbesitzes auch die *freeholders* und *copyholders of inheritence* betroffen, die – gerade weil sie über ihren Grund und Boden weitgehend selbständig verfügten – in besonderem Maße dahin tendierten, ihren Landbesitz zu zerstückeln und sich so in gewisser Weise selbst zu ruinieren.

Die einzige bäuerliche Gruppe, die zumindest bis zur Mitte des 17. Jahrhunderts von der säkularen Agrarkonjunktur profitierte, waren die *yeomen.* Sie befanden sich, als Klasse gesehen, in einer ähnlichen Situation wie diejenigen *landlords,* die ihre Ländereien selbst bewirtschafteten. Als Eigentümer oder Pächter von relativ großen Höfen, die in erster Linie für den Markt produzierten, zogen sie Nutzen aus den sinkenden Reallöhnen und den steigenden Agrarpreisen. Ihr Produktionsvolumen war so groß, daß sie auch in schlechten Erntejahren immer noch so viel verdienten, daß sie sich selbst versorgen und ihre Pachtgebühren bezahlen konnten. Die *yeomen* waren in der Regel die ersten, die die Innovationen übernahmen, die sich bei ihren Gentry-Nachbarn bewährt hatten. Der Verlust von *common rights* bedeutete für sie nicht soviel wie für den Rest der bäuerlichen Bevölkerung, da sie auf diese Rechte weniger angewiesen waren. Außerdem wurden sie für ihre Kooperation bei der Durchführung der *enclosures* im allgemeinen großzügig entschädigt. Die *yeomen* waren somit neben den adligen *landlords* und den erfolgreichen Mitgliedern der *trades* und *professions* die Hauptnutznießer der wirtschaftlichen Veränderungen, die sich im Tudor- und frühen Stuart-England vollzogen. Neuere Untersuchungen gehen davon aus, daß sich der durchschnittliche Reichtum der Großbauern vom Zeitalter der Königin Elisabeth bis zum Ausbruch des englischen Bürgerkrieges in etwa verdoppelte. Die Verbesserung des Lebensstandards der *yeomen* zeigte sich in der Renovierung und komfortableren Einrichtung ihrer Wohnhäuser, in der sorgfältigeren Erziehung und großzügigeren materiellen Versorgung ihrer Kinder sowie insbesondere in der Vergrößerung ihres Landbesitzes. „Unter den Landhungrigen war niemand so gierig wie die *yeomen*".[118] Die erfolgreichsten Großbauern wie die Bales von Carlton Curlieu oder die Hartopps von Burton Lazars (Leicestershire) waren so wohlhabend, daß sie auf einen Schlag ganze *manors* erwarben und damit bis in die Grafschaftselite aufstiegen. Wesentlich häufiger kam es indessen vor, daß eine *yeomen*-Familie im Verlauf von mehreren Generationen Feld um Feld und Hof um Hof aufkaufte, bis sie am Ende der größte Landbesitzer in ihrer Gemeinde war und ihre Lebensweise sich derjenigen der kleineren *gentry* anglich. Und noch zahlreicher waren diejenigen Fälle, in denen Familien aus der *yeomanry* ihren Besitz nur um einige Dutzend *acres* vergrößerten, ohne daß sich dadurch ihre gesellschaftliche Stellung in der Dorfgemeinschaft grundlegend änderte.

Die Gesamtentwicklung innerhalb der bäuerlichen Gesellschaft war somit gekennzeichnet: durch eine beschleunigte Differenzierung der Bevölkerung in eine relativ kleine Zahl prosperierender Großfarmer, die ihre Höfe mit Hilfe von Lohnarbeitern bewirtschafteten, auf der einen Seite; und eine zunehmende Zahl landloser oder landarmer Familien, die ihren Lebensunterhalt in erster Linie durch Lohnarbeit verdienten, auf der anderen.[119] Der Höhepunkt dieser gesellschaftlichen Polarisierung kam erst im 18. Jahrhundert. Die Tendenz als solche war indessen bereits im 16. und 17. Jahrhundert deutlich zu erkennen, insbesondere in den Getreide produzierenden Gebieten der *mixed farming regions*, in denen die Allmenden bereits weitgehend privatisiert waren. In Chippenham

(Cambridgeshire) zum Beispiel stieg die Zahl der Großbauern mit über 90 *acres* in der Zeit von 1544 bis 1712 von 2 auf 7. Gleichzeitig fiel die Zahl aller sonstigen Landbesitzer von 43 auf 11. Und die Zahl der landlosen Haushalte vergrößerte sich von 21 auf 31. In Terling (Essex) verringerte sich von 1524/25 bis 1671 der Anteil der mittelständischen Haushalte von 60,5% auf 31%, während in der gleichen Zeit der Anteil der *labouring poor* und derjenigen, die so arm waren, daß sie keine Steuern bezahlen mußten, von 27,6% auf 50% anstieg.[120]

In den *open pasture* und *wood pasture regions* haben sich demgegenüber die kleinbäuerlichen Betriebe im allgemeinen länger behauptet, insbesondere in denjenigen Regionen, die von größeren Trockenlegungs- und Einhegungsmaßnahmen verschont blieben. Hier gab es auch am Ende des 17. Jahrhunderts noch genügend *common-* und Brachland, das von den ärmeren Familien mit genutzt bzw. neu in Betrieb genommen wurde. In diesen Gebieten siedelte sich daher auch ein großer Teil derjenigen Individuen und Familien an, die in den Getreideanbaugebieten der *mixed farming regions* aus der Landwirtschaft herausgedrängt wurden. Die Grundherren tolerierten diese Ansiedlungen im allgemeinen, wenn sie diese entdeckten, vorausgesetzt die Neuankömmlinge verpflichteten sich dazu, für das Land, auf dem sie sich niedergelassen hatten, eine Rente zu zahlen. Ein Beispiel für eine Region, in der eine solche Entwicklung stattfand, ist die Rossendale-Gegend in Lancashire, in der sich die Zahl der selbständigen Haushalte von 1507 bis 1662 von 72 auf 315 vermehrte. Ein weiterer Faktor, der das Überleben der Kleinbauern in den Weideregionen begünstigte, war die Tatsache, daß hier häufig Verlagsindustrien angesiedelt waren, die der kleinbäuerlichen Bevölkerung die Möglichkeit gaben, ihre Einkünfte aus der Landwirtschaft durch Lohnarbeit im Gewerbebereich zu ergänzen – so z.B. im West Riding der Grafschaft Yorkshire und im östlichen Lancashire in der Textilindustrie oder in der Gegend von Sheffield (South Yorkshire) und in bestimmten Regionen der Midlands im Bereich der Eisen- und Metallverarbeitung. Umgekehrt wurden zahlreiche Unternehmer-Kaufleute durch das Vorhandensein von strukturell „unterbeschäftigten" Kleinbauern und Häuslern dazu angeregt, in diesen Zuwandererregionen noch zusätzliche protoindustrielle Produktionszweige aufzubauen, die dann ihrerseits weitere Neusiedler anlockten, die ihren Lebensunterhalt überwiegend oder sogar ausschließlich durch gewerbliche Lohnarbeit verdienten.

Die Entwicklung der gesellschaftlichen Verhältnisse in den Städten vollzog sich von Stadt zu Stadt sehr verschieden.[121] Während einige Städte wie vor allem Canterbury, Coventry, Gloucester, Shrewsbury und York, die im späten Mittelalter prosperiert hatten, im 16. und 17. Jahrhundert zumindest vorübergehend in eine Krise gerieten, konnten andere, wie zum Beispiel Norwich oder Colchester ihre traditionelle Position behaupten oder sogar erweitern. Wieder andere entwickelten sich in unserer Epoche zu neuen Zentren von überregionaler Bedeutung, so z. B. Bristol und Liverpool, im Zusammenhang mit der Expansion des Amerikahandels; Newcastle als Zentrum des englischen Kohlenreviers und Whitehaven als Hauptnutznießer des englischen Kohlenhandels mit Irland; Deptford, Woolwich, Chatham und Portsmouth als Hauptzentren des Schiffsbaus; Leeds, Birmingham und Manchester als zukünftige Industriezentren; oder Epsom Wells, Tunbridge Wells, Buxton, Scarborough und vor allem Bath als aufstrebende Bade- und Ferienorte. Eine Welt für sich bildete schließlich die Hauptstadt London, die nicht nur das größte Bevölkerungszentrum, den wichtigsten einzelnen Konsumgütermarkt, den bedeutendsten Standort für Konsumgüterindustrien, den größten Hafen, das dominierende Zentrum des Handels und der Finanzen und mit alledem „an engine of economic growth" in England selbst darstellte, sondern darüber hinaus am Ausgang des 17. Jahrhunderts im Begriffe war, an Stelle von Amsterdam die Führung innerhalb der europäischen Weltwirtschaft zu übernehmen.

Die Hauptnutznießer der frühkapitalistischen Wirtschaftskonjunktur in den Städten waren die *trades* und *professions*. Die erfolgreichste Berufsgruppe innerhalb der *trades* bildeten die Großkaufleute, die im Außenhandel aktiv waren, die großen Binnenhändler, die die bevölkerungsreichen Städte mit Lebensmitteln versorgten, sowie die Verlegerkaufleute, die sich in der ländlichen Protoindustrie engagierten. Was alle diese Geschäftsleute miteinander verband, war die Tatsache, daß sich ihre Aktivitäten in der Hauptsache auf die Zirkulationssphäre erstreckten und nur ausnahmsweise auch den Bereich der Produktion mit einbezogen. Die kommerziellen Interessen der Kaufleute-Unternehmer waren in der Regel weit gestreut, so daß sie relativ leicht von einem Geschäftszweig in einen anderen überwechseln konnten. Sie waren dadurch verhältnismäßig immun gegenüber branchenspezifischen Konjunkturschwankungen. Die erfolgreichste Gruppe innerhalb der *professions* waren die Juristen. Je mehr Land im Verlauf des 16. und frühen 17. Jahrhunderts auf den Markt kam und je weiter sich ganz allgemein die bürgerlichen Eigentumsverhältnisse in England entfalteten, desto mehr bedurfte es einer genauen Definition der individuellen Rechte und desto häufiger nahmen insbesondere die Mitglieder der besitzenden Schichten die Dienstleistungen der Gerichte und Juristen in Anspruch, um ihre Rechte zu wahren. Die Hauptnutznießer dieser Entwicklung innerhalb des Juristenstandes waren die gelehrten Rechtsanwälte (*barristers*), die vor Gericht prozessierten. Die Zahl der Berufungen an die *Inns of Court* (*calls to the bar*) stieg im Verlauf des letzten Drittels des 16. Jahrhunderts und in den ersten beiden Dritteln des 17. Jahrhunderts um annähernd 400%, von 184 auf 714. Der Beruf des *barristers* eröffnete ausgezeichnete Aufstiegschancen.

Die für diesen Beruf erforderliche fünf- bis sechsjährige Ausbildung war aber auch mit großen Kosten verbunden, die sich in der Regel nur die Söhne der *upper classes* leisten konnten.[122]

Der wachsende Wohlstand der erfolgreichen Mitglieder der *trades* und *professions* dokumentierte sich in dem Luxus ihrer Wohnkultur, in der Zahl ihrer Dienstboten, in der Größe der Mitgift, die sie ihren Töchtern mitgaben, in dem Umfang ihrer Hinterlassenschaften und – solange der offene Bodenmarkt dies erlaubte – in dem Erwerb großer Ländereien. In manchen Regionen, insbesondere im Einzugsbereich von London, waren die aus den *trades* und *professions* aufgestiegenen neuen Mitglieder der *landed society* so zahlreich vertreten, daß sie einen maßgeblichen Einfluß auf die lokalen Gemeinschaften erhielten. „Der Erwerb eines Landgutes zog nicht automatisch die Aufnahme in den Adel nach sich, aber er erlaubte es dessen Eigentümer, wie ein gentleman, d.i. ohne eigene Arbeit, zu leben, an der lokalen Verwaltung teil zu nehmen und seine Kinder mit den benachbarten gentry-Familien zu verheiraten. Seinem Nachfolger, der das Landgut erbte, war praktisch der gentry-Status und ein Platz innerhalb der herrschenden Elite gewiß".[123] Nach der Bestandsaufnahme von L. Stone wurde der Familienreichtum von zwei der 14 wohlhabendsten *squires* in der Grafschaft Yorkshire im Jahre 1642, einem der 25 führenden *squires* in Somerset während der dreißiger Jahre des 17. Jahrhunderts, 7% der von Jakob I. und Karl I. ernannten Barone und 4% der in der frühen Stuart-Zeit neu berufenen *peers* ursprünglich im Bereich des Handels begründet.

Die materiellen Verhältnisse der mittleren Schichten der städtischen Gesellschaft entwickelten sich im 16. und 17. Jahrhundert von Region zu Region und von Stadt zu Stadt sehr verschieden. „Einige Kleineigentümer verstanden es, sich durch Glück, Fleiß und geschickte Ausnutzung der günstigen Gelegenheiten, die ihnen ihre zunehmend komplexer werdende ökonomische Umgebung offerierte, gesellschaftlich hochzuarbeiten, manchmal in spektakulärer Weise. Andere stiegen der Tendenz nach ab. Wieder andere blieben, wo sie waren. Es bedarf noch vieler Einzelstudien, bevor sich die unterschiedlichen Erfahrungen dieser Schichten auf einen allgemeinen Nenner bringen lassen".[124] Etwas anderes läßt sich indessen bereits jetzt definitiv feststellen: die einschneidendste Veränderung, die sich in den Städten im Zeitalter der Tudors und Stuarts vollzog, war die Zunahme der städtischen Unterschichten. Sie hatte sowohl endogene als auch exogene Ursachen. Das Wachstum der Bevölkerung hat dazu gewiß ebenso beigetragen wie die Deklassierung der Handwerksgesellen im Gefolge des Niedergangs des traditionellen Zunftwesens. Die Hauptursache für den deutlichen Anstieg der städtischen Armenbevölkerung bildete indessen die Reorganisation der landwirtschaftlichen Ressourcen, die Tausende von eigentumslosen Menschen dazu zwang, vom

Land in die Stadt zu ziehen, um sich hier nach Möglichkeit eine neue
Existenzgrundlage zu schaffen. „Die Verdrängung so vieler Familien von
ihrem Boden beschleunigte, verursachte vielleicht sogar den Übergang
vom mittelalterlichen Lohnproblem, das in einem Mangel an Arbeitskräften bestand, zum modernen Lohnproblem, das in einem Überangebot an
Arbeitskräften besteht".[125]

Die lohnabhängigen Schichten der städtischen Bevölkerung waren die
Hauptleidtragenden der wirtschaftlichen und gesellschaftlichen Veränderungen, die in England im 16. und 17. Jahrhundert stattfanden. Insofern
die Mitglieder dieser Schichten regelmäßig beschäftigt waren, konnten sie
sich – trotz des bis in die Mitte des 17. Jahrhunderts hinein sinkenden
Realwertes der Löhne – immerhin überwiegend selbständig ernähren,
vorausgesetzt, sie waren in der Lage, entsprechend länger zu arbeiten,
und gleichzeitig dazu bereit, ihren Konsum einzuschränken. Ein Großteil
der Neuankömmlinge unter den städtischen Eigentumslosen war indessen nur unregelmäßig beschäftigt oder wurde überhaupt nicht in das
eigentliche Wirtschaftsleben integriert. Die von diesem Schicksal Betroffenen hatten in der Regel keine andere Möglichkeit zu überleben, als
entweder zu betteln oder zu stehlen oder sich zu prostituieren. Armut hat
es in England wie im übrigen Europa zu allen Zeiten gegeben. Die englische Gesellschaft war zu keinem Zeitpunkt dazu in der Lage und dazu
bereit, alle ihren Mitgliedern gleichermaßen eine sorglose und gesicherte
Existenz anzubieten. Als die Tudors an die Regierung kamen, stellte
indessen die Armut in England kein gravierendes Problem dar. In einer
Zeit, als die meisten Familien noch über mehr oder weniger Land und
eigene Tiere verfügten, war der Kreis der wirklich chronisch Armen im
wesentlichen auf denjenigen Personenkreis beschränkt, der entweder aus
Alters- oder aus Gesundheitsgründen nicht dazu in der Lage war, zu
arbeiten und sich selbständig zu ernähren. Zwei Jahrhunderte später hingegen stellte die Armut vor allem in den englischen Städten ein Massen-
problem dar. Bei den Tausenden und Zehntausenden von Einwohnern,
die in den städtischen Zensus- und Bevölkerungslisten des 16. und
17. Jahrhunderts als „Arme" aufgeführt werden, handelt es sich zum großen Teil nicht mehr um Opfer eines persönlichen Mißgeschicks, sondern
um lohnabhängige Individuen und Familien, die arbeiten konnten und
überwiegend auch arbeiten wollten, aber nicht genug verdienten, um sich
selbst mit den notwendigsten Lebensmitteln versorgen zu können.[126]

Diese neue strukturelle Armut betraf zunächst in erster Linie die größeren Städte. Im Verlauf der zweiten Hälfte des 16. und der ersten Hälfte
des 17. Jahrhunderts wurde hiervon jedoch in zunehmendem Maße auch
das Land betroffen, und hier insbesondere die Wald- und Weideregionen,
in denen sich ein Großteil der in den Getreideanbaugebieten der *Lowlands* besitz- und arbeitslos gewordenen kleinbäuerlichen Bevölkerung

konzentrierte. Wie groß der Umfang der strukturellen Armut in England am Ende des 17. Jahrhunderts tatsächlich war, ist in der Forschung umstritten. Die Frage läßt sich wohl auch kaum eindeutig beantworten, weil es keine allgemein akzeptierten Kriterien dafür gibt, wo man die Armutsgrenze ansetzen soll. Folgt man der zeitgenössischen Analyse von Gregory King, so hat es in England um 1680 1 275 000 Tagelöhner und Dienstboten, 1 300 000 Häusler und Arme sowie 220 000 Matrosen und Soldaten gegeben, die den Reichtum der Nation in dem Sinne verminderten, daß sie ohne private oder öffentliche Armenunterstützung nicht existieren konnten. Danach hätte am Ende des 17. Jahrhunderts rund die Hälfte der englischen Bevölkerung am Rande der Subsistenzgrenze gelebt, in der berechtigten Sorge, spätestens im Alter tatsächlich unter diese Grenze zu fallen.

Drittes Kapitel
Reform und Revolution.
Die politische Entwicklung Englands
im Zeitalter der Tudors und Stuarts

I. Reformation und Staatsreform

1. Die Errichtung der englischen Nationalkirche

Die wirtschaftlichen und gesellschaftlichen Veränderungen, die im 16. und 17. Jahrhundert in England stattfanden, wurden von der überwiegenden Mehrheit der englischen Bevölkerung eher passiv erlitten als von sich aus aktiv initiiert und vorangetrieben. Dabei haben nicht nur ökonomische Gesetzmäßigkeiten und soziale Verflechtungen eine Rolle gespielt, sondern auch die ordnungspolitischen Eingriffe der öffentlichen Gewalt. Unter der Regierung der Tudors und Stuarts hat sich in England der frühmoderne Staat durchgesetzt. Nach G. R. Elton handelte es sich dabei um einen Prozeß, der im wesentlichen in einem einzigen Jahrzehnt stattfand, nämlich in den dreißiger Jahren des 16. Jahrhunderts, auf dem Wege einer rational geplanten und konsequent durchgeführten Revolution von oben.[127] Der maßgebliche Initiator und Träger dieser sogenannten „Tudor Revolution in Government" war der leitende Minister Heinrichs VIII., Thomas Cromwell, nach Elton „der bemerkenswerteste Revolutionär" der gesamten englischen Geschichte.[128] „Das Kernstück der Tudor-Revolution war das Konzept der nationalen Souveränität". Die wichtigsten Veränderungen, die sich aus der Durchsetzung dieses Konzeptes für die politische Herrschaftsordnung Englands ergaben, waren nach Elton: die Beseitigung des Dualismus von politischer und kirchlicher Gewalt durch die Unterordnung der Kirche unter den Staat, die militärische und politische Unterwerfung der Magnaten, der Sieg des parlamentarischen Statute-Law, die Grundlegung der nationalen Einigung und die Durchsetzung eines neuartigen, bürokratisch organisierten Regierungsapparates. Neuere Untersuchungen haben jedoch gezeigt, daß auf der einen Seite manche der politischen und kulturellen Veränderungen, die während der Regierung Heinrichs VIII. stattfanden, bereits unter seinem Vater Heinrich VII. bzw. sogar schon unter der York-Dynastie vorbereitet wurden, und auf der anderen Seite manche der von Heinrich VIII. bzw. Cromwell initiierten Maßnahmen sich nicht langfristig durchgesetzt haben, so daß sie später erneut in Angriff genommen werden mußten, zum Teil auf dem geordneten Wege der Reform, zum Teil in der Form von Bürgerkrieg und Revolution. Das herausragende politische und kulturelle Ereignis der Tudorepoche war die englische Reformation.[129] Der Begriff umfaßt zwei historische Vorgänge, die zwar sachlich eng miteinander zusammenhingen, chronologisch jedoch getrennt voneinander stattfanden: zum einen die kirchenpolitische Entwicklung, die zum Bruch mit Rom und zur Errichtung der anglikanischen Nationalkirche führte, und zum anderen die religionsgeschichtliche Entwicklung, in deren Verlauf die englische Bevölkerung „protestantisch gemacht wurde". Die Errichtung der englischen Staatskirche erfolgte in der Hauptsache in den dreißiger Jahren des 16. Jahrhunderts. Allerdings war die faktische Herauslösung Englands aus dem Herrschaftsbereich des Papstes bereits zu Beginn des Regierungsantritts der Tudors relativ weit vorangeschritten, so daß der formale Bruch mit Rom unter Heinrich VIII., trotz seiner allgemeinen politischen Bedeutung, in spezifisch kirchenpolitischer Hinsicht keine völlig neue Situation erzeugte. Die Durchsetzung des Protestantismus als nationaler Staatsreligion und Integrationsideologie fand demgegenüber, obwohl die Anfänge des englischen Protestantismus bis in das 14. Jahrhundert zurückreichen, im wesentlichen erst während der Regierung der Königin Elisabeth I. statt.

Im Unterschied zu Deutschland, wo die Reformation als eine kommunale Volksbewegung begann, die erst im Verlauf des Bauernkrieges in eine „Fürstenreformation" umschlug, war die englische Reformation von Anfang an eine Staatsangelegenheit.[130] Der unmittelbare Anlaß für die Trennung der englischen Kirche von Rom bildete die bekannte „Ehekrise" Heinrichs VIII. Der König hatte unmittelbar nach seinem Regierungsantritt die Witwe seines 1502 verstorbenen Bruders Arthur, Katharina von Aragon, geheiratet. Sie gebar in der Folgezeit fünf Kinder, von denen jedoch nur eines überlebte, nämlich die Tochter Maria. Um die Mitte der zwanziger Jahre gelangte Heinrich zu der Überzeugung, daß er von Katharina keine weiteren Kinder zu erwarten hatte. Wollte er einen männlichen Erben haben, was im Interesse der Aufrechterhaltung des inneren Friedens geboten schien, mußte der König sich daher nach einer anderen Frau umsehen, die er dann in Gestalt der Hofdame Anna Boleyn auch rasch fand. Die Wiederverheiratung Heinrichs setzte jedoch voraus, daß zuvor seine erste Ehe für ungültig erklärt wurde, was unter den gegebenen Umständen nur mit Hilfe des Papstes möglich war. Seit dem Frühjahr 1527 waren daher der englische Lordkanzler und Kardinal-Erzbischof von York, Thomas Wolsey, sowie der Erzbischof von Canterbury, William Warham, im Auftrag des Königs darum bemüht, das päpstliche Einverständnis für die Annullierung der Ehe mit Katharina zu erreichen. Als sich dabei herausstellte, daß der regierende Papst Clemens VII. entweder aus eigenem Antrieb heraus oder aber aufgrund seiner diplomatischen Abhängigkeit von dem spanischen König und deutschen Kaiser, Karl V., nicht dazu bereit war, die aragonische Ehe für ungültig zu erklären, nahm Heinrich zu Beginn der dreißiger Jahre einen strategischen Kurswechsel vor. Er leitete nunmehr eine Politik ein, die es ihm gegebenenfalls ermöglichen sollte, die Annullierung seiner ersten Ehe auch ohne die Mitwirkung des Papstes in England selbst zu erreichen.

Die erste Etappe auf diesem Weg bestand darin, die englische Kirche noch stärker, als dies bereits ohnehin der Fall war, der Oberhoheit der Krone zu unterwerfen. Den Auftakt hierzu bildete eine Anklage gegen den gesamten englischen Klerus, die geistliche Jurisdiktion unter Mißachtung der im Statut de praemunire (1353) fixierten Grundsätze ausgeübt zu haben, nach denen Appellationen an den Papst, die den König betrafen, verboten waren. Um sich von diesem Vorwurf freizukaufen, erklärte sich die Geistlichkeit im Februar 1531 dazu bereit, ein Bußgeld in Höhe von 118000 Pfund zu bezahlen. Darüber hinaus setzte Heinrich es durch, daß ihn die Kirchenversammlung (*convocation*) der Kirchenprovinz Canterbury noch im gleichen Monat als „Oberstes Haupt" der englischen Kirche anerkannte, wenn auch vorerst noch unter dem Vorbehalt, „sofern dies das Gesetz Christi gestattet".[131] Im darauf folgenden Jahr erreichte der König dann die uneingeschränkte Unterwerfung des Klerus (*Submission of the Clergy*). In einem gleichnamigen Papier verzichtete die *convocation* auf das Recht, neue Gesetze ohne die Zustimmung des Königs zu erlassen. Das bestehende kanonische Recht sollte von einer königlichen Kommission auf seine Rechtmäßigkeit hin überprüft und gegebenenfalls für null und nichtig erklärt werden.

Seinem eigentlichen Ziel, der Scheidung von Katharina, war Heinrich damit aber noch um keinen Schritt näher gekommen. Die Kurie ließ sich durch die königliche Machtdemonstration gegenüber der englischen Geistlichkeit nicht beeindrucken. Im Gegenteil: eine Wiederverheiratung des Königs wurde 1531 vom Papst ausdrücklich verboten. Unter diesen Umständen stand Heinrich praktisch vor der Alternative, entweder, wie dies von Rom verlangt wurde, auf seine Scheidung und Wiederverheiratung zu verzichten und damit alle jene Risiken in Kauf zu nehmen, die sich daraus in Bezug auf seine Nachfolge ergaben, oder aber die englische Kirche vollkommen aus dem Herrschaftsbereich des Papstes herauszulösen, um dann die gewünschte Scheidung in England selbst zu erreichen. Wann genau sich der König für den endgültigen Bruch mit Rom entschied, ist in der historischen Forschung umstritten. Folgt man der Interpretation Eltons, so ist der Entschluß dazu im Herbst 1532 gefallen, als der Tod Warhams Heinrich die Möglichkeit bot, mit Thomas Cranmer einen Mann an die Spitze der englischen Kirche zu berufen, von dem der

König zuverlässig wußte, daß er die aragonische Ehe auch ohne Mitwirkung des Papstes für ungültig erklären würde. Nach J. J. Scarisbrick hat Heinrich den endgültigen Bruch mit Rom dagegen erst im Januar 1533 vollzogen, dann nämlich, als sich herausstellte, daß Anna Boleyn ein Kind von ihm empfangen hatte, und der König sicherstellen wollte, daß der erhoffte Thronfolger ehelich geboren würde. Beide Erklärungen sind möglich. Fest steht in jedem Fall, daß der Bruch mit der Kurie, vom Standpunkt der englischen Krone aus betrachtet, spätestens im Frühjahr 1533 unvermeidbar geworden war.

Die tatsächliche Herauslösung der englischen Kirche aus dem Herrschaftsbereich des Papstes und damit die Errichtung einer eigenen englischen Nationalkirche erfolgte auf dem Wege der Gesetzgebung des sogenannten „Reformationsparlamentes", das sich bereits im November 1529 konstituiert und den König seitdem in seiner Auseinandersetzung mit der Kurie unterstützt hatte. Die wichtigsten Gesetze, die den endgültigen Bruch mit Rom vollzogen, waren:

- die beiden *Annates-Acts* von 1532 und 1534, die das Ende der exekutiven Gewalt der Kurie in England bedeuteten;
- die daran anschließende *Dispensation Act* von 1534, durch die der Papst sämtliche Einnahmen verlor, die er bisher aus England bezogen hatte;
- die *Act in Restraint of Appeals* vom Frühjahr 1533, die die richterliche Gewalt des Papstes in England auf reine Fragen der Häresie beschränkte und damit die Voraussetzung dafür schuf, daß Heinrichs erste Ehe ohne Mitwirkung der Kurie geschieden werden konnte;
- eine *Act* von 1534, durch die die bereits 1532 erfolgte *Submission of the Clergy* gesetzlich fixiert wurde;
- die *Act of Supremacy* (1534), deren Präambel den König zum geistlichen Oberhaupt der englischen Kirche erklärte und ihm damit auch das Recht übertrug, häretische Auffassungen zu korrigieren;
- die *Act of Succession* (1534), durch die die erste Ehe Heinrichs für ungültig und die inzwischen vollzogene zweite Eheschließung für gültig erklärt wurde, wodurch Maria, die Tochter der Katharina, illegitim und die Kinder von Heinrich und Anna legitim gemacht wurden;
- die *Treason-Act* (1534), die es zum Hochverrat erklärte, die königliche Oberherrschaft über die Kirche auch nur verbal in Frage zu stellen, und damit die Voraussetzung dafür schuf, gegen die Gegner der Trennung von Rom gerichtlich vorzugehen;
- die Säkularisierung der Klöster seit dem Jahr 1536, mit der nicht nur eine durchgreifende Umgestaltung des Eigentums an Grund und Boden eingeleitet, sondern zugleich auch eine wichtige Voraussetzung für die religiöse Erneuerung im Sinne eines reformierten Glaubens geschaffen wurde; und schließlich

– die *Act against Papal Authority* (1536), die das ganze Gesetzeswerk
noch einmal zusammenfaßte, verbunden mit einem geharnischten Angriff auf die „angebliche Macht und usurpierte Autorität des Bischofs
von Rom, den manche den Papst nennen".[132]
Es wäre übertrieben, zu behaupten, daß sich aus diesen hier nur sehr
grob zusammengefaßten Gesetzesmaßnahmen eine vollkommen neue
kirchenpolitische Situation in England ergeben hätte. In mancherlei Hinsicht wurde jetzt durch Statut nur förmlich festgehalten und legalisiert,
was faktisch ohnehin bereits seit langem der Fall war. Der Gesamteffekt,
der durch den Vollzug der Gesetzgebung des Reformationsparlaments
erzielt wurde, war dennoch für die weitere Entwicklung Englands von
großer Bedeutung. Die unmittelbare Konsequenz, die der Bruch mit
Rom für die englische Krone mit sich brachte, war das Ende der relativen
Autonomie der geistlichen Gewalt. Aus der englischen Kirche im Sinne
einer Provinz der universalen Papstkirche wurde nun die Kirche von
England unter der Oberhoheit der englischen Krone. „Die Lösung von
Rom hatte die Kirche nicht unabhängig gemacht, sondern sie dem Staat
ausgeliefert".[133] Damit wurde sie zugleich auch auf die weltlichen Zwek-
ke der Staatsgewalt verpflichtet, in einer Weise, wie dies bisher noch nicht
der Fall war.

Die Kehrseite der Beseitigung der relativen Autonomie der geistlichen
Gewalt war eine deutliche Aufwertung der weltlichen Gewalt. Die Herauslösung der englischen Kirche aus dem Herrschaftsbereich des Papstes
und ihre Unterwerfung unter die Oberhoheit der Krone bildeten nicht
nur eine wichtige Etappe auf dem Wege der Durchsetzung der außenpolitischen Souveränität des englischen Gemeinwesens, sie bedeutete zugleich auch einen enormen Machtzuwachs für die königliche Autorität
innerhalb von England. Der Supremat über die Kirche gab der Krone
sowohl stark vermehrte Möglichkeiten der Patronage als auch die Kontrolle über den wichtigsten Apparat der Propaganda und der moralischen
Regulation, den es damals in England gab – die Kanzel und die kirchlichen Gerichte. Durch die Auflösung der Klöster erhielt die Krone einen
Landbesitz, der etwa 10% des in England kultivierten Bodens ausmachte.
Der Ertrag, den diese neuen Ländereien Heinrich VIII. in den dreißiger
Jahren des 16. Jahrhunderts einbrachten, war etwa dreimal so groß wie
die Einkünfte, die der König bisher aus seinem eigenen Grundbesitz
bezog. Durch den späteren Verkauf der von der Kirche konfiszierten
Güter ist es der Krone gelungen, die *landed classes* endgültig für die neue
kirchliche Ordnung zu gewinnen.

Nach Ansicht des Historikers D. M. Loades bildete die Aneignung der
geistlichen Gewalt „die größte einzelne Steigerung, die die königliche
Autorität jemals erzielt hat".[134] Der Machtgewinn der Krone führte indessen nicht zur Grundlegung eines absolutistischen Regierungssystems

in England. Denn der Aufstieg der Krone wurde begleitet von einer spürbaren Aufwertung des Parlaments, das maßgeblich an der Vorbereitung und Durchsetzung der Reformation in England beteiligt war. Mit Elton gesprochen: „So sehr die Macht des Königs auch an seine Person gebunden war, ihre Wirksamkeit gründete am Ende doch in der Autorität des Parlaments".[135] Die oft zitierte Feststellung Heinrichs VIII. – „we at no time stand so highly in our estate royal as in the time of Parliament"[136] – war keine bloße rhetorische Floskel. Die staatliche Souveränität lag beim *King in Parliament.* Das bedeutet indessen nicht, daß die Krone im Zeitalter der Tudors bereits konstitutionalisiert wurde. Daß dem nicht so war, zeigt nicht nur die Tatsache, daß eine überzeugte katholische Königin die henrizianische Reformation zwei Jahrzehnte später, obwohl sie gesetzlich in der englischen Verfassung verankert war, wieder aufheben konnte, sondern auch der Umstand, daß England von 1509 bis 1603 insgesamt 43 Jahre ohne Parlament regiert wurde.

2. Die Durchsetzung des Protestantismus als nationaler Integrations- ideologie

Die Reformation Heinrichs VIII. war ihrer Intention nach ein bloßer Akt der Staatsräson. Der Gedanke an eine Reform der Kirche spielte dabei – jedenfalls am Anfang – kaum eine Rolle. Nachdem der äußere Bruch mit Rom einmal vollzogen war, mußte die königliche Regierung sich jedoch aus politischen Gründen auch der Reformierung der englischen Kirche annehmen. Durch die Aneignung der geistlichen Gewalt durch die Krone wurde in England eine solche Verquickung von Staat und Kirche, von materiellen Interessen und Glaubensfragen bewirkt, daß die Bewahrung des sozialen Friedens und der öffentlichen Ordnung zwangsläufig eine konfessionell bestimmte Definition des wahren Glaubens und des richtigen Gottesdienstes erforderte. „Wo der Herrscher an der Spitze der Kirche stand, mußte er auch aus politischen Motiven heraus auf Rechtgläubigkeit bestehen".[137]

Heinrich VIII. selbst blieb wahrscheinlich bis an sein Lebensende dem katholischen Glauben verbunden. Der dominierende englische Staatsmann der Reformationsepoche, Thomas Cromwell, und der oberste Repräsentant der Kirche, Thomas Cranmer, sympathisierten hingegen mit der neuen evangelischen Lehre. Unter ihrem Einfluß willigte Heinrich Ende der dreißiger Jahre darin ein, die Bibellektüre durch Laien in England zu legalisieren. Seit im ausgehenden 14. Jahrhundert die Lollarden die Bibel übersetzt hatten, um ihren häretischen und antiklerikalen Meinungen eine größere Öffentlichkeit zu verschaffen, war die Übersetzung der Bibel in England offiziell verboten. Die stark an Luther orientierte Übersetzung des neuen Testaments durch William Tyndale mußte 1525 noch auf dem europäischen Festland publiziert werden, ebenso die erste Übersetzung der gesamten Bibel durch Miles Coverdale, 1535. Die vier Jahre darauf produzierte *Great Bible* Covendales konnte demgegenüber in England selbst erscheinen, nachdem Cromwell 1538 angeordnet hatte, daß in jedem Kirchspiel eine englische Bibel ausliegen sollte, damit sowohl die männlichen als auch die weiblichen Laien die Möglichkeit hätten, die Heilige Schrift selbst zu studieren. Covendales *Great Bible* erlebte binnen weniger Jahre mehrere Neuauflagen. Die öffentliche Resonanz auf die Freigabe der Bibellektüre und der Diskussion über religiöse Fragen war enorm. Dabei stellte sich indessen rasch heraus, daß die Botschaft der Heiligen Schrift von den Mitgliedern der einzelnen Schichten der englischen Gesellschaft sehr unterschiedlich rezipiert und aktualisiert wurde. Die englische Regierung sah sich dadurch veranlaßt, 1543 – drei Jahre nach dem Sturz Cromwells – ein Gesetz zu verabschieden, durch das „Frauen, Handwerkern, Gesellen, Tagelöhnern, Dienstboten unter dem Stand von *Yeomen*" die Bibellektüre wieder untersagt wurde.[138] Die Diskussion über den wahren Glauben und den richtigen Gottesdienst sollte damit auf die oberen Gesellschaftsschichten begrenzt werden. Daß „das wertvollste Kleinod, das Wort Gottes, in jeder Kneipe und Gastwirtschaft ausgelegt, in Reime gesetzt, gesungen und gekreischt" wurde, konnte die Gesellschaft der Tudorzeit sich offensichtlich aus ordnungspolitischen Gründen nicht leisten.

Nach dem Tod Heinrichs VIII. hat die offizielle Kirchenpolitik der englischen Regierung innerhalb von 12 Jahren dreimal ihren Kurs radikal verändert. Unter Eduard VI., dem 1537 geborenen einzigen männlichen Erben Heinrichs VIII. aus der Verbindung mit Jane Seymour, der dritten Frau des Königs, wurde zunächst der Protestantismus zur Staatsreligion in England erklärt. Diese Regelung galt indessen nur für wenige Jahre. Denn Eduards Nachfolgerin Maria, die Tochter der Katharina von Aragon, annullierte als überzeugte Katholikin nicht nur die dogmatischen und liturgischen Reformen ihres Halbbruders, sondern auch die antipäpstlichen Statute ihres Vaters und unterstellte damit die englische Kirche wieder der juristischen Oberhoheit der römischen Kurie, nachdem der regierende Papst Julius III. sich zuvor damit einverstanden erklärt hatte, daß die Säkularisierung des kirchlichen Landbesitzes nicht rückgängig gemacht würde. Hätte Maria länger gelebt, so wäre England vielleicht katholisch geblieben. So aber ist diese Königin als *bloody Mary* in die Geschichte eingegangen, unter deren kurzer Regierung an die 300 englische Protestanten als Ketzer verbrannt wurden, während etwa 800 weitere Nonkonformisten auf das europäische Festland ins Exil gingen.

Unter der Regierung Elisabeths I. ist England dann endgültig protestantisch geworden. Die wichtigsten Rechtsgrundlagen des elisabethanischen *settlements* bildeten zwei Statute aus dem Jahre 1559: zum einen die Suprematsakte, durch die alle geistlichen und weltlichen Amtsträger dazu verpflichtet wurden, einen Eid zu leisten, in dem sie die Königin als *supreme governor* der englischen Kirche anerkannten; und zum anderen die Uniformitätsakte, die – in etwas abgewandelter Form – das zweite Gebetbuch Eduards VI. aus dem Jahre 1552 wieder einführte, die Laien zur Teilnahme am anglikanischen Gottesdienst verpflichtete sowie Strafen für alle diejenigen androhte, die sich nicht konform verhielten. Dazu kamen dann 1563 noch die 39 Artikel der Konvokationen, die die dogmatischen Grundlagen der anglikanischen Staatskirche definierten. Sie enthielten „eine entschieden protestantische Interpretation des Glaubens",[139] d.i. sie orientierten sich in starkem Maße an der Gnaden- und Prädestinationslehre des Genfer Reformators Johannes Calvin. Die 39 Artikel waren jedoch teilweise bewußt unscharf formuliert, so daß sich sowohl die radikaleren als auch die gemäßigteren Protestanten mit ihnen identifizieren konnten.

Mit dem *settlement* von 1559 war die englische Kirche ein viertel Jahrhundert nach ihrer Errichtung offiziell protestantisch geworden. Das bedeutete indessen nicht, daß damit zugleich auch die englische Gesellschaft eine protestantische Nation wurde. Die äußere Konformität stellte sich relativ problemlos her. Bis die Lehre der Reformation die Masse der englischen Bevölkerung erreichte und von dieser soweit verinnerlicht wurde, daß sie das alltägliche Leben der Menschen mitgestaltete, vergingen indessen noch weitere Jahrzehnte. Als Elisabeth I. in England an die Regierung kam, war die überwiegende Mehrheit der englischen Bevölkerung wahrscheinlich weder richtig katholisch noch protestantisch. Die breite Masse der Bevölkerung hatte den wiederholten Kurswechsel der offiziellen Kirchenpolitik äußerlich mehr oder weniger angepaßt mit vollzogen, sich dabei jedoch aktiv kaum engagiert. „Aus den Berichten der Kirchenaufseher gewinnt man den Eindruck, daß Altäre, Kruzifixe, Lettner, Statuen und Weihwasserbecken während der Regierungszeit Eduards abgebaut wurden, während derjenigen Marias wieder aufgestellt und nach der Thronbesteigung Elisabeths ohne größeres Aufheben und ohne Widerstände wieder beseitigt wurden. Aus einer großen Anzahl regional ziemlich verstreut liegender Gemeinden haben wir Berichte, daß man für diese Tätigkeiten bezahlte Kräfte anheuern mußte".[140]

Wollte die königliche Regierung die Bevölkerung im eigentlichen Sinne protestantisch machen, so mußte sie zuvor den englischen Klerus von Grund auf reformieren.[141] Dabei sah sie sich vor allem mit drei Problemen konfrontiert. Das erste war der spürbare Rückgang der Priesterordinationen seit Beginn der Reformation. Die Folge davon war, daß bei Regierungsantritt Elisabeths viele Gemeinden nur unzureichend oder überhaupt nicht seelsorgerisch betreut wurden. Das zweite Problem bildete die insgesamt gesehen mangelhafte Ausbildung des zur Verfügung stehenden geistlichen Personals. Die protestantische Religion war eine Religion des Wortes. Im Mittelpunkt des evangelischen Gottesdienstes stand die Predigt, die sich an das Gewissen des einzelnen Gläubigen wendete. Die Geistlichen, die von der elisabethanischen Kirche übernommen wurden, waren indessen zum großen Teil weder dazu bereit noch dazu in der Lage, im protestantischen Sinne zu predigen. Das dritte Problem, mit dem sich die englische Regierung im Zusammenhang mit der Reform des Priesterstandes konfrontiert sah, war die weit verbreitete Armut unter den Geistlichen. Die Ortspfarrer lebten in erster Linie von den Abgaben der steuerfähigen Mitglieder ihrer Gemeinden. Diese sogenannten *tithes* waren indessen in jeder zweiten Gemeinde inkorporiert, d. i. sie waren im Laufe der Zeit an einen Laien oder an eine städtische Korporation übergegangen, die dann in der Regel auch das Recht besaßen, die Pfarrstelle zu besetzen. Dabei gaben sie nur einen Bruchteil ihrer *impropriated tithes* an die Geistlichen weiter, die die Gemeinden tatsächlich betreuten. Die kümmerliche Ausstattung der Pfarreien hatte zur Folge, daß zahlreiche Geistliche und insbesondere diejenigen, die inzwischen geheiratet hatten, gleichzeitig mehrere Stellen besetzen mußten, um ihr Auskommen zu haben (*pluralism*). Das bedeutete zwangsläufig, daß sie in einer der übernommenen Gemeinden nicht persönlich residieren konnten (*non-residence*). Andere Pfarrer betätigten sich nebenberuflich als Bauer, Fischer oder Schneider, so daß sich ihre Lebensweise nicht grundsätzlich von derjenigen des gemeinen Mannes unterschied, den sie doch im Sinne der Reformation missionieren sollten.

Die Abstellung dieser Mängel war eine Aufgabe, die Zeit brauchte. Aber im Verlauf der Regierungszeit Elisabeths I. schritt die Reform des Klerikerstandes deutlich voran. Die Zahl der ordinierten Geistlichen nahm zu. *Pluralism* und *non-residence* nahmen deutlich ab. Die Qualität der Ausbildung verbesserte sich spürbar. Der Anteil der Geistlichen mit einer akademischen Ausbildung und damit auch das Angebot an Predigt wurde kontinuierlich größer. Und auch die materielle Versorgung der Geistlichen wurde im Laufe der Zeit deutlich besser. Mit der zunehmenden Attraktivität des Pfarrerberufes veränderte sich zugleich die soziale Zusammensetzung des geistlichen Standes. Der neue elisabethanische Klerus rekrutierte sich in erster Linie aus der *gentry,* dem Wirtschaftsbürgertum, der *yeomanry* und – je länger, desto mehr – aus den protestantischen Pfarrfamilien. Der Anteil der Pfarrer, die aus einem einfachen Milieu kamen, ging demgegenüber deutlich zurück. Dadurch vergrößerte sich zugleich die gesellschaftliche und kulturelle Distanz zwischen dem Pfarrerstand und der Mehrheit der Gemeindemitglieder. Die neuen englischen Geistlichen wurden vielfach von außen in ihre Gemeinden berufen. Sie waren daher häufig nicht in den lokalen Traditionen und Verhaltensweisen verwurzelt. Das erleichterte es ihnen, diese zu verändern. Das missionarische Potential der Kirche – und damit zugleich auch das Herrschaftspotential des Staates – wurde so alles in allem gesehen deutlich größer.

Im Mittelpunkt der elisabethanischen Religionspolitik stand die Auseinandersetzung mit dem Katholizismus.[142] Dabei lassen sich zwei Phasen voneinander unterscheiden. Bis in die frühen siebziger Jahre richtete sich die Attacke der Regierung in erster Linie gegen die katholischen Geistlichen. Die marianischen Bischöfe, die sich mit einer einzigen Ausnahme weigerten, den Eid auf die Königin als *supreme governor* der Kirche zu leisten, wurden entlassen und durch überzeugte Anhänger der evangelischen Lehre ersetzt. Der niedere Klerus wurde dagegen zum größten Teil übernommen, auch diejenigen Geistlichen, die heimlich mit der alten Ordnung sympathisierten, vorausgesetzt sie verhielten sich nach außen hin konform. Die katholischen Laien blieben zunächst weitgehend unbehelligt. Das gilt auch und gerade für die Mitglieder der gehobenen Schichten, die die Regierung im allgemeinen eher durch Überzeugung als durch Zwang für die neue Kirchenordnung zu gewinnen suchte. So behielten viele *gentlemen* ihre lokalen Ämter, auch ohne den Eid auf die Königin geleistet zu haben. Die Anhänger des alten Glaubens verzichteten ihrerseits größtenteils darauf, das elisabethanische *settlement* öffentlich in Frage zu stellen. Sie besuchten den Gottesdienst der anglikanischen Kirche und hielten daneben ihre privaten katholischen Andachten.

Die Situation wurde jedoch anders, als sich 1568 die schottische Königin Maria Stuart unter den Schutz der englischen Krone stellte, und damit ein neuer Mittelpunkt für katholische Loyalitäten in England entstand. Ein Aufstand nordenglischer Grafen, die 1569 die Restauration des Katholizismus und die Anerkennung Marias als englischer Thronerbin proklamierten, wurde zwar von der Regierung in London relativ leicht niedergeschlagen. Diese Rebellion hatte jedoch ein folgenreiches Nachspiel, als sich der Papst durch die Bulle „Regnans in Excelsis" (1570) nachträglich mit den Aufständischen solidarisierte. Er exkommunizierte Elisabeth, erklärte die Königin für abgesetzt und forderte die katholischen Fürsten Europas zum Kreuzzug gegen England auf. Mitte der siebziger Jahre kamen dann auch die ersten Missionare aus dem 1568 in den spanischen Niederlanden gegründeten Seminar von Douai in England an. Diese hatten es ausdrücklich darauf abgesehen, das protestantische *settlement* von 1559 zu stürzen. Durch alle diese Ereignisse wurde die englische Regierung dazu veranlaßt, ihre bisher relativ tolerante Einstellung gegenüber den Anhängern des alten Glaubens aufzugeben.

Die unmittelbare Reaktion auf die Bann- und Absetzungsbulle der Kurie bildete die Verabschiedung eines Statuts, durch das die Einführung päpstlicher Bullen nach England zum Hochverrat erklärt wurde. Durch ein weiteres Gesetz wurde festgesetzt, daß Engländer, die für länger als sechs Monate ins Ausland gingen, ihren Grund und Boden in England verloren. Im Sommer 1575 leitete der Geheime Rat dann eine systematische Kampagne gegen die Anhänger des Katholizismus innerhalb der englischen Führungsschichten ein. Diese wurden vor die Alternative gestellt, entweder zum Protestantismus überzutreten oder aber aus der lokalen Selbstverwaltung auszuscheiden. 1581 verschärfte die Regierung die Geldstrafen für das Fernbleiben vom anglikanischen Gottesdienst. Und 1593 erließ sie ein Gesetz, das die Bewegungsfreiheit der Katholiken mit Landbesitz auf einen Fünf-Meilen-Kreis um ihren Wohnsitz einschränkte, während die Katholiken ohne Land dazu aufgefordert wurden, aus England zu emigrieren. Parallel zu dieser Kampagne gegen die einheimische katholische Bevölkerung führte die englische Regierung einen rigorosen Feldzug gegen die rund 400 Seminaristen und Jesuiten, die von 1574 bis 1603 von außen ins Land kamen. 1582 erließ sie eine Proklamation, durch die alle katholischen Missionare ipso facto zu Hochverrätern erklärt wurden. Damit war es in England erstmals möglich, eine Anklage wegen Hochverrates auf den bloßen Status einer Person zu stützen, ohne daß diese sich eines tatsächlichen Vergehens schuldig gemacht hatte. Von 1570 bis 1603 wurden in England insgesamt 189 Menschen wegen ihres katholischen Glaubens hingerichtet. Viele andere wurden in Gefängnissen und Lagern inhaftiert. Die Katholikenpolitik der englischen Regierung war insgesamt erfolgreich. Der Krone ist es zwar nicht gelungen, den Katholizismus in England vollständig zu eliminieren. Aber der Gesamtumfang der katholischen Bevölkerung ist im Verlauf der zweiten Hälfte des 16. Jahrhunderts deutlich zurückgegangen. Am Ende der Regierungszeit Elisabeths I. beschränkte sich der englische Katholizismus im wesentlichen auf eine Minderheit von adligen Grundbesitzern, die – ungeachtet ihres religiösen Non-Konformismus – im allgemeinen loyal zur Krone standen und die politische Herrschaftsordnung in England nicht mehr in Frage stellten.

Die Katholikenpolitik der englischen Regierung konzentrierte sich in erster Linie auf den Adel. Die offizielle Kirchenpolitik gegenüber den unteren Gesellschaftsschichten beschränkte sich im wesentlichen darauf, die gröberen Formen der traditionellen Volksfrömmigkeit zu unterdrücken bzw. zu kontrollieren. Ansonsten fand die Regierung sich damit ab, daß – wie es der *Lord Keeper of the Great Seal*, Sir Nicholas Bacon, 1563 formulierte – „das gemeine Volk im Lande im allgemeinen nur selten zum gemeinsamen Gebet und zum Gottesdienst in die Kirche kam".[143] Der Historiker P. Clark hat geschätzt, daß in der Grafschaft Kent im späten 16. Jahrhundert ein Fünftel der Bevölkerung regelmäßig dem Gottesdienst fernblieb, darunter vor allem die Angehörigen der besitzlosen Schichten. Die englische Regierung blieb indessen bemüht, auch den gemeinen Mann für das *settlement* von 1559 zu gewinnen. Dabei stützte sie

sich nicht nur auf die Disziplinargewalt der circa 250 Kirchengerichte, die
sich über ganz England verteilten, sondern auch auf die neuen Propagan-
damöglichkeiten, die ihr in Gestalt der modernen Presse zur Verfügung
standen. Das wichtigste spezifisch protestantische Buch, das im 16. Jahrhundert in England – mit Unterstützung der Regierung – vertrieben
wurde, waren die *Acts and Monuments* von John Fox, die die Erinnerung
an die evangelischen Helden wachhielten, die unter der Königin Maria
den Märtyrertod starben. Die eigentliche Bedeutung dieses sogenannten
„Buchs der Märtyrer", das 1563 erstmals in englischer Sprache erschien
und von dem bis 1603 über 10000 Exemplare verkauft wurden, bestand
indessen darin, daß es „durch Rhetorik, Geschichte und Bilder den
Triumph des wahren Glaubens in England zelebrierte".[144] Die zentrale
Botschaft, die von diesem Werk ausging, war der Mythos von England
als der erwählten Nation, die Gott dazu ausersehen habe, den Anti-
Christ zu bekämpfen, der in der zweiten Hälfte des 16. Jahrhunderts
durch den Papst und durch Spanien repräsentiert wurde. Durch die Pro-
pagierung dieser Vorstellung hat das „Buch der Märtyrer" wesentlich mit
dazu beigetragen, jene aggressive Verbindung von Protestantismus und
Patriotismus herzustellen, die in der Folgezeit einen maßgeblichen Einfluß auf das politische Bewußtsein in England gewann.

3. Der Aufstieg des Puritanismus

Die offizielle Kirchenpolitik des elisabethanischen Establishments legte
vor allem darauf Wert, daß sich die englische Bevölkerung nach außen hin
konform verhielt. Daneben formierte sich jedoch im Verlauf der zweiten
Hälfte des 16. Jahrhunderts in England eine sowohl von Geistlichen als
auch von Laien getragene Reformbewegung, die auf eine generelle Ver-
christlichung des Alltagslebens und die Herstellung einer Gott wohlgefäl-
ligen Kirche und Gesellschaft abzielte: der Puritanismus. Der Begriff des
Puritanismus tauchte erstmals in den sechziger Jahren des 16. Jahrhunderts
auf, und zwar zunächst als Schmähwort, mit dem Menschen charakterisiert wurden, „die übermäßig strikt und ostentativ moralisch-religiöse
Grundsätze vertraten, wobei der Vorwurf der Selbstgerechtigkeit und
Heuchelei oft genug mitschwang".[145] In der Geschichtswissenschaft wird
mit diesem Begriff im allgemeinen diejenige kirchenpolitische Richtung –
innerhalb und außerhalb der anglikanischen Staatskirche – bezeichnet, die
die bestehende Kirche von allen „papistischen" und magischen Bestandteilen und Praktiken reinigen wollte; die das calvinistische Erbe der anglikanischen Kirche stärker zu betonen wünschte; die an Stelle der Institution
die Gemeinschaft der Kirche zu stärken suchte; die das Gewissen des
Einzelnen in das Zentrum des religiösen Lebens stellte und die aus diesem
Grunde den Gottesdienst noch betonter als die anglikanische Kirche auf

die Predigt ausrichtete, die den einzelnen Gläubigen zu einer regelmäßigen
Selbstprüfung anhalten sollte. In kirchenorganisatorischer Hinsicht setzte sich der Puritanismus aus verschiedenen Richtungen zusammen. Die
gemäßigten Puritaner akzeptierten die bestehende Bischofskirche, betonten dabei jedoch weniger die disziplinarischen Aspekte als die pastoralen
Aufgaben, die sich mit dem Bischofsamt verbanden. Die extremeren Puritaner wünschten demgegenüber die Einführung einer presbyterianli-
schen Kirchenverfassung nach Genfer Muster, also eine Synodalverfas-
sung, die das Regiment der Gemeindeältesten mit möglichst umfassenden
Rechten ausstattete. Eine dritte Richtung, die sogenannten Separatisten,
lehnten die Idee einer nationalen Kirche überhaupt ab und traten statt
dessen dafür ein, daß jede Gemeinde ihre Angelegenheiten selbst regeln
sollte.

Die puritanische Bewegung wurde zunächst in erster Linie von Geistlichen getragen. Die ersten englischen Puritaner waren jene Kleriker, die
unter der *bloody Mary* ins Exil gingen und in Genf, Zürich, Straßburg
und Frankfurt den radikaleren Protestantismus ihrer Zeit kennenlernten,
dessen Gedankengut sie nach dem Regierungsantritt der Königin Elisabeth bei ihrer Rückkehr nach England importierten. Die extremeren Vertreter der marianischen Exulanten wurden von Elisabeth bekämpft. Der
ehemalige Kaplan Eduards VI., John Knox, mußte England schon nach
kurzer Zeit wieder verlassen und wurde dann der Gründer der presbyterianischen Kirche in Schottland. Die gemäßigteren Protestanten, die 1559
nach England zurückkehrten, gewannen demgegenüber einen maßgeblichen Einfluß auf die Gestaltung des englischen Kirchenwesens. Die frühen elisabethanischen Bischöfe und die in den ersten Regierungsjahren
Elisabeths ordinierten Geistlichen waren alle mehr oder weniger purita-
nisch eingestellt. Die puritanische Richtung behauptete ihre führende
Position in der anglikanischen Staatskirche bis in die neunziger Jahre des
16. Jahrhunderts, als – insbesondere mit der Publikation von Richard
Hookers *Laws of Ecclesiastical Polity* (1594–97) und der Ernennung von
Richard Bancroft zum Erzbischof von Canterbury – eine Entwicklung
einsetzte, durch die nicht nur die Separatisten und Presbyterianer, sondern auch die gemäßigten Puritaner zunehmend in die Defensive und
zum Teil in den Untergrund abgedrängt wurden.

Bis zu diesem Zeitpunkt hatte sich der Puritanismus indessen längst zu
einer breiten Laienbewegung ausgeweitet, die nicht nur die Reform der
Kirche im Auge hatte, sondern darüber hinaus auf eine Moralisierung der
gesamten Gesellschaft abzielte. Diese puritanische Laienbewegung rekrutierte ihre Anhänger aus allen gesellschaftlichen Schichten, ausgenommen
die *labouring poor*. Ihre Hauptträger waren jedoch – neben jenen Angehörigen der *gentry*, die draußen im Lande, fern des königlichen Hofes, ihre
landwirtschaftlichen Güter bewirtschafteten – die erfolgreichen Reprä-

sentanten der bürgerlichen und bäuerlichen Mittelschichten, die an der säkularen Prosperität des 16. Jahrhunderts partizipierten; die durch ihren relativen Reichtum dazu in die Lage versetzt wurden, das erhöhte Bildungsangebot des Zeitalters der Renaissance wahrzunehmen; die durch ihre intensivere Einbindung in die kapitalistische Marktwirtschaft dazu gezwungen wurden, sich in stärkerem Maße als bisher individualistisch zu verhalten; die sich somit sowohl in materieller als auch in kultureller Hinsicht von den weniger erfolgreichen Mitgliedern der bürgerlichen und bäuerlichen Gesellschaft entfremdeten und gleichzeitig das Bedürfnis entwickelten, diese Entfremdung zu erklären und zu rechtfertigen. In einer Zeit, in der nicht nur die Regierenden, sondern auch die Regierten dahin tendierten, die Welt und die Geschichte in religiösen Begriffen zu interpretieren, fanden sie diese Erklärung und Rechtfertigung in Gestalt des Puritanismus.

Was die bürgerlichen und bäuerlichen Aufsteigerschichten besonders an der puritanischen Ausrichtung des Protestantismus ansprach und interessierte, war die calvinistische Lehre von der Prädestination. Während nach der traditionellen Auffassung des Katholizismus prinzipiell alle Menschen durch den Sündenfall Adams verworfen waren, gleichzeitig aber, über die Gnadenmittel, die die Kirche verwaltete, doch noch gerettet werden konnten, besagte die von Calvin entwickelte Lehre der Prädestination, daß Gott bereits vor dem Sündenfall Adams die einen dazu bestimmt habe, verdammt zu sein, und die anderen auserwählt habe. Danach waren die Verworfenen nicht durch die Schuld der Welt verworfen, sondern allein durch den unerforschlichen Ratschluß Gottes. Darüber hinaus hatte Calvin gelehrt, daß man die von Gott Auserwählten bereits auf dieser Welt erkennen könne, und dies nicht nur an ihrer spezifisch religiösen Lebensweise, sondern auch durch „die Betrachtung der gegebenen Lebens- und Machtverhältnisse". Das heißt, „daß die innerhalb dieser Lebens- und Machtverhältnisse augenfällig Bevorzugten identisch sind mit den ‚Besten und Heiligen'".[146] Die Affinität dieser Prädestinationsauffassung zu den Lebenserfahrungen derjenigen Bevölkerungsgruppen, die im Verlauf des 16. Jahrhunderts tendenziell aufgestiegen sind und sich dadurch von dem Rest der Bevölkerung entfremdet haben, liegt auf der Hand. Diese Lehre rechtfertigte nicht nur, indem sie die Begnadetheit der wirtschaftlich Erfolgreichen postulierte, die Akkumulation von Reichtum und Kapital. Sie gab darüber hinaus denjenigen Menschen, die an sie glaubten, „das beruhigende Gefühl, daß sie von Gott dazu ausersehen waren, der Sündenflut und Unordnung entgegenzutreten, die sie umgab".[147]

Die Reformbestrebungen der elisabethanischen Puritaner richteten sich prinzipiell auf alle Bereiche des kirchlichen und weltlichen Lebens.[148] Ihr Hauptanliegen bestand indessen darin, ihr eigenes Gottes- und Weltverständnis auch den einfachen Bevölkerungsschichten zu vermitteln, die sich der offiziellen Kirchenpolitik der englischen Regierung mehr oder weniger entzogen. „Mindestens drei Viertel des Volkes", so heißt es in einem puritanischen Dokument aus dem Jahre 1584, „hingen noch an ihrem alten Aberglauben".[149] Das heißt: sie suchten ihr Heil nicht wie Puritaner vorrangig im Wort, im Gebot und in der Selbstbeobachtung, sondern glaubten noch an die Wirksamkeit der Magie und die Kraft der Rituale. Was den Puritanern insbesondere Sorge bereitete, war die Tatsache, daß die Angehörigen der eigentumslosen Schichten die Bedeutung der Unterscheidung zwischen Auserwählten und Verdammten nicht richtig begriffen bzw. sich dafür überhaupt nicht interessierten. Sie hatten – im Unterschied zu den Puritanern – keine Angst vor dem Zorn Gottes, sondern glaubten, wie es der Puritaner William Perkins im 17. Jahrhundert einmal formulierte, „daß, wenn sie ein reines Herz haben und niemandem Böses tun, Gott ihnen gnädig ist, sowohl in diesem Leben als auch am Tag des jüngsten Gerichtes". Das aber war in den Augen der Puritaner ein „Aberglaube", den sie dem Volk auszutreiben versuchten.

Die „kulturelle Aggression der Frommen" (Wrightson) richtete sich nicht nur gegen bestimmte Formen und Inhalte der traditionellen Volksfrömmigkeit, sondern betraf den gesamten Bereich der Volkskultur, der vor der Reformation noch mehr oder weniger von sämtlichen Gruppen der bürgerlichen und bäuerlichen Bevölkerung geteilt worden war, von den Anhängern des Puritanismus jedoch im Verlauf der zweiten Hälfte des 16. Jahrhunderts mehr und mehr abgelehnt wurde. Was diese sich selbst nicht mehr erlaubten, kritisierten sie auch an den anderen. Phillip Stubbes publizierte 1583 eine *Anatomy of Abuses*.[150] Die wichtigsten Einrichtungen der Volkskultur, die er darin als „Herren der Mißwirtschaft" (*Lords of Misrule*) an den Pranger stellte, waren die traditionellen Volksfeste, die Maispiele und Weihnachtsfeierlichkeiten, die Kirchweihfeste und Kirchenumtrunke (*church-ales*), die Mirakel- und Mysterienspiele, die Umgehung der Gemeindegrenzen und andere öffentliche Prozessionen, diverse volkstümliche Unterhaltungsformen wie die Bärenhatz und den Hahnenkampf, spezifische Einrichtungen der Jugendkultur, insbesondere im Bereich der Brautwerbung und des Karnevals, sowie alle diejenigen Veranstaltungen, auf denen getrunken, gesungen und getanzt wurde. Die Einwände, die die Puritaner gegen diese Einrichtungen und Vergnügungen vorbrachten, waren sowohl religiöser als auch moralischer Art. Der Vorwurf der Zeitvergeudung spielte dabei ebenso eine Rolle wie das Argument der Geldverschwendung. Das Hauptmotiv der puritanischen Kampagne gegen die traditionelle Volkskultur war indessen die Angst vor dem Zusammenbruch der Haus- und Familienordnung. Wenn in einer Nachbargemeinde ein *church-ale* veranstaltet wird, so klagte 1571 der marianische Exulant William Kethe, der nach seiner

Rückkehr aus dem Exil eine Pfarrei in der Grafschaft Dorset übernahm, „können die Hausväter ihre Bediensteten nicht daran hindern, die Nacht außerhalb ihrer eigenen Häuser zu verbringen".[151] Die Sorge, daß die Jugendlichen sich der Kontrolle ihrer Vorgesetzten entzogen, hat auch Phillip Stubbes beunruhigt: „Werden nicht unerlaubte Spiele, Theateraufführungen, Intermezzos und dergleichen überall frequentiert? ... Hat man je so wenig Gehorsam in der Jugend ... gegenüber ihren Eltern, Dienstherren und Regenten gesehen?" Was Stubbes indessen ganz besonders irritierte, war, was er „das fürchterliche Laster des verpesteten Tanzes" nannte, das den Partnern Gelegenheit zu „schmutzigem Tätscheln und unsauberem Betasten" gab und in seinen Augen nichts anderes darstellte als „Verführung zur Hurerei, als Vorbereitung zur Leichtfertigkeit, als Aufforderung zur Unsauberkeit und als Vorspiel zu jeder Art von Lüsternheit".[152] Ein anderer Puritaner ging, bei Gelegenheit eines Mittsommerfestes, 1602 so weit, daß er „alle Frauen und Mädchen, die sich dem Gesang und dem Tanz hingaben", als „Huren" bezeichnete, und ebenso „alle diejenigen, die ihnen zuschauten".[153]

Der Puritanismus war seinem Ursprung nach eine innerkirchliche Reformbewegung, die keinesfalls von Anfang an darauf abzielte, eine Gegenkirche zur anglikanischen Staatskirche zu errichten, und schon gar nicht daran dachte, die etablierte politische Ordnung in England über den Haufen zu werfen. Der Aufstieg des Puritanismus im Zeitalter der Königin Elisabeth gehört daher auch nicht in den unmittelbaren Bereich der Vorgeschichte der „puritanischen Revolution" in der Mitte des 17. Jahrhunderts.[154] In gewisser Weise stellte der Puritanismus jedoch tatsächlich von Anfang an eine Gefahr für das kirchliche und politische Establishment dar, und dies nicht nur deshalb, weil die Anhänger dieser Glaubensrichtung in ihrem Eifer, die Frömmigkeit zu fördern, häufig Unfrieden in den lokalen Gemeinschaften stifteten. Die eigentliche Gefahr, die der Puritanismus für das Ancien régime in England bedeutete, liegt vielmehr darin begründet, daß die calvinistische Prädestinationslehre, die das Denken und Handeln der Puritaner beflügelte, von Hause aus ambivalent war. „Die Prädestinationslehre war nicht nur geeignet, aristokratische Gesinnung zu fordern; sie konnte dadurch, daß sie jedem einzelnen Erwählten ein Bewußtsein seines unendlichen Wertes verlieh ... auch demokratischen Ideen entgegenkommen". Mit Leo Kofler gesprochen: „Es ist das große Verdienst des Calvinismus, das Volk und seinen Willen als Faktor in der Umgestaltung der Gesellschaft anerkannt und ins Bewußtsein der Geschichte gehoben zu haben".[155] Damit dieses „demokratische" Potential des Puritanismus historisch wirksam werden konnte, waren indessen ganz bestimmte wirtschaftliche, gesellschaftliche und kirchenpolitische Voraussetzungen erforderlich, die in England erst im Verlauf der Stuart-Epoche entstanden.

II. Das Tudor-Regime in Aktion

1. Recht und Ordnung

Die Politik des Tudor-Regimes konzentrierte sich auf zwei große Aufgabenbereiche: zum einen auf die Aufrechterhaltung des inneren Friedens; und zum anderen auf die Selbstbehauptung und Machterweiterung nach außen. Beide Bereiche hingen eng miteinander zusammen. Die innere Befriedung bildete die Voraussetzung für die äußere Machtentfaltung, und die Expansion nach außen stützte die Aufrechterhaltung des innenpolitischen Friedens.

Die größte Herausforderung der Innenpolitik der Tudor-Administration bildeten die Ordnungsprobleme, die sich aus dem sozialen Wandel des 16. Jahrhunderts ergaben. In der Vergangenheit haben manche Historiker die Ansicht vertreten, daß die Tudor-Könige – als Repräsentanten eines „fortschrittlichen Absolutismus" – die wirtschaftlichen und gesellschaftlichen Veränderungen, die sich in England im 16. Jahrhundert vollzogen, prinzipiell begrüßten, ja, daß sie diese sogar von sich aus aktiv unterstützten. Heute geht man dagegen überwiegend davon aus, daß die Ordnungspolitik der Tudors insgesamt gesehen eher konservativ orientiert war. „Sicherheit, nicht Prosperität" war das Leitziel des Tudor-Regimes. „Alle Tudor-Regierungen waren die entschiedensten theoretischen Gegner jener sozialen Veränderungen und jener neuen bürgerlichen Klassen, von denen sie angeblich am meisten unterstützt wurden".[156]

Das Schwergewicht der allgemeinen Ordnungspolitik des Tudor-Regimes lag im Bereich der Landwirtschaft.[157] Das Leitziel der Agrarpolitik der Tudor-Herrscher war die Erhaltung eines besteuerungsfähigen und wehrtüchtigen Bauernstandes. Den Auftakt der offiziellen Bauernschutzpolitik bildete die *Act against pulling down of towns* aus dem Jahre 1489, die sich gegen die *enclosures* und das *engrossing* richtete. Das Gesetz verbot die Zerstörung aller Bauernhäuser, zu denen wenigstens 20 *acres* Land gehörten und setzte ein bestimmtes Verhältnis von Ackerland und Weideland fest, um dem Überhandnehmen der Schafwirtschaft entgegenzutreten. Das Gesetz wurde unter Heinrich VIII. erneuert, mit der Begründung, daß „viele Pachtungen und große Viehherden, besonders Schafe, sich in wenigen Händen aufhäufen, wodurch die Grundrenten sehr gewachsen und der Ackerbau sehr verfallen, Kirchen und Häuser niedergerissen, wunderbare Volksmassen verunfähigt seien, sich selbst" zu erhalten.[158] In einem anderen Gesetz Heinrichs VIII. wurde verordnet, daß kein *leaseholder* mehr als zwei Bauernhöfe bewirtschaften und kein Schafzüchter mehr als 2400 Schafe halten dürfe. Unter dem Protektor Somerset wurde 1548 eine besondere Schafsteuer eingeführt. 1555, 1563 und 1593 wurde gesetzlich verfügt, daß Weideland in Ackerland zurückverwandelt und die Bauernhäuser, die im Zuge der *enclosures* niedergerissen worden waren, wieder aufgebaut werden sollten. Der Erlaß dieser Gesetze bedeutete indessen nicht, daß die darin angeordneten Maßnahmen auch tatsächlich durchgeführt wurden. Der Vollzug der Gesetze blieb den lokalen Magnaten überlassen, die die Bauernschutzpolitik der Tudors zwar im Parlament meistens unterstützten, diese in der Praxis jedoch häufig boykottierten. Als der Protektor Somerset 1548/49 unter dem Einfluß von John Hales eine Kommission einsetzte, die die illegalen *enclosures* aufdecken und gegen die dafür Verantwortlichen gerichtich vorgehen sollte, stellte sich rasch heraus, daß die Regierung nicht in der Lage war, eine Politik gegen die erklärten Interessen der Landbesitzer durchzusetzen. Der konkrete Ertrag der Agrarpolitik des Tudor-Regimes war somit, alles in allem betrachtet, recht bescheiden. Die Stuart-Könige sind denn auch in der ersten Hälfte des 17. Jahrhunderts dazu übergegangen, den *enclosures* einen rechtlichen Rahmen zu geben und sie damit zu legitimieren. 1608 trat das erste Gesetz in Kraft, das in sechs Gemeinden der Grafschaft Hertfordshire Einhegungen auf einvernehmlicher Basis erlaubte; 1621 wurde die erste allgemeine *enclosure bill* in England verabschiedet.

Die wichtigste einzelne Maßnahme des Tudor-Regimes im Bereich der Gewerbeverfassung war das große Lehrlingsgesetz (*Statute of Artificers*) aus dem Jahre 1563.[159] Das Hauptziel, das die Regierung mit diesem Gesetz verfolgte, war die Einschränkung der beruflichen Mobilität im Interesse der Aufrechterhaltung der traditionellen Wirtschafts- und Gesellschaftsordnung. Das Gesetz schrieb für alle Handwerks- und Gewerbezweige in den Städten wie auf dem Land eine siebenjährige Lehrzeit vor. Um die Bevölkerungsbewegung vom Land in die Städte zu reduzieren, wurde außerdem die Eigentumsqualifikation für die Zulassung von Lehrlingen in den Städten erhöht. Wer einen bestimmten Beruf erlernt hatte, sollte diesen auch ausüben. Wer keine spezielle Berufsausbildung absolviert hatte, wurde zwangsweise dazu verpflichtet, in der Landwirtschaft bzw. als Hausangestellte zu arbeiten. Schließlich stellte das Lehrlingsgesetz auch die Regulierung der Löhne auf eine neue Basis. Bisher wurden die Löhne für das ganze Königreich einheitlich vom Parlament festgelegt. Jetzt sollte dies durch Einzelverordnung der Friedensrichter für jede Grafschaft gesondert geschehen. Dabei handelte es sich nach wie vor um die Festsetzung von Maximallöhnen. Es war sowohl verboten, höhere Löhne zu zahlen, als solche zu fordern. Das Gesetz räumte jedoch ausdrücklich ein, daß „die Löhne . . . an vielen Orten zu niedrig waren . . . in Relation zum Anstieg der Preise".[160] Nach Clay war das System, das 1563 eingeführt wurde, der „Versuch eines Kompromisses", der auf der

einen Seite darauf abzielte, „exzessive Lohnforderungen zu verhindern",
gleichzeitig aber sicherstellen wollte, daß „die Arbeiter einen angemesse-
nen Lohn erhielten." Wie diese Lohnregulierung praktisch funktionierte,
ist noch relativ wenig erforscht. Generell läßt sich jedoch feststellen, daß
auch die Gewerbegesetzgebung der Tudors nicht dem Buchstaben gemäß
vollzogen wurde. Das gilt insbesondere für diejenigen Bestimmungen,
die die Lehrlingsausbildung betrafen. Obwohl das Gesetz von 1563 die
Friedensrichter dazu verpflichtete, die Einhaltung der Bestimmungen für
die Ausbildung der Lehrlinge regelmäßig zu überprüfen, haben solche
Überprüfungen in der Praxis kaum stattgefunden. „Die Friedensrichter,
gewöhnlich Landbesitzer, waren viel stärker damit beschäftigt, der Landstreicherei vorzubeugen, als Leute aus ihren Berufen herauszuwerfen."[161]
   Am effektivsten waren wahrscheinlich jene wirtschaftlichen Maßnahmen des Tudor-Regimes, die die Regulierung des Außenhandels betrafen.
Im „Zeitalter des Merkantilismus" waren alle Regierungen in Europa von
der Vorstellung besessen, daß der Reichtum einer Nation in erster Linie
von der Geldmenge abhing, die in ihren Grenzen zirkulierte. Das Leitziel
der Außenhandelspolitik sämtlicher Regierungen war daher die Herstellung einer positiven Handelsbilanz. Dies gilt insbesondere für das Tudor-
Regime, für das die Regulierung des Außenhandels zugleich eines der
wichtigsten Instrumente der Steuerpolitik darstellte, insofern die Zölle
und Monopolgebühren einen wesentlichen Bestandteil des öffentlichen
Haushaltes bildeten. Die königliche Regierung unterstützte die englischen Kaufleute, indem sie ihre ausländischen Konkurrenten, insbesondere die Hansekaufleute, aus England vertrieb. Sie animierte die Londoner Finanzwelt dazu, sich in der Form von Handelsgesellschaften zu
organisieren. Sie gewährte den einheimischen Kaufleuten Privilegien, um
neue Märkte zu erschließen, verhandelte in ihrem Interesse mit fremden
Regierungen und beschützte sie bei ihren Aktionen im Ausland, wofür
die Kaufleute sich dadurch erkenntlich zeigten, daß sie die Regierung
gelegentlich an ihren Gewinnen beteiligten.
   Die Außenhandelspolitik der Tudor-Administration war in erster Linie
darauf bedacht, den englischen Export zu fördern. Darüber hinaus war
die Regierung aber auch darum bemüht, die Importabhängigkeit der englischen Wirtschaft zu reduzieren. Zu diesem Zweck unterstützte sie den
Aufbau neuer einheimischer Industriezweige. Eines der frühesten Bei-
spiele hierfür war ein Gesetz aus dem Jahre 1532, das den Anbau von
Flachs und Hanf anzuregen suchte. Das Hauptinstrument der einheimischen Industrieförderung bildete die Vergabe von Patenten, die es deren
Inhabern – darunter auch zahlreiche Ausländer – erlaubte, spezifische
Produktionstechniken zu verwenden, neue Betriebsanlagen zu errichten
und ihre Produkte zu vermarkten. Die Vergabe solcher Patente stand
häufig mit der Verleihung von Monopolen in Verbindung. So erhielten

z. B. 1567 Jean Carré und Anthony Becher ein Monopol für die Fabrikation von Fensterglas. Andere industrielle Monopole betrafen die Produktion von Papier, Salpeter, Stärke, Salz oder Spielkarten. Unter der Königin Elisabeth ging die Regierung aus fiskalischen Gründen dazu über, auch solche Gewerbezweige zu monopolisieren, die bereits fest etabliert waren. Diese Politik führte in den achtziger und neunziger Jahren des 16. Jahrhunderts zu einer Antimonopolbewegung in England, in der sich auch das englische Parlament engagierte.

2. Armenfürsorge und Sozialdisziplinierung

In dem Maße, wie die Tudor-Administration erkannte, daß ihre Kräfte zu schwach waren, um die Gesellschaft in einem statischen Zustand zu erhalten, verlagerte sich der Schwerpunkt ihrer Ordnungspolitik darauf, die negativen Konsequenzen des sozialen Wandels möglichst zu begrenzen. Dabei galt ihr Hauptinteresse dem neuen Problem der Armut. Die zahlreichen Maßnahmen, die das Tudor-Regime in diesem Zusammenhang initiierte, gipfelten in den großen Armengesetzen der Jahre 1598 und 1601. Diese bildeten die Grundlage des englischen Armenrechts bis in die dreißiger Jahre des 19. Jahrhunderts.[162]

Die wichtigste Veränderung im Bereich des Armenrechts, die unter den Tudors in England stattfand, war die *Einführung* einer kommunalen Armensteuer (*compulsory poor rate*). Als die Tudors an die Macht kamen, beruhte die Armenfürsorge in England wie auf dem europäischen Festland noch ausschließlich auf der Grundlage der freiwilligen Mildtätigkeit der Wohlhabenden. Jedes Kirchspiel besaß seinen Armenkasten, zu dem jeder Gottesdienstbesucher nach seinen individuellen Möglichkeiten das Seine beisteuerte. Darüber hinaus sorgten in den Städten die Zünfte für ihre in Not geratenen Mitglieder. In den Dörfern unterstützten die *yeomen* und *husbandmen* ihre ärmeren Nachbarn mit kleineren Geldbeträgen zum Einkauf von Lebensmitteln oder liehen ihnen ihr Arbeitsgerät. In Teuerungszeiten kauften die reicheren Bauern Getreide und Brennmaterial auf und verkauften es an die hilfebedürftigen Dorfgenossen unter dem Selbstkostenpreis. Schließlich wurden die Armen auch regelmäßig in den Testamenten der Reichen bedacht, in Gestalt von Stiftungen und auf andere Weise. Diese traditionelle Form der Armenunterstützung leistete auch während der Tudorepoche weiterhin den wichtigsten Beitrag zur Bewältigung des Armenproblems, war dieser Aufgabe allein jedoch nicht gewachsen. Auf der einen Seite ging die individuelle Mildtätigkeit im Zusammenhang mit der Expansion der marktwirtschaftlichen Komponente des Wirtschaftslebens im Verlauf des 16. Jahrhunderts tendenziell zurück. Ein zuverlässiger Indikator hierfür ist der deutliche Anstieg der Beschuldigungen der Hexerei, insbesondere seit den sechziger Jahren.

Die Hexenanklagen werden in der neueren Forschung als ein Produkt von Schuldgefühlen interpretiert. „Personen, die mit dem traditionellen Moralkodex brachen, indem sie einem armen Nachbarn eine milde Gabe verweigerten, glaubten, wenn ihnen danach ein Unglück widerfuhr, daß dieses einen Racheakt jenes abgewiesenen Nachbarn darstellte, den er mit magischen Mitteln bewerkstelligt hatte".[163] Auf der anderen Seite vergrößerte sich der Umfang der Armenbevölkerung im Verlauf der Tudorepoche dramatisch. Das veranlaßte einzelne Städte wie London, Norwich, Ipswich und York schon in den vierziger und fünfziger Jahren des 16. Jahrhunderts dazu, in besonderen Notzeiten Zwangsbeiträge zur Armenunterstützung zu erheben. 1572 wurde erstmals für ganz England eine gesetzliche Sozialsteuer eingeführt, mit deren Einzug und Verwaltung die Friedensrichter betraut wurden. Durch die *Act for the Relief of the poor* aus dem Jahre 1598 wurde diese Aufgabe dann in der Hauptsache den Kirchenvorständen und Armenaufsehern der einzelnen Kirchspiele übertragen, so daß die Friedensrichter nur noch die Oberaufsicht über das ganze Verfahren behielten.

Die *compulsory rate* wurde prinzipiell von „jedem Einwohner und jedem Landbesitzer" eingezogen. Sie war zunächst jedoch nur als ein Instrument für Notzeiten gedacht. Der Kreis der Personen, die durch diese Steuer unterstützt wurden, beschränkte sich auf diejenigen Armen, die von den Zeitgenossen als die *impotent poor* bezeichnet wurden. Dazu gehörten in erster Linie die Kranken, die Arbeitsunfähigen, die alleinstehenden Kinder und die Alten, die ihren Lebensunterhalt nicht aus eigener Kraft bestreiten konnten. Daneben kannte die Armengesetzgebung der Tudors aber noch zwei weitere Kategorien von Armen, die nicht in den Genuß der Armensteuer kamen, sondern mehr oder weniger diskriminiert wurden. Die erste umfaßte alle diejenigen Personen, die nach der Auffassung der Ordnungshüter zwar arbeitsfähig, aber nicht arbeitswillig waren, in der Sprache der Gesetzgebung von 1598 „die Landstreicher, Vagabunden und störrigen Gauner" (*rogues, vagabonds and sturdy beggars*). Die Landstreicher verkörperten in den Augen der Honoratioren ein lebendiges Symbol der Undiszipliniertheit und Immoralität. Die Einstellung der besser Situierten gegenüber dieser Bevölkerungsgruppe war noch durch jene Zeit geprägt, in der die Arbeitskraft relativ knapp war. Die Vertreter des Establishments gingen davon aus, daß, wer gesund und arbeitsfähig war und dennoch keiner geregelten Arbeit nachging, daran selbst schuld war. Solcher freiwilliger Müßiggang galt nicht nur als unmoralisch, sondern auch als gesellschaftsfeindlich. Denn nach der herrschenden Meinung war jedem Individuum durch seine Geburt bzw. durch seinen Stand eine bestimmte Aufgabe in der Gesellschaft vorgeschrieben, wobei die Funktion der ärmeren Schichten darin bestand, körperliche Arbeit zu verrichten. „Landstreicher und Vagabunden", so erklärte ein elisabethanischer Pfarrer seiner Gemeinde, fallen nicht unter das Gebot der christlichen Nächstenliebe; „denn wer nicht arbeitet, soll auch nicht essen".[164] Solche Menschen waren nach der Auffassung der besser gestellten Zeitgenossen zu bestrafen.

Ein Gesetz aus dem Jahre 1547, das allerdings in der Praxis nur selten angewendet wurde, ordnete an, daß ein Landstreicher, der nicht arbeiten wollte, derjenigen Person als Sklave zugeteilt werden sollte, die ihn als Müßiggänger denunziert hatte. Nach der Gesetzgebung von 1598 wurden Landstreicher und Vaganten, wenn sie das erste Mal aufgegriffen wurden, ohne Einschaltung eines Richters zunächst öffentlich ausgepeitscht und daran anschließend zwangsweise in ihre Heimatgemeinde zurückgebracht.

Zu Beginn der Tudorepoche ging die offizielle Armenpolitik in England davon aus, daß im Prinzip alle arbeitsfähigen Individuen, die arbeitslos waren, tatsächlich nicht arbeiten wollten, also faul waren. Im Verlauf des 16. Jahrhunderts hat sich diese Einstellung jedoch allmählich verändert. Die Ordnungshüter erkannten, daß es neben den *impotent poor*, die die öffentliche Armenunterstützung verdienten, und den Vaganten, deren Armut nach Auffassung des Gesetzgebers selbst verschuldet war und die daher bestraft werden mußten, noch eine dritte Kategorie von Armen gab, die alle diejenigen Personen umfaßte, die zwar arbeiten wollten, aber keine Arbeit fanden bzw. mit ihrer Arbeit nicht genug verdienten, um sich und ihre Familien aus eigener Kraft allein ernähren zu können. Das Problem der unfreiwilligen Arbeitslosigkeit wurde erstmals in einem Gesetz aus dem Jahre 1576 allgemein anerkannt, durch das die englischen Kommunen dazu angehalten wurden, Vorräte an Flachs, Hanf und anderen Rohmaterialen aus öffentlichen Mitteln anzulegen und damit unfreiwillig arbeitslos gewordene Personen zu beschäftigen, damit diese „sich nicht mehr damit entschuldigen können, sie fänden keine Arbeit".[165] Gleichzeitig ordnete dieses Gesetz an, in jeder englischen Grafschaft – nach dem Vorbild des bereits 1553 gegründeten Londoner Zuchthauses Bridewell – ein *house of correction* zu errichten, in das alle diejenigen arbeitsfähigen Armen eingewiesen werden sollten, die nicht arbeiten wollten. Das Armengesetz von 1598 enthielt darüber hinaus auch noch eine Bestimmung, die die zwangsweise Lehrlingsausbildung von armen Kindern anordnete. Parallel dazu erging eine Vielzahl von Statuten, die der arbeitenden Bevölkerung eine strengere Arbeitsdisziplin zu vermitteln suchten, darunter zwischen 1576 und 1601 allein 13 Gesetze, die sich gegen die Trunkenheit im allgemeinen und den Aufenthalt in unlizensierten Gasthäusern im besonderen richteten.[166]

Die „Sozialpolitik" des Tudor-Regimes war in erster Linie ein Werkzeug der Ordnungspolitik. Sie war „eher getragen von Furcht und Haß denn von Mitleid und Verantwortungsbewußtsein".[167] Die Unterstützung, die die Gemeinden ihren *impotent poor* gewährten, war insgesamt

gesehen minimal. Die Geldbeträge, die den Hilfebedürftigen in bar aus-
gehändigt wurden, beliefen sich in der Regel auf einige wenige Pfennige
pro Woche. Der Gesamtbetrag der gesetzlichen Armensteuer lag am Ende des elisabethanischen Zeitalters nach den Schätzungen von P.
Slack deutlich unter 0,25% des Nationaleinkommens. Wenn die materiellen
Verhältnisse der *labouring poor* sich im Verlauf des 17. Jahrhunderts allmählich verbesserten, so war dies nicht das Ergebnis einer politischen
Umverteilung des Reichtums von den Wohlhabenden auf die Armen,
sondern eine Folge des beschleunigten Wirtschaftswachstums, insbesondere seit dem Ende des englischen Bürgerkrieges. Die wirkliche Bedeutung der Sozialpolitik des Tudor-Regimes liegt wahrscheinlich in erster
Linie in ihrer Propagandafunktion. Indem die Tudor-Könige die neue
Armut, die sich in England im 16. Jahrhundert ausbreitete, zum Gegenstand ihrer Politik machten, vermittelten sie den durch den wirtschaftlichen und sozialen Wandel in Not geratenen Bevölkerungsschichten das
Bewußtsein, daß der Staat nicht nur für die Reichen da war, sondern auch
die Interessen der Armen wahrnahm. Ohne dieses Bewußtsein und ohne
die damit verbundene Hoffnung auf eine Verbesserung ihrer Lage hätten
die unteren Schichten sich vermutlich – vor allem in den großen Hunger-
jahren vor der Jahrhundertwende – nicht so ruhig und ordentlich verhalten, wie sie dies in der Regel taten. „Auch wenn sie praktisch kaum
erfolgreich waren, so haben die Wohlfahrtsmaßnahmen doch einiges dazu beigetragen, Ehrerbietung zu fördern und zu rechtfertigen".[168]
Der Propagandaeffekt, der von der „Sozialpolitik" des Tudor-Regimes
ausging, beschränkte sich indessen nicht nur auf diejenigen Gesellschaftsschichten, die davon unmittelbar betroffen waren. Ein weiterer Grund,
warum es in England im Unterschied zu zahlreichen kontinentaleuropäischen Regionen in der zweiten Hälfte des 16. Jahrhunderts so wenig
Volksaufstände gegeben hat, war die Zurückhaltung der wohlhabenderen
Bauern und Handwerker, die diese Revolten in der Vergangenheit in der
Regel angeführt und häufig auch initiiert hatten. Für diese Zurückhaltung
der *middling sorts* gab es sicher auch wirtschaftliche Gründe, insofern
sich die lokalen Gemeinschaften in zunehmendem Maße in Reiche und
Arme polarisierten. Daneben hat in diesem Zusammenhang aber auch ein
Wandel der Wahrnehmungsformen eine Rolle gespielt. Die Angehörigen
der mittleren Gesellschaftsränge übernahmen im Laufe der Zeit die von
der Regierung und den Mitgliedern der politischen Nation verbreitete
Auffassung, daß das Verhalten der unteren Schichten prinzipiell unord-
entlich und gefährlich war. Die *middling sorts* wurden selbst Agenten der
sozialen Kontrolle, was unter anderem auch darin zum Ausdruck kam,
daß sie immer häufiger die lokalen Gerichte dafür benutzten, das Verhalten der ärmeren Schichten zu regulieren. „Sowohl die Drohungen als
auch die Versprechungen, mit denen die elisabethanische Sozialpolitik

operierte, halfen somit, die Erwartungen der Zeitgenossen zu befriedigen und die soziale Stabilität zu erhalten … Die ambivalente Kombination von karitativer Großzügigkeit und Sozialdisziplinierung, die wir an den Gesetzesbestimmungen über die Landstreicherei und die Armensteuer beobachtet haben, … erfüllten einen Zweck. Es war eine in sich widersprüchliche Kombination, aber Reglementierung und Unterstützung, Sozialkontrolle und Vorsorge für die Armen gingen Hand in Hand – wie sie dies in der Sozialpolitik immer tun".

3. Selbstbehauptung und Machterweiterung nach außen

Das Zeitalter der Tudors war eine Epoche, in der sich die europäischen Staaten immer wieder im Krieg miteinander befanden. Keine Nation konnte damit rechnen, über einen längeren Zeitraum in Frieden zu leben. Das Hauptmoment der internationalen Beziehungen war der Gegensatz zwischen dem Haus Habsburg und der französischen Monarchie. Im Vergleich zu diesen beiden europäischen Großmächten war England im 16. Jahrhundert noch eine politische Größe zweiter Ordnung. Die englische Krone hatte zwar, als die Tudors an die Regierung kamen, ihre alten Ansprüche auf den französischen Thron noch nicht förmlich aufgegeben. Der englische Besitz auf dem europäischen Festland bestand indessen seit dem Ende des Hundertjährigen Krieges nur mehr in dem Stützpunkt Calais (bis 1559). Eine eigene Hegemonialpolitik kam somit für die Tudor-Herrscher kaum in Betracht. Das Leitziel der englischen Außenpolitik im 16. Jahrhundert war vielmehr, dafür zu sorgen, daß es weder dem Haus Habsburg noch der französischen Krone gelang, ein universales Imperium zu errichten, dem dann auch die englische Krone hätte Tribut zahlen müssen.[169] Um das zu verhindern, schloß sich England in den zahlreichen kriegerischen Auseinandersetzungen des 16. Jahrhunderts in der Regel immer derjenigen Großmacht an, die London unter den gegebenen Verhältnissen als die relativ schwächere erschien.

In der ersten Hälfte der Tudor-Epoche kämpfte England überwiegend auf der Seite Spaniens bzw. des Hauses Habsburg. Unter der Königin Elisabeth nahm die englische Krone dann jedoch einen Kurswechsel vor. Von 1585 bis zu ihrem Tod, 1603, führte Elisabeth Krieg gegen Spanien. Durch die militärische Intervention, zunächst in den Niederlanden, später dann auch in Frankreich, hat England maßgeblich mit dazu beigetragen, die absolute Vorherrschaft Spaniens und den vollständigen Triumph der Gegenreformation in Europa zu verhindern. Während der Regierungszeit Elisabeths ist die englische „Balance of power"-Politik auch erstmals theoretisch formuliert worden. Als 1579 die erste Übersetzung von Francesco Guicciardinis „Istoria d'Italia" in England publiziert wurde, in der die kriegerischen Auseinandersetzungen innerhalb der italieni-

schen Staatenwelt von 1492 bis 1530 behandelt werden, wurde diese
Übersetzung der Königin Elisabeth gewidmet, mit der Feststellung, daß
„Gott die Balance der Macht und der Gerechtigkeit in Euere Hände
gelegt hat, damit Ihr nach Euerem Gutdünken die Handlungen und Ab-
sichten aller christlichen Könige Eueres Zeitalters abwägt und miteinander ins Gleichgewicht bringt".[170]

Die Gleichgewichtspolitik des Tudor-Regimes diente grundsätzlich sowohl der Selbstbehauptung als auch der Machterweiterung. Indem die
Tudorkönige, soweit es in ihrer Macht lag, die kontinentaleuropäischen
Großmächte gegeneinander ausspielten und damit England vor einer Invasion aus Übersee bewahrten, erweiterten sie zugleich ihren eigenen
Handlungsspielraum außerhalb des europäischen Festlands. Das Hauptziel des englischen Expansionismus im 16. Jahrhundert war die Ausdehnung der englischen Machtsphäre auf Wales, Irland und Schottland, mit
dem Fernziel der Errichtung eines vereinigten Großbritanniens. Das seit
Eduard I. mit der englischen Krone verbundene Wales bestand zu Beginn
des 16. Jahrhunderts aus zwei Teilen: dem im Westen und Nordwesten
gelegenen Fürstentum Wales (*Principality of Wales*) und den in Ost- und
Südwales gelegenen Markgrafschaften (*Marcher lordships*). Die beiden
Teile hatten ihr eigenes Rechts- und Verwaltungssystem. Obwohl das
Fürstentum ein Lehen der englischen Krone war und sich die Markgrafschaften seit dem Regierungsantritt der Tudors überwiegend im Besitz
des englischen Königs befanden, wurde die gesamte Region immer wieder von gewaltsamen inneren Auseinandersetzungen heimgesucht, gegenüber denen sich der *Council in the Marches of Wales*, der unter der
Leitung des Bischofs von Exeter als oberstes Gericht für diese Gebiete
fungierte, als ohnmächtig erwies. Diesem Zustand setzten Heinrich VIII.
und Thomas Cromwell im Anschluß an die englische Reformation ein
Ende. Durch die *Acts for the Union of England and Wales* von 1536 bzw.
1543 wurde ganz Wales in das englische Grafschaftssystem, in den Gel-
tungsbereich des englischen *common law* und in den Wirkungsbereich
des englischen Parlaments einbezogen. Nach dem Urteil von A. G. R.
Smith ist die Union mit England in Wales im allgemeinen begrüßt worden. „Dessen friedliche Assimilation an den Hauptstrom des englischen
Rechts- und Verwaltungssystems ist eine der bemerkenswertesten Errungenschaften Cromwells gewesen".[171]

Bei der Union mit Wales handelte es sich „weniger um den Anschluß
eines selbständigen Fürstentums als um ein Stück Abwicklung der feudalen Vergangenheit und eine Station des englischen Staatsbildungsprozes-
ses selbst".[172] In Irland lagen die Verhältnisse demgegenüber komplizier-
ter. Die irische Insel, auf der die Tudorkönige zunächst nicht als *Kings*
sondern als *Lords* regierten, gliederte sich zu Beginn des 16. Jahrhunderts
in drei Herrschaftszonen: 1. in das *English Pale*, einen relativ schmalen

Küstenstreifen um die Stadt Dublin herum, der von englischen und schottischen Neusiedlern bewohnt und von einem königlichen Statthalter (*King's Lieutenant*) bzw. dessen Stellvertreter (*Lord Deputy*) regiert wurde; 2. in die anglo-irischen Fürstentümer westlich des Pales und in Südirland, an deren Spitze Grafen und Barone standen, die zwar formell Vasallen der englischen Krone waren, tatsächlich aber weitgehend unabhängig regierten; sowie 3. in die gälischen *chieftainships*, die von einheimischen irischen Häuptlingen regiert wurden und wo die englische Krone praktisch keinerlei Autorität besaß. „Die Inkorporation Irlands in den ‚composite state‘ des Vereinigten Königreiches stellte den Londoner Souverän insofern vor zwei unterschiedliche Aufgaben: zum einen die Durchsetzung seines Monopols der legitimen Gewalt gegenüber der anglo-irischen Machtelite, in der seit dem 15. Jahrhundert das Haus Kildare eine überragende Stellung erlangt hatte, und zum anderen die Ausdehnung der englischen Herrschaft über die noch nicht unterworfene irische Bevölkerung. Es griffen also ein für Europa typischer Staatsbildungsprozeß und ein Kolonisierungsprozeß ineinander und begründeten jene Doppellage der englischen Irlandpolitik, die noch heute – nach vielfachen Transformationen – faßbar bleibt“.

Die Tudors haben zunächst an den Verhältnissen, die sie in Irland übernahmen, kaum etwas verändert, obwohl sich sowohl Thomas Cromwell als auch Heinrich VIII. intensiv um die „irische Frage“ kümmerten.[173] Die Irlandpolitik Cromwells konzentrierte sich im wesentlichen darauf, diejenigen Teile Irlands tatsächlich der Autorität der englischen Krone zu unterstellen, die er als englische Hoheitsgebiete betrachtete, also das *Pale* und die anglo-irischen Fürstentümer. Er verzichtete aber bewußt darauf, auch das gälische Irland der englischen Herrschaft zu unterwerfen. Heinrich VIII., der 1541 den Titel eines *King of this land of Ireland* annahm und damit gleichzeitig die Hoheit über die irische Kirche für sich in Anspruch nahm, versuchte demgegenüber nach dem Sturz Cromwells einen irischen Nationalstaat zu schaffen, der sich über die ganze Insel erstrecken und fest mit England verbunden sein sollte. Nach der von dem irischen *Lord Deputy*, Sir Anthony St. Leger, entwickelten Devise *surrender and regrant* wurden die gälischen Häuptlinge dazu aufgefordert, feudale Vasallen der englischen Krone zu werden und das englische Recht in ihren Territorien einzuführen. Dafür erklärte sich Heinrich VIII. dazu bereit, die bisher unsicheren Besitzansprüche der Häuptlinge auf dem von ihnen kontrollierten Grund und Boden in aller Form anzuerkennen. Wäre diese Politik der „Freundschaft und Versöhnung“ zum Tragen gekommen, wäre dem irischen Volk großes Leid und der englischen Regierung viel Ärger erspart geblieben. Die Nachfolger Heinrichs VIII. gingen jedoch in den fünfziger Jahren dazu über, die von St. Leger konzipierte Strategie der Versöhnung durch eine Politik der

Konfrontation und der Aggression zu ersetzen. „Die Geschichte Irlands unter Elisabeth ist im wesentlichen die Geschichte der gewaltsamen Durchsetzung der englischen Autorität über die ganze Insel".[174] Die englische Eroberungspolitik provozierte den erbitterten Widerstand der irischen Häuptlinge und ihres Gefolges, der seinen Höhepunkt in der großen Rebellion von Ulster (1595–1603) fand, unter der Führung von Hugh O'Neill, *earl* of Tyrone. Obwohl die Iren bei dieser Gelegenheit von 4000 spanischen Infanteristen unterstützt wurden, mußten sich die Rebellen am Ende der Übermacht der englischen Aggressoren beugen, so daß sich die politische und militärische Herrschaft der englischen Krone am Ende der Regierungszeit Elisabeths I. praktisch über ganz Irland erstreckte.

Während Irland bereits zu Beginn der Tudorepoche zumindest nominell eine englische Kolonie darstellte, war Schottland zu diesem Zeitpunkt noch ein selbständiges Königreich, das seit der zweiten Hälfte des 14. Jahrhunderts von der Dynastie der Stuarts regiert wurde. Die monarchische Herrschaft bildete „das Bollwerk gegen alle englischen Eroberungsabsichten –, denn die mächtigen, aber unter sich zerstrittenen schottischen Barone hätten kaum länger widerstanden als die walisischen oder die irischen".[175] Die Beziehungen zwischen England und Schottland waren seit dem späten Mittelalter durch starke Rivalitäten und Spannungen gekennzeichnet. Diese dauerten auch nach dem Regierungsantritt der Tudors unvermindert an, obwohl Heinrich VII. 1502 seine Tochter Margarete mit dem schottischen König Jakob IV. verheiratete und damit die Grundlage für die spätere Thronfolge der Stuarts in England schuf. Die politische Unabhängigkeit Schottlands bildete für London eine besondere Herausforderung, weil die schottische Krone sich außenpolitisch stark an Frankreich orientierte, und England daher bei seinen kriegerischen Expeditionen auf dem europäischen Festland immer damit rechnen mußte, in einen Zweifrontenkrieg verwickelt zu werden. Als Heinrich VIII. sich 1512 auf Drängen seines Schwiegervaters Ferdinand von Aragon in den Krieg gegen Frankreich stürzte, verband sich Jakob IV. daraufhin mit der französischen Krone und marschierte mit einer großen Streitmacht nach England ein. Der schottische König wurde jedoch in der Schlacht von Flodden katastrophal geschlagen, wobei er selbst, zusammen mit Tausenden seiner Gefolgsleute, sein Leben verlor.

Der Tod Jakobs IV. hatte für die anglo-schottischen Beziehungen weitreichende Konsequenzen. Denn während der nun folgenden Regentschaftsregierung für den minderjährigen Thronfolger Jakob V. spaltete sich der schottische Adel in eine profranzösische Partei unter der Führung des Herzogs von Albany und eine proenglische unter der Königin Margarete und dem Grafen Arran. Nach dem Zerwürfnis Heinrichs VIII. mit Rom führte dieser innerschottische außenpolitische Gegensatz zugleich zu einer kirchenpolitischen Polarisierung für oder gegen das Papsttum. Jakob V. selbst entschied sich, als er die Regierung von seiner Mutter übernahm, für Frankreich und für Rom. Er vermählte sich 1537 zunächst mit der jüngsten Tochter des französischen Königs Franz I., und nach deren frühen Tod, ein Jahr später mit der Tochter des Herzogs von Lothringen, Maria Guise. Diese brachte am 18. Dezember 1542 Maria Stuart zur Welt und stellte damit die Kontinuität der Stuart-Dynastie sicher. Zu diesem Zeitpunkt befanden sich England und Schottland erneut im Krieg miteinander, wobei Jakob jedoch dieses Mal nicht von dem schottischen Adel unterstützt wurde. Als der König, fünf Tage nach der Geburt seiner Tochter, unerwartet starb, eröffnete sich der englischen Krone erstmals die Möglichkeit, in Zusammenarbeit mit der antifranzösischen Adelsfraktion einen stärkeren Einfluß auf die politischen Verhältnisse in Schottland zu gewinnen. Heinrich VIII. versäumte es jedoch, diese Chance entschieden zu nutzen, weil er damals gerade mit der Vorbereitung eines Feldzuges gegen Frankreich beschäftigt war, den er für das kommende Jahr mit Kaiser Karl V. verabredet hatte. Der König begnügte sich damit, im Vertrag von Greenwich (1543) die eventuelle Heirat zwischen seinem Sohn Eduard und Maria Stuart zu vereinbaren. Dieser Vertrag wurde aber bereits Ende 1543 vom schottischen Parlament wieder anulliert. Damit setzte sich in Edinburgh noch einmal die antifranzösische Fraktion durch. Im Sommer 1548 wurde die inzwischen sechs Jahre alte Maria nach Frankreich gebracht, wo sie am französischen Hof in St. Germain erzogen und im April 1558 mit dem Dauphin, dem nachmaligen König Franz II. (1559–1560), vermählt wurde.

Schottland selbst wurde vom Ausgang des Jahres 1542 bis zum Juni 1560 von der tatkräftigen Maria Guise regiert. Während dieser Zeit wurden in Schottland die Grundlagen der Reformation gelegt, unter der politischen Regie der antifranzösischen Adelsfraktion und unter der religiösen Führung von John Knox, einem entschiedenen Anhänger des Calvinismus und der Presbyterianismus. Die Regentin duldete diese Entwicklung und förderte sie sogar teilweise, solange in England die streng katholische Maria regierte, weil sie sich von dem Aufbau einer ideologischen Barriere zwischen den beiden Königreichen eine Stärkung ihrer eigenen Position erhoffte. Nach der Thronbesteigung Elisabeths I. rückte Maria Guise jedoch sogleich von ihrem Reformkurs ab. Sie versuchte die protestantischen Prediger per Gericht aus Schottland zu verbannen und ließ die mit diesen sympathisierenden *Lords of the Congregation* mit hohen Geldstrafen belegen. Daraufhin brach im Mai 1559 in Schottland eine protestantisch inspirierte Rebellion aus, die darauf abzielte, die Regentin und ihre französischen Söldner aus Schottland zu vertreiben. Damit eröffnete sich der englischen Krone zum zweiten Male die Chance, die politischen Verhältnisse in Schottland unter ihre Kontrolle zu bringen. Im Unterschied zu Heinrich VIII. hat Elisabeth diese Gelegenheit genutzt. Sie unterstützte die schottischen Rebellen zunächst mit Geld und später auch mit militärischer Hilfe zu Wasser und zu Lande. Das Ergebnis dieser Intervention war, nachdem Maria Guise kurz zuvor gestorben war, der Vertrag von Edinburgh (1560), durch den die französischen Truppen aus Schottland ausgewiesen wurden und das Land unter die Kontrolle des Protestantismus kam, der kurz darauf durch das schottische Reformationsparlament, das sich ohne königliche Einberufung konstituierte, zur offiziellen Staatsreligion in Schottland erklärt wurde.

Die Intervention Elisabeths bedeutete „den ersten Schritt zu einer friedlichen Vereinigung Englands und Schottlands". Bis diese Vereinigung aber tatsächlich vollzogen wurde – 1603 in Personalunion, 1707 in Gestalt des Zusammenschlusses der beiden Länder –, sollte noch eine lange Zeit vergehen. Unter der Regierung der Maria Stuart, die – nach dem frühen Tod Franz II. von Frankreich – im August 1561 nach Schottland zurückkehrte, drohte zunächst noch einmal die profranzösisch-katholische Richtung in Edinburgh das Übergewicht zu gewinnen. Nachdem sich die unverheiratete Elisabeth von England nicht dazu bereit fand, die schottische Königin als ihre Nachfolgerin anzuerkennen, heiratete Maria im Juli 1565 trotz des heftigen Protestes der protestantischen Grafen und Barone den katholischen Lord Heinrich Darnley, der selbst auch mit der Tudor-Dynastie verwandt war. Dadurch erhielt der im Juli 1566 geborene Jakob (VI.) Stuart einen zusätzlichen Anspruch auf den englischen Königsthron. In den folgenden drei Jahren versuchte Maria ihre eigenen Forderungen gegenüber Elisabeth mit Hilfe von Spanien und der Kurie durchzusetzen, allerdings ohne Erfolg. Nach einem präventiven Staatsstreich der protestantischen Lords im März 1566 und einem allgemeinen Adelsaufstand im Frühjahr 1567 wurde Maria im Juli 1567 zur Abdankung zugunsten ihres einjährigen Sohnes gezwungen, woraufhin sie im Mai 1568 nach England floh. Hier wurde sie nach jahrelanger Haft, im Anschluß an die Aufdeckung einer katholischen Verschwörung zur Ermordung Elisabeths, schließlich 1587 hingerichtet.

Während Maria ihr Schicksal mit den Kräften der Gegenreformation verband, wurde ihr Sohn im protestantischen Glauben erzogen, dem Jakob auch Zeit seines Lebens treu blieb. Nachdem der Plan, seine Mutter mit französischer Hilfe aus der englischen Gefangenschaft zu befreien, 1583 durch einen erneuten Staatsstreich der protestantischen *Lords* in Schottland zunichtegemacht wurde, ließ der König sich in der Folgezeit auf Verhandlungen mit Elisabeth ein, um so zumindest seine eigenen Ansprüche auf den englischen Thron zu erhalten. Die Verhandlungen führten 1586 zum Abschluß des Vertrages von Berwick, mit dem sich die beiden Königreiche zu einer Offensiv- und Defensivallianz verbanden und Jakob persönlich eine englische Pension in Höhe von 4000 Pfund im

Jahr erhielt, die der König dringend benötigte. Damit wurde deutlich, daß sich in Schottland um die Mitte der achtziger Jahre endgültig das proenglisch-protestantische Lager durchgesetzt hatte, das dort zu Beginn der sechziger Jahre mit Unterstützung der englischen Königin an die Macht gekommen war. Der Vertrag von Berwick war eine der größten außenpolitischen Erfolge Elisabeths I. Er bildete zugleich die wichtigste Grundlage für die friedliche Nachfolge Jakobs auf dem englischen Thron im Jahre 1603. „Das vereinigte Großbritannien, das 1558 noch so weit entfernt schien, war in den späten Jahren der elisabethanischen Ära kurz vor seiner Verwirklichung".[176]

III. Der Zusammenbruch der Tudor-Ordnung
unter den frühen Stuarts

1. Das Problem der englischen Revolution

Das 17. Jahrhundert der englischen Geschichte war ein Jahrhundert der Krise, in dem „die meisten Dinge in ihrer dermaligen Verfassung ihren rechtfertigenden Zusammenhang mit ihrem Ursprung eingebüßt haben",[177] mit anderen Worten: ein Jahrhundert, das in besonderem Maße durch Widersprüche gekennzeichnet war und durch gesellschaftliche Konflikte, in denen es um die Beseitigung dieser Widersprüche ging. Die „Krise des 17. Jahrhunderts" war in gewisser Weise ein gesamteuropäisches Phänomen. Sie manifestierte sich jedoch von Land zu Land auf unterschiedliche Art. In England hat sie die Form einer Revolution angenommen. Aus diesem Grunde läßt sich das 17. Jahrhundert der englischen Geschichte auch als das „Jahrhundert der Revolution" bezeichnen.

Die englische Revolution ist im Laufe der Zeit immer wieder neu interpretiert worden.[178] Das klassische Interpretationsmodell, an dem alle alternativen Deutungen zu messen sind, ist das Konzept der *Puritan Revolution*, das der whig-liberalen Sicht vom 17. Jahrhundert entspricht. Die Geschichte, die uns die Whig-Liberalen erzählen, läßt sich grob vereinfacht etwa so zusammenfassen:[179] Unter der großen Elisabeth war die Welt in England noch in Ordnung. Mit dem Regierungsantritt der ruchlosen und zugleich inkompetenten Stuarts verließ die englische Geschichte dann aber ihre natürliche Bahn für nahezu drei Generationen. Jakob I. und Karl I. versuchten in England nach dem Vorbild einiger kontinentaleuropäischen Dynastien einen ganz und gar unenglischen Despotismus zu errichten und zerstörten damit den von den Tudors geschaffenen Verfassungskompromiß. Zum Glück fand sich jedoch in der parlamentarischen *gentry* eine mächtige Opposition, die sich im Bündnis mit dem Puritanismus der Stuart-Dynastie widersetzte und diese schließlich im

Bürgerkrieg der vierziger Jahre vom englischen Thron vertrieb. Die Träger dieser *Puritan Revolution* diskreditierten sich dann aber selbst, indem sie sich nach ihrem Sieg über Karl I. dazu hinreißen ließen, das Cromwellsche Militärsystem in England einzuführen, das dem Wesen der englischen Verfassung nicht minder widersprach als der soeben beseitigte Stuart-Despotismus. So wurde die Restauration der Stuarts notwendig, um die englische Verfassungsentwicklung wieder in eine evolutionäre Bahn zu lenken. Als die Söhne Karls I. dann erneut versuchten, am englischen Parlament vorbeizuregieren, und damit zu erkennen gaben, daß sie aus dem Schicksal ihres Vaters nichts gelernt hatten, riefen die Whigs schließlich, zusammen mit einigen ungewöhnlich aufgeklärten Tories, Wilhelm von Oranien ins Land, um die englische Nation endgültig vom Stuart-Despotismus zu befreien. Die Männer von 1688/89 waren klug genug, die Fehler der vierziger Jahre nicht zu wiederholen. Sie verzichteten auf alle radikalen Experimente und überließen die Führung des Landes den großen *landlords*. So wurde die „Glorreiche Revolution" zum entscheidenden Wendepunkt der englischen Geschichte. Mit ihr begann eine Zeit unaufhaltsamen Fortschritts, unter der maßgeblichen Regie der Whigpartei.

Die whig-liberale Deutung der englischen Revolution ist somit in erster Linie verfassungsgeschichtlich orientiert. Diese Sichtweise hat ihre relative Berechtigung. Der Hauptertrag der englischen Revolution war die partielle Transformation des Ancien régime. In „zwei großen Revolutionen" ist England „constitutionell" geworden.[180] Die Herausarbeitung dieser Perspektive ist das bleibende Verdienst der whig-liberalen Revolutionsdeutung, so sehr diese uns in anderer Hinsicht ergänzungs- und korrekturbedürftig erscheint. Die Mängel und Grenzen des Konzepts der *Puritan Revolution* lassen sich in drei Punkten zusammenfassen. Der erste Punkt betrifft die Gewichtung der beiden Revolutionsetappen. Die Whig-Liberalen betonen zurecht die Kontinuität der revolutionären Entwicklung in England von 1640 bis 1688/89. Sie neigen jedoch dazu, die erste Revolutionsetappe als relativ folgenlos abzuqualifizieren und umgekehrt die zweite Etappe in ihrer Bedeutung zu überschätzen. Demgegenüber gehen wir davon aus, daß der eigentliche Höhepunkt der englischen Revolution nicht die Glorreiche Revolution von 1688/89 war, sondern der Bürgerkrieg der vierziger Jahre samt seinen Folgeerscheinungen in Gestalt der englischen Republik und des Cromwellschen Protektorats.

Der zweite Punkt unserer Kritik betrifft die allgemeine Geschichtsauffassung, die dem Konzept der *Puritan Revolution* zugrundeliegt. Die Geschichtsauffassung der Whig-Liberalen ist in erster Linie ideengeschichtlich ausgerichtet. Sie bezieht sich, wie schon der Begriff *Puritan Revolution* andeutet, vor allem auf die Intentionen, die das Handeln der Menschen in der Revolution gelenkt haben, und setzt zugleich voraus, daß diese Intentionen den Ausbruch, den Verlauf und die Ergebnisse der Revolution maßgeblich determiniert haben. Demgegenüber gehen wir davon aus, daß die englische Revolution sich im wesentlichen über die Köpfe der an ihr beteiligten und von ihr betroffenen Menschen hinweg durchgesetzt hat. Die Akteure der Revolution haben sich „natürlich" ihre Gedanken gemacht, und „natürlich" sind diese Gedanken auch in gewisser Weise historisch wirksam geworden, indem sie zum Beispiel Solidaritäten befestigt und politische Veränderungen legitimiert haben. Sie haben indessen nicht die Logik des revolutionären Prozesses kontrolliert. „Die offensichtliche Bedeutung der Schauspieler in einem Drama", so hat Eric Hobsbawm einmal formuliert, „bedeutet nicht, daß die Schauspieler zugleich auch die Produzenten des Stückes sind, das sie aufführen".[181] So wie die englische Revolution tatsächlich ablief, ist sie von niemandem gewollt oder geplant worden. Die ideengeschichtliche Perspektive des Konzepts der *Puritan Revolution* bedarf daher der Ergänzung durch eine strukturgeschichtliche Betrachtungsweise, die die objektiven Gegebenheiten in den Blick rückt, welche die ideologischen Auseinandersetzungen der englischen Revolution wenn nicht direkt verursacht, so doch zumindest indirekt ermöglicht und damit den Gesamtverlauf der Revolution maßgeblich mitbestimmt haben.

Der dritte Punkt, in dem wir uns von der whig-liberalen Revolutionsdeutung unterscheiden, betrifft die soziale Bewegungsdynamik der englischen Revolution. Das Konzept der *Puritan Revolution* geht zurecht davon aus, daß die englische Revolution in erster Linie ein Elitenkonflikt war. Die Revolution war – ihrem Ursprung nach und in der Hauptsache – kein Klassenkampf im Sinne einer Auseinandersetzung zweier, in ihrer ökonomischen Basis und in ihren gesellschaftlichen Interessen durchaus verschiedener, fest zu umreißender Teile der Gesellschaft, sondern ein Konflikt innerhalb der politischen Nation Englands. Die Revolution war indessen nicht ausschließlich ein Elitenkonflikt. Sie besaß zumindest vorübergehend auch den Charakter einer Volksrevolte. Mit Christopher Hill und anderen Historikern läßt sich feststellen, daß in England in der Mitte des 17. Jahrhunderts nicht nur eine, sondern zwei Revolutionen stattfanden, die sich nach ihrer Herkunft und Zielsetzung deutlich voneinander unterschieden: eine politische Revolution der Eliten, die auf die Reorganisation der öffentlichen Herrschaftsordnung abzielte, und eine „Volksrevolution", die für mehr Demokratie und soziale Gerechtigkeit eintrat.[182] Diese zweite Revolution hat sich nicht tatsächlich ereignet, aber sie drohte im Verlauf des Bürgerkrieges auszubrechen, und als solche Drohung hat sie die Auseinandersetzungen innerhalb der englischen Herrschaftsklasse maßgeblich mitbestimmt.

2. Krisenherde im frühen Stuart-England

Die unmittelbare Voraussetzung für den Ausbruch der englischen Revolution war der Zusammenbruch der öffentlichen Herrschaftsordnung, die die Tudor-Könige und -Königinnen in England errichtet hatten. Der Zusammenbruch der Tudorordnung wurde von niemandem bewußt geplant und vorangetrieben. Er resultierte aus der Tatsache, daß die englischen Herrschaftseliten in der ersten Hälfte des 17. Jahrhunderts mit neuen innergesellschaftlichen und außenpolitischen Herausforderungen konfrontiert wurden, auf die sie insgesamt gesehen unkoordiniert und widersprüchlich reagierten. Daraus ergab sich ein Streit der Eliten, in dem es letzten Endes um die Frage ging, wer in England der Träger der staatlichen Souveränität war. Im Rahmen der Tudor-Verfassung lag die oberste Gewalt beim „*King in Parliament*". Diese Herrschaftsformel erwies sich im Zeitalter der Stuarts als nicht mehr tragfähig. Die in ihr zusammengehaltenen Institutionen „König" und „Parlament" traten mehr und mehr auseinander, wobei jede von ihnen für sich den Anspruch erhob, allein die oberste Gewalt im Staate zu repräsentieren. Die konkreten Auseinandersetzungen, die sich aus dieser prinzipiellen Streitfrage ergaben, betrafen insbesondere drei Bereiche: 1. die Kompetenzabgrenzung im Bereich der Steuer- und Finanzpolitik; 2. die Gestaltung der Kirchenverfassung; und 3. die Ausrichtung der Außenpolitik.[183]

Wenn Jakob I. und Karl I. von ihren innenpolitischen Gegnern vorgeworfen wurde, despotisch zu regieren, so reagierten diese damit vor allem auf die mehr oder weniger erfolgreichen Bemühungen der beiden Regenten, die staatlichen Finanzen zu sanieren.[184] Nach der Theorie des Mittelalters sollte der englische König in finanzieller Hinsicht im wesentlichen „of his own" leben, d. i. von den Einnahmen aus den Kronländereien und von den Zöllen (*tunnage and poundage* = Tonnen- und Pfundgeld), die ihm das Parlament – seit Beginn des 15. Jahrhunderts – jeweils für die Dauer seiner Regierung zugestand. Nur ausnahmsweise und für besondere Zwecke wurde es der Krone gestattet, darüber hinaus auch noch direkte Steuern in der Form von Subsidien zu erheben. Diese mußten in jedem Fall vom Parlament besonders genehmigt werden. Die Einkünfte, über die die Krone auf diese Weise verfügte, reichten indessen schon unter der Königin Elisabeth nicht mehr dazu aus, sämtliche Ausgaben zu finanzieren. Auf der einen Seite waren die Ausgaben der königlichen Regierung aufgrund des Anstiegs der Kriegskosten und der Zunahme der innenpolitischen Staatsaufgaben im Verlauf des 16. Jahrhunderts drastisch in die Höhe gegangen. Auf der anderen Seite waren die Einnahmen der Krone tendenziell gesunken – teils wegen der säkularen Preisinflation, teils wegen des Rückgangs der Kronländereien, teils auch wegen der Unergiebigkeit der Subsidien infolge des unehrlichen Steuerverhaltens der steuerpflichtigen Eliten, die sich selbst veranlagen konnten. Die Reorganisation der öffentlichen Finanzen war somit objektiv ein dringendes Desiderat. Das wurde prinzipiell auch auf seiten des Parlaments anerkannt. Ein groß angelegter Versuch, die Staatsfinanzen auf einvernehmliche Art und Weise langfristig neu zu regeln, der sogenannte *great contract*, scheiterte jedoch 1610 an dem gegenseitigen Mißtrauen von Krone und Parlament. In der Folgezeit versuchte Jakob I. und nach seinem Tod (1625) auch Karl I., die königlichen Einkünfte ohne Mitwirkung des Parlamentes zu vermehren:

- durch die Einführung neuer Einfuhrzölle (*new impositions*);
- durch Zwangsanleihen im Vorgriff auf künftig eventuell zu bewilligende Steuern (*forced loans*);
- durch die zwangsweise Verleihung von Adelstiteln und den Verkauf öffentlicher Ämter;
- durch gezielte Eingriffe in das Wirtschaftsleben, vor allem in Gestalt des Verkaufs von Monopolen;
- sowie durch die Wiederbelebung und den Ausbau alter, dem Lehnsrecht entstammender Finanzrechte, etwa in Gestalt der verstärkten Ausnutzung von Privilegien, die der König als Vormund minderjähriger Grundbesitzer besaß oder durch die Einführung von Geldstrafen für Ansiedlungen innerhalb der alten Grenzen der königlichen Wälder.

Durch diese und weitere Maßnahmen ist es den frühen Stuartkönigen gelungen, die staatlichen Einkünfte beträchtlich zu steigern. Sie entfremdeten sich dadurch freilich auch von weiten Teilen der politischen Nation und insbesondere von dem *House of Commons*. Die *Commons* betrachteten sich selbst nicht nur für die Bewilligung der ordentlichen und außerordentlichen Steuern zuständig, sondern beanspruchten für sich ein Mitsprache- und Zustimmungsrecht in sämtlichen Angelegenheiten, die die Eigentumsverhältnisse betrafen. Sie verfolgten daher die außerparlamentarische Finanzpolitik der Stuart-Könige mit großem Mißtrauen und nutzten jede Gelegenheit dazu, die ihrer Ansicht nach ungesetzlichen Maßnahmen der Krone zu kritisieren und nach Möglichkeit rückgängig zu machen. Dem „lag weniger das Bestreben zugrunde, die Steuerlast möglichst gering zu halten, als vielmehr die Befürchtung, die Krone versuche ihre Finanzen auf eine neue Basis zu gründen, die es ihr hinfort erlaube, auf Steuern und damit auf die Einberufung von Parlamenten weitgehend zu verzichten".[185]

Darüberhinaus wurden die *Commons* auch selbst im Bereich der Steuer- und Finanzpolitik offensiv, indem sie Intitiativen ergriffen, die offensichtlich darauf abzielten, die Periodizität des Parlaments zu erzwingen und ihren Anspruch auf die Kontrolle des öffentlichen Finanzwesens definitiv durchzusetzen. So beschlossen sie 1624 eine *Monopolies Act*, die

die Gewährung von Monopolrechten im wesentlichen auf neue Erfindungen beschränkte. Ein Jahr später bewilligten sie Karl I. das „Tonnen- und Pfundgeld" nicht wie sonst üblich für die Dauer seiner ganzen Regierung, sondern zunächst lediglich für ein Jahr. Auch der Rückgriff auf das seit 200 Jahren nicht mehr angewandte *Impeachment* – ein Anklageverfahren, bei dem das Unterhaus als Ankläger und das Oberhaus, ohne Beteiligung des Königs, als Richter fungierte – ist in diesem Zusammenhang zu sehen. Die *Commons* benutzten dieses Verfahren zunächst vor allem gegen Inhaber königlicher Patente, denen sie Korruption vorwarfen, später dann aber auch gegen alle möglichen Ratgeber der Krone, die ihnen suspekt erschienen, ungeachtet der Tatsache, daß die Personalpolitik dem Herkommen nach ein Teil der königlichen Prärogative war. Das erste Opfer wurde der berühmte Gelehrte und Lordkanzler Francis Bacon, der 1621 sein Amt aufgeben mußte, weil er in den Verdacht geraten war, sich an der königlichen Personalpolitik persönlich bereichert zu haben. Ihm folgte drei Jahre später der Schatzmeister Lionel Cranfield, Earl of Middlesex, der sich aus finanziellen Gründen gegen den spanischen Krieg erklärt hatte.

Der spektakuläre Höhepunkt des Ringens um die staatliche Finanzhoheit war der sogenannte *Hampden's Case* von 1637. Den Hintergrund dieses Prozesses bildete die Einführung des „Schiffsgeldes". Die Überseekaufleute waren seit langem dazu verpflichtet, ihre Schiffe im Kriegsfall für militärische Zwecke zur Verfügung zu stellen. Diese Verpflichtung wandelte Karl I. eigenmächtig in eine allgemeine Vermögenssteuer um, die seit 1635 nicht nur in den Küstenstädten, sondern im ganzen Land erhoben wurde. Der Unterhausabgeordnete John Hampden, ein *Squire* aus Buckinghamshire, weigerte sich, diese Steuer zu bezahlen, weil sie das Parlament nicht bewilligt hatte. Darüber kam es 1637 zu einem Prozeß, der – obwohl sein Streitwert lediglich 20 sh. betrug – wegen seiner prinzipiellen Bedeutung eine starke Publizität erhielt. Hampden verlor zwar den Prozeß, erreichte damit jedoch – vor allem weil die Urteilsbegründung die königliche Prärogative sehr weit auslegte –, daß die gesamte Problematik des Verhältnisses von Krone und Parlament in verstärktem Maße öffentlich diskutiert wurde. Dies führte dazu, daß die Zahlung des „Schiffsgeldes" in den folgenden Jahren von immer mehr *gentlemen* verweigert wurde.

Der zweite Krisenherd, an dem sich die Auseinandersetzungen zwischen Krone und Parlament entzündeten, war die Frage der Gestaltung der Kirchenverfassung.[186] An den Dynastiewechsel von 1603 hatten sich bei allen konfessionellen Richtungen hohe Erwartungen geknüpft. Die Anglikaner sahen in Jakob I. den Erben der Tudors, von dem sie sich eine kontinuierliche Fortsetzung der elisabethanischen Kirchenpolitik erhofften. Die Katholiken hingegen erblickten in dem neuen König den Sohn

der katholischen Maria Stuart, von dem sie sich eine Liberalisierung der
in der Tudorzeit erlassenen Katholikengesetze erwarteten. Besonders
hoch gesteckt waren die Erwartungen der Puritaner, die Jakob noch vor
seinem Einzug in London eine von über 1000 Klerikern unterschriebene
Millenary Petition übergaben, die sich dafür aussprach, die englische Bischofskirche der schottischen Presbyterialkirche anzugleichen. Der König selbst stellte sich jedoch im Januar 1604 auf der *Hampton Court
Conference* auf den Standpunkt „no bishop, no king" und bestätigte im
wesentlichen die elisabethanische Kirchenordnung. Die überwiegende
Mehrheit der puritanischen Geistlichen hat sich mit dieser Entscheidung
abgefunden. An die neunzig waren indessen darüber so enttäuscht, daß
sie dem 1604 mit nur geringfügigen Modifikationen neu aufgelegten
Prayer Book ihre Zustimmung verweigerten. Die Folge war, daß sie ihr
Amt aufgeben mußten. Diese „radikalen" Puritaner waren die Vorläufer
der Independenten, die im Verlauf des Bürgerkrieges einen maßgeblichen
Einfluß auf das religiöse und politische Leben in England gewannen.
Unter Jakob I. hielt sich ihre Bedeutung in engen Grenzen, zumal der
neue König in der Folgezeit dem gemäßigten Puritanismus einen relativ
großen Freiraum innerhalb der anglikanischen Kirche zugestand.

Für den englischen Katholizismus ging hingegen bereits in den ersten
Jahren der Stuart-Ära eine Epoche zu Ende. Dies war indessen in der
Hauptsache nicht das Ergebnis der königlichen Kirchenpolitik, sondern
die Folge der Verschwörung einer kleinen Gruppe katholischer Oppositioneller, die darauf abzielte, am 5. November 1605, dem Tag der Eröffnung des englischen Parlaments, durch eine Pulverexplosion im Keller
des Parlamentsgebäudes mit einem Schlag die gesamte politische Elite des
Landes in die Luft zu sprengen. Die Verschwörung wurde jedoch vorzeitig aufgedeckt. Ihr Hauptakteur, der Sprengfachmann Guy Fawkes, Sohn
eines protestantischen Notars, der nach der Vergeudung seines väterli-
chen Vermögens zum Katholizismus übergetreten war und danach vorübergehend unter den spanischen Truppen in den Niederlanden gedient
hatte, wurde mit der brennenden Lunte in der Hand verhaftet und im
Januar 1606 hingerichtet. Dieser *Gunpowder-Plot* hatte, obwohl es sich
hierbei um eine untypische Einzelaktion einiger weniger Fanatiker handelte, auf die öffentliche Meinung Englands eine ungeheure Wirkung.
„Für drei Jahrhunderte war der Katholizismus suspekt und wurde in der
Meinung des Durchschnittsengländers mit Mord und Attentat in Verbindung gebracht".[187] Die englischen Katholiken selbst, die unter der Königin Elisabeth tatsächlich in zahlreiche politische Intrigen und Komplotte
verwickelt waren, zogen sich nach dem mißlungenen *Gunpowder-Plot*
weitgehend aus der Politik zurück.

Insgesamt gesehen hielten sich die kirchenpolitischen Auseinandersetzungen während der Regierungszeit Jakobs I. in Grenzen. Um so intensi-

ver wurden sie dann jedoch unter Karl I. Der Grund für diese Eskalation war ein einschneidender Kurswechsel der offiziellen Kirchenpolitik, der sich vor allem mit dem Namen William Lauds verband. Er war seit dem Regierungsantritt Karls I. im Jahre 1625 der ausschlaggebende Mann in der anglikanischen Kirche und gewann im Verlauf der dreißiger Jahre darüberhinaus maßgeblichen Einfluß auf die allgemeine Politik der englischen Regierung. „Wenn es einen einzelnen Menschen gibt, dessen Handeln und dessen Politik der Sturz der Stuartmonarchie zugeschrieben werden kann, so war dieser Mann William Laud".[188] Laud, der 1628 zum Bischof von London befördert und 1633 an die Spitze des Erzbistums Canterbury berufen wurde, war „ein Fanatiker der Ordnung, der Stabilität, der Disziplin und des Gehorsams, die er in Kirche und Staat gleichermaßen mit Strenge durchzusetzen versuchte". Das oberste Leitziel der Laudschen Kirchenpolitik war die Stärkung der Bischofskirche. Laud war davon überzeugt, daß das Bischofsamt ebenso durch göttliches Recht legitimiert war wie die Monarchie, und daß diejenigen, die „sedes ecclesiae" in Frage stellten, nicht zögern würden, auch „den Thron Davids zu stürzen, wenn sie jemals an die Macht kommen sollten".[189] Ob Laud ein Anhänger des (nach dem niederländischen Theologen Jakob Arminius (1560–1608) sogenannten) Arminianismus gewesen ist, der – im Unterschied zur calvinistischen Prädestinationslehre – die Freiheit des Menschen zur Erlangung der göttlichen Gnade betonte, ist in der historischen Forschung umstritten. Auf jeden Fall lag das Schwergewicht der Religion für Laud nicht auf der Predigt, sondern auf der Liturgie und den Sakramenten. „Die Tendenz der Laudschen Neuerungen lief darauf hinaus, die Laien in eine bloß passive und gehorsame Rolle zu drängen, was dem Grundzug des Protestantismus in allen seinen Spielarten, vor allem aber dem Calvinismus zuwiderlief".[190]

Der Versuch, die anglikanische Kirche auf der Grundlage dieser „gegenreformatorischen" Zielsetzungen zu reorganisieren, stieß in der englischen Öffentlichkeit auf erbitterten Widerstand. Der Vorwurf seiner Gegner, Laud habe die englische Kirche wieder in den Schoß der römischen Kirche zurückführen wollen, war sicher objektiv falsch, subjektiv aber durchaus verständlich in Anbetracht der wachsenden katholischen Tendenzen am Hof Karls I.[191] Die Frau des Königs, die Schwester Ludwigs XIII. von Frankreich, Henrietta Maria, unterhielt eine eigene katholische Kapelle, zu der auch englische Katholiken Zutritt hatten. Führende Mitglieder der Regierung, wie der *Exchequer* Francis Cottington, der Staatssekretär Francis Windebank und Sir John Finch (*Chief Justice of Common Pleas* und als solcher für das *ship money*-Urteil von 1637 verantwortlich), waren Katholiken. Andere, wie der *Lord Treasurer* Richard Weston, der in den frühen dreißiger Jahren zu den wichtigsten Ratgebern des Königs zählte, sympathisierten heimlich mit dem Katholizismus. Die

Sorge vor einer katholischen Unterwanderung war indessen nicht das einzige Motiv, das die Gegner der Laudschen Kirchenpolitik motivierte. Mindestens ebenso mißtrauisch beobachtete vor allem die lokale *gentry*, wie die von Laud verkörperte kirchenpolitische Richtung in den dreißiger Jahren über den Bereich der Kirche hinaus auch zunehmend Einfluß auf die allgemeine Politik der Regierung gewann. Genau so, wie der Erzbischof von Canterbury den Puritanern unterstellte, daß diese mit dem Bischofsamt zugleich die Monarchie beseitigen wollten, waren die Gegner Lauds davon überzeugt, daß dieser mit der Stärkung der Bischofskirche langfristig das Ziel verfolgte, in England eine absolutistische Regierungsform zu etablieren. Die Tatsache, daß Karl seit 1629 ohne Parlament regierte, gab dieser Befürchtung zusätzlichen Auftrieb.

Die finanz- und kirchenpolitischen Auseinandersetzungen der frühen Stuartepoche betrafen in erster Linie die am königlichen Hof und im Parlament vertretene politische Nation. Neuere Untersuchungen haben jedoch gezeigt, daß insbesondere die finanziellen Ansprüche der Krone bereits in den zwanziger Jahren einen zunehmenden Druck der Öffentlichkeit auf die Abgeordneten des Parlaments auslösten. Diese befragten ihrerseits in einem bisher nicht gekannten Maße die Wahlberechtigten um ihre Meinung und hielten zu diesem Zweck sogar öffentliche Versammlungen ab. „Den einfachen Leuten wurde von ihren Oberen in aller Öffentlichkeit gesagt, daß sie berechtigte Gründe für Unzufriedenheit und Protest hatten".[192] Dabei spielte sicher auch die Tatsache eine Rolle, daß die Zahl der Wahlberechtigten – teils aufgrund der faktischen Reduzierung der Eigentumsqualifikation für die *freeholders* infolge der säkularen Preisinflation, teils aufgrund der extensiven Behandlung von strittigen Wahlrechtsfragen – seit den achtziger Jahren des 16. Jahrhunderts deutlich anstieg. Nach den Berechnungen von Derek Hirst besaßen am Vorabend der englischen Revolution zwischen 27% und 40% der erwachsenen Männer das Recht, an den Wahlen zum Unterhaus teilzunehmen. Mit der Vergrößerung der Wählerschaft stieg zugleich auch die Zahl derjenigen Wahlen, bei denen die Wähler tatsächlich die Möglichkeit besaßen, sich zwischen mehreren Kandidaten zu entscheiden. Dabei interessierten sie sich in zunehmendem Maße auch für solche Probleme, die über den begrenzten lokalen Bereich hinausgingen. „Was wir beobachten", so lautet das Fazit von Hirst, „ist eine Wählerschaft, die allmählich in den Kategorien nationaler Fragen dachte, und eine Elite, die bereit war, das zu akzeptieren und an sie (fraglos aus Gründen des Eigeninteresses) in diesen Kategorien zu appellieren".

Die Anhänger des Königs haben den Vertretern der oppositionellen *gentry* später den Vorwurf gemacht, durch ihre öffentlichen Appelle das Volk mobilisiert zu haben und damit für die Volksrevolte in der englischen Revolution verantwortlich zu sein. Tatsächlich hat es derartige

Mobilisierungsversuche aber auch auf der Seite der Krone selbst gegeben. In diesem Zusammenhang ist vor allem die Herausgabe des *Book of Sports* durch Jakob I. im Jahre 1618 zu nennen, in dem die Sonntagsvergnügen des einfachen Mannes gegenüber den Disziplinierungsbestrebungen der Puritaner verteidigt werden. Dieses Buch wurde 1633 durch Karl I. wiederveröffentlicht. Dabei wurde die Verteidigung der traditionellen Volkskultur noch einmal ausdrücklich wiederholt. „Die Monarchen ergriffen die Partei des gewöhnlichen Volkes". Nach Hans-Christoph Schröder ist dies „offenbar zum Teil als Gegenzug gegen die bereits erwähnten politischen Mobilisierungsversuche oppositioneller *gentlemen* zu verstehen, denen Jakob I. schon 1616 ,ihr puritanisches Schielen nach Popularität' vorwarf. Besonders die *Declaration of Sports* Karls I. gehört in den Kontext der Auseinandersetzungen zwischen Anglikanischer Kirche und Puritanern, zwischen Monarchie und den im Parlament sitzenden Führungsschichten. Sie stellte offenkundig den Versuch dar, die Masse der Bevölkerung gegen die Puritaner zu mobilisieren und auf die Seite der Regierung zu ziehen".[193]

Die finanz- und kirchenpolitischen Auseinandersetzungen zwischen Krone und Parlament waren aufs engste verknüpft mit dem Ringen um die Kontrolle der Außenpolitik.[194] Die Außenpolitik war verfassungsmäßig ein Teil der königlichen Prärogative. Sie betraf jedoch auch das Parlament, das für ihre Finanzierung zuständig war. Der Grundpfeiler der Außenpolitik Jakobs I. war die Personalunion mit Schottland, die der König zu einer wirklichen Vereinigung der beiden Länder zu erweitern suchte, um von dieser Basis aus die äußere Unabhängigkeit Großbritanniens zu behaupten und zu verstärken. Ein weiteres Grundaxiom seiner Außenpolitik bestand darin, daß der König die englischen Interessen auf dem europäischen Festland nicht durch Kriegsbeteiligung, sondern durch Friedensvermittlung zu wahren versuchte. Diese Maxime resultierte aus den Erfahrungen, die Jakob vor seinem Regierungsantritt in London als König von Schottland gemacht hatte, wo es ihm gelungen war, mit allen ausländischen Mächten gute diplomatische Beziehungen zu unterhalten. Er betrachtete diesen Erfolg als das Ergebnis seiner persönlichen politischen Fähigkeiten und glaubte, seine Politik der allseits guten Beziehungen auch als König von England fortsetzen zu können, obwohl die Bedeutung Englands im europäischen Staatensystem wesentlich größer war als diejenige Schottlands.

In diesem Sinne beendete Jakob I. unmittelbar nach seinem Regierungsantritt den seit 1585 andauernden spanischen Krieg auf der Grundlage des Status quo. Diese Maßnahme war auch insofern konsequent, als die Niederlande in ihrer Auseinandersetzung mit Spanien inzwischen nicht mehr so sehr auf die englische Unterstützung angewiesen waren. Auf der anderen Seite eröffnete der Friedensschluß den englischen Kaufleuten die Möglichkeit, mit allen spanischen Besitzungen in Europa Handel zu treiben. Das belebte die englische Wirtschaft und vermehrte – über Zölle und Monopole – die königlichen Einnahmen, so daß die Krone auf diese Weise auch eine größere Unabhängigkeit gegenüber dem Parlament gewann. Die Vorstellung Jakobs I., sich in Europa als Friedensstifter betätigen zu können, erwies sich jedoch als eine folgenschwere Fehleinschätzung. Der König hatte vorgehabt, seinen ältesten Sohn mit der Infantin von Spanien und seine älteste Tochter mit dem Führer des politischen Protestantismus in Deutschland, Friedrich von der Pfalz, zu verheiraten, um durch diese dynastischen Verbindungen die verfeindeten Staaten auf dem europäischen Festland miteinander auszusöhnen. Philipp II. von Spanien war an diesem Heiratsobjekt jedoch nicht interessiert und verheiratete seine Tochter statt dessen mit Ludwig XIII. von Frankreich. So kam 1613 zunächst allein die Hochzeit zwischen Elisabeth Stuart und dem Kurfürsten von der Pfalz zustande, die in der englischen Öffentlichkeit sehr begrüßt wurde. Für seinen Sohn Karl arbeitete Jakob nun auf eine Verbindung mit der Infantin Maria hin, einer Enkelin Philipps II. Er hielt an diesem Projekt auch dann noch fest, als 1618 der Dreißigjährige Krieg ausbrach und 1619 Friedrich von der Pfalz gegen den Widerstand des Hauses Habsburg zum König von Böhmen gewählt wurde. England war die wichtigste protestantische Macht in Europa, und der überwiegende Teil der politischen Nation in England erwartete, daß der König im Interesse des Protestantismus und im Interesse seines Schwiegersohnes in den europäischen Krieg eingriff. Jakob wollte seine Friedenspolitik jedoch nicht aufgeben, wohlwissend, daß England sich einen größeren Krieg auf dem europäischen Festland nicht leisten konnte. Erst 1624, als der „Winterkönig" inzwischen nicht nur die böhmische Krone, sondern auch sein eigenes Stammland am Rhein an seine katholischen Gegner verloren hatte, erkannte der Stuartkönig, daß er vom spanischen Hof jahrelang getäuscht worden war. Auf Anraten seines Favoriten Buckingham entschloß er sich nun, kurz vor seinem Tod, den spanischen Krieg neu zu eröffnen. Die Friedenspolitik Jakobs I. war somit kläglich gescheitert.

Die nun einsetzende Kriegspolitik der Stuartkönige – 1624–1630 Krieg mit Spanien, 1627–1629 zugleich Krieg mit Frankreich – endete jedoch in einem ähnlichen Fiasko. Der 1624 halbherzig unternommene Feldzug zur Befreiung der rheinischen Pfalz scheiterte an Geldmangel und Lebensmittelknappheit. Eine Unternehmung gegen den spanischen Flottenstützpunkt Cadiz im Jahre darauf brachte gleichfalls nichts ein. Der 1627 unter der persönlichen Leitung Buckinghams unternommene Versuch, die Hugenotten-Hochburg La Rochelle zu entsetzen, mißlang völlig, weil es Buckingham mit seinen 90 Schiffen und 10 000 Mann nicht gelang, die der Stadt vorgelagerte Insel Rhé einzunehmen. Der Versuch wurde zwar 1628 noch einmal wiederholt. Doch am 18. Oktober 1628 fiel La Rochelle. Damit war der französische Krieg praktisch beendet, ohne daß es England gelungen war, die innenpolitische Schwäche Frankreichs auszunutzen.

Die innenpolitischen Auswirkungen der sprunghaften und zugleich erfolglosen Außenpolitik der frühen Stuartkönige waren verheerend.

„Außenpolitische Ohnmacht und militärische Mißerfolge gehörten zum Hintergrund der Englischen Revolution wie auch vieler anderer Revolutionen".[195] Die drohende Gefahr kriegerischer Verwicklungen und dann der tatsächliche Kriegsausbruch waren der Hauptgrund für die Einberufung von fünf Parlamenten in der Zeit von 1621 bis 1629. Dabei stellte sich rasch heraus, daß die finanzielle Opferbereitschaft der *commons* nicht so groß war wie ihre anfängliche Kriegsbegeisterung dies hatte erwarten lassen. Das Parlament genehmigte zwar insgesamt 12 Subsidien, doch reichten sie nicht annähernd dazu aus, die Kosten des Krieges zu finanzieren. So wurde die Krone praktisch dazu gezwungen, sich weiter zu verschulden bzw. ohne Mitwirkung des Parlaments Zwangsanleihen zu verordnen. Die Ursachen des Scheiterns der Außenpolitik der frühen Stuartkönige lagen somit nicht nur auf der Seite der Regierung, die die internationale Situation falsch eingeschätzt hatte, sondern auch beim englischen Parlament, das die Außenpolitik der Krone nur halbherzig unterstützte. Der Prestigeverlust, der das Scheitern der kriegerischen Unternehmungen auf dem europäischen Festland zur Folge hatte, ging indessen größtenteils auf das Konto der Krone, die nach außen hin für den Krieg verantwortlich war. Das Gefühl nationaler Demütigung wurde in England um so stärker empfunden, als man die ohnmächtige Politik der Stuartkönige mit der erfolgreichen Politik der Königin Elisabeth verglich. Diese hatte in der englischen Öffentlichkeit die Vorstellung erzeugt, England sei eine „auserwählte Nation", die Gott dazu bestimmt habe, bei der Verteidigung des Protestantismus in Europa eine besondere Rolle zu übernehmen. „Diese Auserwähltheitsvorstellung, die auch für das Verständnis der Englischen Revolution von zentraler Bedeutung ist, machte die passive Rolle Englands bei dem Ringen mit den katholischen Mächten im Dreißigjährigen Krieg und angesichts der protestantischen Niederlagen, die zu einem völligen Auslöschen des Protestantismus zu führen drohten, zu einem besonderen Versagen". Auf der anderen Seite hatten die Kriege mit Spanien und Frankreich der englischen Bevölkerung zusätzliche personelle und finanzielle Opfer abverlangt. Zwischen 1624 und 1628 wurden in England rund 50000 Mann zum Militärdienst eingezogen, von denen ein Großteil auch nach dem Ende der kriegerischen Auseinandersetzungen zunächst nicht entlassen wurde, sondern vor allem in Südengland Quartier bezog und von der Bevölkerung weiter bezahlt und versorgt werden mußte. „Der Anblick dieser zerlumpten Streitmacht

erinnerte ständig an die Unfähigkeit Buckinghams, an den Bankrott der
Außenpolitik des Königs, und die Anwesenheit der Truppen in den Städten und Dörfern wurde selber zu einem neuen Gravamen gegen die Krone".[196]

3. Die Polarisierung der politischen Nation

Die zunehmende Polarisierung der politischen Nation institutionalisierte
sich in der Herausbildung des Gegensatzes von *Court* und *Country*.[197]
Unter der Regierung der Tudors war der Hof durchweg ein Ort des
Kontaktes, an dem mehr oder weniger alle politischen Richtungen und
Interessengruppen vertreten waren, die sich manchmal heftig gegenseitig
bekämpften, jedenfalls aber auch miteinander kommunizierten, so daß
eine institutionelle Aufspaltung der englischen Herrschaftsklasse verhindert wurde. Unter den Stuart-Königen monopolisierten demgegenüber
immer stärker einzelne Höflinge die königliche Gunst, allen voran ein
squire aus Leicestershire, George Villiers, der bereits mit 24 Jahren ins
englische Oberhaus einzog, 1618 zum Marquis erhoben wurde und in der
Folgezeit als Herzog von Buckingham nicht nur den königlichen Hof,
sondern die ganze englische Politik maßgeblich dominierte. Nach seiner
Ermordung im Jahre 1628 waren während des persönlichen Regiments
Karls I. im wesentlichen nur noch solche Politiker am Hof zugelassen,
die den politischen Kurs des Königs unterstützten und sich für einen
Ausbau der königlichen Prärogative stark machten. Alle anderen politischen Richtungen wurden mehr oder weniger aus der Umgebung Karls I.
verdrängt. So veränderte sich der Hof im Laufe der frühen Stuart-Epoche
aus einem Ort des innerelitären Ausgleichs zu einer Institution, von der
selbst polarisierende Wirkungen ausgingen. „Der Hof wurde Partei, der
König selbst nahm Partei".[198]

In dem Maße, wie der Hof sich einem Großteil der politischen Nation
entfremdete, erhielten die oppositionellen Vertreter der Führungsschichten Gelegenheit, sich selbst als Sprecher des *Country* zu bezeichnen und
für sich den Anspruch zu erheben, das ganze Land gegenüber dem parteiisch gewordenen Hof zu repräsentieren. Der *Country*-Begriff ist der
Terminologie des 17. Jahrhunderts entnommen. Die Opposition, die er
bezeichnet, setzte sich nach P. Zagorin aus zwei Bewegungen zusammen,
die ihrem Ursprung nach nur wenig miteinander gemeinsam hatten: zum
einen aus dem sogenannten *pure country*, d.i. die allgemeine Bewegung
bzw. Mentalität der regionalen Eliten, eine Art von Regionalismus, der
sich prinzipiell gegen den von den Stuarts betriebenen Ausbau der staatlichen Administration und damit zusammenhängend auch gegen die ganze
Lebensweise des Hofes richtete, die sich zunehmend an ausländischen
Vorbildern orientierte; und zum anderen aus dem sogenannten *official*

country, das die relativ kleine Gruppe derjenigen Mitglieder der politischen Nation bezeichnet, die dem König lediglich übelnahmen, daß sie selbst aus seiner Umgebung ausgeschlossen waren und die über ihre Opposition im Parlament bzw. im *Country* ein politisches Amt anstrebten. Diese beiden Bewegungen haben sich im Verlauf der frühen Stuart-Epoche miteinander verbunden. Das Programm dieser *Country*-Allianz war zunächst rein defensiv auf die Abwehr der Stuart-Offensive und die Verteidigung der traditionellen Verfassungsstruktur ausgerichtet, wie sie in der Formel *King in Parliament* zum Ausdruck kam. Als sich jedoch im Verlauf der Auseinandersetzungen zwischen Krone und Parlament herausstellte, daß sich die staatliche Souveränität nicht mehr in dieser Formel fassen ließ, gingen die aktiven Mitglieder der *Country*-Allianz allmählich von einer bloß defensiven zu einer offensiven Strategie über, die das Parlament zum entscheidenden Faktor des englischen Verfassungslebens zu machen suchte.

Die entscheidende Etappe der Polarisierung der politischen Nation in *Court* und *Country* bildete das dritte Parlament Karls I., das – mit zweimaliger Unterbrechung – von 1627 bis 1629 tagte. Der unmittelbare Anlaß für die Einberufung dieses Parlaments war der Krieg mit Spanien und Frankreich, der den König dazu zwang, sich vom Parlament zusätzliche Steuern bewilligen zu lassen. Die *Commons* indessen nutzten die Gelegenheit ihrer Zusammenkunft, um allgemein mit der Politik der Krone abzurechnen und sich selbst als die eigentlichen Repräsentanten des nationalen Interesses darzustellen. Aus den Auseinandersetzungen dieses Parlaments sind drei wichtige Texte hervorgegangen, die den fortschreitenden Prozeß der Polarisierung der politischen Nation dokumentieren.[199]

Das erste Schriftstück ist die berühmte *Petition of Right* (1628), das erste große Dokument der modernen englischen Verfassungsgeschichte, mit dem sich die oppositionellen *Commons* eine ideologische Plattform für die künftigen Auseinandersetzungen schufen. Die allgemeine theoretische Prämisse der Petition ist der Mythos der Magna Charta, mit Ernst Schulin gesprochen, „die Ideologie von den uralten parlamentarischen Privilegien, die durch das spätere Königtum beeinträchtigt worden seien und nun zurückerobert werden müßten".[200] Die führenden Parlamentsjuristen, an ihrer Spitze der ehemalige *Chief Justice of King's Bench*, Sir Edward Coke, interpretierten die Magna Charta von 1215 als die verbriefte Suprematie des bestehenden Rechts, das auch die Macht des Königs einbinde und es somit erlaube, die gesamte Politik der Krone nach dem normalen Rechtsverfahren zu überprüfen. In diesem Sinne stellte die *Petition of Right* zunächst einmal alle diejenigen Maßnahmen zusammen, mit denen Karl I. nach Ansicht der *Commons* seit Beginn des Krieges gegen das bestehende Recht verstoßen hatte. Die wichtigsten Maßnahmen, die in diesem Zusammenhang moniert wurden, waren:

- willkürliche, d.i. nicht durch das Parlament bewilligte Steuereinziehungen, wie insbesondere die Zwangsanleihe von 1626;
- unrechtmäßige, d.i. durch keinen Parlamentsbeschluß gedeckte Verhaftungen von Steuerverweigerern;
- widerrechtliche Truppeneinquartierungen, insbesondere in Südengland;
- sowie die gesetzwidrige Anwendung des Kriegsrechtes gegen einheimische Zivilpersonen.

Im Anschluß an diesen Beschwerdekatalog richteten die *Commons* die Bitte an den König, sich in Zukunft in seiner Regierungstätigkeit an das bestehende Recht zu halten und Eingriffe in die Rechte seiner Untertanen nur noch „by due process of law" anzuordnen, d.i. unter Hinzuziehung des Parlaments.

Die *Petition of Right* war revolutionär in dem Sinne, daß sie die absolute Suprematie des Rechts postulierte, das auch die Prärogative des Königs definiere und begrenze. Dieses revolutionäre Moment ist nach außen hin jedoch nicht in Erscheinung getreten, weil die *Commons*, um den König nicht zu brüskieren, ihre Anliegen in der Form einer Bitte vortrugen. Die Petition durchlief, wie es für Gesetze üblich war, drei Lesungen im Parlament, wurde vom Unterhaus und vom Oberhaus angenommen und erhielt schließlich auch die Unterschrift des Königs, der damit der massiven Verurteilung seiner eigenen Politik zustimmen mußte. Ihre anschließende Publikation erfolgte allerdings ohne zustimmenden Bescheid der Krone, weshalb die Frage, ob die *Petion of Right* im formellen Sinn Gesetzeskraft erhielt, in der Forschung umstritten ist. Die *Commons* haben jedenfalls aus der Form der Publikation den Schluß gezogen, daß der König sich nicht an die in der Petition aufgestellten Grundsätze gebunden fühlte und sahen sich dadurch dazu veranlaßt, 1629 einen zweiten Vorstoß in dieser Angelegenheit zu unternehmen.

Das Ergebnis dieser erneuten Initiative war die *Protestation of the Commons* vom 2. März 1629. Mit dieser Erklärung taten die *Commons* sowohl in formaler als auch in inhaltlicher Hinsicht einen deutlichen Schritt über die Petition von 1628 hinaus. Der König hatte das Parlament nur aus dem Grunde nochmals zusammengerufen, um es durch seinen Sprecher (*Speaker*) sogleich wieder auflösen zu lassen. Als der *Speaker* diesen Auftrag zu erfüllen suchte, wurde er jedoch von zwei Unterhausabgeordneten mit Gewalt auf seinem Stuhl festgehalten. Die *Commons* hatten nämlich ihrerseits drei Resolutionen vorbereitet, die sie im Parlament verabschieden wollten. Dazu war die Anwesenheit des Sprechers erforderlich. Als dieser sich weigerte, die vorbereiteten Resolutionen zu verlesen und zur Abstimmung zu bringen, faßte der Abgeordnete Sir Denzil Holles deren Inhalt in einer drei Punkte umfassenden Protestation zusammen, die dann durch tumultarischen Zuruf der Abgeordneten an-

genommen wurde. Daran anschließend vertagte sich das Haus selbst.
„Nunmehr war geschehen, was die *Petition of Right* noch vermieden hatte:
die Form war verletzt und Gewalt gebraucht worden".[201] Die *Commons*
bestritten dem König das Recht, das Parlament nach seinem Belieben
einzuberufen und wieder aufzulösen und verstießen damit eindeutig gegen
die Geschäftsordnung, die bisher im Parlament praktiziert wurde.

Die Protestation von 1629 ging indessen auch in inhaltlicher Hinsicht
deutlich über die Petition von 1618 hinaus. Die drei Punkte, die in ihr
zusammengefaßt waren, lauteten: „1. Wer auch immer religiöse Neuerungen einführt bzw. den Papismus, den Arminianismus oder eine andere
Meinung begünstigt, die von der wahren, orthodoxen Kirche abweicht,
ist ein Hochverräter gegenüber diesem Königreich und *Commonwealth*.
2. Wer auch immer zur Erhebung von Tonnen- und Pfundgeldern ohne
parlamentarische Bewilligung rät oder sich für diese Erhebung als Instrument zur Verfügung stellt, ist ebenfalls ein *innovator in government* und
Hochverräter. 3. Jeder Kaufmann oder wer auch immer ein derartiges
Tonnen- und Pfundgeld ohne parlamentarische Bewilligung freiwillig
zahlt, ist gleichfalls ein Verräter an den Freiheiten Englands". Die Protestation bestritt somit nicht nur die Suprematie des Königs in Kirchenange-
legenheiten, sie war zugleich auch eine Aufforderung zum Steuerboy-
kott. Im Unterschied zu der Petition richtete sich die Protestation nicht
mehr allein an den König, sondern an die allgemeine Öffentlichkeit. Die
Protestation signalisierte somit den Beginn einer neuen Strategie des Parlaments, die darauf abzielte, den Widerstand gegen die Krone im ganzen
Land zu aktivieren. Diese „Veröffentlichung der Politik" (Günther Lottes) war jedoch im Parlament selbst umstritten. Einer der maßgeblichen
Mitgestalter der *Petition of Right,* Sir Thomas Wentworth, wurde durch
diesen Akt dazu veranlaßt, die Fronten zu wechseln, und war in der
Folgezeit, als Earl of Strafford, einer der entschiedensten Befürworter
eines starken Königtums.

Karl I. selbst sah sich durch die Protestation dazu veranlaßt, am
27. März 1629 eine eigene *Proclamation for suppressing of false rumours
touching parliament* an die Öffentlichkeit zu richten. Darin widersprach
er dem „falschen Gerücht", daß die „skandaleuse und aufrührerische
Proposition des *House of Commons* ... das Votum des ganzen Hauses"
sei. Tatsächlich handele es sich dabei um das Produkt eines „outlawed
man, desperate in mind and fortune", das nur von „einigen wenigen
tumultarisch" angenommen worden sei. Der König stellte die weitere
Verbreitung des besagten „Gerüchtes" unter Strafandrohung und kün-
digte zugleich Strafen für alle diejenigen an, die dem Aufruf zum Steuer-
boykott Folge leisteten. Schließlich verkündigte er, daß er sich durch das
Verhalten der *Commons* dazu veranlaßt sehe, vorerst keine Parlamente
mehr zu berufen.

Auf diese Weise begann jene elf Jahre der englischen Geschichte umfassende Periode, die in der historischen Literatur als die Zeit des „persönlichen Regiments" bezeichnet wird.[202] Die Gegner Karls I. im englischen Bürgerkrieg sprachen in diesem Zusammenhang von den *eleven years of tyranny.* Viele Engländer waren damals davon überzeugt, daß Karl nach dem für ihn so enttäuschenden Verlauf seines dritten Parlaments dazu entschlossen war, nicht nur vorübergehend, sondern auf Dauer ohne Parlament zu regieren. Sie unterstellten dem König die Absicht, einen monarchischen Absolutismus in England errichten zu wollen. Ob die Intentionen Karls tatsächlich in diese Richtung gingen, ist in der historischen Forschung umstritten. Eine andere Frage ist die, ob die Errichtung eines absolutistischen Regierungssystems in England unter den Gegebenheiten des 17. Jahrhunderts objektiv überhaupt möglich war. Peter Wende hat in diesem Zusammenhang die interessante These aufgestellt: „Eine solche (absolutistische) Politik konnte überall dort erfolgreich sein, wo der Monarch als Repräsentant des Gesamtinteresses sowohl gegen Partikulargewalten im Innern als auch gegen Bedrohung durch auswärtige Gegner handelte".[203] Etwas präziser ließe sich vielleicht formulieren: Der monarchische Absolutismus konnte sich überall dort durchsetzen, wo das Gesamtinteresse der herrschenden Klasse dies aus außen- oder innenpolitischen Gründen erforderte. Diese Voraussetzung war indessen in England im 17. Jahrhundert kaum gegeben. Auf der einen Seite war England als Inselstaat vor auswärtigen Gegnern relativ geschützt, so daß es hier auch weniger Gründe gab, ein stehendes Heer zu schaffen, das in den kontinentaleuropäischen Staaten – neben der von der Krone abhängigen Bürokratie – die wichtigste Grundlage für den Aufstieg des monarchischen Absolutismus bildete. Auf der anderen Seite war die Vorrangstellung der englischen *upper classes* im Landesinneren nicht wirklich gefährdet. Nach Perry Anderson war der Absolutismus „in seinem Kern gerade dies: ein verlagerter und erweiterter Apparat feudaler Herrschaftsabsicherung, der darauf abzielte, die bäuerlichen Massen in ihre traditionelle soziale Abhängigkeit zurückzuwerfen, trotz und entgegen der Gewinne, die die Bauern aus der Umwandlung der Abgabenverhältnisse gezogen hatten".[204] In England stellten jedoch die Bauern für die *landlords* im 17. Jahrhundert keine ernsthafte Gefahr mehr da. Ein Großteil der bäuerlichen Bevölkerung war durch die Reorganisation der landwirtschaftlichen Ressourcen in den Status von abhängigen Lohnarbeitern versetzt worden. Der verbleibende Rest war in sich interesse- und bewußtseinsmäßig so gespalten, daß er zu einer gemeinsamen Standespolitik nicht mehr in der Lage war. Auf der anderen Seite war in England durch die Kommerzialisierung der Landwirtschaft und die generelle Ausweitung der marktwirtschaftlichen Komponente des Wirtschaftslebens bereits im 17. Jahrhundert eine Situation entstanden, in der insbesondere die

besitzenden Schichten existentiell an einer politischen Herrschaftsordnung interessiert waren, die Rechtsstaatlichkeit garantierte und die Eigentümer in angemessener Weise an der Gesetzgebung beteiligte. Die
Errichtung eines monarchischen Absolutismus war somit, alles in allem
betrachtet, in England im 17. Jahrhundert objektiv kaum möglich.[205]
Immerhin hat es Karl I. geschafft, elf Jahre lang ohne Parlament zu
regieren, und es wäre ihm wahrscheinlich noch länger gelungen, wenn
der König nicht 1639, ohne sich der Unterstützung der politischen Nation zu vergewissern, den Versuch unternommen hätte, das englische
Gebetbuch und die Bischofskirche mit Gewalt in Schottland
einzuführen. Zur Finanzierung des *Bishop's War* war die Einberufung des
Parlaments unumgänglich. Die Rückkehr zu einer parlamentarischen
Regierungsweise bedeutete indessen zugleich die Wiederaufnahme der
innenpolitischen Auseinandersetzungen von 1627/29. „,King in Parliament' hatte die Formel für die Bestimmung des Ortes der staatlichen
Souveränität gelautet. Mit dem offenkundigen Dualismus von Krone und
Parlament war der Kampf um diese Souveränität freigegeben. Der Auf-
stieg der Monarchie mündete in die allgemeine Verfassungskrise – die
Folge waren die Revolutionen des 17. Jahrhunderts".[206]

IV. Die englische Revolution

1. Konstitutionelle Revolution und erster Bürgerkrieg

England erlebte in der Mitte des 17. Jahrhunderts Auseinandersetzungen
um Freiheits- und Besitzrechte, die zum Bürgerkrieg führten und revolutionärer Natur waren. Der welthistorische Stellenwert der Jahre nach
1640 ist den anderen großen Revolutionen der Neuzeit vergleichbar, der
Amerikanischen, Französischen und Russischen Revolution.[207] Verfas-
sungsrechtliche, religiöse und gesellschaftlich-wirtschaftliche Konflikte,
in denen nicht nur die Eliten kämpften, sondern auch das Volk seine
Wünsche artikulierte, überlagerten und verbanden sich, so daß die bekannte Benennung der Revolution als Puritanischer Revolution die Kom-
plexität der Entwicklung ungebührlich vereinfacht.

Für Thomas Hobbes waren die Jahre zwischen 1640 und 1660, wie er
in seiner diesem Zeitraum gewidmeten und 1679 veröffentlichten Abhandlung „Behemoth oder das Lange Parlament" schrieb, der „Höhepunkt der Zeit". Die Kämpfe um die Macht in Staat und Gesellschaft
verdichteten sich wie nie zuvor. Sie boten für Hobbes „einen Überblick
über alle Arten von Ungerechtigkeiten und Torheiten, die die Welt sich je
leisten konnte".[208] Vor dem Hintergrund des Bürgerkriegs, den er als
Kampf aller gegen alle wahrnahm und als Beweis für sein Menschenbild

wertete, wonach der „Mensch des Menschen Wolf" sei, entwickelte Hobbes seine absolutistische und antikirchliche Souveränitätslehre. Als Verfechter der königlichen Prärogative und der Verankerung der Souveränität beim König hatte Hobbes England 1640 verlassen, um Maßnahmen des Parlaments gegen die Anhänger König Karls I. zu entgehen. Aufgrund seiner scharfen Kritik der Kirche und aller theokratischen Staatslehren entfernte er sich jedoch immer mehr von der Position der Stuarts. Als er im Winter 1651/52 nach England zurückkehrte, war gerade sein Hauptwerk „Leviathan" erschienen. Im Jahr 1679 gestorben, erlebte er nicht mehr, wie sich im Zuge der Glorreichen Revolution 1688/ 89 der Parlamentarismus in England durchsetzte; England also nicht seiner Konfliktlösungsstrategie folgte und die Souveränität nicht beim König, sondern beim Parlament verankert wurde. Nun rückte ein anderer politischer Theoretiker in den Vordergrund, nämlich John Locke mit seiner Darstellung des bürgerlich-liberalen Staatsgedankens in den 1690 erschienenen „Two Treatises of Government".

So überzeugend am Ende der Verfassungskämpfe des 17. Jahrhunderts der Sieg des Parlamentarismus stand, der das politische System Englands vom übrigen Europa abhob, so ungewiß war es zu Beginn der revolutionären Auseinandersetzungen, daß die Entwicklung auf das zulaufen würde, was die Glorreiche Revolution genannt wird. Es gab zwar in der Verfassungskrise, die durch die wechselseitige Blockade von Krone und Unterhaus hervorgerufen war, deutliche Hinweise auf starke politische Kräfte, die das Parlament stärken und das Land parlamentarisch regieren wollten.

Aber es gab auch die Vorstellung vom Gottesgnadentum und vom Fürstenabsolutismus. Es kam zur Ausrufung der Republik. Es gab Gruppen mit sozialrevolutionären Zielsetzungen, und es existierte eine demokratische Bewegung, deren Vorstellungen mit der Glorreichen Revolution unterdrückt wurden. England sollte die Wiege des Parlamentarismus werden, aber nicht der Demokratie. Wir haben es nach 1640 mit einem revolutionären Prozeß zu tun, in dem sich mehrere Revolutionen abspielten und verschiedene revolutionäre Kräfte miteinander konkurrierten. Die Geschichte der Revolutionen Englands im 17. Jahrhundert[209] darf nicht nur von ihrem Ende her betrachtet werden. Stets ist nach der Offenheit der Situation zu fragen sowie nach situationsbedingten Faktoren im Ablauf der Kämpfe. Zu bedenken ist aber auch, daß die 1688 sich durchsetzenden politischen Auffassungen und sozial-ökonomischen Ordnungsvorstellungen von Anfang an ein erhebliches Gewicht hatten, ihre prägende Kraft also aus einem langen Vorlauf resultierte.

Daß es Ende der dreißiger und zu Beginn der vierziger Jahre des 17. Jahrhunderts zu einer mit herkömmlichen Mitteln nicht mehr lösbaren Krise des Herrschaftssystems kam, lag einmal an den Grenzen, an die

die mit verschiedenen Aushilfen operierende Regierungspraxis Karls I.
stieß, und zum anderen daran, daß die königliche Zentralgewalt von der
Peripherie her in Frage gestellt wurde, zunächst von Schottland und
später von Irland aus. England und Schottland wurden zwar in Personalunion von den Stuarts regiert, waren aber im 17. Jahrhundert noch nicht
in der späteren Union verbunden. Die schottische Eigenständigkeit
drückte sich nicht zuletzt in Religions- und Kirchenfragen aus. Anfang
1638 wurde in Schottland ein *National Covenant* geschlossen, ein Bund,
der die englischen Bestrebungen abblocken sollte, die presbyterianische
Kirchenverfassung in Schottland zugunsten der Anglikanischen Bischofskirche und eines 1637 zwangsweise eingeführten neuen anglikanischen
Gebetbuchs abzuschaffen. Der Widerstand gegen das von Karl I. und
William Laud, dem Erzbischof von Canterbury, intendierte Kirchenregi-
ment war allgemein und umfaßte alle soziale Schichten. Die Beschlüsse
der *General Assembly* der schottischen Kirche im November 1638 in
Glasgow, die die Bischofskirche offen ablehnten und damit eine Haupt-
säule der Monarchie zum Einsturz brachten, kamen in den Augen des
Königs einer Rebellion gleich. Sein Versuch, seine Politik 1639/40 mit
militärischer Gewalt durchzusetzen, endete kläglich und führte zur Besetzung nordenglischer Gebiete durch schottische Truppen, die sich ihren Rückzug mit erheblichen Zahlungen seitens des Königs honorieren
lassen wollten. Darüber hinaus sah der Friedensvertrag vom Oktober
1640 eine eindeutige Beschneidung der königlichen Macht gegenüber
dem schottischen Parlament vor, dessen Gesetze Karl I. ratifizieren zu
wollen versprechen mußte.

Die Zugeständnisse gegenüber den Schotten waren unausweichlich,
weil Karl I. auch in England unter Druck geriet. Um ein schlagkräftiges
Heer aufstellen zu können, benötigte er finanzielle Mittel, über die er
nicht verfügte und nur ein Parlament zur Verfügung stellen konnte. Ein
nach langen Jahren der parlamentslosen Zeit im April 1640 einberufenes
Parlament, das wegen seiner Sitzungsdauer von nur 22 Tagen als „Kurzes
Parlament" in die Geschichte eingegangen ist, wurde deswegen so rasch
wieder aufgelöst, weil es Verfassungs- und Finanzfragen in grundsätzlicher Weise angehen wollte und nicht bereit war, vorab die geforderten
Steuern zu beschließen. Die prekäre Finanzlage der Krone wurde abermals deutlich, als der König im Vertrag mit Schottland Zahlungen zusag-
te, die er ohne parlamentarische Steuergesetzgebung gar nicht erfüllen
konnte. Das nun abermals nach Westminster einberufene Parlament trat
Anfang November 1640 zusammen und erhielt wegen seiner formal bis
1660 dauernden Existenz den Namen „Langes Parlament". Es war das
erste Parlament, das seine Sitzungsdauer selbst bestimmte, was einem
deutlichen Bruch überlieferter Verfassungspraxis gleichkam. Mehr noch:
Es gab Absprachen zwischen den Gegnern Karls I. in Schottland und den

Parlamentsmitgliedern in England, die auf eine Beschneidung der königlichen Zentralgewalt hinarbeiteten.

Der nun einsetzende Machtkampf zwischen Unterhaus und Krone wurde von einer überwältigenden Parlamentsmehrheit getragen, die unter der Führung von John Pym ihre weitreichenden Attacken gegen die Krone führte. Pym entstammte der niederen Gentry und stieg mit dem Beinamen „König Pym" zur herausragenden politischen Gestalt nationalen Zuschnitts auf, ehe er 1643 starb. Die Wahlen zum Langen Parlament waren in einer Stimmung politischer Anspannung verlaufen. Es ging dabei nicht nur um verfassungspolitische Gegensätze, sondern auch um religiöse Überzeugungen und Ängste. Als Hauptgefahr wurde eine katholische Offensive gegen England an die Wand gemalt. Nahrung erhielt solche Angstpropaganda aus der Tatsache, daß Karl I. mit Hilfe katholischer Verbände irischer und schottischer Herkunft gegen die Schotten Krieg geführt hatte. Der König selbst wurde des Kryptokatholizismus verdächtigt, weil er mit den gegen die Lehre Calvins gerichteten Auffassungen von Erzbischof Laud konform ging. In den Wahlen zum Unterhaus waren zahlreiche Kandidaten unterlegen, die auf seiten der Krone bzw. der Regierung standen. Zu den Mitgliedern des „Langen Parlaments" zählte auch Oliver Cromwell, 1640 ein noch gänzlich unbekannter Landedelmann mit puritanischer Gesinnung. Der König sah sich nicht nur diesem anfänglich recht geschlossen auftretenden Unterhaus gegenüber, sondern auch der politisierten Masse, die in London auf die Straße ging und die Forderungen des Unterhauses lautstark und physisch drohend präsent unterstützte. Erstmals in der langen Geschichte der Spannungen und Konflikte, die dem britischen Regierungssystem seit den Tudors inhärent waren, bestimmten die Parlamentarier das Gesetz des Handelns. Die revolutionäre Situation war da. Schon in den ersten Sitzungstagen des Unterhauses ließ Pym erkennen, daß er sowohl auf verfassungs- und religionspolitische Strukturfragen, als auch auf die Protagonisten der Regierung Karls I. zielte. Es seien Kräfte am Werk, die „das Königreich verändern" wollten, und zwar im Hinblick auf die Religion wie auch auf das Regierungssystem. Pym forderte daher Beratungen über „die Gefahr, in der sich König und Königreich befinden".[210] Grundsätzlicher Natur waren die Forderungen, daß die Macht der Krone begrenzt werden müsse und daß Puritaner den Anglikanern gleichgestellt sein müßten. Aus der parlamentarischen Offensive heraus kam es zum Frontalangriff gegen den Earl of Strafford, der seit Ende der zwanziger Jahre in den Diensten der Krone gestanden und seit 1632 als Statthalter in Irland und schließlich seit 1639 als leitender Minister eine führende Rolle gespielt hatte. Es blieb nicht nur bei Angriffen. Es kam auch zur Aktion. Strafford und mit ihm Laud wurden des Hochverrats angeklagt. Sie hätten die Grundordnung von Staat und Kirche gefährdet. Die Klage wurde dem Oberhaus zugeleitet, das die Verhaftung dieser beiden Repräsentanten der Herrschaft Karls I. beschloß. In dem im März 1641 begonnenen Verfahren, das vor dem Oberhaus als oberstem Gerichtshof stattfand, konnte der Vorwurf des Hochverrats allerdings nicht nachgewiesen werden. Da der politische Prozeß nicht zum gewünschten Erfolg führte, griff das Unterhaus jetzt zu einem Mittel, das seit dem 14. Jahrhundert wiederholt von der Krone eingesetzt worden war, um politische Gegner im Namen der Staatssicherheit zu beseitigen. Nun wandte das Unterhaus dieses Mittel an: Durch Gesetz (Bill of Attainder) wurde festgestellt, daß Strafford sich todeswürdiger Verbrechen schuldig gemacht habe. Beschuldigung und Verurteilung fielen bei diesem Verfahren zusammen. Ein normales Gerichtsverfahren war ausgeschlossen. Bei der Abstimmung sprachen sich 58 Abgeordnete gegen das Gesetz, also für Strafford aus. Gesetzeskraft erhielt die Bill erst, wenn auch Oberhaus und König zustimmten. Das Oberhaus tat dies mit der knappen Mehrheit von elf Stimmen, und der König besiegelte das Schicksal seines Ministers unter dem Eindruck einer wütenden Menge, die sich in Whitehall versammelte und den Kopf Straffords forderte. Die öffentliche Hinrichtung am 12. Mai 1641 geriet zu einem Volksfest. Auf dieselbe Weise wurde, allerdings erst 1645, Erzbischof Laud aus dem Weg geräumt. Der Kopf des Königs selbst war in diesen dramatischen Maitagen des Jahres 1641 noch nicht in Gefahr, aber die Revolution hatte ihr Haupt erhoben. Ohne daß die Zeitgenossen es hätten wissen können, fand indessen auch schon der erste Akt dessen statt, was Jahrzehnte später zur Lösung der englischen Konflikte beitragen sollte. Maria, die Tochter Karls I., heiratete am 2. Mai 1641 Wilhelm II. von Oranien, dessen ebenfalls mit einer Stuart-Tochter verheirateter Sohn 1689 englischer König werden sollte.

Parallel zu seinem Vorgehen gegen die maßgeblichen Mitglieder der politischen und kirchlichen Führung setzte das Unterhaus Gesetze durch, die Schritte in Richtung Parlamentarisierung bedeuteten. Eingeschüchtert von den Londoner Volksmassen, die Pym zu handhaben wußte, gab der König seine – verfassungsrechtlich notwendige – Unterschrift zur Beschneidung seiner Rechte. Er tat dies in der Hoffnung, daß sich die Dinge wieder zu seinen Gunsten wenden könnten. Immerhin war nicht zu übersehen, daß das Unterhaus in manchen Fragen von einem Konsens weit entfernt war. Unüberbrückbare Gegensätze zeigten sich zum Beispiel in den Debatten über die künftige Kirchenverfassung. Die völlige Abschaffung der Bischofskirche, wie sie in der sogenannten Root and Branch Petition vom 8. Februar 1641 – einem Antrag radikaler Abgeordneter, die die kirchliche Hierarchie mit „Stumpf und Stiel" beseitigt wissen wollten – gefordert wurde, entsprach keineswegs den Vorstellungen einer breiten Mehrheit. Konsens der politischen Nation dagegen fand die Abschaffung der Prärogativgerichtshöfe wie der Star Chamber und die

Unterbindung der auf königlichen Prärogativrechten beruhenden Steuer- und Zolleintreibungen wie des *Ship Money.* In die parlamentarische Zukunft des Landes wies die *Triennial Act* vom 16. Februar 1641, eine Errungenschaft der Revolution, die im Gegensatz zur späteren Radikalisierung der Revolution Bestand haben sollte. Das „Gesetz zur Verhinderung von Unzuträglichkeiten bei langer Unterbrechung von Parlamenten", wie seine genaue Bezeichnung lautete,[211] sah vor, daß das Parlament mindestens alle drei Jahre tagen sollte. Bei einer Mißachtung des Gesetzes durch den König, der ja jedes ordnungsgemäß tagende Parlament einberufen mußte, konnten die Parlamentarier sich auch ohne königliche Zustimmung versammeln. Kein Parlament konnte innerhalb von 50 Tagen vertagt oder aufgelöst werden; das bestehende Parlament überhaupt nur mit seiner eigenen Zustimmung. Mit diesem Eingriff in bisherige Rechte der Krone wurde zugestanden, daß das Unterhaus eine Verfassungseinrichtung aus eigenem Recht und nicht von Gnaden der Krone war – eine grundlegende Weichenstellung für die weitere Entwicklung des politischen Systems in England. Während der frühmoderne Staat des Kontinents auf Fürstensouveränität und stehendem Heer basierte, gründete er sich in England auf Parlamentssouveränität und stehenden Parlamenten. Im Revolutionsjahr 1641 zeichnete sich diese Entwicklung ab, wenn sie auch noch längst nicht gesichert war.

Die nächste Phase der Auseinandersetzungen war erreicht, als im Oktober 1641 der irische Aufstand losbrach. Die katholischen Iren erhoben sich gegen die englische Herrschaft, die zu Landraub, Ausbeutung und Unterdrückung geführt hatte. Unter Thomas Wentworth, seit 1640 zum Earl of Strafford erhoben und im Herbst 1641 schon nicht mehr unter den Lebenden, hatte Irland besonders schwere Formen von Willkürherrschaft erlitten. Der Aufstand, der Tausende von Opfern vor allem auf protestantisch-englischer Seite forderte, richtete sich gegen England allgemein und wurde sowohl von der Krone als auch vom Parlament entschieden beantwortet. Bei den Führern des Parlaments machte erneut das Gespenst einer katholischen Verschwörung die Runde. Entscheidend war, daß die Unterhausmehrheit die Bewilligung von Mitteln für ein Heer gegen Irland mit neuen Forderungen verknüpfte, die in die historisch verbrieften Rechte der königlichen Exekutive abermals eingriffen. Für die Parlamentarier kam es darauf an sicherzustellen, daß ein Heer nicht gegen das Parlament eingesetzt werden würde. Pym wollte, wie er am 8. November 1641 im Unterhaus sagte, beides gesichert sehen: Irland gegen die Aufständischen und „uns selbst" gegen die Krone.[212] Imperialistische Politik sollte nicht dazu herhalten dürfen, die innerenglischen Freiheiten zu ersticken. Die militärischen Führer mußten also das Vertrauen des Parlaments genießen. Der Kampf der Parlamentarier richtete sich sowohl gegen „jesuitische Papisten", die in Irland am Werk waren, als auch gegen die „Tyrannei" der anglikanischen Bischöfe und des „verderbten Teils der Geistlichkeit" wie auch schließlich gegen königliche Ratgeber und Höflinge, die zum Schaden des englischen Staates mit ausländischen Mächten ihr böses Spiel trieben. Dies waren die drei Feindgruppen, die das Unterhaus aus Anlaß des Irland-Konflikts noch einmal benannte, als es am 1. Dezember 1641 in der sogenannten *Grand Remonstrance* seinen Einspruch gegen das alte politisch-kirchliche Herrschaftssystem formulierte. Im Kern dieses umfangreichen Dokuments, das sich wie ein Abriß parlamentarischer Zeitgeschichtsschreibung liest, wurde nicht weniger gefordert als die parlamentarische Kontrolle von Staat und Kirche.[213] Waren derart weitgehende Forderungen nur mit äußerst knapper Mehrheit durchzusetzen, was den innerparlamentarischen Gegensatz zwischen Radikalen und Gemäßigten abermals erkennen ließ, so galt dies auch für den Beschluß, die Remonstration zu publizieren und in der öffentlichen Agitation zu verwenden. Aus heutiger Sicht klingt dies nicht sonderlich dramatisch. Tatsächlich aber war es ein einschneidender Vorgang. Indem der parlamentarische Raum, wo die Repräsentanten der politischen Nation versammelt waren, durchbrochen wurde, wandte man sich an die außerhalb der politischen Nation stehende plebejische Öffentlichkeit und führte damit plebiszitäre Elemente in die politische Auseinandersetzung ein. Solches war in der politischen Kultur Englands nicht völlig unbekannt, erreichte jetzt aber eine neue Stufe. Die Zeit der Revolution war nicht zuletzt eine Zeit des publizistischen Kampfes mit einer ungewöhnlichen Flut von Pamphleten und politischen Traktaten, Zeitungen und Zeitschriften. Mancher fragte sich, wohin die Entwicklung noch treiben würde. Ging es der Unterhausmehrheit wirklich um „security of this Crown and nation", wie es in der *Grand Remonstrance* hieß, oder sollte mit der Kontinuität gebrochen werden?

Der König mußte sich in London im Dezember 1641 höchst unsicher fühlen, wenn er die für seine Position ungünstig verlaufenden Wahlen zum *Common Council* der Londoner City und die gewaltsamen Demonstrationen Londoner Unterschichten im Regierungsviertel registrierte. Die Parlamentsmitglieder wiederum betrachteten mit Argwohn Truppenansammlungen in der Hauptstadt. Ende Dezember kam es zwischen dem Militär und Londoner Lehrlingen zu Zusammenstößen. Für die verfeindeten Parteien kamen bald allgemein gebräuchliche Bezeichnungen auf. Den Rundköpfen, wie die Lehrlinge aufgrund ihres kurzen Haarschnitts hießen, standen die Kavaliere des Königs gegenüber, deren vom Spanischen *caballero* abgeleiteter Name die Gefahr der katholischen Weltverschwörung suggerieren sollte. Die Kavaliere trugen ihr Haar lang, aber das taten auch die puritanischen Kreise innerhalb der Oberschicht, die dem König politische und rechtliche Fesseln anlegen wollten. Der Konflikt folgte politischen und nicht so sehr sozialen Trennlinien.

Der König reagierte in dieser angespannten Lage mit juristischen Mitteln, aber auch mit Gewalt. Beides zeigte, daß er die Ansätze zur Parlamentarisierung zurückschrauben wollte. Ein Verfassungswandel durch Reformen, wie er die englische Entwicklung seit der Glorreichen Revolution auszeichnete, wurde durch die Krone blockiert. Reformbereitschaft und Reformfähigkeit waren offensichtlich nur unter den Bedingungen eines parlamentarischen Systems gegeben. Im Kontext der Jahre 1641/42 schien der offene Kampf um die politische Verfassung unvermeidbar. Zunächst versuchte Karl I., den Spieß umzudrehen, und startete eine Hochverratsklage, wie es das Unterhaus auch gegen Strafford getan hatte. Sie richtete sich gegen fünf Mitglieder des Unterhauses, darunter auch Pym, und einen Lord. Ihnen wurde die Untergrabung der politischen Ordnung und der rechtmäßigen königlichen Macht vorgeworfen. Einen Tag nach Bekanntwerden dieser Anklage, am 4. Januar 1642, drang der König mit 300 Bewaffneten gewaltsam ins Unterhaus ein, um der Angeklagten habhaft zu werden. Sie hatten allerdings von dem geplanten Gewaltstreich erfahren und sich bereits flußabwärts in die Londoner City abgesetzt. Von dort kehrten sie zwei Tage später unter dem Schutz der Londoner Miliz nach Westminster zurück.

Der König hatte durch diese grobe Verletzung anerkannter parlamentarischer Privilegien seiner Stellung einen schweren politischen Schaden zugefügt und zudem eine klare Niederlage hinnehmen müssen. Er verließ London am 10. Januar und sollte erst wieder als Gefangener des Parlaments 1647 dorthin zurückkehren, eines Parlaments allerdings, das gegenüber seinen Anfängen erheblich reduziert war. Gut 40% der Abgeordneten verweigerten sich 1642 dem radikalen Kurs der Mehrheit und stellten sich in der nun folgenden Auseinandersetzung auf die Seite des Königs. Das so reduzierte Unterhaus schickte Karl I. seine Forderungen nach weitgehender Parlamentarisierung des politischen Systems in Gestalt der *Nineteen Propositions* nach, ohne daß aber eine Chance für einen Kompromiß wirklich bestanden hätte. Beide Seiten stellten Verbände auf, die sich im Oktober 1642 erstmals gegenüberstanden. Die Auseinandersetzung war zum Bürgerkrieg geworden.

Die Zusammensetzung der Konfliktparteien und der Verlauf des Bürgerkriegs machen deutlich, daß es keine monokausale Erklärung für Revolution und Bürgerkrieg gibt. Es war kein Konflikt zwischen sozialen Schichten, etwa zwischen Armen und Reichen oder zwischen Aristokratie und Bürgertum. Beide Seiten differierten nicht signifikant in ihrer sozialen Zusammensetzung, wenn auch Aristokratie und Gentry überwiegend zu den Royalisten gehörten und die gewerblich bedeutenden und gesamtwirtschaftlich entwickelteren Teile des Landes, der Osten und der Süden einschließlich Londons, auf der Seite des Parlaments standen. Der Adel war aber in einem Maß für die Sache des Parlaments engagiert, daß man den Bürgerkrieg auf keinen Fall als Klassenkonflikt deuten kann. Auch die politischen und religiösen Konflikte folgten nicht einem einfachen Schema. Insbesondere die Parlamentspartei zerfiel in Gruppen unterschiedlicher Zielsetzung und Radikalität. Sucht man nach eindeutigen Zuordnungen, so läßt sich sagen, daß die Puritaner ausschließlich auf seiten des Parlaments standen. Dies taten auch die älteren Abgeordneten, die schon seit den zwanziger Jahren die Auseinandersetzungen mit der Krone miterlebt hatten, während die jüngeren ihre politische Sozialisation in den parlamentslosen dreißiger Jahren erlebt hatten, als man nur über den königlichen Hof eine politische Karriere machen konnte. Wichtig ist, daß sich die Nation überwiegend aus dem Krieg heraushalten wollte und sich neutral verhielt. Mit den sogenannten Knüppelleuten (*clubmen*) gab es sogar regionale, überwiegend bäuerliche Organisationen, die beide Bürgerkriegsparteien aus ihren Gebieten fernzuhalten versuchten.[214]

Die anfängliche Überlegenheit der Royalisten wurde noch dadurch verstärkt, daß das Parlament nach dem Tode Pyms im Dezember 1643 in zwei Richtungen zerfiel, in die gemäßigten Presbyterianer, die einen Verhandlungsfrieden mit dem König nicht ausschlossen und dem presbyterianischen Puritanismus mit einer zwar bischofslosen, aber immer noch hierarchisch organisierten Kirche anhingen, die der Aufsicht der Gemeindeältesten und einer nationalen Synode unterstehen sollte; und in die zunächst schwächere Gruppe der Independenten, die einen Siegfrieden gegen die Royalisten anstrebten und eine dezentrale Kirchenverfassung mit von jeglicher Kirchenleitung unabhängigen Gemeinden befürworteten. In der politischen Alltagssprache bezogen sich die Begriffe Presbyterianer und Independenten zunehmend auf politische Grundpositionen, so daß es auch vorkommen konnte, daß zu den politisch gemäßigten Presbyterianern auch religiös radikale Independenten gehörten. Die militärische Organisation des Parlaments war zunächst recht uneinheitlich. Einen Namen machte sich recht früh der zu den Independenten neigende Oliver Cromwell, seit Januar 1643 Oberst eines Kavallerieregiments und als solcher von hervorstechenden Fähigkeiten. Cromwells *Ironsides* – Ironside war der Beiname, den Cromwell von seinem militärischen Gegenspieler Prinz Rupert von der Pfalz erhielt – stellten eine disziplinierte Elitetruppe dar, die sich in militärischer Professionalität und durch ihren politisch-religiösen Impetus grundlegend von der Masse der regional orientierten Milizeinheiten unterschied. Ihr Sieg bei Marston Moor, einem kleinen Ort in einer gleichnamigen Gegend nordwestlich von York, im Juni 1644 war ein eminent wichtiger militärischer Erfolg gegen die Royalisten. Ihm stand allerdings die Niederlage eines anderen Parlamentsheeres unter Führung des Grafen Essex in Cornwall im September 1644 gegenüber. Die organisatorischen Defizite der Parlamentstruppen wurden durch die Schaffung der *New Model Army* im Februar 1645 behoben. Sie war eine einheitlich organisierte Nationalarmee und sollte bald zu einem eigenständigen Faktor im Bürgerkrieg werden. Das Oberkommando lag bei Sir Thomas Fairfax, der seit Ende der zwanziger Jahre über militärische Erfahrung verfügte und wie sein Vater, der Mitglied des Langen Parlaments war, von Anfang an als militärischer Führer am Bürgerkrieg – auch an der Schlacht von Marston Moor – teilgenommen hatte. Sein Stellvertreter war Cromwell, der langsam eine herausgehobene Position einzunehmen begann. Während im April 1645 per Gesetz eine Auswechselung aller Amtsinhaber, die zugleich Abgeordnete waren, beschlossen wurde, blieb Cromwell in seiner Funktion und befehligte bald die gesamte Reiterei. Er spielte auch am 14. Juni 1645 eine zentrale Rolle in der Entscheidungsschlacht bei Naseby in der mittelenglischen Grafschaft Northampton. Mit der Einnahme Oxfords, wo sich das königliche Hauptquartier befand, ging der erste Bürgerkrieg im Juni 1646 zu Ende. Karl I. war zu diesem Zeitpunkt schon nach Schottland geflohen. Er hatte die Hoffnung, dort Verbündete gegen die immer stärker werdenden Independenten zu finden, doch lieferten die Schotten ihn im Januar 1647 an das englische Parlament aus.

2. Die Radikalisierung der Revolution: Demokratie, Sozialrevolte, Armeeherrschaft

Um einen legal korrekten Verfassungswandel erreichen zu können, bedurfte es nach wie vor der Zustimmung des Königs. Sie wurde sowohl von den moderaten Kräften des Parlaments, als auch von der radikaleren Armeeführung gesucht. Karl I. spielte also auch als Gefangener eine wichtige Rolle. Insbesondere setzte er auf die zunehmende Zerklüftung im Lager seiner Gegner. Es zeigte sich 1647, daß die Dynamik der Revolution erst richtig einzusetzen begann. Wer regierte das Land? Dies war eine immer schwerer zu beantwortende Frage geworden. Dem gemäßigten presbyterianischen Parlament stand die Armee gegenüber, die sich gegen Demobilisierungspläne wehrte und den König im Juni 1647 in ihre Gewalt brachte. Allen Verhandlungen über eine Lösung der Verfassungsfrage wollte sich Karl I. im November durch seine Flucht auf die Isle of Wight entziehen, wo er allerdings vom Gouverneur der Insel, Oberst Robert Hammond, wieder gefangengesetzt wurde.

Das Konfliktfeld Royalisten – Presbyterianer – Independenten wurde noch durch politischen Radikalismus und religiösen Eifer verstärkt, was zusätzlichen Sprengstoff an die alte Ordnung legte, um deren Erhalt oder Wiederherstellung es allen Bürgerkriegsparteien immer gegangen war. Vor der „Frechheit des Volkes" hatte Graf Essex schon 1644 gewarnt.[215] Er kämpfte gegen den König, aber nicht für die Forderungen des „gemeinen Volkes" nach Demokratie, Abbau sozialer Schranken und religiöser Toleranz. Die „Frechheit des Volkes" wurde 1647 an verschiedenen Stellen sichtbar. Zunächst sind die Soldaten der New Model Army zu nennen, die sich nach sozialer Herkunft und religiöser Überzeugung deutlich von der Parlamentsmehrheit abhob. Seit April 1647 bildeten sich – modern gesprochen – Soldatenräte, die den Druck der Basis auf die Armeeführung, erst recht aber auf die kompromißbereiten Parlamentarier zum Ausdruck brachten. Anfang August 1647 marschierte die Armee in London ein, und elf presbyterianische Abgeordnete wurden vom Unterhaus ausgeschlossen. Zum ersten Mal war die Armee in direkter Aktion politisch aktiv geworden. Die Revolution, die ein Gebilde mit mehreren Köpfen geworden war, begann, ihre eigenen Kinder zu fressen.

Die zweite Stelle, wo die Revolution im „gemeinen Volk" eine von der politischen Nation vorübergehend kaum noch steuerbare Dynamik entwickelte, war London mit seinen leicht erreichbaren und mobilisierbaren Menschenmassen. Die Bedeutung der Metropole für Bürgerkrieg und revolutionäre Frontbildung ist kaum zu überschätzen. Dies gilt sowohl für die überragende Bedeutung Londons als Handels-, Finanz- und Wirtschaftszentrum, was den parlamentarischen Truppen zugute kam, als auch für die Rolle der Hauptstadt als Zentrum der öffentlichen Propagandaschlacht und Agitation. In London befand sich der Regierungssitz, hier traf sich während der Parlamentssession die politisch-soziale Elite des Landes, und hier konnten sich die Volksmassen wie sonst nirgends artikulieren. Das Jahr 1647 war deshalb ein entscheidendes Jahr im Prozeß der englischen Revolution, weil sich die Aktivitäten der Soldaten mit denen der Londoner trafen, genauer: des Londoner Kleinbürgertums (Handwerker, Kleinhändler), das sich gegen die die Stadt regierende großkapitalistische Oligarchie ebenso wehrte wie die Soldaten gegen die Armeeführung oder das auf Exklusivität bedachte Parlament. Dem Prinzip der Parlamentssouveränität wurde das Prinzip der Volkssouveränität gegenübergestellt. Es galt, die Revolution weiterzutreiben und das Volk zum handelnden Träger der Revolution zu machen. Man war nicht mit einer bloßen Parlamentarisierung der nur die Oberschichten umfassenden politischen Nation zufrieden. Man wollte eine Demokratisierung erreichen, was sich mit der Forderung nach Gewissens- und Glaubensfreiheit verband und egalitäre sozialökonomische Ideen – allerdings meist unter Beibehaltung des Privateigentums – einschloß.

Diese sich in der Hauptstadt unter John Lilburne und anderen publizistisch aktiven Führergestalten bildende Volksbewegung, die im wesentlichen auch auf London beschränkt blieb, ist als Leveller-Bewegung bekannt geworden. Den Namen erhielt sie von ihren Gegnern. „Levelling" bedeutete einebnen und gleichmachen und bezeichnete ursprünglich die bäuerlichen Proteste gegen die *Enclosures*, mit denen auf Kosten der Allgemeinheit ein agrarkapitalistischer Konzentrationsprozeß betrieben wurde. Das Ideal der *Levellers* dagegen war eine Gesellschaft von Kleineigentümern. Sozial-ökonomisch stemmten sie sich dem allgemeinen Trend der Moderne entgegen, während sie politisch unter Bezug auf naturrechtliche Ansätze weit über ihre Zeit hinausdachten. Es dauerte bis zur amerikanischen Revolution, ehe ihre Demokratievorstellungen welthistorisch eine Realisierungschance hatten. In Alteuropa kollidierten sie mit der im 17. und 18. Jahrhundert undemokratischen Herrschaftsform der Parlamentssouveränität beziehungsweise mit der häufiger anzutreffenden Fürstensouveränität.

Für eine kurze Phase allerdings wurden die *Levellers* zu einem bedeutsamen Faktor der revolutionären Auseinandersetzungen. Ihr Protest richtete sich gegen die Oberschichten insgesamt, denen sie eine Affinität zum Krieg und die Arroganz der Macht vorhielten. „Reichtum ist ehrenhaft, denn er bedeutet Macht", dieses Diktum von Hobbes wiesen die *Levellers* als Elitenmentalität zurück. Sie wollten ihren Oberen nicht das entgegenbringen, was von ihnen erwartet wurde und was die englische Entwicklung tatsächlich nachhaltig geprägt hat, nämlich Ehrerbietung (*deference*). Sie kritisierten die Lust der Oberschichten am Bürgerkrieg: „Was anderes als Euer Ehrgeiz und Eure Streitsucht verlängert denn unsere Verwirrung und Unterdrückung? Ist nicht aller Zank dazu bestimmt, die Armen zu unterjochen – gleichviel, ob sie nun Vasallen des Königs, der Presbyterianer oder einer Faktion der Independenten sein sollen? Und wird nicht die Zwietracht nur deshalb genährt, damit Ihr, deren Häuser voll der Raubgüter aus Eurem Lande sind, sicher sein könnt, nicht zur Rechenschaft gezogen zu werden, solange überall Verwirrung herrscht?" So hieß es 1648 in einer Flugschrift, und William Walwyn, einer der populären Autoren von *Leveller*-Schriften, beklagte die „elenden Auswirkungen" des Bürgerkriegs, von denen die „Großen, ob nun der König, die Lords, die Parlamentarier oder die reichen Bürger" nichts spürten. „Ihr aber", so wandte er sich an seine Anhänger, „und Eure armen Freunde, die von Landwirtschaft, Handel und niedrigen Löhnen Abhängigen, könnt Eures Lebens nicht froh werden, während jene in Vergnügen und Freude schwelgen: Reichtum und Ehre, diese verfluchten Dinge, werden von ihnen hochgehalten, und beide kommen von den blutigen, jammervollen Verwirrungen des Staates, und sie fürchten, ein Ende der Unruhen würde auch ihrem Ruhm und ihrer Größe ein Ende setzen ... König, Parlament und die großen Herren der City und der Armee haben Euch nur als Treppe benutzt auf ihrem Weg zu Ehre, Reichtum und Macht. Der einzige Streit, den es gegeben hat und gegenwärtig gibt, ist der, wessen Sklave das Volk sein soll."[216]

In die politische Debatte traten die *Levellers* ein, als sie 1647 einen neuen Gesellschaftsvertrag forderten und einen Verfassungsentwurf vorlegten, den sie *Agreement of the People* nannten[217] und den sie in der Folgezeit in weiteren Fassungen fortschrieben. Ausgehend vom naturrechtlich verbrieften Recht auf individuelle Freiheit sollten in einer geschriebenen Verfassung Grundrechte garantiert werden. Die Wahlen zum Parlament mit festen Legislaturperioden sollten (für Männer) zwar nicht gleich und allgemein sein. Aber die Besitzqualifikation sollte nicht mehr so eng sein und der Kreis der Wahlberechtigten ungefähr verdoppelt werden. Dem Parlament, das nur aus einer Kammer bestehen sollte, oblag nicht nur die Gesetzgebung und Kontrolle der Exekutive, sondern auch die Regelung der auswärtigen Beziehungen, nicht zuletzt die Entscheidung über Krieg und Frieden.

Solche Vorstellungen wurden nicht nur von den Vertretern des überkommenen politischen Systems abgelehnt, sondern auch von der Armeeführung. In einer für das politische Denken im frühneuzeitlichen Europa und die Geschichte des Parlamentarismus bedeutsamen Debatte wurde dies deutlich. Sie fand Ende Oktober 1647 in Putney statt, einem Londoner Vorort. In den *Putney Debates* standen sich *Levellers*, die sowohl aus London als auch aus verschiedenen Truppenteilen kamen, und die Armeeführung gegenüber, die vor allem von Cromwell und dessen Schwiegersohn Henry Ireton repräsentiert wurde. Ireton wies naturrechtliche Argumente zurück und wehrte sich dagegen, daß bestehende Besitzverhältnisse von einem neuen Parlament angetastet werden könnten. Er sprach aus, was für das nachrevolutionäre England in der Tat verbindlich weitergelten sollte: Politische Rechte wie das Wahlrecht waren kein naturrechtlich ableitbares Grundrecht, sondern sollten an adäquatem Besitz, d. h. in erster Linie an Grundbesitz gekoppelt bleiben. Die Grundsatzdebatte von Putney ließ erkennen, daß sich hier kompromißunfähige Positionen gegenüberstanden. Aus der Sicht der *Levellers* blieb die Revolution „unvollendet", aber es fehlte ihnen die Macht- und auch die Massenbasis im Land. Meutereien in Truppenteilen, die mit Bezug auf das *Leveller*-Programm schon im November 1647 und dann vor allem 1649 stattfanden, wurden im Keim erstickt. Lilburne war wiederholt inhaftiert und beendete sein Leben als Quäker.

Die Leveller-Bewegung befand sich mit ihren Forderungen nach mehr Demokratie und ihrer Ausrichtung auf die unteren besitzenden Schichten in einer doppelten Frontstellung. Ihr Scheitern war unabwendbar, denn ihr gelang weder der Zugang zur politischen Macht, noch verfügte sie über eine Massengefolgschaft, weil sie sich von den besitzlosen Unterschichten abgrenzte. Diese bildeten – verstärkt nach Ausrufung der Republik – eine weitere Ebene, wo sich die „Frechheit des Volkes" artikulierte. Sozialrevolutionäre Vorstellungen und religiöses Sektierertum ließen eine weitere Stufe der Radikalisierung der Revolution erkennen. Auf ihr stand der religiöse Impetus politischen Handelns und gesellschaftlicher Ordnungsvorstellungen im Mittelpunkt. Allerdings zerfiel diese soziale Bewegung, deren Umfang quantitativ nicht exakt zu erfassen ist, in viele separate Aktionsgemeinschaften und Sekten wie die Diggers, die Baptisten, die Quäker, die Ranters oder die *Fifth Monarchy Men*, so daß eine planmäßig vorgehende und gut organisierte Massenbewegung nicht entstand.[218]

Auf der Ebene der Mächtigen gelangte die Auseinandersetzung um die staatliche Ordnung 1648 in die entscheidende Phase, die ein Jahr später mit der Hinrichtung Karls I. und dem Putsch der Offiziere endete. Dem erneuten Aufflammen des Bürgerkriegs ging im Frühjahr 1648 eine Abfallbewegung weiter Teile von Wales und Südengland vom Parlament voraus, das sich in den Augen vieler Zeitgenossen zügelloser verhielt, als es der König je getan hatte. Im Vergleich zu den vom Parlament seit Mitte der vierziger Jahre auferlegten Steuern waren die Abgaben, die Karl I. gefordert hatte, kaum zu spüren gewesen. Gegen Parlament und Armee bezogen auch die Schotten Stellung. Mit ihnen war Karl I. im Dezember 1647 handelseinig geworden, indem er für den Fall seines Sieges die Einführung des Presbyterianismus in England versprach. Mit dieser Absprache war Karl I. in den Augen der Armeeführung zum Alleinverantwortlichen für den zweiten Bürgerkrieg geworden. Ein Treffen von Offizieren Ende April 1648 in Windsor kam darum zu weitreichenden Schlüssen. Sie begannen ihr Treffen mit einem Tag des Gebets: Politik und Religion waren untrennbar miteinander verknüpft. Es war eine gottesfürchtige Zeit, aber auch eine Zeit, in der mit Gott Furcht verbreitet wurde. In den nächsten beiden Tagen glaubte man erkennen zu müssen, daß die bisher mit dem König geführten Verhandlungen eine „Sünde" waren. Jetzt habe Gott sie nicht nur erkennen lassen, worin die Sünde bestanden habe. Er habe ihnen auch gezeigt, was in dieser Situation ihre Pflicht sei. Göttlicher Auftrag sei es, gegen den Feind vorzugehen und ihn zu vernichten. Es sei ihre Pflicht, „Charles Stuart, that man of blood" zur Verantwortung zu ziehen.[219]

Im Juli 1648 marschierten schottische Truppen in Richtung Süden, wurden aber in der dreitägigen (17.–19. August) Entscheidungsschlacht von Preston (Lancashire) besiegt. Daß sie trotz ihrer zahlenmäßigen Überlegenheit geschlagen werden konnten, wurde von Cromwell prompt als Gottesurteil ausgelegt und progagandistisch entsprechend verwertet. Die Armee mußte nun allerdings erleben, daß das Parlament mit dem König verhandelte und im September mit ihm das Abkommen von Newport schloß. Darin machte Karl I. verschiedene Zugeständnisse und stimmte insbesondere einer presbyterianischen Kirchenverfassung zu, was die Aussichten für die Independenten verdüsterte. Die Möglichkeit einer Einigung zwischen König und Parlament auf der Grundlage eines maßvollen Kompromisses aktivierte erneut die *Levellers*, so daß sich die Armeeführung plötzlich zwei Fronten gegenübersah. Der doppelte Druck wurde beseitigt, indem eine Front durchbrochen wurde. Während Cromwell in Schottland noch Truppen befehligte, besetzte die Armee unter Fairfax am 2. Dezember 1648 London. Als das schwach besetzte Parlament, das ingesamt 471 Mitglieder umfaßte, am 5. Dezember mit 129 zu 83 Stimmen beschloß, die Verhandlungen mit dem König zur Befriedung des Landes fortzusetzen, wurde der Oberst Thomas Pride angewiesen, am nächsten Tag die presbyterianische Mehrheit des Unterhauses mit Gewalt an ihrer Arbeit zu hindern. Mit dieser Säuberung des Unterhauses, die als *Pride's Purge* in die Geschichte eingegangen ist, begann ein Staatsstreich, der die Pfeiler des alten politischen Systems zum Einsturz brachte. Bisher waren die Institutionen hinsichtlich ihrer Gewichtung umstritten gewesen. Jetzt wurden sie verändert. Vom 1640 gewählten Unterhaus waren jetzt noch 80 Mitglieder übrig geblieben. Sie bildeten den sogenannten *Rump*, das Rumpfparlament, das sich am 4. Januar 1649 zur obersten Gewalt erklärte. Beschlüsse der Commons hätten Gesetzeskraft, auch wenn die Zustimmung des Königs oder des Oberhauses fehle. Zwei Tage später wurde beschlossen, dem inzwischen nach Windsor gebrachten König vor einem eigens zu berufenen Gericht den Prozeß zu machen. Er begann schon am 20. Januar und dauerte gut eine Woche. Es war ein Schauprozeß, in dem Karl I. keine Chance hatte. Cromwell war entschlossen, ihn zu beseitigen. Am 30. Januar 1649 wurde der König vor seinem Palast in Whitehall hingerichtet. Es handelt sich um einen für das Europa des 17. Jahrhunderts ungeheuren Vorgang. In England selbst überwog ein Gefühl der Beklommenheit. Von der üblichen Sensationslust, die bei Hinrichtungen sonst herrschte, war nichts zu spüren.

Dem Stil der in England schon angebrochenen modernen Zeit entsprechend, wo Machtsicherung auch Medienwirksamkeit einschloß, setzte unverzüglich die Regierungspropaganda ein. Schon während des Prozesses hatte kein Geringerer als der Dichter John Milton, der schon 1644 in seiner Schrift *Areopagitica* weitreichende libertäre Postulate vorgetragen hatte, einen Traktat zur Rechtfertigung von Prozessen gegen Tyrannen und schlechte Könige verfaßt, der bereits zwei Wochen nach der Enthauptung des Königs erschien. Dort wurde ausgeführt, daß staatliche Macht Königen und Beamten vom Volk nur treuhänderisch anvertraut sei, im Kern aber beim Volk bleibe. Keineswegs sei ein König nur Gott verantwortlich. Werde er zum Tyrannen, d. h. regiere er nur zum eigenen Vorteil, könne er gerichtlich belangt werden.[220] Ebenfalls noch zu Lebzeiten des Königs war – wahrscheinlich sogar von ihm selbst – eine andere Schrift begonnen worden, die bald nach der Hinrichtung unter dem Titel *Eikon Basilike* erschien. Die politische Emotionen weckende Schilderung des Martyriums Karls I. fand eine ungeheure Verbreitung. Der König war tot, aber in den Herzen der meisten Menschen wurde ihm weit mehr Verehrung entgegengebracht als seinen Bezwingern. Die Masse der Bevölkerung – und nicht nur die adlige Führungsschicht – sehnte sich eher nach überlieferten Formen der Herrschaft und sozialer Einbindung als nach der Demokratie der *Levellers* oder nach sozialrevolutionären Experimenten, wie sie die von Gerrard Winstanley geführten *Diggers* 1649 in Surrey praktizierten, als sie ein bald von der Regierung verbotenes agrarkommunistisches Programm realisieren wollten. Die Revolution hatte Freiräume für verschiedenste politische und religiöse Gruppen geschaffen. Aber es war nicht zu übersehen, daß gleichzeitig soziale und mentale Kontinuitätsmomente ungebrochen erhalten blieben.

3. Das republikanische Interregnum

Am 17. März 1649 wurde England Republik. Das Rumpfparlament, das zuvor *Pride's Purge* gesetzlich sanktioniert und auch das Oberhaus endgültig abgeschafft hatte, verabschiedete ein entsprechendes Gesetz. Die Regierung lag jetzt in den Händen eines vierzigköpfigen Staatsrats. Wo bisher in Gesetzestexten der König erwähnt worden war, sprach man jetzt von den *Keepers of the Liberties of England.* Die „Bewahrer der Freiheit" beriefen sich, so oft sie konnten, auf Gott. Aber das taten auch die Royalisten und Verfechter einer gemäßigten Monarchie. Deren Gott war fraglos der stärkere: Die Republik blieb eine Republik ohne Republikaner. Nicht zu Unrecht hat sich der farblose Begriff Interregnum eingebürgert, wenn man von den Jahren zwischen 1649 und 1660 spricht. Die Republik scheiterte weniger an ihren entschiedenen Gegnern, die sie gewaltsam beseitigen wollten, sondern eher daran, daß eine breite Zustimmung der politischen Nation zu ihr ausblieb. Die im Bürgerkrieg erprobten Armeeführer, die im Staatsrat vertreten waren, spürten dies intuitiv und betonten weniger den revolutionären Aspekt ihrer Herrschaft als den Gedanken des Wandels in der Kontinuität. Daher proklamierte man auch nicht eine Republik, sondern, wie es am 19. Mai durch das Rumpfparlament geschah, ein *Commonwealth or Free State*. England sollte von nun an als ein *Commonwealth or Free State* regiert werden, „durch die höchste Autorität dieser Nation, nämlich die Repräsentanten des Volkes im Parlament und diejenigen, die diese unter sich als Minister ernennen und einsetzen zum Wohl des Volkes".[221] Der Begriff Commonwealth war neutral und im positiven Sinn wohl vertraut. So war 1589 die zuerst 1583 erschienene Abhandlung des Rechtsgelehrten und Politikers Sir Thomas Smith *De Republica Anglorum* unter dem Titel *The Commonwealth of England* publiziert worden.

Das republikanische Regime mußte ein Nahziel und ein mittelfristiges
Ziel im Auge haben. Zunächst war die Herrschaft zu sichern und zu
konsolidieren. Sodann ging es um die Erweiterung der Macht. Das hieß
vor allem die Rückkehr zu einer aktiven Außenpolitik. Maßnahmen zur
Herrschaftssicherung umfaßten die schonungslose Liquidierung von *Leveller*-Gruppen in der Armee und die Niederschlagung von Aufständen
in Irland und Schottland. Die Republik verfügte über ein stehendes Heer
von 44 000 Mann. England war damit die stärkste Militärmacht der damaligen Welt, deren erster Stoß sich gegen Irland richtete. Irland stand fast
vollständig in Opposition zur Republik, sowohl das katholische Irland,
das die englische Herrschaft unabhängig von der Regierungsform ablehnte, als auch die royalistisch gesinnten englischen Grundherren oder die
Presbyterianer in Ulster. Die Frage war, ob man in Fortsetzung der
Erhebung von 1641 die englische Herrschaft würde beseitigen können.
Cromwell setzte im August 1649 nach Irland über und ging mit scho-
nungsloser Härte vor. Das Massaker von Drogheda, einer befestigten
Hafenstadt nördlich von Dublin, bei dem wegen hinhaltendem Widerstand etwa 2500 Menschen – Soldaten und Zivilisten – nach der Einnahme der Stadt am 11. September 1649 getötet wurden, und ähnliche Vorgänge in Wexford südlich von Dublin steigerten noch einmal den Haß
der Iren gegen die Engländer. Danach wandte sich Cromwell gegen
Schottland, wo der Sohn des enthaupteten Königs als Karl II. anerkannt
wurde. Die Schotten wurden zunächst im September 1650 bei Dunbar
östlich von Edinburgh geschlagen. Ein Jahr später zog Karl mit einem
neuen schottischen Heer nach England, wurde aber bei Worcester entscheidend besiegt. Karl floh nach Frankreich, und Schottland verlor für
neun Jahre seine Unabhängigkeit.

Militärische Gewalt half, die Machtergreifung fürs erste zu sichern. Sie
reichte aber nicht aus, um das neue Herrschaftssystem auch zu konsolidieren. Cromwell selbst verlor nie aus den Augen, daß der überwiegende
Teil der Bevölkerung „uns nicht wohl gesonnen ist und gegen uns arbeitet".[222] Zur Konsolidierung hätte es einer breiten gesellschaftlichen Zustimmung bedurft. Sie hätte vor allem aus der Gentry kommen müssen,
denn sie bestimmte den politischen Alltag auf lokaler und regionaler
Ebene. Sie aber stand in den weitaus meisten Fällen in Opposition zur
Armee und zur Politik des Rumpfparlaments. Im Rumpfparlament war
noch stärker, als dies bei jedem Parlament ohnehin der Fall war, nur eine
Bevölkerungsminderheit vertreten. Das 1640 gewählte Parlament war inzwischen so sehr reduziert beziehungsweise gesäubert worden, daß manche Teile des Landes überhaupt nicht vertreten waren. In den Grafschaften kam es zu einem Nebeneinander der alten politisch-sozialen Elite und
den von der Republik als Ordnungskräfte geschaffenen Milizen, die oft
von sozialen Aufsteigern kontrolliert wurden. Weiterhin stießen die Ko-

sten auf Ablehnung, die das Militärregime verursachte und die sich in hohen Steuern niederschlugen. Dem Rumpfparlament als Scheinparlament und Machtzentrum hielt man vielfach entgegen, die Zustände seien schlimmer als je zuvor. Aus der Perspektive des Landes war es unerheblich, um welche Obrigkeit es sich handelte, wenn das Ergebnis gleichermaßen in finanziellen Lasten bestand. „Was hat Euch", so wurden die Mitglieder des Rumpfparlaments in einer Flugschrift 1653 gefragt, „so heftig gegen die Prärogative Stellung nehmen lassen? War es in der Absicht, uns durch Parlamentsprivilegien zu zerstören? Habt Ihr Euch gegen die Ungerechtigkeit der anderen gewendet, damit ihr selber auf einzigartige, ja unübertreffliche Weise ungerecht sein könnt? ... War die Wegnahme eines geringen Teils unseres Besitzes durch den verstorbenen König illegal und tyrannisch, aber ist es gerecht, wenn Ihr alles nehmt?"[223]

Bestand ein deutlicher Gegensatz zwischen politischer Verfassung und deren Trägern in Armee und Rumpfparlament auf der einen Seite und sozialer Organisation des Landes auf der anderen Seite, so wurde die Lage noch dadurch kompliziert, daß das Lager der aktiven Republikaner zunehmend Risse aufwies. Sprengstoff ergab sich aus radikalen religiösen Sektierern, die bar jeglichen Pragmatismus in einer Mischung aus Schuldbewußtsein und Heilserwartung die Revolution vollenden wollten. Vor allem die 1651 entstandenen *Fifth Monarchy Men* sind hier zu nennen. Sie erwarteten für die allernächste Zeit die Wiederkehr Christi und die dann erfolgende Errichtung des fünften Weltreichs. Mit einer Anhängerschaft von etwa 10000 Menschen rekrutierten sie sich vor allem aus Armeekreisen, aber auch aus dem Kleingewerbe. Sie sprachen sich für eine Theokratie und für radikale Eingriffe in die bestehenden Rechts- und Eigentumsverhältnisse aus. Ihr Sendungsbewußtsein schlug sich auch in ihrem kräftigen Nationalismus nieder, der sich vor allem gegen die Niederlande richtete. Nicht zuletzt hat wohl auch Cromwell in ihrem Bann gestanden, als er – innerlich zögernd, aber doch handelnd – in einer nächsten Stufe der revolutionären Radikalisierung am 20. April 1653 das Rumpfparlament gewaltsam auflöste. Damit entledigte er sich der einzigen Legitimationsbasis, die nicht aus militärischer Macht herrührte, und vollzog einen klaren Bruch mit den letzten Resten politischer Tradition und Kontinuität. Bisher war das Unterhaus immer nur reglementiert oder gewaltsam verändert worden. Jetzt wurde es abgeschafft. Von April bis Juni 1653 regierte Cromwell als Oberbefehlshaber an der Spitze des Offiziersrats. Das Rumpfparlament war in seiner Gesetzgebung viel zu zögernd gewesen, als daß es weitergehenden Erwartungen in radikaleren Armeekreisen hätte entsprechen können. Es gab zwar den Nonkonformisten Spielraum und befreite im September 1650 von der Pflicht zum Kirchgang. Bei Gericht wurde die englische Sprache zwingend einge-

führt. Aber es verweigerte sich darüber hinausgehenden Eingriffen wie
der Abschaffung des Kirchenzehnten.

Ganz ohne ein Gremium, das als Repräsentant des Volkes fungieren
konnte, wollte die Armee allerdings doch nicht regieren. Im Juli 1653 trat
eine Versammlung, das sogenannte *Nominated Parliament*, zusammen,
dessen Mitglieder von der Armee als „gottesfürchtige Leute" nominiert
worden waren. Zu ihnen gehörten auch Vertreter radikaler Sekten, und
eine beträchtliche Zahl entstammte nicht der sozialen Oberschicht. Aber
die Mehrheit hätte auch in einem nach dem üblichen Verfahren gewählten
Unterhaus sitzen können. Auch fünf Offiziere aus der Armeeführung,
darunter Cromwell, gehörten dazu. Der später sich festsetzende Name
dieses Gremiums kam – wieder einmal – aus den Reihen der politischen
Gegner, die es *Barebone's Parliament* nannten. Barebone, der dem Gremium angehörte, war ein einfacher Laienprediger und Lederwarenhänd-
ler aus London und insofern gerade nicht repräsentativ für die soziale
Zusammensetzung dieses „Parlaments der Heiligen". Bei seiner Eröffnung war viel von der neuen Zeit und der Ankunft des Herrn die Rede.
Cromwell schilderte die Ereignisse seit dem Bürgerkrieg als Manifesta-
tion des göttlichen Willens. Gott selbst habe die Abgeordneten zusammengerufen. Die Erfüllung göttlicher Prophezeihungen – mit anderen
Worten: das Ende der Geschichte – sei nahe. Etwas Großes stehe bevor:
„Wir stehen direkt an der Schwelle."[224]

Daß chiliastische Erwartungen und politisch-gesellschaftliche Realität
kaum in Übereinstimmung zu bringen waren, zeigte sich rasch an den
Gegensätzen zwischen Radikalen, die nun endlich Rechtswesen und Kirche nach ihren Vorstellungen verändern wollten, und Gemäßigten, die
weder der Nominierung von Geistlichen durch Laien, noch der Kodifi-
zierung des überlieferten Common Law zustimmen wollten. Letztere
votierten am 12. Dezember 1653 für die Beendigung dieses neuesten Ver-
fassungsexperiments. Die Macht fiel an Cromwell zurück, der in einer
schwer durchschaubaren Mischung aus religiösem Eifer und sozialkon-
servativem Pragmatismus auch in dieser Situation die beherrschende Integrationsfigur blieb. Er regierte in der Folgezeit als *Lord Protector* mit
einem Staatsrat auf der Grundlage einer geschriebenen Verfassung, des
sogenannten *Instrument of Government*.[225] Eine wichtige Errungenschaft war religiöse Toleranz. Neben dem Staatsrat gab es in der Zeit des
Protektorats auch ein Parlament, das jedoch keine wirkliche Kontrolle
ausüben konnte. Insbesondere waren feste Einnahmen der Regierung
und ihr Recht garantiert, Steuern und Zölle zum Unterhalt von Heer und
Flotte zu erheben. Die dominierende Rolle der Armee zeigte sich über-
deutlich, als England und Wales 1655 in zehn Verwaltungsbezirke eingeteilt wurden, an deren Spitze ein *Major General* stand. In den Händen
dieses hohen Offiziers, der als direkter Beauftragter der Londoner Zen-

tralgewalt entgegen aller Tradition in örtliche Verhältnisse hineinregierte, lag eine Überfülle von Verwaltungs- und Ordnungsfunktionen bis hin zur Oberaufsicht über Moral und Anstand. Es war dies die eigentliche Zeit der „puritanischen" Revolution. Was mit puritanischer Sozialdisziplinierung schon während der elisabethanischen Zeit angebahnt worden war, erreichte jetzt seinen Höhepunkt. Die ganze Palette der herkömmlichen Volksvergnügungen (Theater- und Tanzveranstaltungen, Pferderennen und Hahnenkämpfe) wurde verboten und auch die Wirtshäuser (*alehouses*) verfielen dem staatlichen Verdikt. Auch wenn die Machtkonzentration, die bei den Generalmajoren lag, bald wieder beschnitten wurde und Cromwell unter dem Eindruck von Finanzknappheit ein offenes Ohr für die Einwände der traditionellen Eliten hatte, so hat doch diese Form der strengen Militärherrschaft das Bild des Protektorats nachhaltig geprägt.

Engpässe in den Staatsfinanzen waren auf Cromwells kriegerische Außenpolitik zurückzuführen. Außenpolitische Erfolge sollten das im Innern geringe Ansehen der Republik verbessern helfen. Außenpolitisch mußte aber auch alles getan werden, um eine Intervention von außen zugunsten der Stuarts zu verhindern. Schließlich waren es handelspolitische Interessen, die zu einer aggressiven Außenpolitik führten. Alle drei Faktoren kamen zusammen, als England von 1652 bis 1654 Krieg gegen die Republik der Vereinigten Niederlande führte. Der Statthalter, Wilhelm II. von Oranien, war mit der Tochter Karls I. verheiratet. Vor allem aber waren die Niederlande der Hauptkonkurrent im Außenhandel. An Frachtraum, Geschwindigkeit und Transportkosten waren die meisten niederländischen Handelsschiffe der englischen Flotte überlegen. Um deren mangelnder Auslastung in einer Phase der seit 1648 zu beobachtenden konjunkturellen Flaute entgegenzuwirken und damit den für das englische Wirtschaftswachstum unverzichtbaren Außenhandel zu beleben, verabschiedete das Rumpfparlament, wo die Handelsherren der Londoner City ihren Einfluß geltend machten, 1651 die sogenannte Navigations-Akte, ein Gesetz zur Regelung des Außenhandels, dem im Laufe der Zeit noch weitere folgten. Es zielte nicht nur darauf ab, die Dominanz der Niederländer in der europäischen Küstenschiffahrt zu beenden, sondern auch darauf, die Kolonien fester an das Mutterland zu binden. Der Kolonialhandel durfte künftig nur auf Schiffen abgewickelt werden, die in England selbst oder in den Kolonien gebaut worden waren. Die Besatzung mußte überwiegend aus Engländern bestehen. Dasselbe galt auch für den sonstigen Außenhandel, wobei gegen einen Zollaufschlag Importe auch auf Schiffen der Herstellerländer erlaubt waren. Die Navigations-Akte war Ausdruck staatlicher Lenkung der Außenwirtschaftsbeziehungen, deren Volumen ungeachtet wechselnder politischer Regime im Laufe des 17. und 18. Jahrhunderts um ein vielfaches zunahm. Wenn man von Revolution spricht, ist nicht nur die politische Revolution gemeint. Beginnend mit der sogenannten *Commercial Revolution*[226] trat England seit der Mitte des 17. Jahrhunderts in eine Folge revolutionärer Strukturveränderungen ein, die das Land an die Spitze des modernen westlichen Fortschritts brachten.

Wäre es nur bei dem Navigations-Gesetz geblieben, so wäre die holländische Konkurrenz kaum nachhaltig zu treffen gewesen. Die Kriege aber zwischen beiden Ländern brachten England deutliche Vorteile. Im Juni 1651 hatte man sich auf englicher Seite noch um eine Konföderation beider Republiken bemüht. Doch waren die Niederlande nicht dafür zu gewinnen. Die englische Antwort war dann die besagte Navigations-Akte vom Oktober 1651, die vor allem gegen den holländischen Zwischenhandel für Importe aus Asien, Afrika, Amerika und dem Ostseeraum gerichtet war. Man wird nicht sagen können, daß England zielstrebig auf den Krieg zusteuerte. Die englische Marine brachte allerdings ohne Rücksicht auf Einwände gegen die Navigations-Akte niederländische Schiffe auf, um sie zu durchsuchen. Bald kam es in der Nordsee und im Ärmelkanal zu ersten Zusammenstößen von Kriegsschiffen und schließlich auch zum Krieg, in dem die niederländische Flotte starke Verluste hinnehmen mußte, mehrere hundert Handelsschiffe eingeschlossen. Derart angeschlagen mußten es die Niederlande sogar erleben, daß eine Kapitalflucht aus ihrem Land einsetzte. Im Frieden von Westminster 1654 erzwang England lediglich kleinere Zugeständnisse. Wichtiger war ein parallel dazu ausgehandeltes geheimes Abkommen, wonach die Oranier von der Statthalterschaft ausgeschlossen sein sollten. Den Stuarts sollte damit die Unterstützung einer der mächtigsten europäischen Flotten verwehrt bleiben.

Der Friede mit den Niederlanden war auch wichtig, um weitergreifende Strategien realisieren zu können. Dazu gehörte ein Handelsvertrag mit Portugal, der 1654 dem englischen Handel das portugiesische Kolonialreich öffnete; vor allem aber eine Intensivierung der überseeischen Kriegführung gegen Spanien,[227] was 1655 zur Besetzung der wichtigen Zuckerinsel Jamaika führte. Ergänzend trat 1656 ein Bündnis mit Frankreich hinzu, nicht nur wegen der gemeinsamen Gegnerschaft zu Spanien, sondern auch, um den Stuarts ihre französische Basis zu nehmen. Im Sieg von Dünkirchen 1658 gegen Spanien unterstrich die englische Armee ihre Schlagkraft und verhalf Frankreich zur Vormachtstellung gegenüber Spanien.

Innenpolitisch trieb England seit 1656 in das dem Land längst vertraute Gegeneinander von Exekutive und Parlament. Ohne zusätzliche Finanzmittel war der Krieg gegen Spanien nicht zu führen. Ein 1656 gewähltes Parlament sollte sie bewilligen. Dies geschah zwar, doch strebten die Abgeordneten in einer *Humble Petition and Advice* 1657 zugleich eine Verfassungsrevision an. Cromwell sollte die Königskrone akzeptieren, was er ablehnte, denn dieser Schritt wäre zu weit in Richtung Restauration gegangen. Erfolgreich war das Parlament aber in seinem Bestreben, die Macht des Staatsrats einzudämmen. Insbesondere durften gewählte Abgeordnete von ihm nicht mehr daran gehindert werden, ihren Platz im Unterhaus einzunehmen. Nach der alten Protektoratsverfassung war dies möglich gewesen, und unzuverlässig erscheinende Abgeordnete wurden nach Hause geschickt. 1656 war dies nicht weniger als hundert von ihnen widerfahren. Ein deutliches Signal war, daß die zweite Kammer – wenn auch unter anderem Namen (*The Other House*) und in anderer Zusammensetzung – wieder eingeführt wurde. Ihre Mitglieder wurden vom *Lord Protector* auf Lebenszeit ernannt.

All diese Verfassungsvarianten lösten aber weder die bestehenden Strukturprobleme, noch trugen sie zur Bildung eines innenpolitischen Konsens bei. Cromwell konnte die fortschreitende Fragmentierung des innenpolitischen Kräftefelds nicht aufhalten. Attentate auf ihn zeugen ebenso davon wie die entschieden republikanische Opposition im Parlament, das Cromwell im Februar 1658 wieder einmal auflöste. Als er im September 1658 starb, verschwand das entscheidende Bindeglied der Republik. Sein Sohn Richard, den Cromwell verfassungsgemäß zum Nachfolger bestimmt hatte, war zu schwach für die Rolle des Lord Protectors.

V. Restauration und Glorreiche Revolution

1. Die Restauration der politischen Nation

Die Vorgänge im Jahr nach Cromwells Tod standen unter dem Vorzeichen heftiger Gegensätze zwischen verschiedensten Gruppen. Ein im Januar 1659 zusammengetretenes neu gewähltes Parlament, in dem die Republikaner die Rechtsnachfolge Richard Cromwells in Zweifel zogen, wurde unter Druck des Offiziersrats bald aufgelöst. Nun besann man sich wieder des 1653 beseitigten Rumpfparlaments, das sich allerdings nur kurze Zeit halten konnte. Die Offiziere stellten den Zustand des *Commonwealth,* wie er zwischen 1649 und 1653 bestanden hatte, wieder her und brachten Richard Cromwell dazu abzudanken. Die Armeeführung zerfiel aber im Herbst 1659 in rivalisierende Gruppen. England erschien unregierbar.

Eine Entscheidung brachte der Entschluß von General Monck, der ein Heer in Schottland kommandierte, nach London zu marschieren und abermals an das Lange Parlament anzuknüpfen. Jetzt durften auch die Abgeordneten nach Westminster kommen, die *Pride's Purge* 1648 zum Opfer gefallen waren. Die Zeichen mehrten sich, daß die traditionelle Elite des Landes gegenüber der Armee wieder entscheidend an Boden gewann. Um diesen Prozeß zu verstärken, bedurfte es Neuwahlen. Sie wurden in der Tat vom Langen Parlament beschlossen, das sich zugleich auflöste. Aus den Wahlen, bei denen republikanisch gesinnte Kandidaten oder Kandidaten des Militärs und der radikalen Sekten kaum eine Gewinnchance hatten, ging das sogenannte *Convention Parliament* hervor. Es beruhte allein auf dem Beschluß des vorangegangenen Parlaments, war also – entgegen herkömmlichem Verfassungsrecht – ohne königliche oder sonstige exekutive Mitwirkung zustande gekommen.

Bevor dieser Konvent am 25. April 1660 zusammentrat, hatte der im Exil lebende Thronprätendent in der Erklärung von Breda verschiedene beruhigende Zusicherungen gemacht. Er unterwarf sich vorab einem künftigen parlamentarischen Beschluß über Gewissensfreiheit, Amnestie und Eigentumsfragen. Nur die noch lebenden Königsmörder und die republikanischen Wortführer sollten nicht unter die Amnestie fallen. Für die aufzulösende Armee sollte es eine Abfindung geben. Am 5. Mai 1660 beschloß das Parlament die Restauration der Monarchie. Ende des Monats zog Karl II. in London ein. Er war einerseits ein König alten Stils, von dem etwas Sakrales ausging und zu dem die Menschen strömten, um sich durch Handauflegen von den Skrofeln heilen zu lassen. Andererseits war die friedliche Rückkehr der Stuarts auf den Thron nur aufgrund einer Parlamentsentscheidung möglich. In erster Linie war es das Parlament, das Kontinuität verkörperte, nicht das Königtum. Hier kam eben kein König von Gottes Gnaden, sondern ein König von Gnaden der im Parlament repräsentierten politischen Nation.

Restauration bedeutete Wiederherstellung des politischen Systems in der Form, wie sie sich in der Gesetzgebung der Jahre 1641/42 herausgebildet hatte. Königliche Sondergerichte blieben ebenso abgeschafft wie Privilegien zur Erhebung von Zöllen oder Steuern. Kleinere Korrekturen der Gesetzgebung aus der Zeit vor dem Bürgerkrieg bestanden darin, daß die Bischöfe wieder zum Oberhaus zugelassen wurden und die *Triennial Act* von 1641 im Jahr 1664 modifiziert wurde. Der König sollte sich mindestens alle drei Jahre dem Parlament stellen beziehungsweise spätestens drei Jahre nach Auflösung eines Parlaments Neuwahlen ausschreiben. Es fehlte jetzt eine Sanktionsbestimmung, doch kamen Gesetzesverstöße bei Karl II. erst im März 1684 und bei Jakob II. im November 1688 vor. Auch jetzt war keine zeitliche Höchstdauer von Parlamenten vorgesehen, sofern der König das Parlament alle drei Jahre anhörte. Gesetzlich vorgeschrieben waren also nicht etwa Wahlen im Turnus von drei Jahren. Dies war erst eine Errungenschaft der Glorreichen Revolution.

Nach den Kämpfen und Feindschaften des Bürgerkriegs und der Republik bestand die zentrale Frage darin, ob es der Monarchie gelingen würde, den inneren Frieden wiederherzustellen. Eine wesentliche Voraussetzung dafür schuf 1660 ein Gesetz, das Verzeihen (*pardon*), Straffreiheit (*indemnity*) und friedenstiftendes Vergessen (*oblivion*) zum Inhalt hatte.[228] Nur eine begrenzte Personenzahl war von diesem Gesetz ausgenommen, darunter 14 Republikaner, die das Todesurteil für Karl I. mitunterzeichnet hatten und nun hingerichtet wurden. Ansonsten aber sollte über die Vergangenheit geschwiegen werden. Man verordnete eine Stunde Null, und es war gesetzlich untersagt, politisches Verhalten der zurückliegenden Zeit zu kritisieren. Besitzveränderungen aus der Zeit der Republik machte man nur in geringem Umfang rückgängig. Von fundamentaler Bedeutung für das innenpolitische Kräftefeld war zweierlei. Zum einen war die unangefochtene Führungsstellung der Gentry in der Lokal- und Grafschaftsverwaltung wiederhergestellt. Zum anderen gelang die Demobilisierung der Armee.[229] Die Soldaten erhielten Geld, und es wurden Mittel für Maßnahmen zu ihrer Reintegration in die zivile Gesellschaft bereitgestellt. Entscheidend für den Pazifizierungsprozeß der Restauration war wohl, daß man froh war, die Republik los zu sein. Angesichts der zurückliegenden Radikalisierung durch militärische und religiöse Gruppen war es vergleichsweise leicht, zwischen den 1642 bei Beginn des Bürgerkriegs bestehenden Fronten einen Ausgleich zu finden, also einen Ausgleich zwischen Krone und Parlament, *Court* und *Country*, Gottesgnadentum und besitzindividualistischer Gesellschaft. Zwischen diesen Polen wurde zwar, wie sich bald zeigen sollte, kein politischer und institutionell verankerter Ausgleich von Dauer gefunden, aber doch ein vorläufiger Herrschaftskompromiß. Personifiziert wurde er durch Edward Hyde, seit 1661 Earl of Clarendon. Er hatte schon als Mitglied des Langen Parlaments versucht, einen Ausgleich zu finden, war 1646 ins Exil gegangen und hatte für Karl II. die Bedingungen der Restauration ausgehandelt. Jetzt war er Lord-Kanzler und leitender Minister.

Das sozialgeschichtlich herausragende Ergebnis der Restauration war die Sicherung der traditionellen gesellschaftlichen Hierarchie mit all ihren Abstufungen und Ungleichheiten zugunsten der landbesitzenden Aristokratie und Gentry, aber auch mit ihren Durchlässigkeiten und Mobilitätschancen, die es auf der Folie der gesellschaftlichen Beharrung – Besitz vorausgesetzt – durchaus gab. Die Masse der Menschen in England, Wales, Schottland oder Irland lebte nach wie vor in Dörfern unter der sozialen Kontrolle der Landbesitzer. Nur etwa ein Fünftel der Bevölkerung lebte in – zumeist kleineren – Städten. Nur London war ein wirklich urbanes Zentrum. Sein rasanter Aufstieg wurde von der letzten Pestwelle, die die Stadt 1665/66 erlebte und die zwischen 70000 und 100000 Opfer kostete, und von dem großen Feuer im September 1666, als über 13000 Häuser in der City abbrannten, kaum gebremst.

Die soziale Ordnung war in der Revolutionszeit nie in Gefahr, hinweggefegt zu werden. Zu groß waren ihre Beharrungskräfte auch in den Turbulenzen der Bürgerkriege und des republikanischen Regimewechsels. Aber sie war doch von verschiedenen Gruppen in Frage gestellt worden. Nun sorgte die besitzende Schicht sowohl für die zusätzliche Eindämmung sozialer Unruheherde, als auch für die genauere gesetzliche Sicherung ihres Eigentums. So verfügte die *Act of Settlement* von 1662, daß Arme die Fürsorge nur in ihrem Geburtsort in Anspruch nehmen konnten, wo sie seßhaft sein sollten. Landstreicherei zog nicht nur den Verlust von Sozialhilfe nach sich, sondern konnte auch gerichtlich verfolgt werden. Ähnlich aussagekräftig für die gesellschaftlichen Ordnungsvorstellungen der Oberschichten waren die seit 1671 geltenden Jagdgesetze (*Game Act*). Nur Landbesitzer mit einem Mindesteinkommen von jährlich hundert Pfund erhielten das Jagdrecht und darüber hinaus das Recht auf Hausdurchsuchung, wenn Verdacht auf Wilderei vorlag.

Stabilisierend für das soziale Gefüge wirkte sich aus, daß die wirtschaftlichen Rahmenbedingungen relativ günstig waren.[230] Bei kaum mehr steigenden Bevölkerungszahlen war die Versorgung mit Getreide nach 1660 in England gesichert. England wurde sogar Getreideexportland. Nahrungsmittel wurden billiger. Die alte Grunderfahrung der Hungersnot war in England zuletzt in den zwanziger Jahren des 17. Jahrhunderts gemacht worden. In Schottland war sie noch einmal in den neunziger Jahren zu verzeichnen. Zwar waren regionale Engpässe bei Mißernten nicht zu vermeiden, aber insgesamt begann seit der zweiten Hälfte des 17. Jahrhunderts das Realeinkommen leicht zu steigen.

Nach Abschluß des Gesetzgebungswerks, das zur Wiederherstellung der Monarchie und inneren Ordnung erforderlich war, wurde das *Convention Parliament* aufgelöst. An seine Stelle trat nach Neuwahlen im Mai 1661 das im Anschluß an die „Kavaliere" im Bürgerkrieg so genannte Kavaliers-Parlament, in dem die Royalisten dominierten und das die religions- und kirchenpolitischen Errungenschaften der Revolution wieder beseitigte. Es kam zu einer festen Verbindung zwischen Adelsherrschaft und Bischofskirche. Die neuen Herren waren bestrebt, jeglichen Anschein von offener Gesellschaft und Pluralität zurückzudrängen, der die Revolutionszeit geprägt hatte. Die politische Publizistik unterlag seit 1662 (*Licensing Act*) wieder der staatlichen Zensur. Oberaufseher waren der Erzbischof von Canterbury und der Bischof von London. Die Regierungszeitung *London Gazette* verfügte 1666 fast über das Nachrichtenmonopol in London. Auch die in den fünfziger Jahren entstandene Einrichtung der Kaffee-Häuser, die ein Treffpunkt für politisch Interessierte und ein Umschlagplatz für politische Meinungen waren, sollten beseitigt werden, doch scheiterte 1675 ein entsprechender Versuch. Rigoros war die Beschneidung konfessioneller Freiheiten. Im sogenannten *Clarendon Code*, einem gegen die Puritaner gerichteten Bündel von Gesetzen zur Kirchenverfassung, wurde die Anglikanische Staatskirche fest etabliert.

Gegen die ursprüngliche Absicht des Hofes, die Politik der religiösen Toleranz fortzusetzen, wandte sich der das Unterhaus dominierende Landadel mit seiner Forderung nach religiöser Konformität. Die Diskriminierung von Nonkonformisten und Sekten bedeutete Kontrolle über politische Strömungen und Entwicklungen. Die Durchsetzung der anglikanischen Kirchenordnung diente zugleich der Stabilisierung des politischen und gesellschaftlichen Status quo. Aufgrund der *Corporation Act* von 1661 mußten alle Amtsträger in den Kommunen sich nicht nur verpflichten, auf jeglichen Widerstand gegen die Krone zu verzichten. Sie mußten auch bereit sein, den anglikanischen Ritus zu befolgen. Nach der *Act of Uniformity* 1662 mußten sich alle Geistlichen zum *Common Prayer Book* bekennen, was einer Säuberung des Klerus von Puritanern gleichkam. In der Praxis gab es im Einzelfall zwar manchen Scheinkompromiß, und die Gesetzgebung war in der Realität nicht flächendeckend durchzusetzen, so daß das Rad nicht völlig hinter die Revolution zurückgedreht werden konnte, aber ungefähr 10% der Gemeindpfarrer, die den geforderten Eid bewußt nicht leisteten, schieden aus ihren Ämtern aus. Auswanderung nach Amerika, wo die Neu-England-Kolonien expandierten, war eine Lösung der Konflikte. Allerdings hielt sich die Emigration von Dissenters in Grenzen und nahm längst nicht den Umfang an, den sie als Reaktion auf die Politik von Laud gehabt hatte.

Weitere Verschärfung erfuhr die Repression gegen Gruppen, die außerhalb der Anglikanischen Kirche standen, in den Jahren 1664 und 1665. Öffentliche Versammlungen von mehr als vier Personen waren außerhalb der Anglikanischen Kirche verboten und nonkonformistische Geistliche und Lehrer durften sich nicht in Städten und innerhalb einer Fünf-Meilen-Zone um die Städte aufhalten, es sei denn, sie legten zum Beweis ihrer Systemtreue den auf die *Non-Resistance Act* von 1661 zurückgehenden Eid ab (*oath of non-resistance*). In weiteren bis 1828 geltenden Gesetzen wurde 1673 und 1678 alle zivilen und militärischen Ämter, die Parlamentssitze eingeschlossen, für Nicht-Anglikaner gesperrt. Diese sogenannten Test-Akte erfaßten das gesamte öffentliche Leben. Wer ihnen nicht genügte, also nicht den Test erbrachte, daß er den Riten der Anglikanischen Kirche folgte, war ein Bürger zweiter Klasse und verlor auch einen Teil seiner staatsbürgerlichen Rechte. Die rigide Gesetzgebung zur Herstellung religiöser Konformität richtete sich gegen die protestantischen Dissenters wie Presbyterianer, Independenten, Baptisten oder Quäker, vor allem aber auch gegen Katholiken und die Versuche Karls II., für Katholiken Indulgenzerklärungen abzugeben, sie also in Einzelfällen von der geforderten religiösen Konformität auszunehmen. Der König berief sich dabei auf sein Recht, Einzelpersonen von der Geltung einzelner Gesetze auszunehmen, traf damit aber auf den entschiedenen Widerstand der anglikanischen Gentry, die das Unterhaus beherrschte. Sie hegte nicht nur Argwohn gegen die tatsächlich vorhandene Affinität Karls II. zum Katholizismus. Nach wie vor fühlte sie sich auch unter der Bedrohung einer katholischen Verschwörung von außen und pflegte damit ihr antikatholisches Feindbild. Gerüchten über papistische Verschwörungen gegen Krone und Staat wurde gern Glauben geschenkt.

Die Spannungen in der Religionsfrage wurden durch Gegensätze zwischen Krone und Parlament in der Finanzpolitik noch verschärft. Die Konstruktion der Stuart-Restauration hätte nur eine Chance gehabt, wenn sich der König dem Parlament untergeordnet hätte. Dies jedoch wollte er keinesfalls. Er konnte sich dabei auch auf die geltenden Verfassungsbestimmungen berufen, die immer noch ein Neben- bzw. Miteinander von Krone und Parlament vorsahen. Freilich handelte es sich dabei um eine Fiktion. Die Verfassungswirklichkeit war vom Vorrang des Parlaments geprägt. Im Konfliktfall konnte dies bedeuten, daß man das Problem definitiv regeln mußte. Finanziell war Karl II. an sich nicht schlecht gestellt. Er hatte zwar 1660 auf alle Feudalrechte und die damit verbundenen Einnahmen verzichten müssen, erhielt dafür aber einen festen Teil der Einnahmen aus der Verbrauchssteuer, die aus der Zeit des Protektorats übernommen worden war. Für die am Stil Ludwigs XIV. orientierte Hofhaltung erwies sich diese Finanzdecke allerdings als zu knapp. Einen Ausweg suchte Karl II. auf dem Weg einträglicher Außenbeziehungen, seien sie kriegerischer Art oder seien sie diplomatischer Natur. Außenpolitik war ein Feld der Politik, das noch ganz in den Prärogativbereich der Krone gehörte, jedenfalls solange, wie die Kostenfrage geklärt war.

Kriegerisch entwickelten sich die Beziehungen mit der Niederländischen Republik. Die gegen sie gerichteten Navigationsgesetze wurden seit 1660 wiederholt verschärft. Zwischenfälle auf See waren die Folge. Der vor allem von Clarendon betriebene Versuch, im englisch-holländischen Vertrag vom September 1662 zu einer friedlichen Koexistenz der Handelsrivalen zu kommen, scheiterte. Die Vorgeschichte des Krieges läßt ein Muster erkennen, das auch in der Folgezeit immer wieder zu beobachten war und das den schon damals vorhandenen globalen Radius der Außenbeziehungen Englands verdeutlicht. Bevor der Krieg am 4. März 1665 von Karl II. förmlich erklärt wurde,[231] war er auf nichtstaatlicher bzw. halbstaatlicher Ebene schon im Gange. Dies geschah mit Unterstützung des Unterhauses, das im April 1664 eine offensive Politik gegen die Niederlande befürwortete und den König ausdrücklich dazu ermutigte. Die erste militärische Auseinandersetzung hatte es schon 1661 in Westafrika zwischen den dort tätigen Handelskompanien beider Länder gegeben. Im November 1663 wurden Flotteneinheiten unter Kapitän Robert Holmes zum Schutz des britischen Handels entsandt. War ein solches Unternehmen einmal gestartet, entglitt es notwendigerweise der

Kontrolle der in London zurückbleibenden und schlecht bzw. nur stark verzögert informierten Regierung, so daß die Befehlshaber vor Ort weitreichende Entscheidungen treffen konnten. Holmes nahm im Frühjahr 1664 holländische Niederlassungen an der afrikanischen Goldküste ein. Danach wandte er sich nach Nordamerika und besetzte Neu-Amsterdam, das fortan New York heißen sollte, genannt nach dem Bruder des Königs, dem Herzog von York, der Großadmiral der englischen Flotte war, ehe er später aufgrund der Test-Akte sein Amt aufgeben mußte, denn er wurde 1671 katholisch. Den Holländern gelang die Rückeroberung der in Afrika verlorenen Niederlassungen, und Holmes landete im Tower. Im August 1664 setzte England zu einer neuen Eskalation an, als Flotteneinheiten ins Mittelmeer geschickt wurden, um niederländische Kriegsschiffe zu jagen und eine aus dem Nahen Osten zurückerwartete Handelsflotte der Niederländer zu erbeuten. Im Dezember 1664 wurden holländische Handelsschiffe in der Nähe von Gibraltar angegriffen. Als sich England und die Niederlande dann seit März 1665 auch offiziell im Kriegszustand befanden, konnten 1666 beide Seiten Seesiege in der Nordsee für sich verbuchen. Schockierend für England war es, als im Juni 1667 holländische Kriegsschiffe im Gebiet der Themsemündung das Flüßchen Medway hinauffuhren und die bedeutende Flottenbasis Chatham angriffen.

Die englische Kriegsführung litt unter einer zentralen Schwäche, die erst im Laufe der kommenden Jahrzehnte mit der fortschreitenden Parlamentarisierung des politischen Systems beseitigt werden konnte, nämlich Geldmangel. Die vom Parlament für den Krieg zur Verfügung gestellten 2,5 Millionen Pfund reichten nicht aus. Hinzu kam eine gefährliche außenpolitische Isolierung. Frankreich war mit den Niederlanden verbündet, und Dänemark nutzte die Situation aus und erklärte England den Krieg. Frieden, wie er im Friedensvertrag von Breda im Juli 1667 wiederhergestellt wurde, lag auch im Interesse der Niederlande, denn man fürchtete ein rasches Ende der Allianz mit Frankreich und weitergehende französische Ambitionen, als Frankreich im Devolutionskrieg 1667 die Spanischen Niederlande besetzte. Für Karl II. blieb unter dem Strich die Erwerbung von New York und New Jersey und – statt der erhofften Kriegsbeute – eine beträchtliche Kriegsschuld, die seine finanzielle Lage schwierig gestalten sollte. Das Unterhaus wollte sogar untersuchen, ob die für den Krieg bewilligten Gelder ordnungsgemäß verwendet worden waren. Es bereitete eine Anklage (*impeachment*) gegen Clarendon vor, den der König daraufhin fallen ließ und der nun abermals ins französische Exil ging. Die Regierungsgeschäfte lagen in den nächsten Jahren in den Händen von fünf Beratern des Königs (Clifford, Arlington, Buckingham, Ashley und Lauderdale), die nach den Anfangsbuchstaben ihrer Namen als *Cabal*-Ministerium firmierten.

Sowohl innen- als auch außenpolitisch begab sich Karl II. auf eine
gefährliche Ebene, als er 1670 mit Ludwig XIV. den geheimen Vertrag
von Dover schloß. Von einer Annäherung an Frankreich versprach er
sich die Überwindung der außenpolitischen Isolation Englands, vor allem
aber eine Lösung seiner Finanzprobleme und damit größere Unabhängigkeit vom Parlament. Ludwig XIV. versprach umfangreiche Zahlungen
und Karl II. die Konversion zum Katholizismus. Außerdem einigte man
sich auf einen Angriffskrieg gegen die Niederlande. Innenpolitisch folgte
aus dieser Abmachung, von der außer dem König selbst nur ein kleiner
Teil der Minister wußte, die Lockerung der Repression gegen Katholiken
und protestantische Dissenters, im Gegenzug aber auch die schon erwähnte Test-Akte von 1673.

Außenpolitisch holte England tatsächlich erneut zum Schlag gegen die
Niederlande aus, die sich aber gegenüber dieser als übermächtig erschei-
nenden englisch-französischen Allianz durchaus behaupten konnten.
Zwar waren die französischen Truppen in ihrem Vormarsch zunächst
nicht zu bremsen. Kapitulationsbereit waren die Niederlande aber deswegen keineswegs. Der Widerstand wurde vor allem von einem Mann
organisiert, der nach einem Coup 1672 Statthalter geworden war und
einige Zeit später englischer König werden sollte, von Wilhelm III. von
Oranien. Wichtig für den Kriegsverlauf war, daß die englisch-französi-
sche Flotte sich als unterlegen erwies. Schnell war Karl II. bereit, nun
mit Wilhelm III. ein Sonderabkommen abzuschließen. Dieser ging aber
nicht darauf ein. Als das Unterhaus keine weiteren Mittel bewilligte,
war Karl II. nach der für ihn bitteren Pille der Test-Akte auch außenpolitisch gescheitert. Mit dem Frieden von Westminster schied England im
Februar 1674 aus dem Krieg aus. Der geheime Draht zu Ludwig XIV.
blieb auch in der Folgezeit erhalten, und der französische König versuchte wiederholt, durch Zahlungen an Karl II. oder auch an frankreich-
freundliche Parlamentarier Einfluß auf die englische Politik zu erlangen.
England hatte aufgehört, eine isolierte Insel zu sein. Die innerenglischen
Konflikte um die Form der Regierung wurden in der Tat durch Intervention von außen gelöst. Ebenfalls einen Fuß in die englische Tür be-
kam Wilhelm III. von Oranien, als er 1677 Maria, die Nichte Karls II.,
heiratete.

2. *Die Vollendung der politischen Nation in der Glorreichen Revolution*

Das politische Leben Englands litt auch nach dem Scheitern der Republik
an dem institutionell nicht geregelten Gegensatz von König und Parlament. Die Royalisten des Kavaliers-Parlaments betrachteten die Restauration vor allem als Wiederherstellung parlamentarischer Rechte, und in
dem Maß, wie der König versuchte, sich vom Parlament unabhängig zu

machen, wuchsen die Vorbehalte der Parlamentarier in Finanz- und zunehmend vor allem in Religionsfragen. Sowohl die Beschaffung von Geldmitteln aus dem Ausland als auch die Rekatholisierungsansätze Karls II. widersprachen zutiefst der Ratio der Restauration. Ließ sich kein Kompromiß finden, so bedurfte es institutioneller Vorkehrungen, um die Restauration zu vollenden und den Vorrang des Parlaments unzweideutig zu fixieren. Nicht nur Revolutionen konnten vorangetrieben werden. Auch mit der Restauration, sollte sie nicht verraten werden, mußte dies geschehen.

Nachdem 1678 eine verschärfte Test-Akte beschlossen worden war, begann Lord Shaftesbury, der sich auch als Gönner John Lockes einen Namen machte, innerhalb und außerhalb des Parlaments eine Politik der Eindämmung katholischer Strömungen zu propagieren. Als Presbyterianer kritisierte er einerseits die Intoleranz der Anglikaner und unterstützte die Indulgenzerklärungen Karls II., dessen *Cabal*-Regierung er 1667 als Baron Ashley angehörte. Andererseits war er ein strikter Gegner jeglicher Nähe zum Katholizismus und verlor sein Regierungsamt, als er die Test-Akte von 1673 vehement befürwortete. Ende der siebziger Jahre nutzte er die antikatholische Stimmung im Land, um gegen katholische Mitglieder der könglichen Familie, die Frau Karls II., Katharina von Braganza, und den Bruder des Königs, Jakob, Front zu machen. Ein versuchtes Impeachment gegen Lord Danby, den leitenden Minister, beantwortete Karl II. mit der Auflösung des Unterhauses. Wiederholt angesetzte Neuwahlen und alsbald wieder verfügte Auflösungen des Unterhauses waren zwischen 1679 und 1681 kein Mittel, die Gegensätze zu überbrücken. Das im Februar 1679 gewählte und im Juli schon wieder aufgelöste Unterhaus setzte die *Habeas Corpus*-Akte durch. Jetzt war es nicht mehr möglich, einen Beschuldigten länger als drei Tage ohne richterlichen Entscheid festzuhalten. Weniger Erfolg hatte das Unterhaus mit einem Gesetzentwurf, der in die Erbfolge eingriff und den katholischen Bruder des Königs von der Thronfolge ausgeschlossen hätte. An seine Stelle sollte ein anderer Jakob treten, der Herzog von Monmouth, ein illegitimer Sohn Karls II. Damit begann die sogenannte *Exclusion Crisis* und zugleich eine Spaltung der politischen Nation in Whigs und Tories. Beides waren ursprünglich Schimpfworte aus der Zeit des Bürgerkriegs. Jetzt war ein Whig, wer für die Suprematie des Parlaments eintrat und gegebenenfalls vom Widerstandsrecht gegen einen absolutistischen König Gebrauch machen wollte. Die Whigs, die im letzten kurzlebigen Parlament Karls II. die Mehrheit hatten, waren aber unbedingt für die Beibehaltung der Monarchie, wenn auch einer *limited monarchy,* und sie waren strikt gegen die katholische Thronfolge. Demgegenüber betonten die Tories die Erbmonarchie und wollten die königlichen Prärogativrechte und die Stellung der anglikanischen Bischofskirche gewahrt wissen.

In diesem Machtkampf, der auch die breitere Öffentlichkeit wieder involvierte, so daß Karl II. das Parlament nach Oxford verlegte und es damit den Pressionen der Londoner Massen entzog, konnte sich Karl II. durchsetzen. Die Erinnerung an den Bürgerkrieg war noch zu frisch, als daß die Whigs, die ihre Bastionen vornehmlich in den Boroughs hatten, landesweit Unterstützung erfahren hätten. Solange die Gentry die Tory-Position einnahm, war die Krone relativ sicher. Bis zu seinem Tod regierte Karl II. ohne Parlament. Um eine nächste Wahl nicht wieder zum Risiko werden zu lassen, wurden Eingriffe in das Wahlrecht zahlreicher Städte vorgenommen, wodurch die Whigs ihre Basis verloren. Shaftesbury ging nach kurzer Verhaftung ins holländische Exil. Die Aufdeckung einer Verschwörung gegen den König (*Rye House Plot*) lieferte eine neue Handhabe, gegen die Whigs vorzugehen. Als Karl II. im Februar 1685 starb, schien die Herrschaft der Stuart-Dynastie unangefochten zu sein.

Nach der Thronbesteigung Jakobs II., der Wahlen hatte ausschreiben lassen, zeigte sich sehr schnell, daß auch ein von Tories dominiertes Parlament kein willfähriges Instrument in der Hand des Königs war. Die Tories akzeptierten zwar einen katholischen König, aber sie beanspruchten das Monopol für die Anglikanische Kirche und sahen auf die strikte Befolgung der Test-Akte. Genau in diesen Punkten jedoch verfolgte Jakob II. eine realitätsferne und intransigente Konfrontationspolitik, die schließlich seinen Sturz herbeiführte. Wenig Gefahr drohte dagegen vom Aufstandsversuch des Herzogs von Monmouth im Juni 1685, der keinerlei Unterstützung seitens der Oberschichten fand. Nach 1685 begann Jakob II. nicht nur ein Mißtrauen erweckendes stehendes Heer von etwa 20000 Mann aufzubauen, das zu einem Staat im Staat zu werden drohte, sondern auch zahlreiche Offiziersstellen mit Katholiken zu besetzen. Für all diese Fälle waren Ausnahmeregelungen von der Test-Akte erforderlich. Als sich das Unterhaus zu sehr dagegen sperrte, wurde es 1687 aufgelöst, und der König versuchte nun, ausgerechnet wieder die Whigs für sich zu gewinnen sowie die Nicht-Anglikaner, um eine ausreichende Basis für seinen Kurs der Rekatholisierung zu sichern. In der richtigen Erkenntnis, daß man das Land nicht gegen die Gentry regieren konnte, doch in maßloser Überschätzung seines Handlungsspielraums arbeitete der König nicht nur mit den üblichen Methoden der Wahlbeeinflussung, sondern ging auch daran, eine ganze politisch-soziale Elite auszuwechseln und etwa zwei Drittel aller von der Gentry eingenommener Friedensrichterstellen mit Katholiken und Dissenters neu zu besetzen. Oft handelte es sich um Leute, die nicht der historisch gewachsenen Oberschicht angehörten. Neben der Armee zielte der König auch auf ein Verwaltungs- und Justizpersonal, das nach kontinentalabsolutistischem Muster ihm und der staatlichen Zentralgewalt verbunden sein sollte.[232] Er handelte damit gegen den Geist der Restauration, mit dem sich weder ein stehendes Heer noch eine zentralstaatliche Bürokratie vertrugen. Daß beides mit dem letzten Stuart-König scheiterte, war von prägender Bedeutung für die weitere Entwicklung in England und Großbritannien bis ins frühe 20. Jahrhundert hinein. Die politische Nation war zwar in Whigs und Tories gespalten. Aber beide Gruppen waren sich in einem Fundamentalkonsens einig. Die Stellung von Aristokratie und Gentry als der politisch-sozialen Elite durfte nicht angetastet werden. Das Politikmonopol mußte bei den Oberschichten bleiben. Politik wurde von der Adelsgesellschaft her gedacht und nicht vom Fürstenstaat her. Die englische Zivilkultur setzte sich gegen die Staats-, Beamten- und Militärkultur Jakobs II. erfolgreich zur Wehr und erzwang in der nun folgenden Glorreichen Revolution die verfassungsrechtlich eindeutige Festlegung auf den Primat der parlamentarisch verfaßten Gesellschaft.

Für die Stabilität und Sozialdisziplinierung des Landes war es aus der Sicht der Oberschichten nicht nur wichtig, das Amt des Friedensrichters unangefochten ausüben zu können. Zentral war auch ihr Bündnis mit der Anglikanischen Staatskirche, die als Ordnungsfaktor unverzichtbar schien. Der Bogen wurde von Jakob II. überspannt, als er im Mai 1688 verlangte, eine Indulgenzerklärung von allen Kanzeln verlesen zu lassen. Hinzu kam, daß im Juni ein männlicher Thronfolger geboren wurde, der die Kontinuität der katholischen Dynastie sicherzustellen schien und die Erbansprüche von Maria, der mit Wilhelm von Oranien verheirateten Tochter des Königs aus dessen erster Ehe, in den Hintergrund drängte. In dieser Lage ging am 30. Juni 1688 ein Schreiben an Wilhelm, das von maßgeblichen Vertretern der reichen und politisch mächtigen Oberschicht unterzeichnet war. An den gesetzlichen Bestimmungen vorbei forderte man Wilhelm zur Intervention in England auf, um den Frieden des Landes zu sichern. In Bezug auf „religion, liberties and properties (all of which have been greatly invaded)" herrsche tiefe Unzufriedenheit mit dem gegenwärtigen Regime. Fast die gesamte Bevölkerung, „nobility and gentry" eingeschlossen, verlange nach einem Wandel. Was nicht unwichtig war: in der Armee des Königs sei wegen der allgemeinen Ablehnung der „Popish religion" mit umfangreichen Desertionen zu rechnen. Eile sei das Gebot der Stunde: „there must be no more time lost."[233]

Wer hier durch die Unterzeichner sprach, war die politische Nation, die ungeachtet tiefgehender Differenzen in der Auffassung vom Königtum in der Hauptsache einig war. Das politische System sollte seinen Gravitationspunkt beim Parlament haben. Unterzeichnet war die Einladung an Wilhelm von Oranien von vier Whigs und drei Tories.[234] Für Wilhelm waren es vor allem außenpolitische Gesichtspunkte, die ihn trotz der für eine Invasion in England rasch ungünstiger werdenden Jahreszeit zum Handeln veranlaßten. Die Einbeziehung Englands in seinen

Kampf gegen Ludwig XIV. war von unschätzbarem Wert. Im Kontext
der internationalen Politik waren die Jahre 1688/89 die Weichenstellung
zugunsten eines Ordnungsprinzips, das fortan von England verfolgt wurde, der Politik der *Balance of Power* zur Eindämmung von Hegemonialmächten auf dem europäischen Kontinent.[235] Insofern kommt der Glorreichen Revolution nicht nur für die innere Entwicklung Englands ein
hoher Stellenwert zu, sondern auch für die europäische Politik insgesamt. England wurde dauerhaft ein Faktor der kontinentaleuropäischen
Politik.

Glorreich wurde die Revolution genannt, weil kein Blut floß und es der
Elite im Unterschied zu den vierziger Jahren gelang, die Revolution nicht
„entgleisen" zu lassen. Nach anfänglichen Ungewißheiten wurde rasch
deutlich, daß Wilhelm nach seiner Landung in Cornwall Anfang November 1688 die ausschlaggebenden Kräfte auf seiner Seite hatte. Es nützte
Jakob II. wenig, daß er das Große Staatssiegel in die Themse warf, bevor
er nach Frankreich flüchtete. Die Kontinuität der politisch-sozialen Elite,
die sich diesmal nicht in einer Bürgerkriegssituation befand, war wichtiger als der Bruch im dynastischen Erbrecht. Die Träger der Revolution
waren bestrebt, so schnell wie möglich zum Zustand der Normalität
zurückzukehren, dessen Störung Jakob II. angelastet wurde.

Da jetzt kein König mehr im Land war, der Unterhauswahlen hätte
ansetzen können, wurde wie schon 1660 ein *Convention Parliament* gewählt. Diese Versammlung legte größten Wert darauf, Sprachregelungen
zu finden, die jeden Anschein einer Revolution überdecken sollten. An-
gesagt war die rasche Herstellung einer allgemein anerkannten Ordnung
in den Bahnen der Kontinuität. Man bediente sich einer zweideutigen
Formulierung, die den Tories half, jegliches Odium der Revolution zu
tilgen, die ja zweifellos in Bezug auf die Erbfolge stattgefunden hatte.
Man stellte nämlich fest, der König habe abgedankt („King James the
Second having abdicated the Government"). Dadurch sei der Thron va-
kant geworden. Da „abdicate" sowohl transitiv als auch intransitiv gebraucht werden konnte, waren alle Deutungen und Rechtfertigungen
möglich. Die Tories, da sie am Legitimitätsprinzip festhalten wollten,
konnten darunter verstehen, der König sei freiwillig gegangen und die
Abdankung sei sein eigener Entschluß gewesen. Die Whigs dagegen, die
das Recht auf Widerstand vertraten, konnten die Dinge so sehen, wie sie
waren, und Jakob II. als abgesetzt betrachten.

Für die Zukunft entscheidend war, daß das *Convention Parliament* mit
der *Declaration of Rights* jeglichem Fürstenabsolutismus einen Riegel
vorschob. Erst nachdem Wilhelm von Oranien und seine Frau Maria den
dort niedergelegten Punkten (u.a. Steuerbewilligungsrecht des Parlaments, Verbot eines stehenden Heeres, Abschaffung des königlichen Dis-
pensrechts, freie Parlamentswahlen und Redefreiheit im Parlament) zu-

gestimmt hatten, wurden sie am 13. Februar 1689 als König Wilhelm III. und Königin Maria inthronisiert. Gleichzeitig erklärte sich das *Convention Parliament* zu einem regulären Parlament, so daß man zur hergebrachten Verfassungspraxis zurückgekehrt war.

Für England sollte das Thema der Revolution, die das Land im 17. Jahrhundert in verschiedenen Varianten durchlaufen hatte, damit erledigt sein, während es auf dem europäischen Kontinent noch bevorstand. Der Kampf aller gegen alle, den Hobbes zu Beginn der Epoche beklagt hatte, war zu Ende. Der „Naturzustand" war, nachdem die Eliten zum Konsens der Glorreichen Revolution gefunden hatten, einer bestimmten Regeln gehorchenden politischen Zivilisation gewichen. Die Überwindung der Unübersichtlichkeit des Bürgerkriegs, die oft als Anarchie wahrgenommen wurde, war gelungen, aber nicht zugunsten der Krone, wie Hobbes es empfohlen hatte, sondern zugunsten des Parlaments, des Gremiums also, das seit der Glorreichen Revolution fester denn je in der Hand der sozialen Oberschichten war. Deren Herrschaftsmonopol und politische Autonomie auf Grafschaftsebene und im Bereich des *Local Government* waren damit bestätigt. In der politischen Rhetorik der Revolutionsideologie hieß dies Bewahrung des „Eigentums" vor „Übergriffen anderer", wie Locke schrieb, der in der Diagnose im übrigen mit Hobbes völlig übereinstimmte und im „Naturzustand" ungebundener Freiheit ebenfalls einen Zustand „voll von Furcht und ständiger Gefahr" sah. Der Eigentumsbegriff war weit und eng zugleich gefaßt und bezog sich auf „Leben", „Freiheiten" und „Vermögen". Die Erhaltung dieses „Eigentums" sei „das große und hauptsächliche Ziel, weshalb Menschen sich zu einem Staatswesen zusammenschließen und sich unter eine Regierung stellen".[236]

Wenn politische Ordnung und Rechtssicherheit nun hergestellt waren, so diente beides der Stabilisierung einer Gesellschaft politischer und sozialer Ungleichheit, aber es bot auch denen Schutz vor Willkür, die außerhalb der Elite und der politischen Nation standen. Die Glorreiche Revolution brachte ein politisches System hervor, das England in den folgenden Generationen vergleichsweise wenig politische Gewalt und einen hohen Grad an innerer Integration und Reformfähigkeit bescherte.

Viertes Kapitel
Wachstum und relative Stabilität.
England im 18. Jahrhundert

I. Das parlamentarische System als Herrschaftsform

1. Die Sicherung der Glorreichen Revolution

Nach der Krönung von Wilhelm und Maria war die Sicherung der Glorreichen Revolution die erste Aufgabe, die es zu bewältigen galt. Als dies gelungen war, konnte sich das parlamentarische System als Herrschaftsform vollständig entfalten. Parallel dazu kam es in verschiedenen Bereichen der Wirtschaft zu signifikantem Wachstum, das für die im letzten Drittel des 18. Jahrhunderts einsetzende Industrielle Revolution eine unverzichtbare Voraussetzung darstellte, und endlich stieg England zur führenden Weltmacht auf. Im 18. Jahrhundert begann, was im 19. Jahrhundert bestimmend wurde. Dem Verlauf der modernen Weltgeschichte wurde in vielfacher Hinsicht ein britischer Stempel aufgedrückt. Diese im 18. Jahrhundert einsetzende und bis heute das britische Selbstverständnis beeinflussende Erfolgsgeschichte zeichnete sich innenpolitisch durch relative Stabilität aus.[237] Im Rahmen wirtschaftlicher Produktivität kam die Dynamik einer besitzindividualistischen und leistungsorientierten Gesellschaft zum Tragen, und die englische Handels- und Kriegsflotte war an immer mehr Punkten der Erde präsent.

Die Sicherung der Glorreichen Revolution erfolgte sowohl militärisch als auch im Zuge einer umfangreichen Gesetzgebung. Militärischer Einsatz war erforderlich, weil Jakob Stuart seine Absetzung nicht hinnehmen wollte und mit französischer Unterstützung in Irland landete. Die von ihm geführte irisch-französische Armee wurde von den Verbänden Wilhelms III. im Juli 1690 am Boyne, einem Fluß nördlich von Dublin, geschlagen. Es gelang Jakob aber, mit großen Teilen seiner Truppen einen geordneten Rückzug durchzuführen. Er selbst floh wieder nach Frankreich, von wo aus der Widerstand der Jakobiten noch viele Jahrzehnte lang organisiert wurde. Für Wilhelm III. war es zunächst vor allem wichtig, Irland, wo die Stuarts viel Sympathie genossen, unter Kontrolle zu bringen. Ein erster Schritt dazu war die Einnahme Dublins. Im Oktober 1691 war mit der Kapitulation von Limerick ein gewisser Schlußpunkt erreicht. Er ging mit einer allgemeinen Straffreiheit für Iren einher, die auf seiten Jakobs am Krieg teilgenommen hatten. Die außenpolitische Sicherung der Revolution konnte Ende Mai 1692 als vorläufig abgeschlossen betrachtet werden, als mit der Niederlage der französischen Flotte vor der Halbinsel La Hogue (Departement Manche in der Normandie) der Versuch Ludwigs XIV. fehlschlug, eine Invasion in England vorzubereiten und die Stuarts auf den Thron zurückzubringen.

Innenpolitisch wurde die Glorreiche Revolution durch eine Reihe von Gesetzen gesichert, die vor allem den Vorrang des Parlaments vor der Krone und die protestantische Thronfolge verankerten. Im Herbst 1689 erhielt die *Declaration of Rights* Gesetzeskraft *(Bill of Rights)*. Die protestantische Thronfolge wurde noch einmal in der *Act of Settlement* von 1701 festgelegt. Königin Maria war 1695 gestorben. Für den Fall, daß Wilhelm III. nicht wieder heiraten sollte und ohne Erben blieb und auch die dann erbberechtigte Anna, deren Kinder gestorben waren, ohne Erben wäre, wurde Sophia, die Kurfürstin von Hannover, als Thronfolgerin bestimmt. Es wurde ferner festgelegt, daß der englische König der Anglikanischen Kirche angehören müsse und England nur mit Erlaubnis des Parlaments verlassen dürfe. Krieg durfte er – die Kolonien ausgenommen – nur mit Zustimmung des Parlaments führen. Damit unterstrich und erweiterte die *Act of Settlement,* deren voller Titel „An Act for the Further Limitation of the Crown and Better Securing the Rights and Liberties of the Subjects" lautete, noch einmal die Suprematie des Parlaments. Auch sollten Richter nicht mehr vom König entlassen werden können, und der *Privy Council,* der sich allmählich zum modernen Kabinett entwickelnde königliche Rat, sollte parlamentarischer Kontrolle unterliegen.[238] Zur gesetzlichen Sicherung der Revolution gehörte auch das Toleranzgesetz von 1689, das zwar die Anglikanische Staatskirche nicht antastete[239] und damit alle Nichtanglikaner Bürger zweiter Klasse bleiben ließ, ihnen aber zugleich die freie Religionsausübung zusicherte. In England und Wales lebten zu Beginn des 18. Jahrhunderts etwa 300000 protestantische Dissenters. Sie stammten vor allem aus dem Handwerk und der Kaufmannschaft. Bis zum Ende des Jahrhunderts sollte ihre Zahl auf 400000 ansteigen.

So wichtig die Kirche für die Errichtung einer politisch-sozialen Ordnung auch blieb,[240] so sehr hatte doch die Glorreiche Revolution die Monarchie entzaubert. Der König war zum Inhaber eines Staatsamts geworden, und der Staat sollte möglichst eine Einrichtung sein, die wie eine Firma politisch und finanziell effizient zu führen war. In diesem Klima der Herrschaftsrationalität und des Profitdenkens war die Stunde der Whigs gekommen. Von kurzen Unterbrechungen abgesehen regierte seit der Glorreichen Revolution die whiggistisch eingestellte Aristokratie, die das Parlament beherrschte und die Minister stellte. Seit 1714, als mit Georg I. die Hannoveraner Thronfolge eintrat, herrschte die Whig-Oligarchie für einige Jahrzehnte sogar unangefochten. Die Suprematie des Parlaments im politischen System lautete in einen Begriff des innenpolitischen Kräftefelds übersetzt Whig-Suprematie.[241] Als langjährige Regierung war die sogenannte Whig-Junta im Amt, die sich aus Vertretern des Hochadels zusammensetzte. Sie war vom König insofern abhängig, als er die Minister ernennen mußte, bildete jedoch zugleich eine Vorform der modernen Kabinettsregierung, die ohne ausreichende parlamentarische Basis nicht im Amt bleiben konnte. Ihre Hauptaufgabe bestand darin, die Kriege Wilhelms III. gegen Frankreich zu organisieren und vor allem zu finanzieren. Die Ambitionen Ludwigs XIV., in den Niederlanden und im Deutschen Reich das europäische Gleichgewicht zu zerstören, führten dazu, daß sich England seit der Thronbesteigung Wilhelms III. fast kontinuierlich im Kriegszustand befand. Zu den großen Erfolgen Wilhelms III. gehörte es, daß Ludwig XIV. ihn 1697 im Frieden von Rijswijk, der den Pfälzischen Erbfolgekrieg beendete, als legitimen König von England anerkannte.

Die interventionistische Gleichgewichtspolitik bürdete dem Staat Kosten auf, die in diesem Umfang in England völlig unbekannt waren. Während die Armee Karls II. 1684 283000 Pfund gekostet hatte und die jährlichen Ausgaben für das Militär unter Jakob II. 620322 Pfund betragen hatten, verschlang die Kriegführung Wilhelms III. zwischen 1691 und 1697 jährlich 2,5 Millionen Pfund. Bei Ende des Spanischen Erbfolgekriegs 1714 war die Staatsverschuldung auf 54 Millionen Pfund angewachsen, was einen jährlichen Zinsendienst von 3,5 Millionen erforderte. Angesichts dieser Summen bedurfte es sowohl neuer Steuern, die zudem effizient eingetrieben werden mußten, als auch eines Systems der Staatsverschuldung, das Einnahmen auf dem Anleiheweg ermöglichte. Auf beiden Ebenen wurden in die Zukunft weisende und im europäischen Vergleich herausragende Institutionen und Verfahren entwickelt, die die Leistungsfähigkeit der staatlichen Steuerverwaltung ebenso erkennen ließen wie die Kreditwürdigkeit des parlamentarischen Systems.[242]

Unter den Steuern ist vor allem die 1692 eingeführte *Land Tax* zu nennen, eine Steuer, die sich die regierenden Grundbesitzer selbst auferlegten. Sie wurde auf alle Einkünfte aus Grundbesitz erhoben und betrug je nach Finanzbedarf des Staats zwischen 10% und 20%. In Kriegszeiten wurde meistens der Höchstsatz erhoben. Das Unterhaus, so schrieb dem Herzog von Bedford ein Vertrauter im November 1755 während des Rüstungswettlaufs mit Frankreich im Vorfeld des Siebenjährigen Krieges, „voted away some hundred pounds of your Grace's money, by granting four shillings in the pound land tax".[243] Neben der *Land Tax*, die zur soliden Basis der Staatseinnahmen wurde, gab es verschiedenste Verbrauchssteuern. Ein Teil von ihnen wurde benötigt, um die Zinsverpflichtungen erfüllen zu können, die infolge der Staatsverschuldung anfielen. Da die Ausgaben nicht mit noch so hohen Steuereinahmen gedeckt werden konnten, wurde ein staatliches Anleihesystem entwickelt samt einem Tilgungsfond, der vom Parlament durch Zins- und Tilgungszahlungen aus dem Steueraufkommen garantiert wurde. Die Staatsschuld (*National Debt*) war nur zu institutionalisieren, wenn genügend Geldanleger bereit waren, ihr Geld nicht nur in Land oder Aktiengesellschaften zu investieren, sondern auch in Staatsanleihen.

Eine wichtige Rolle in diesem System spielten private Handelsgesellschaften wie die *East India Company* oder eine Einrichtung wie die 1694 eigens zum Zweck der Deckung des staatlichen Finanzbedarfs gegründete Bank von England. Die Bank war entgegen ihrem Namen eine private Notenbank, deren Anteilseigner der Regierung Geld liehen und damit die finanzielle Manövriermasse des Staates erheblich erweiterten. Es kam nicht auf die schnelle Beseitigung der Schulden an, sondern auf deren Absicherung in einem funktionierenden Kreditsystem. Mit Recht spricht man in diesem Zusammenhang von einer *financial revolution*.[244] Die Finanzinstitute – wie die Ostindien-Kompanie oder andere Handelskompanien – waren staatlich privilegiert, aber in privater Hand, so daß eine Interessengemeinschaft von Staat, Handel und Finanz entstand. Auch dies gehört zur Sicherung der Glorreichen Revolution: Die politische und sozial-ökonomische Verfassung wurden nahtlos verfugt. Auf dieser Grundlage war England sowohl unter Wilhelm III. als auch in den kommenden Jahrzehnten vor dem Hintergrund einer prosperierenden Wirtschaft in der Lage, seinen außenpolitischen Aktionsradius fortwährend zu erweitern, sei es durch direkte Interventionen oder sei es auf dem Weg von Subsidienzahlungen.

Es versteht sich, daß in einem solchen System Fälle von Korruption und Spekulation kaum zu vermeiden waren. Der dramatischste Fall war der Skandal um die *South Sea Company*, einer erst 1711 gegründeten Gesellschaft, die im Handel mit Spanisch-Amerika tätig war und die 1719 einen beträchtlichen Teil der Staatsschuld übernommen hatte. Unter der Hand konnten Politiker Aktien zu günstigen Kursen erwerben, was sie in dem um diese Papiere ausbrechenden Spekulationsfieber mit emporschnellenden Aktienkursen auch taten. Zusätzlich angeheizt wurde die Spekulationswelle durch weitere Gesellschaften, die Anlagegeschäfte im Südamerikahandel offerierten. Als die Spekulation wie eine Seifenblase (*South Sea Bubble*) platzte und Tausende in dieser ersten großen Spekulationskrise der Moderne infolge des Kurssturzes der Aktien ihr Vermögen verloren, kam es zur sogenannten *Bubble Act*. Künftig durften Aktiengesellschaften nur noch mit Zustimmung des Parlaments gegründet werden. Das Parlament mußte also eigens ein Gesetz verabschieden, wenn eine Aktiengesellschaft entstehen sollte. Es betätigte sich damit als umfassendes Kontrollorgan und wurde zum Schnittpunkt von Politik und Finanz. Es hatte eine „Monopolstellung in allen Steuer- und Finanzfragen".[245]

2. Die Praxis des Parlamentarismus

Wie aus der Entwicklung seit der Restauration und der Glorreichen Revolution hervorgeht, war das Parlament im 18. Jahrhundert nichts anderes als das Herrschaftsinstrument des Adels. Dazu gehörten die Familien der Aristokratie, deren Oberhäupter im House of Lords Sitz und Stimme hatten. Prominente Namen waren die Herzöge von Bedford, Devonshire oder Newcastle und der Marquis von Rockingham. Im ersten Drittel des 18. Jahrhunderts saßen 179 englische Peers im Oberhaus, von denen rund 130 politisch aktiv waren. Es handelte sich also um einen gut überschaubaren Personenkreis. Ferner ist die Gentry zu nennen, die die große Masse der Mitglieder des Unterhauses stellte. Etwa 40% von ihnen, die aus der Geschäftswelt, der Jurisprudenz und aus dem Staatsdienst kamen, lebten nicht primär von der Agrarwirtschaft, obwohl auch sie zumeist in kleinerem Umfang ebenfalls Landbesitzer waren. Diese soziale Oberschicht regierte das Land und bildete den Kern der politischen Nation, die ein hohes Maß an Geschlossenheit aufwies. Man blieb unter sich. Im Jahr 1774 kamen 82% der Parlamentarier aus Familien, die schon früher Abgeordnete gestellt hatten.[246] Die Masse der Bevölkerung war von jeglicher Partizipation an politischen Debatten oder Entscheidungen ausgeschlossen.

Die politische Nation[247] zerfiel auch im 18. Jahrhundert in Whigs und Tories, wenn auch die Begriffe zum Teil in modifizierter Weise benutzt wurden. Whig wurde zur Parteienbezeichnung, genauer: zu einer Richtungsbezeichnung in der Politik, denn eine Partei modernen Zuschnitts war auch nicht im entferntesten damit verbunden.[248] Den Whigs standen die Tories gegenüber, die in der Gentry stark vertreten waren und ursprünglich für Erbmonarchie und königliche Prärogative standen. Sie hörten in ihrer überwiegenden Mehrheit aber bald auf, Anhänger der Stuarts zu sein, und unterstützten nur zum kleineren Teil und regional völlig unterschiedlich die Jakobiten, die nach 1715/16, 1719 und 1722 ein letztes Mal 1745/46 versuchten, den Prätendenten der Stuarts mit Gewalt auf den Thron zurückzubringen. Überwiegend traten auch die Tories für einen naturrechtlich begründeten Gesellschaftsvertrag ein. Die Tory-„Partei" wollte nicht zurück zu den Zuständen vor der Revolution, sondern verstand sich in erster Linie als Gegengewicht zum Hof und zu den Whig-Politikern der Regierungszentrale, wo alle Macht konzentriert zu sein schien. Der alte Whig-Tory-Gegensatz wurde im Laufe der Zeit vom neuen Court-Country-Gegensatz überlagert. Die Country-Ideologie, die es in beiden „Parteien" gab, verstand sich als Widerlager zum Staat,

wollte den lokalen Bereich gegen die zentralstaatliche Bürokratie, die
Autonomie des *local government* und den Primat der Gesellschaft gegen
den Staat verteidigen. Die Angehörigen der Gentry, die das Ideal des
unabhängigen *Country Gentleman* hochhielten und die zugleich nach
wie vor das Rückgrat der Lokalverwaltung bildeten, fanden sich häufiger
auf der Oppositions- als auf der Regierungsseite. Da die Tories seit 1714
am Hof den Whigs hatten Platz machen müssen und für Jahrzehnte aus
der Führung des Zentralstaats verdrängt waren, und da zugleich der
Whig-Begriff mit Macht, Einfluß, Patronage und Korruption in Verbindung gebracht wurde, blieben im politischen Schlagabtausch die Begriffe
Whig und Tory bestehen, obwohl die Konflikte des ausgehenden
17. Jahrhunderts, auf die diese Parteinamen hinwiesen, in der alten Form
nicht mehr bestanden. Tory war ein Synonym für Traditionalismus und
damit stand ein Tory tendenziell im Gegensatz zum modernen England,
das sich auf die Glorreiche Revolution berief und von den Whig-Magnaten regiert wurde. In den siebziger und achtziger Jahren des 18. Jahrhunderts meinte der berühmte Literat, Kritiker und Sprachwissenschaftler
Samuel Johnson, Whigs und Tories unterschieden sich zwar hinsichtlich
ihrer Denkweisen, stünden sich prinzipiell aber nicht feindlich gegenüber. Der Gegensatz komme in Konkurrenzsituationen zum Tragen,
aber nicht im Alltagsleben. „Ein Tory wird ohne Zögern in eine Whigfa-
milie heiraten und ein Whig in eine Toryfamilie."[249] Johnson selbst war
ein Tory, wie sie in den städtischen Mittelschichten und bei den Hand-
werksberufen zu finden waren. Er kritisierte die egalisierenden Tendenzen seiner Zeit: „Ordnung kann nur durch Unterordnung erhalten werden."[250] „Der Tory hat eine Vorliebe für das Althergebrachte, der Whig
hat eine Vorliebe für Erneuerung. Ein Tory wünscht nicht, daß die Regierung mehr wirkliche Macht bekommen soll, sondern daß der Regierung mehr Achtung entgegengebracht wird. Dann differieren sie hinsichtlich der Kirche. Der Tory ist nicht dafür, der Geistlichkeit mehr
gesetzliche Macht zu geben, wünscht aber, sie möchte einen beträchtlichen Einfluß haben, der auf der Meinung der Menschheit begründet ist;
der Whig ist dafür, sie zu beschränken und argwöhnisch zu beobachten."[251]
    Entscheidend war, daß auch ein Tory wie Johnson die Legitimität des
politischen Systems und der Machtinhaber nicht in Frage stellte. Die
„Regierung Großbritanniens, die auf dem Parlament begründet ist", be-
ruhe auf einer „breiten Basis" und sei absolutistischen Systemen vorzu-
ziehen.[252] Der Vorteil des Parlamentarismus bestehe darin, „daß eine
große Zahl von begüterten Männern an der Gesetzgebung beteiligt ist,
die im eigenen Interesse schlechten Gesetzen nicht zustimmen werden."[253] Mit etwas mehr Abstand hätte Johnson hinzufügen können, daß
die Gesetze den Interessen der „begüterten Männer" entsprachen.

Im Parlament trafen sich unterschiedliche soziale Kräfte, politische Strömungen und Institutionen. Von der lokalen Ebene in den Grafschaften und Städten, wo die Autonomie der Selbstverwaltungsorgane in einem dezentralisierten politischen Gesamtsystem betont wurde, wurde das Unterhaus beschickt. Von Whitehall her, wo die zentralen Regierungseinrichtungen zu finden waren, wurden parlamentarische Mehrheiten organisiert und damit die parlamentarische Arbeit gesteuert. Die Inhaber von Regierungsämtern spielten eine Doppelrolle. Als Minister waren sie mit der Staatsführung befaßt. Als lokale Herren mit zum Teil riesigen Besitzungen beherrschten sie die Lokalverwaltung und die politischen Vorgänge in einzelnen Teilen des Landes.

Die Zentralverwaltung bestand weiterhin aus kleinen Regierungsbehörden mit wenig Personal und altertümlicher Aktenführung. An der Spitze der Regierung stand der vom König ernannte Erste Lord des Schatzamts. Diesem leitenden Minister, für den während der langen Amtszeit (1715–17 und 1721–42) von Sir Robert Walpole die Bezeichnung Premierminister aufkam, oblag die Formulierung der Politik insgesamt. Daneben waren vor allem die beiden *Secretaries of State* von Bedeutung, die mit Ausnahme der Steuergesetzgebung alle Fragen der Innen- und Außenpolitik zu behandeln hatten. Es waren also keine Ressortminister im modernen Sinn. Nur im Bereich der Außenpolitik gab es eine gewisse Zuständigkeitsfestlegung. Der *Secretary of State for the Northern Department* war für die Politik gegenüber den Niederlanden, Deutschland, Polen, Rußland und Skandinavien zuständig; der Minister im *Southern Department* für das übrige Europa. Erst 1782 wurden das Innenministerium und das Foreign Office als klassische Ministerien eingerichtet.

Die Kombination von Regierungsamt und lokaler Herrschaft gab den Whig-Magnaten fast unbegrenzte Mittel an die Hand, Wahlen zu beeinflussen und Mehrheiten im Unterhaus zu beschaffen. Das Unterhaus wurde seit 1694 zunächst alle drei Jahre neu gewählt. Mit der Einführung der siebenjährigen Legislaturperiode im Jahr 1716 reduzierte man die Mitwirkungsmöglichkeit der Wählerschaft. Sie war ohnehin recht begrenzt. Die Stimmabgabe war öffentlich, und in vielen Wahlbezirken fanden gar keine Wahlen statt, weil sich überhaupt nur ein Kandidat zur Wahl stellte, der Kandidat einer lokalen Größe, die in entsprechendem Umfang über Macht und Einfluß verfügte. Solche *uncontested seats* nahmen im Laufe des 18. Jahrhunderts zu. Zu Beginn des 18. Jahrhunderts gab es in 26 von 40 englischen Grafschaften noch einen Wahlkampf mit konkurrierenden Kandidaten. In der Mitte des Jahrhunderts waren nur noch vier Grafschaften umkämpft. In den übrigen war der Wahlausgang durch die Kandidatenkür schon im Vorfeld der Wahl entschieden. Bei den Unterhauswahlen 1741 kam es nur in 94 von 314 Wahlkreisen zu wirklichen Wahlen.[254]

Wer sich um einen Sitz im Unterhaus bewarb oder wer seinen Kandidaten durchbringen wollte, mußte erhebliche finanzielle Mittel aufbringen, die im Laufe des 18. Jahrhunderts noch anstiegen. Der Wahlkampf mit allen politischen Vorleistungen, Wahlgeschenken und der Bewirtung des Wahlvolks am Wahltag konnte in einer größeren Grafschaft bis zu 100000 Pfund kosten. Zuwendungen an die Wähler sind nur unzureichend mit dem modernen Korruptionsbegriff zu erfassen. Die Vergabe von Ämtern in der Staatsverwaltung gegen politische Gefolgschaft, die Finanzierung von infrastrukturellen Maßnahmen auf dem Land gegen Unterstützung bei Wahlen waren politische Abmachungen und Geschäfte, die dem Verhaltenskodex der politischen Nation durchaus entsprachen und das politisch-soziale System geradezu stabilisierten. Der Wähler war dabei kein bloßes Objekt, und der Patron auf dem Land und in kleineren Orten kein absoluter Potentat. Vielmehr herrschte zwischen beiden Seiten ein „Verpflichtungsverhältnis" im Sinne des do ut des.[255]

Zu den herausragenden Figuren, die aus der Regierungszentrale heraus die Kunst der Wahlbeeinflussung beherrschten, gehörten der Herzog von Newcastle und der schon erwähnte Robert Walpole. Newcastle, zwischen 1724 und 1762 ununterbrochen Inhaber von Regierungsämtern, hatte ausgedehnten Grundbesitz in zwölf verschiedenen Grafschaften. Sein Jahreseinkommen betrug ca. 40000 Pfund. Ein als durchschnittlich groß geltender Grundbesitz warf zwischen 800 und 2000 Pfund jährlich ab. Newcastle herrschte über ein gut ausgebautes Imperium der Ämterpatronage und gebot über eine beachtliche politische Klientel. Während Newcastle der schmalen hochadligen Oberschicht angehörte, war Walpole ein Landedelmann aus Norfolk. Er wollte aber nicht zurückstehen und baute sich in seiner Heimat ein prachtvolles Haus, Houghton Hall, das zu den palastartigen Gebäuden zählte, die der englische Adel in dieser Zeit über das ganze Land verstreut als Symbole seiner Herrschaft und seines Reichtums errichtete. Nicht zuletzt Kunstschätze wurden hier angesammelt. Die einst in Houghton Hall hängenden Gemälde sind heute in der Eremitage in St. Petersburg zu bewundern. Der nicht mehr so solide wirtschaftende Enkel Walpoles verkaufte die Kostbarkeiten an die russische Zarin Katharina. Man nannte die baulichen Manifestationen englischer Adelsmacht nicht Schlösser, obwohl sie diese Funktion hatten. Von Woburn Abbey aus, seinem imposanten Herrenhaus, dirigierte der Herzog von Bedford seine Besitzungen, die weite Teile der Grafschaft Bedfordshire, aber auch Grundbesitz in anderen Teilen Englands einschließlich Londons umfaßten. Zugleich zeigt die eher bürgerlich anmutende Bezeichnung *Country House* die zur Gesamtgesellschaft hin offene Haltung der landbesitzenden Oberschicht.

In diesem System sozialer Abstufung war das Wahlrecht kein Grundrecht, sondern ein Privileg besitzender Schichten. Es war an Besitzqualifikationen gebunden und wurde zum Wahltermin wie eine Ware gehandelt: Stimmen wurden gekauft. Anfang des 18. Jahrhunderts verfügten in England und Wales bei einer Gesamtbevölkerung von 5 Millionen rund 300 000 männliche Erwachsene über das aktive Wahlrecht zum Unterhaus. Infolge von Bevölkerungsverschiebungen und veränderten Besitzverhältnissen auf dem Land sank die Zahl der Wählerschaft im Laufe des 18. Jahrhunderts. Die sich langsam bildenden urbanen Zentren, wohin viele Menschen zogen, konnten infolge der antiquierten Wahlkreiseinteilung keine eigenen Vertreter ins Unterhaus wählen. Gemessen an den Bestimmungen des in den Grafschaften geltenden Wahlrechts aber waren die neuen Bevölkerungsgruppen nicht wahlberechtigt. Das 558 Mitglieder umfassende Unterhaus, zu dem seit der Union von 1707 auch die Abgeordneten aus Schottland gehörten, wurde nach sehr unterschiedlichen Bestimmungen gewählt. Die 82 Grafschaften (*counties*) wählten wie schon in früheren Jahrhunderten je zwei *Members of Parliament*, völlig unabhängig von ihrer Größe. Während die Grafschaft Yorkshire 20 000 Wähler aufwies, waren es in der kleinen mittelenglischen Grafschaft Rutland nur 800. Durchschnittlich hatte eine Grafschaft 3–4000 Wähler, die nach unverändert geltendem Wahlrecht wählten. Zahlreiche kleinere Boroughs hatten weniger als Tausend Wahlberechtigte und waren als *pocket borough* fest unter der Kontrolle von Landlords. So bestimmte in dem Städtchen Bedford wie selbstverständlich der Herzog von Bedford die Richtung der Politik. Erst recht war dies der Fall, wenn es sich um *rotten boroughs* handelte, wie zum Beispiel Old Sarum in der Nähe von Salisbury, wo infolge von Bevölkerungsbewegungen niemand mehr wohnte, die aus dem Mittelalter stammende Privilegierung als Wahlbezirk aber fortbestand, so daß der Grundherr die *Members of Parliament* selbstherrlich „ernennen" konnte. Aus alldem wird deutlich, daß das Unterhaus nur in der Verfassungstheorie als Volksvertretung fungieren konnte. Tatsächlich war es ein „Abbild der sozialen Eliten des Landes".[256] Aufgrund der aus dem Mittelalter herrührenden Wahlkreiseinteilung stammten Ende des 18. Jahrhunderts 25% der Unterhausmitglieder aus den fünf Grafschaften Südwestenglands. Insgesamt wählten nur 20 000 Wähler rund die Hälfte der Abgeordneten. Parlamentarische Repräsentation war ganz und gar mit Adelsherrschaft verbunden. Fast nach Belieben kontrollierten die Whig-Magnaten rund 40% aller Unterhaussitze. Um gewählt zu werden, bedurfte es ebenfalls des Nachweises begüterter Verhältnisse. Das passive Wahlrecht wurde aufgrund eines Gesetzes aus dem Jahr 1711 in den Grafschaften an ein Jahreseinkommen von 600 Pfund, in den Boroughs von 300 Pfund gekoppelt. Für die Masse der Bevölkerung handelte es sich dabei um astronomische Summen. Ein Maurer, der sehr gut verdiente, kam in der ersten Hälfte des 18. Jahrhunderts auf 50 Pfund Jahreseinkommen. Ein durchschnittliches Normaleinkommen betrug 20 Pfund im Jahr, wobei für Wohnung und Essen in London bei einfachster Lebenshaltung pro Woche 6 sh. aufgewendet werden mußten.

In den ersten beiden Dritteln des 18. Jahrhunderts behauptete das Parlament seine Autonomie gegenüber der politischen Öffentlichkeit, die wesentlich weiter gefaßt war, als die wahlberechtigte politische Nation. Als Rahmen für den Austrag politischer Konflikte anerkannt, stellte das Parlament ein Moment der Stabilität dar. In seiner Arbeitsweise drückte sich Herrschaft und zugleich Kontrolle von und Kritik an Herrschaft aus. Es war einerseits von der Öffentlichkeit abgeschirmt und andererseits über regierungsfreundliche oder -kritische Publizistik real damit verbunden. Man denke nur an die breite Resonanz von literarischer oder publizistischer Opposition, wie sie 1726 in John Gays Beggar's Opera oder Jonathan Swifts Gulliver's Travels zum Ausdruck kam oder wie sie seit 1726 in der Zeitschrift Craftsman vorgetragen wurde. Oder man denke an die Karikaturen von Hogarth, mit denen den Zeitgenossen ein bissiger Spiegel vorgehalten wurde. England war seit der Abschaffung der Vorzensur im Jahr 1695 ein Land der Pressefehden und der öffentlichen Diskussion mit Zeitungen, Zeitschriften und Flugschriften, die für einen nationalen Massenmarkt unter Einbeziehung auch der Provinz gedruckt wurden. Politische Klubs und Kaffeehäuser, wo das Publikum debattierte, zeugten von einer „allgemeinen Leidenschaft für die Politik", wie Oliver Goldsmith 1762 meinte,[257] von einer Debatte in Permanenz, die die englische politische Kultur zu prägen begann.[258] Die Modernität Englands zeigt sich im Wachstum der Zeitungsbranche. Im Zweiten Drittel des 18. Jahrhunderts wurden in verschiedenen Provinzstädten wie Coventry, Birmingham, Cambridge, Oxford, Leicester, Hull, Liverpool, Halifax, Exeter oder Sheffield eigene Zeitungen gegründet. Außerhalb Londons, das auch für die Presse richtungsweisende Metropole war, gab es 1723 24 Zeitungen; 1753 waren es 32, 1760 35, 1782 50. In der Mitte des Jahrhunderts fielen 7,3 Millionen Steuermarken für Zeitungen an, 1760 waren es 9,4 und 1775 12,6 Millionen.[259]

3. Whig-Herrschaft und Regierungswechsel

Es hing von der politischen Konstellation ab, wer in dem von Regierung, Parlament beziehungsweise parlamentarischer Opposition und Öffentlichkeit bestimmten Kräftefeld den Ausschlag gab. Die Minister der Krone dominierten, mußten gelegentlich aber auch gegenüber einer für sie ungünstigen Unterhausmehrheit zurückstecken und sogar dem Druck der breiteren Öffentlichkeit weichen. Wie in jeder modernen Gesellschaft war die immer wieder entscheidende Frage, wofür der Staat Geld ausgeben und woher es kommen sollte. Nachdem mit der Glorreichen Revolution die großen innenpolitischen Konflikte gelöst waren, rückte jetzt die Außenpolitik und weltpolitische Expansion stärker in den Mittelpunkt. Umstritten war, in welchem Maß England auf dem europäischen Kontinent militärisch involviert sein sollte. Die Kritiker der Politik Wilhelms III. wiesen auf die immensen Kosten dieser Art der Kriegführung und Sicherheitspolitik hin. War es für England nicht weit profitabler, wenn man sich auf die Seekriegsführung verlegte? War die Aufrechterhaltung des europäischen Gleichgewichts wirklich zwingend erforderlich, wenn England mit dem Blick nach Übersee prosperieren wollte? Solche Einwände gegen die seit Wilhelm III. verfolgte Politik – die beides anstrebte: sowohl die Rückendeckung in Europa durch die Eindämmung von Hegemonialmächten, als auch das Ausgreifen nach Übersee – kamen nicht nur von den landbesitzenden Schichten, die sich steuerlich zu stark belastet fühlten, sondern auch von einem Teil der Elite, der in der Expansion des Handelsstaats die eigentliche Ratio englischer Politik erblickte.

Zunächst war es in erster Linie der Landbesitz, der sich artikulierte, was 1710 infolge allgemeiner Kriegsmüdigkeit sogar zu einem Wahlsieg der Tories führte, die bis 1714 die Regierung bildeten. Die streng anglikanische Königin Anna, die schon in den ersten Jahren ihrer Regentschaft aus Tories und Whigs gemischte Regierungen bevorzugt hatte, konnte sich jetzt ganz und gar auf die Tories stützen. Konkrete Auswirkungen zeigten sich, als die von Robert Harley und Henry Saint John (seit 1712 Lord Bolingbroke) geführte Regierung begann, die Toleranzgesetze zurückzuschrauben. Durch die Gründung der oben erwähnten Südsee-Kompanie, einer als Konkurrenz zur Bank von England verstandenen Einrichtung, wollte sie sich von den whiggistisch orientierten Finanzmagnaten der City unabhängig machen. Auch der auf den Vorfrieden von 1711 folgende Vertrag von Utrecht 1713, mit dem für England der Spanische Erbfolgekrieg beendet war, aber gleichwohl die Früchte der Interventionspolitik der Whigs geerntet wurden, ist hier zu nennen. Nicht zum Zuge kamen die Überlegungen Bolingbrokes, auch die Stuart-Dynastie wieder zu installieren.

Die Thronfolge der Hannoveraner 1714, die mit Georg I. als erstem König aus dem Haus Hannover fest mit den Whigs kooperierten, beendete dieses Tory-Zwischenspiel. Bolingbroke ging nach Frankreich und arbeitete dort vorübergehend für den Stuart-Thronprätendenten, konnte aber 1723 wieder nach England zurückkehren und war bis zu seinem Tod 1751 einer der publizistisch wirksamsten Kritiker des Whig-Establishments. Mit Bolingbroke wurde auch die 1712 in einer satirischen Schrift kreierte Gestalt des *John Bull* in Verbindung gebracht, die in ihrer Nüchternheit, ihrem Pragmatismus, ihrem bodenständigen, gegen großstädtische Finanzoligarchie und zentralstaatliche Macht gerichteten Selbstbewußtsein und ihrem ausgeprägten Nationalismus eine Identifikationsstereotype werden sollte.[260] *John Bull* stand für Realismus und Nützlichkeitsdenken. Er hatte es zum Beispiel nicht mehr nötig, Jagd auf Hexen zu machen. Der letzte Hexenprozeß in England fand 1717 in Leicester statt.

In der realen Politik war es vor allem Robert Walpole, der Nützlichkeitsdenken personifizierte und der der ersten Phase der Whig-Herrschaft seinen Namen gab. Die Walpole-Ära war eine Zeit der Konsolidierung. Nach der Krise des *South Sea Bubble* brachte Walpole Ordnung in die Staatsfinanzen und gründete darauf seine lange politische Karriere. Sein Machtwille, mit dem er politische Konkurrenten ausschaltete, war mit enormer Arbeitsenergie und großem Detailwissen gekoppelt. Er stellte Machtsicherung vor Machtausbau und wollte die Staatsschuld nicht weiter ansteigen lassen, um die *Land Tax* dauerhaft senken zu können. Außenpolitisch verfolgte er einen konfliktscheuen Kurs der Friedenswahrung, um den Landbesitz von allzu hohen Abgaben befreien zu können. Fraglos hatte er aus den innenpolitischen Turbulenzen gelernt, die 1710 nicht zuletzt mit Kriegsverdrossenheit zusammenhingen. Der gegenüber den Whigs immer noch skeptischen Tory-Gentry durfte nicht wieder eine derartige Breitseite gezeigt werden.

Wirtschaftliche Anreize versuchte Walpole durch Vereinfachung des Zollwesens und Erleichterungen im Außenhandel zu geben. An die Grenze seines innenpolitischen Handlungsspielraums gelangte er 1733, als er die zehn Jahre zuvor auf Tee, Kaffee und Schokolade eingeführte Akzise auf Tabak und Wein ausdehnen wollte. Das Vorhaben scheiterte unter dem Druck der Opposition innerhalb und vor allem auch außerhalb des Parlaments. Die Gegner saßen nicht nur in der Londoner Handelswelt. Auch in den ländlichen Gebieten stellte man sich gegen Walpole, denn man fürchtete ganz allgemein eine weitere Stärkung der staatlichen Zentralgewalt und darüber hinaus eine spätere Ausweitung der Verbrauchssteuer auch auf Nahrungsmittel.[261] Diese – tatsächlich unbegründete – Befürchtung schlug sich in den Unterhauswahlen 1734 nieder. Die Regierung mußte Stimmenverluste hinnehmen, wenn es infolge der nur in wenigen Wahlkreisen offenen Wahlentscheidung auch nicht zu einer einschneidenden Veränderung der Mehrheitsverhältnisse kam. Gleichzeitig bestand aber kein Zweifel daran, daß Walpoles innenpolitische Stellung stark angeschlagen war.

Die Erosion seiner Machtstellung verband sich mit einer außenpolitischen Problematik. Walpole wollte nach Möglichkeit zu einer Eindämmung der Auseinandersetzungen mit Spanien kommen. Sie ergaben sich daraus, daß die im Handel mit Spanisch-Amerika tätigen englischen Kaufleute regelmäßig in Konflikt mit den von Spanien verordneten Handelsbeschränkungen kamen und mit den spanischen Küstenwachen kollidierten. Zwischen 1713 und 1737 büßten englische Kaufleute auf diese

Weise rund 200 Schiffe ein. Seit Anfang 1738 stand die auf Friedenswahrung gerichtete Spanien-Politik der Regierung unter ständigem Beschuß der Opposition. Sie stellte ein heterogenes Bündnis aus oppositionellen Whigs, die das expansive Handelsinteresse der Amerikakaufleute artikulierten, und verschiedenen Tories dar, die der „Filzokratie" der Whigs um Walpole zu Leibe rücken wollten. Um die Frage, ob ein Krieg gegen Spanien angebracht sei, kam es zu tiefgehenden Positionskämpfen innerhalb der politischen Führungsschicht, die mit Walpoles Sturz endeten.

In dieser Auseinandersetzung machte auch Bolingbroke wieder von sich reden, als er eine Whigs und Tories übergreifende politische Bewegung aus dem „Geist des Patriotismus" zu begründen versuchte.²⁶¹ Er sprach damit auch die mit Walpole unzufriedenen Whigs der jüngeren Generation an, die in einem Krieg gegen Spanien das nationale Interesse verwirklicht sahen. England sei in seinem Protest gegen die Regierung wieder eine Nation geworden, meinte der gegen Walpole eingestellte und seit 1735 im Unterhaus sitzende William Pitt, dessen Stern langsam aufzugehen begann.

Der Konflikt mit Spanien beherrschte die Parlamentsdebatten der Jahre 1738 und 1739 fast vollständig. Zunächst versuchte die Regierung, die immer lauter werdenden Proteste der Westindienkaufleute durch einen Handelsvertrag mit Spanien zu beschwichtigen. Dieser Vertrag, die Konvention von Pardo vom Januar 1739, blieb jedoch weit hinter den Erwartungen der Kaufmannschaft zurück, weil die spanischen Handelsschranken und das spanischerseits daraus abgeleitete Recht, am illegalen Handel beteiligte Schiffe aufzubringen, bestehen blieben. Die Abstimmung über den Vertrag in einer seit Jahren am besten besuchten und längsten dauernden Unterhaussitzung am 8. März 1739 fiel mit 260 zu 232 Stimmen knapp zugunsten der Regierung aus. Wegen der unsicheren Mehrheitsverhältnisse hatte die Regierung ihre Anhänger zur Präsenz aufgefordert. Die Abstimmung wurde keinesweges nur vom Handelsinteresse beeinflußt. Vielmehr ging es generell um die Politik der im Amt befindlichen Regierung. Gegen sie stimmten außer 132 Tories auch 100 oppositionelle Whigs. Die in der Abstimmung Unterlegenen zögerten nicht, eine Aufstellung über das Abstimmungsverhalten der Parlamentarier zu veröffentlichen und die regierungstreuen Abgeordneten des Verstoßes gegen das Handelsinteresse der Nation zu bezichtigen.

Angesichts dieser Entwicklung gab Walpole nach und stimmte widerstrebend einem Krieg gegen Spanien zu. Von Bedeutung war, daß die Auseinandersetzung nicht auf das Parlament beschränkt blieb. Auch die Öffentlichkeit wurde mobilisiert. Gegen die knappe Mehrheit der Regierung im Unterhaus, die Walpole bis zum Sommer 1739 noch hatte, brachte man – in den Worten Pitts – „the voice of England" ins Spiel.²⁶³ Wenn die Stimme des Unterhauses und die Stimme des Volkes verschiedene Sprachen benutzten, müsse man Mittel finden, um letzterer Gewicht zu verleihen.

Die Entscheidung über Krieg und Frieden war nicht mehr allein der Regierung überlassen, sondern bewegte die Öffentlichkeit ganz allgemein. Die dramatische Geschichte von Kapitän Jenkins, der bei einer Anhörung im Parlament sein angeblich von den Spaniern abgetrenntes Ohr präsentierte, war nur *ein* Mittel, dem Ruf nach Krieg Nachdruck zu verleihen. Gleichzeitig dienten auch Zeitungen und Flugschriften, Karikaturen und Theatervorstellungen dazu, die immer populärer werdende Forderung nach Krieg zu verbreiten. Die Regierung machte den öffentlichen Druck verantwortlich für den englischen Kriegseintritt. Dadurch kamen, wie es sich schon 1733 bei der Akzise-Krise angedeutet hatte, erstmals seit der Mitte des 17. Jahrhunderts, nachdem die Glorreiche Revolution sie für einige Zeit verdrängt hatte, wieder plebiszitäre Elemente in die Politik hinein und gefährdeten die politische Nation in ihrer parlamentarischen Exklusivität. Aus der Sicht der Regierung war in dieser Konstellation sogar die Verfassungsfrage aufgeworfen. Die Ausgewogenheit der Verfassung stünde auf dem Spiel. Lord Hardwicke, Lordkanzler von 1737 bis 1756, wähnte die bestehenden Institutionen vom Umsturz bedroht, wenn es zur Gewohnheit werden sollte, daß das Parlament dem Druck der aufgepeitschten Masse nachgibt. Auch auf seiten der Tories sah man die eingetretenen Veränderungen mit gemischten Gefühlen. England gleiche einem „vast mob", hieß es 1741 in einer Flugschrift,[26] und der von zu Hause an den Fürstenabsolutismus gewöhnte österreichische Gesandte in London hielt England für eine „Nation natürlicher Unbeständigkeit".[265]

Ihr fiel Walpole im Februar 1742 zum Opfer, als er zurücktrat und anderen Politikern aus der Whig-Elite Platz machte. Nach einer kurzen Übergangszeit kam jetzt die große Zeit der Pelham-Brüder Henry Pelham und Thomas Pelham-Holles, der besser bekannt war als Herzog von Newcastle. Bis zum Tod Henry Pelhams 1754 dominierten sie in der englischen Innenpolitik, wo die Rolle der politischen Führergestalten mit ihren Möglichkeiten der Patronage und Wahlbeeinflussung nach wie vor von zentraler Bedeutung war. Zugeständnisse mußte das Whig-Establishment erst wieder machen, als im Siebenjährigen Krieg nationale Geschlossenheit an oberster Stelle stand. Schon in den ersten Kriegswochen mußte die Regierung gegen den Willen des Königs um William Pitt erweitert werden, der die Bindung Englands an die Interessen Hannovers nicht billigte und damit die Stimmung des Landes traf. Seine baldige Entlassung 1757 hatte zur Folge, daß der außerparlamentarische Druck abermals spürbar wurde. Zahlreiche Städte verliehen Pitt die Ehrenbürgerrechte und demonstrierten damit, daß sie seine zu diesem Zeitpunkt noch einseitig auf überseeische Kriegführung gerichtete Strategie unterstützten, die vor allem dem Handelsinteresse entgegenkommen wollte. Von besonderer Bedeutung war die Popularität Pitts in der City von London. Noch Anfang 1756 verfügte er dort nur über einen eng begrenzten Rückhalt. Erst Ende des Jahres begann William Beckford die Unterstützung für Pitt systematisch zu organisieren. Beckford, der in Jamaika geborene Westindien-Millionär, saß für London im Unterhaus und war zugleich ein Tory-Landedelmann, wobei Tory vor allem die Abgrenzung von den großen Whig-Familien meinte, die nicht nur die Regierung, sondern auch die Großfinanz und die Handelskompanien kontrollierten.

In die Regierung zurückgekehrt führte Pitt dann als nationale Integrationsfigur zusammen mit Newcastle als dem Organisator parlamentarischer Mehrheiten England zu den großen Siegen im Siebenjährigen Krieg. Pitt verkörperte schon die Ambivalenzen der Moderne mit ihrer Verquickung von egalisierenden Tendenzen, wirtschaftlichem Wachstum und militärischer Gewalt. In seinen Augen war der Krieg ein Zuchtmeister und sollte die alten Parteiungen und Cliquen wie in einem politischen Schmelztiegel beseitigen. Sie aber fürchteten, er könnte in seiner Taktik, die Massen zu mobilisieren, zu weit gehen. Sie fühlten sich abgestoßen, wenn Pitt glaubte, den Krieg im Kraftgefühl finanzieller Leistungsfähigkeit noch lange – „bis in alle Ewigkeit", wie er gesagt haben soll – fortsetzen zu können.[266] Nach der im Oktober 1760 erfolgten Thronbesteigung Georgs III., der – von Bolingbrokes „Patriot King" beeinflußt – die Rolle der Krone wieder stärken wollte, war das Ende der politischen Führungsstellung Pitts mit dem Ende des Siebenjährigen Kriegs bald gekommen. Die Politik geriet wieder stärker unter die Kontrolle der Exekutive, die aber nicht verhindern konnte, daß sich im letzten Drittel des 18. Jahrhunderts eine Oppositionsbewegung außerhalb des Parlaments formierte, die auf Reformen des politischen Systems drängte.

II. Wachstum als Merkmal der Epoche

1. Eigentümergesellschaft und Wirtschaftsdynamik

Das politische System Englands war im 18. Jahrhundert der Ausdruck einer Herrschaftsform, die die politische Nation von der Bevölkerung insgesamt zwar nicht isolierte, aber doch deutlich abhob. Zur politischen Nation gehörte, wer zu den besitzenden Schichten zählte und damit über das ausschlaggebende Merkmal verfügte, das zur politischen Partizipation berechtigte. Erfolgreiches Wirtschaften, Besitzindividualismus und Eigentumsschutz bestimmten daher die Mentalität der Gesellschaft mit ihren leistungsbezogenen Normen und Wertorientierungen.[267] Auch der

Adel war integraler Teil der bürgerlichen Erwerbsgesellschaft. Er mußte sich ökonomisch behaupten und zahlte Steuern, war also nicht durch Standesprivilegien vor der sozial-ökonomischen Wirklichkeit geschützt. Im Unterschied zu den kontinentaleuropäischen Verhältnissen folgte der englische Adel bürgerlichen Tugenden. Die „feudalen und absolutistischen Hierarchien des Kontinents" waren ihm fremd und mit ökonomischer Rationalität nicht vereinbar. „Ein deutscher Junker verfügte über ein größeres Gefolge von Dienern und häuslichen Vasallen als der Herzog von Bedford."[268]

Soziale Mobilität innerhalb der besitzenden Schichten und politische Dynamik innerhalb der politischen Nation waren wesentliche Bedingungen dafür, daß Großbritannien im 18. Jahrhundert die Subsistenzwirtschaft endgültig hinter sich lassen konnte. Es gelang der Einstieg in eine Wachstumsphase, die schließlich in die Industrielle Revolution einmündete.[269] Vorindustrielles Wachstum ging dem qualitativen Sprung der Industriellen Revolution notwendigerweise voraus. Aufgrund der engen Verquickung von vorindustriellem und industriellem Wachstum spricht man von einer ganzen Reihe von „Revolutionen", die nebeneinander abliefen, sich wechselseitig verstärkten und Großbritannien schon vor der Industriellen Revolution von anderen Ländern abhoben.[270] Die Stichworte lauten: Finanzrevolution, Außenhandelsrevolution, Agrarrevolution, demographische Revolution, Transportrevolution. Es war ein Zeitalter wachstumsfördernder Revolutionen, die sich über eine vergleichsweise lange Dauer erstreckten und darum vielleicht gar nicht mit der Bezeichnung Revolution belegt werden sollten. Revolution meint aber nicht die Plötzlichkeit des Wandels, sondern seine strukturverändernde Art, die Großbritannien von der Landwirtschaft über das Banken- und Versicherungswesen bis hin zur gewerblichen und protoindustriellen Produktion an die Spitze der Weltentwicklung brachten. Entscheidend für die herausragende Stellung des Landes war die Gleichzeitigkeit und die Interdependenz der wachstumsfördernden Veränderungen.

Wie überall in Europa kam es auch in England in der Mitte des 18. Jahrhunderts zu einem alle Erfahrungswerte hinter sich lassenden Bevölkerungswachstum.[271] Diese demographische Revolution setzte in den vierziger Jahren ein, als das jährliche Bevölkerungswachstum, das um 1740 ca. 0,3% betragen hatte, auf 0,6% anstieg. In der kurzen Spanne zwischen 1740 und 1770 stieg die Bevölkerung in England und Wales explosionsartig von fünf auf sechs Millionen Menschen. Ende des Jahrhunderts betrug die jährliche Wachstumsrate etwas über 1%. Im Jahr 1801 lebten in England und Wales neun Millionen Menschen. An dieser Stelle muß nicht diskutiert werden, ob ansteigende Geburtenraten oder der Rückgang der Sterblichkeit für die Entwicklung ausschlaggebend waren. Die neuere Forschung vermeidet monokausale Erklärungen und beachtet auch regionale Unterschiede sowie Stadt-/Landspezifizierungen. Sowohl für den seit der Jahrhundertmitte langsam einsetzenden Rückgang der Kindersterblichkeit als auch für die zum selben Zeitpunkt allmählich zu verzeichnende höhere Lebenserwartung war die bessere Ernährungssituation der Hauptgrund. Medizinische Fortschritte – wie die zuerst in England um 1720 eingeführte Pockenimpfung – oder hygienische Verbesserungen konnten erst im 19. Jahrhundert richtig greifen. Die insgesamt dürftige Rolle, die die Medizin spielte, läßt sich auch an der Zahl der Krankenhäuser ablesen, von ihrer Qualität einmal ganz zu schweigen. Zu Beginn des 18. Jahrhunderts gab es in England und Wales vier Krankenhäuser, zwei davon in London. Im Jahr 1760 waren es immer noch nicht mehr als etwa zwanzig.

Die Bevölkerungszunahme war von ausgedehnten Wanderungsbewegungen sowohl nach Übersee als auch innerhalb Großbritanniens begleitet. Aus politischen, religiösen oder wirtschaftlichen Gründen verließen im 18. Jahrhundert 1,5 Millionen Menschen das Land. Gleichzeitig setzte die das 19. Jahrhundert entscheidend prägende Urbanisierung schon ein. In Städten mit über 5000 Einwohnern lebten um 1700 rund 16%, um 1800 rund 27% der Bevölkerung. Zu Beginn des 18. Jahrhunderts gab es neben London nur sieben Städte mit mehr als 10000 Einwohnern, nämlich Norwich, mit 30000 Einwohnern die größte von ihnen, sowie Bristol, Colchester, Exeter, Newcastle, Yarmouth und York. Um 1750 bestanden schon 14 Städte dieser Größenordnung, darunter die künftigen Zentren der Industriellen Revolution wie Birmingham, Manchester oder Sheffield. Die größte Stadt nicht nur Englands, sondern der damaligen Welt war London, das von 575000 Einwohnern im Jahr 1700 auf 675000 1750 und 959000 1801 wuchs. Dreiviertel des englischen Außenhandels gingen über den Londoner Hafen. Als Handels- und Finanzzentrum, aber auch als Markt hatte London eine Magnetfunktion nicht nur für die Wirtschaft, sondern auch für viele Menschen, die sich hier bessere Verdienste und Aufstiegschancen erhofften. Das durchschnittliche Jahreseinkommen betrug in London im Jahr 1700 rund 25 Pfund, in Westengland 17 und im Norden 11 Pfund. Um 1750 lauteten die Vergleichszahlen 30, 17 und 15 Pfund.

Die Bevölkerungszunahme, die sich auch auf dem Land abspielte und für das 18. Jahrhundert dort auf 8,5% zu veranschlagen ist, führte zu keinem Zeitpunkt zu Engpässen in der Versorgung. England war im 18. Jahrhundert ein landwirtschaftliches Überschußgebiet. Um 1750 wurden 25% der Getreideernte exportiert, was in den kommenden Jahrzehnten aber wieder zurückging. Grundlage dafür war die sogenannte Agrarrevolution. Bei aller Problematik auch dieses Begriffs, bei dem man nicht übersehen darf, daß der unter ihm subsumierte Vorgang weder schlagartig noch flächendeckend erfolgte, ist damit die schon im 16. und 17. Jahr-

hundert vorbereitete, aber erst im 18. Jahrhundert allgemein und auf brei-
ter Front durchgeführte Modernisierung der Landwirtschaft gemeint, die
sich durch bessere Ausnutzung der Böden, Ausweitung (zwischen 1700
und 1760 um 10%) der Anbaufläche durch Trockenlegungen und Umwandlung von Weide- in Ackerland und durch effizientere Viehhaltung
auszeichnete. Unterstützt durch die Gesetzgebung des Parlaments, wo
die Landbesitzer die ihren Interessen gemäßen Beschlüsse faßten, zeigte
sich die nach den Grundsätzen kapitalistischer Unternehmer geführte
Landwirtschaft Großbritanniens für Innovationen verschiedenster Art
aufgeschlossen. Bessere Geräte spielten nur eine untergeordnete Rolle,
sieht man einmal von der Ablösung des Holzpflugs ab. Als Zugtiere
wurden statt der Ochsen zunehmend Pferde eingesetzt, deren Fütterung
zwar teurer war, die das Pflügen aber beschleunigten. Die Mechanisie-
rung der Landwirtschaft erfolgte erst im Zuge der Industriellen Revolution. Eine Vorstufe war die Dreschmaschine in den achtziger Jahren
des 18. Jahrhunderts. Nicht nur die Produktionsmethoden wurden –
von East Anglia ausgehend – verbessert, auch die Betriebsformen und
die überregionale Vermarktung. Dieser Entwicklungsschub ging erneut
auf Kosten der kleinen Bauern, die oft zu Lohnarbeitern auf den Höfen der Landbesitzer und Pächter wurden. Sie entrichteten den sozialen
Preis dafür, daß England in der Mitte des 18. Jahrhunderts Flandern
von der Spitze des landwirtschaftlichen Fortschritts verdrängte. Die
Agrarproduktion stieg im 18. Jahrhundert um 61%. Pro Acre wurden
44% mehr erwirtschaftet. Eine in der Landwirtschaft beschäftigte Arbeitskraft produzierte im Jahr 1800 fast 50% mehr als hundert Jahre
zuvor.

Die Weitergabe von Kenntnissen über neue landwirtschaftliche Methoden erfolgte über lokale Gruppen und einzelne Publikationen wie das
1731 veröffentlichte und weit verbreitete Buch „Horse Hoeing Husbandry" von Jethro Tull, der schon zu Beginn des Jahrhunderts die Drillsaat
entwickelt hatte. Hauptcharakteristika der modernen Landwirtschaft waren die Fruchtwechselwirtschaft und der Fortgang der *Enclosures*. Zu den
Pionieren der Fruchtwechselwirtschaft gehörte Charles Townshend, der
die progressive Grundbesitzerelite repräsentierte wie kaum jemand. Als
Schwager Walpoles war er bis 1730 in der Politik tätig, lange Jahre auch
als Minister. Als er danach auf seine nach modernsten Gesichtspunkten
geführten und holländischen Vorbildern folgenden Güter in Norfolk zurückkehrte, machte er seinem Beinamen Turnip-Townshend weiterhin
alle Ehre. Rüben gehörten neben Kartoffeln zu den Hackfrüchten, die im
Wechsel mit Getreide und Futterpflanzen (vor allem Klee) angebaut wurden. Dadurch war das Brachfeld zur Regenerierung des Bodens überflüssig geworden. An seine Stelle trat die unterschiedliche Auslaugung der
Böden und Wiederzuführung von Nährstoffen durch bestimmte Pflan-

zen. Der vermehrte Anbau von Futterpflanzen führte zu erweiterter Viehhaltung und Zunahme der Stallfütterung, wodurch wiederum mehr Dünger anfiel.

Der sich über Jahrhunderte erstreckende Vorgang der *Enclosures*, der bis heute das englische Landschaftsbild prägt, erreichte in der zweiten Hälfte des 18. Jahrhunderts seinen Höhepunkt und zugleich vorläufigen Abschluß. Von 1760 bis 1820 verabschiedete das Parlament ca. 4000 entsprechende Gesetze. Höhepunkte waren die sechziger und siebziger Jahre und später die Zeit der Kriege gegen das Frankreich der Revolution. Nur wer zahlungskräftig war, konnte sich daran beteiligen. Es begann schon mit den Kosten für das parlamentarische Gesetzgebungsverfahren, das auf der Grundlage von *private bills* in jedem Einzelfall nötig war. Die Investitionen für Wege, Zäune, Hecken, Gräben, neue Geräte und Gebäude sowie nicht zuletzt die Lohnkosten für die Arbeitskräfte konnte sich der kleinere Landbesitzer nicht leisten. Er verlor zudem die Nutzungsrechte am vorher frei zugänglichen Gemeinbesitz. Häuslern und kleineren Bauern waren damit zunehmend Weiderechte und Anbaumöglichkeiten entzogen. Sie sanken unter das Existenzminimum und verdingten sich als Landarbeiter, die in größerer Zahl als je zuvor in der modernen Landwirtschaft benötigt wurden. Noch um 1800 erbrachte die Landwirtschaft rund ein Drittel des Volkseinkommens. Sie war der größte Arbeitgeber und der Wirtschaftszweig mit dem größten Kapitaleinsatz.

Auch die gewerbliche Produktion nahm im Laufe des 18. Jahrhunderts deutlich zu. Ablesbar war dies etwa am Verbrauch von Rohbaumwolle, der sich in der ersten Jahrhunderthälfte verdoppelte. In dem für die Landwirtschaft weniger geeigneten Lancashire wuchs die Baumwollproduktion zwischen 1740 und 1770 um jährlich 2,8% (davor 1,4%). Die Serie der technischen Neuerungen begann 1733 mit Kays fliegendem Weberschiffchen, wodurch die Weberei beträchtlich beschleunigt wurde. Mit der *Spinning Jenny* erfolgte 1764 eine Umwälzung auch in der Spinnerei. Kurz darauf gelang die Umstellung der Spinnmaschinen auf Wasserkraft. Damit war der Übergang von der Heimarbeit und Manufakturproduktion auf Fabriken eingeleitet. Auch die Kohleförderung wurde in den Jahrzehnten bis zur Jahrhundertmitte verdoppelt. Für die Eisenherstellung war 1709 ein Epochenjahr, als es Abraham Darby in Coalbrookdale (Shropshire), dem Zentrum der Eisenproduktion im 18. Jahrhundert, gelang, die Verhüttung von Eisenerz mit Koks statt bisher Holzkohle durchzuführen. Zwar verlief die völlige Umstellung auf Kokshochöfen sehr schleppend, aber der Anfang war gemacht. Die Koksverhüttung erlaubte reinere und größere Gußteile. Gebrauchsgegenstände (Kessel, Kamingitter, Bügeleisen) gingen vermehrt in die Produktion. Wellen für Mühlen und Zahnräder, die früher aus Holz waren, wurden zunehmend aus Eisen gefertigt. Auch in der Landwirtschaft tauchten immer häufiger Eisenteile auf. Der Hufbeschlag für Pferde machte 1760 15% der gesamten Nachfrage nach Eisen aus. Zwischen 1720 und 1760 stieg der Eisenverbrauch um 50%. In der zweiten Hälfte des 18. Jahrhunderts waren auch Bauteile vermehrt aus Eisen. Symbol des Übergangs in das neue Industriezeitalter im letzten Drittel des 18. Jahrhunderts war die 1769 patentierte Dampfmaschine von Watt. Sie bedeutete gegenüber der bisher vornehmlich zum Abpumpen von Bergwerken benutzten Newcomen-Dampfmaschine einen entscheidenden Fortschritt. Zu den Errungenschaften des 18. Jahrhunderts hatte es gehört, daß der Zylinder für die Newcomen-Dampfmaschine aus Eisen gegossen werden konnte. Watts Erfindung wies bereits ins 19. Jahrhundert.

Die zunehmende gewerbliche Produktion war nötig, um die steigenden Bedürfnisse einer wachsenden Bevölkerung befriedigen zu können, deren Löhne etwa doppelt so hoch waren wie in Frankreich. Dadurch entwickelte sich ein Binnenmarkt, auf dem sich die Nachfrage im Laufe des 18. Jahrhunderts verdreifachte. Hinzu kam die Absatzsteigerung im Exporthandel, der sich im 18. Jahrhundert versechsfachte. Allein zwischen 1740 und 1770 erreichte das Exportgewerbe einen Produktionsanstieg von 75%. Der Außenhandel insgesamt (Exporte von Fertigprodukten und Nahrungsmitteln, Importe von Rohstoffen und Re-Exporte von Überseegütern) nahm im Durchschnitt zwischen 1740 und 1770 um jährlich 1,7% zu, zwischen 1770 und 1800 um 2,6%. Kurzfristige Rückschläge – durch Kriegseinwirkung oder andere Ursachen – änderten nichts am säkularen Trend, der dem Außenhandel die größten Zuwachsraten brachte, die sich im gesamten Wirtschaftsleben nachweisen ließen.

Die Ausweitung der Außenwirtschaftsbeziehungen wurde vielfach als maßgeblicher Faktor für wirtschaftliches Wachstum an der Schwelle zur Industriellen Revolution angesehen. Die neuere Forschung hat allerdings wieder eine stärkere Gewichtung des Binnenmarkts vorgenommen und die in der Tat eindrucksvollen Steigerungsraten im Außenhandel in den Kontext der gesamtwirtschaftlichen Entwicklung und eines von vielen Variablen bestimmten Wachstums gestellt. Im übrigen waren Binnen- und Außenmarkt aufeinander verwiesen. Ein wachsender Binnenmarkt war zunehmend auf Importe – zum Beispiel von Rohbaumwolle aus Nordamerika, Zucker aus der Karibik, Holz aus dem Ostseeraum – angewiesen, denen wiederum entsprechende Ausfuhren gegenüberstehen mußten, um die Zahlungs- und Handelsbilanzen günstig gestalten zu können.

Der Außenhandel entwickelte sich sowohl im Hinblick auf Märkte als auch auf die Produktpalette variantenreicher als im 17. Jahrhundert. Kontinentaleuropa blieb zwar ein wichtiger Absatzmarkt, verlor aber gegenüber den Handelsbeziehungen mit Amerika, Afrika, Indien und Fernost relativ gesehen an Bedeutung. Der in dieser Weise globale Dimensionen annehmende britische Außenhandel war längst nicht mehr von Wollprodukten dominiert, die im 17. Jahrhundert noch ca. 70% aller Exporte ausgemacht hatten. Ihr Anteil sank bis zur Mitte des 18. Jahrhunderts auf ein Drittel. Neu im Angebot waren nun Fertigwaren (Metall- und Baumwollprodukte). Unentbehrlich für das vorindustrielle Wachstum in der Mitte des 18. Jahrhunderts war der Ausbau des Transportsystems. Die gute natürliche Ausstattung Englands mit Fluß- und Küstenschiffahrt wurde durch Kanäle und Straßen ergänzt, so daß ein Markt von nationalem – und nicht nur regionalem – Zuschnitt mit sich ständig reduzierenden Transportzeiten und -kosten entstehen konnte. Ein imposantes Beispiel für die Nutzung der Küstenschiffahrt war der Kohletransport. Zu Beginn der dreißiger Jahre wurden 750000 t Kohle von Newcastle aus verschifft, 575 000 allein nach London. Der Kanalbau eröffnete ein neues Zeitalter. Meist privat finanziert durchzogen Kanäle – bis heute sichtbar und jetzt für Ferienboote benutzt – das ganze Land. Sie verbanden die wichtigsten Flüsse (Themse, Severn, Mersey und Trent) und die bedeutendsten Wirtschaftszentren miteinander. Ein bekanntes Beispiel ist der 1761 gebaute Bridgewater-Kanal, der die Kohlebergwerke des Herzogs von Bridgewater mit dem 16 km entfernten Manchester verband und 1776 bis Liverpool weitergebaut wurde. Der Herzog investierte rund 250000 Pfund und halbierte zugleich den Kohlepreis.

Im Straßenbau waren die schon im 17. Jahrhundert vereinzelt auftretenden *Turnpike Trusts* Träger des Fortschritts. Sie führten den Bau von Fernstraßen durch und sorgten für deren Instandhaltung. Seit der Mitte des Jahrhunderts schossen sie wie Pilze aus dem Boden. Zwischen 1750 und 1770 passierten 340 Gesetze für Einzelvorhaben dieser Art das Parlament. Die Benutzer der Straßen hatten am Schlagbaum (turnpike) eine Gebühr zu entrichten. Manchester war 1754 erstmals mit London direkt durch eine Fernstraße verbunden, 1773 auch Glasgow. Im letzten Drittel des Jahrhunderts hatte jede Region als Teil eines nationalen Netzes ihr eigenes Straßennetz. Das Transportgewerbe als Teil des insgesamt immer wichtiger werdenden Dienstleistungsbereichs konnte damit zu einem neuen Wirtschaftszweig werden. Während man um 1750 von London nach Birmingham zwei Tage brauchte, mußte man dreißig Jahre später nur noch 19 Stunden dafür ansetzen. Das moderne England mit seiner Großräumigkeit und seinen neuen Kommunikations- und Austauschmöglichkeiten begann sich deutlich abzuzeichnen. Damit einhergehender gesellschaftlicher und wirtschaftlicher Wandel stieß nicht nur auf Zustimmung. Proteste äußerten sich zum Beispiel in Anschlägen und Sabotageakten gegen Fernstraßen. Solches Verhalten galt seit 1735 als

Kapitalverbrechen und war mit der Todesstrafe bedroht. Die besitzindividualistische Gesellschaft duldete politische Opposition, aber keine Eigentumsdelikte.

Für die postrevolutionäre Gesellschaft, wie sie sich nach der Glorreichen Revolution formierte, war *property* der Schlüsselbegriff schlechthin.[272] Gesetzgebung und Rechtsprechung dienten der Entfaltung und dem Schutz der Eigentümergesellschaft. Freiheit war die Freiheit der *propertied classes*. Sie dominierten überall: in der Jurisdiktion, in der Verwaltung, in der Politik. Nur Vermögende konnten überhaupt politisch tätig werden. Ein Friedensrichter, der auf Grafschaftsebene die entscheidende richterliche und administrative Instanz war und in aller Regel der Gentry entstammte, mußte aufgrund von Gesetzen aus den Jahren 1731 und 1744 ein Jahreseinkommen von hundert Pfund aus in der jeweiligen Grafschaft liegenden Ländereien nachweisen. Für das passive Wahlrecht zum Unterhaus galten analoge Bestimmungen.[273]

Krasse soziale Ungleichheit blieb ein Grundzug der Gesellschaft des 18. Jahrhunderts,[274] wobei der Hochadel und die Spitzen der Gentry im Laufe des Jahrhunderts ihren Anteil am Landbesitz auf Kosten der kleineren Bauern und Pächter noch steigerten. Um 1700 verfügten die großen Magnaten über 15–20% des Landes, um 1800 waren es 20–25%. Die Masse der Bevölkerung lebte ungesichert und in Armut. Der Anteil der Unterschicht an der Gesamtbevölkerung nahm im Laufe des 18. Jahrhunderts zu. Da sie außerhalb der politischen Nation stand, blieb ihr nur die weitere Öffentlichkeit als Artikulations- und gegebenenfalls als Protestforum, um auf das Parlament vielleicht Eindruck machen zu können. Auch gewalttätige Protestformen und Aufruhr (*riots*) gehörten dazu. *Riots* konnten sich gegen einzelne Maßnahmen wie das Gin-Gesetz von 1736 richten, mit dem versucht wurde, den hohen Konsum von Gin durch eine Gin-Steuer herabzudrücken. Oder sie waren gegen Einhegungen von Gemeindeland gerichtet, was 1753 in Wiltshire besonders große Ausmaße annahm. Auch der Versuch der Regierung, die durch den Siebenjährigen Krieg noch einmal erheblich gesteigerte Staatsverschuldung 1763 durch eine Steuer auf Cider etwas abzuschwächen, rief gewaltsamen Protest hervor. Schließlich kannte man *food riots,* wenn die Brotpreise stiegen und die Hungernden durch direkte Aktion versuchten, Abhilfe zu schaffen. Auch bei Wahlkämpfen kam es wiederholt zu gewaltsamen Zusammenstößen. Insgesamt aber war gewaltsamer Konfliktaustrag im 18. Jahrhundert nicht an der Tagesordnung. *Rioting* war kein legales, aber übliches – im wesentlichen auf die Städte begrenztes – Mittel des Kampfes und wurde von den Herrschenden nicht als Klassenkampf oder Revolution wahrgenommen, sondern eher als Ventil, das der plebejischen Öffentlichkeit in sozialen Konflikten zur Verfügung stand. Im 19. Jahrhundert sollte Disraeli von den „zwei Nationen" sprechen, aus denen

England bestehe, nämlich den Reichen und den Armen, zwischen denen
es keine Gemeinsamkeiten gebe. Ähnliches läßt sich auch für das 18. Jahrhundert sagen: auf der einen Seite die Besitzenden, die die politische
Nation mit Parlamentarismus, materiellem Wohlergehen und politischer
Freiheit bildeten, „a polite and commercial people", wie es der berühmte
Jurist William Blackstone in den sechziger Jahren des 18. Jahrhunderts
formulierte; auf der anderen Seite das England der Unterschichten, wo
Rohheit, Trunk- und Spielsucht und Vergnügen an Gewalt zu finden
waren. Hogarth hat es in den „Four Stages of Cruelty" anschaulich dargestellt.[276]

Gewalt, wenn sie eine Protestform darstellte, richtete sich gegen Sa-
chen und fremden Besitz, nicht gegen Menschen. Die „Zivilisierung"
des politischen Kampfes"[277] schlug sich auch in der geringer werdenden Zahl der Todesurteile nieder, die tatsächlich vollstreckt wurden.
Überhaupt ging die Zahl der Tötungen von Menschen im 18. Jahrhundert signifikant zurück. Der Zivilisierungsprozeß war von Repressions-
gesetzen und sozialdisziplinierenden Maßnahmen begleitet. Dazu gehörte die *Riot Act* von 1715: Zusammenkünfte von mehr als 12 Personen konnten aufgelöst werden. Im Jahr 1721 wurden Vereinigungen
von Arbeitern verboten, die Streikzwecken dienten. Zwei Jahre später
wurde die schon bekannte Einrichtung von Arbeitshäusern verschärft.
In ihnen konnten die Armen nach Geschlecht getrennt kaserniert werden. Berüchtigt war die *Black Act* von 1723, mit der Wilderei zum Kapitalverbrechen erklärt wurde. Auch Diebstahl konnte mit der Todesstrafe geahndet werden.

Der Staat setzte sich für Rechtssicherheit und für die Sicherung von
Besitz ein und empfing im Gegenzug in Form von Steuern und Anlei-
hen das Geld der Besitzenden. So kann man, vereinfacht formuliert, den
Stabilitätszusammenhang beschreiben, der für politische Stabilität im Innern, wirtschaftliche Dynamik und weltpolitische Offensive wichtig
war. Als Walpole 1720, wie erwähnt, die Spekulationskrise um die
South Sea Company löste, war nicht nur seine eigene politische Karriere
gesichert. Auch der Staat blieb weiter kreditwürdig und zwar sowohl
für britische als auch für ausländische (insbesondere holländische) Geldanleger, die Staatspapiere kauften und damit die infolge der Kriege Jahr
um Jahr steigende Staatsverschuldung ermöglichten. Sie wuchs von
50 Millionen Pfund nach dem Spanischen Erbfolgekrieg auf 76 Millionen nach dem Österreichischen Erbfolgekrieg und 133 Millionen nach
dem Siebenjährigen Krieg. In den dreißiger Jahren, als das Jahresbudget
des Staates ca. 5 Millionen Pfund betrug, mußten etwa 2 Millionen –
also etwa 40% des Staatshaushalts – für Zinsen und Tilgung eingesetzt
werden.

Jahr	Nachweis für	Bevölkerung	Bruttosozialprodukt		Staatsausgaben		
		%	insgesamt	pro Kopf	insgesamt	pro Kopf	Anteil am BSP
		Mio.	Mio. Pfund	Pfund	Mio. Pfund	Pfund	(%)
1749	England u. Wales	6,440	64	9,9			
1755	England u. Wales	6,602	64	9,7	5,9	0,9	9,3
1763	Großbritannien	8,256	122	14,7	17,7	2,1	14,5
1766	England u. Wales	7,151	75	10,4	8,6	1,2	11,5
1770	England u. Wales	7,428	130	17,5	8,8	1,2	6,8
1775	England u. Wales	7,690	100	13,0	8,7	1,1	8,7
1785	England u. Wales	8,016	125	15,6	21,8	2,7	17,4
1790	Vereinig. Königr.	14,800	186	12,5	24,0	1,6	12,9
1797	Großbritannien	10,746	230	21,4	57,5	5,4	25,0
1800	Großbritannien	10,831	228	21,0	49,5	4,6	21,7

Bevölkerung, Sozialprodukt und Staatsausgaben
(Quelle: A. Smith, Der Wohlstand der Nationen. Hg. v. H. C. Recktenwald,
1978, S. 825)

Doch trotz unablässig steigender Staatsschuld blieben die öffentlichen Finanzen aufgrund sowohl der Kreditwürdigkeit des Staates, als auch der Leistungsfähigkeit der zentralstaatlichen Zoll- und Steuerverwaltung intakt. Das Steueraufkommen war, gemessen an der Bevölkerungszahl, in Großbritannien höher als in Frankreich. Frankreich war ein Beispiel für finanzielle Überbürdung und Staatsbankrott, während England nicht nur den Druck der hohen Staatsausgaben aushielt, sondern auch noch dynamisches Wachstum erlebte. In Großbritannien kam hinzu, daß sich überall im Land, also auch in der Provinz, ein gut funktionierender Bankenapparat entwickelte. In keinem Land war der Markt mit Aktien und Wertpapieren schon im 18. Jahrhundert so entwickelt wie in Großbritannien. London trat an die Stelle von Amsterdam und wurde in der zweiten Hälfte des 18. Jahrhunderts und endgültig während der Napoleonischen Kriege zur Drehscheibe des internationalen Geldmarkts.

Wichtig für die Akzeptanz dieses Systems, das wie ein „Blasebalg" nach allen Seiten wirkte,[278] war die verschiedene politische und soziale Gruppen integrierende Wirkung des kommerziellen Interesses. Unabhängig von Partikularinteressen – etwa im agrarischen Bereich oder im Finanz- und Bankensektor oder auf dem Gebiet von Transport und Handel – war wirtschaftliches Wachstum von allen gleichermaßen erstrebt und Bedingung ihres Erfolgs. Im „commercial interest" manifestierte sich die Identität des Landes. Ungeachtet von taktischen Varianten im politischen Machtkampf bestand ein prinzipieller Konsens innerhalb der Nation der Besitzenden und politisch Freien, die am parlamentarischen System partizipierten, daß die Entfaltung des britischen Handelsstaats die entscheidende Grundlage britischer Macht sei. Die ökonomische Variante der Machtpolitik, zu der militärische Maßnahmen und Kriege gewissermaßen flankierend, aber nicht notwendigerweise hinzutraten, bestimmte das britische Selbstverständnis und die britische Weltpolitik. „We must be merchants while we are soldiers", faßte 1757 Lord Holdernesse, einer der beiden *Secretaries of State*, diese Prioritätensetzung zusammen.[279] Die Staatsräson des Handelsstaats führte dazu, daß es zur Deckungsgleichheit von nationalem Interesse und Handelsinteresse kam: „Whatever assists, promotes, and extends the commerce of Britain is consistent with its national interest."[280]

Bedenkt man, daß die politische Elite weder dem Handels-, noch dem Finanzbürgertum entstammte, daß im Großbritannien des 18. Jahrhunderts „Landbesitz als Grundlage und Berechtigung für politisches Handeln galt"[281] und die Landwirtschaft der größte – wenn auch ein tendenziell schon im 18. Jahrhundert abnehmender – Wirtschaftssektor war, so mag die Dominanz des „commercial interest" überraschen. Berücksichtigt man aber, daß die Agrarwirtschaft wie andere Wirtschaftssektoren auch allein nach kapitalistischen Gesichtspunkten betrieben wurde und damit ohne Vorbehalt unter das allgemeine Wachstumsgebot fiel; daß England, wie Samuel Johnson feststellte, ein Land war, „wo Geld hoch geschätzt wird", „wo nichts ohne Geld zu bekommen ist",[282] so ist dies schon weniger überraschend. Landbesitz, Handels- und Finanzinteressen waren vielfach miteinander verschränkt und wurden oft in Personalunion betrieben. Es blieb nicht aus, daß es zwischen „landed" und „moneyed interest" sozialpsychologisch erklärbare Abgrenzungen gab. So betonte Bolingbroke noch 1749, den „landed men" gehöre recht eigentlich „our political vessel". Die „moneyed men" seien nur Mitreisende.[283] Johnson sagte 1773 noch voraus, die „ganze Handelsmanie" werde sich „noch selbst zerstören".[284] Traditionsverhaftete Positionen dieser Art hielten die „landed men" aber nicht davon ab, sich aktiv an der Wachstumswirtschaft zu beteiligen. Die Grundbesitzer waren profitorientierte Unternehmer und aktiver Teil der britischen Moderne mit ihren besitzindividualistischen Eigentumsstrukturen. Sie waren überwiegend keine Agrarier mit antimoderner Defensivstrategie.

2. Außenpolitische Offensive und Aufstieg zur führenden Weltmacht

Wachstum hatte im 18. Jahrhundert nicht zuletzt auch eine außen- und weltpolitische Seite. Als Frankreich im Siebenjährigen Krieg in der Karibik und in Kanada kriegsentscheidende Niederlagen hinnehmen mußte und vor allem 1759 im „annus mirabilis" die „Glocken des Sieges"[285] zu hören waren, war das ganze Land – und nicht nur die Westindienkaufleute oder spekulierende Geldanleger – vom Taumel des Sieges erfaßt. Es war ein Sieg der Waffen, dem die strukturelle Überlegenheit Großbritanniens zugrunde lag. Dazu gehörte nicht zuletzt die unbegrenzt erscheinende finanzielle Leistungskraft. Der Staat verschuldete sich bis an die Grenze des Vertretbaren. Er finanzierte die Kriegsflotte für den überseeischen und die Armee für den kontinentaleuropäischen Krieg und stellte Subsidien für Verbündete bereit, ohne daß die Staatsfinanzen ruiniert wurden. Mehr noch: Die erfolgreiche Kriegführung schaffte außenpolitische Bedingungen, die für die Außenwirtschaftsbeziehungen Großbritanniens an der Schwelle zur Industriellen Revolution schlechterdings optimal waren.

Das 18. Jahrhundert war das Jahrhundert der weltpolitischen Offensive Großbritanniens.[286] Zwischen 1689 und 1802 befand sich das Land insgesamt 75 Jahre im Kriegszustand. In der zweiten Hälfte des 17. Jahrhunderts hatte der britische Aktionsradius schon bis zum Ostseeraum, ins westliche Mittelmeer und nach Nordamerika gereicht. Es handelte sich dabei aber zunächst noch um labile und vom Rückschlag bedrohte Anfänge und noch nicht um konsolidierte Weltpolitik. Hundert Jahre später war daraus ein Netz globalen Zuschnitts geworden. Bei Ende des Siebenjährigen Kriegs und erst recht, als das Napoleonische Frankreich geschlagen war, hatte Großbritannien die Position einer unangefochten führenden Weltmacht errungen. Die daraus entstehende neue Weltsicht drückte sich nirgends so deutlich aus wie in der späteren „zweiten" Nationalhymne „Rule Britannia, Rule the Waves", die James Thomson schon 1740 geschrieben hatte. Im Selbstverständnis der politischen und sozialen Elite gestaltete sich der Aufstieg Großbritanniens analog zur Herausbildung der römischen Weltherrschaft. Was hätte augenfälliger für die neue Zeit sein können als diese Assoziation, mit der die römische Erfolgsgeschichte für die eigene Sache instrumentalisiert wurde. Nationalbewußtsein moderner Prägung breitete sich aus und wirkte auch jenseits sozialer Gegensätze integrierend.[287]

Britische Weltpolitik hieß seit der Glorreichen Revolution und der hannoverschen Thronfolge, daß Europa- und Überseepolitik eng verzahnt waren. Die Wahrung eines multipolaren Gleichgewichts auf dem europäischen Kontinent und die Erringung der britischen Hegemonie auf den Weltmeeren und im Welthandel bedingten sich. Die rein politisch klingende Kategorie der „balance of power" hatte unübersehbar einen handelspolitischen Kontext. Wenn eine andere Großmacht im Zeitalter des Merkantilismus versuchte, zur Hegemonialmacht aufzusteigen, mußte dies notwendigerweise zu einer Beeinträchtigung des britischen Handels führen. Je stärker die internationale Machtstellung Großbritanniens vom Außenhandel abhing, desto stärker war das Interesse an der Aufrechterhaltung des Machtgleichgewichts in einem offenen internationalen System, so daß „struggle for the balance of power" realiter „struggle for power" bedeutete, wie es in einer zeitgenössischen Analyse aus dem Jahre 1750 hieß.[288] Der Handelsstaat brauchte adäquate Bedingungen, um die ökonomische Variante von Machtpolitik wirksam einsetzen zu können. Handelsschutz bedeutete Machtsicherung. Sicherheitspolitik war niemals nur auf die Sicherung von Territorien gerichtet, sondern immer auch auf die Sicherung des Handels. Ohne daß der Staat zum Exekutor von Pressure Groups oder wirtschaftlichen Sonderinteressen wurde, war der Zusammenhang von Außenpolitik, Sicherheitspolitik und Außenwirtschaftspolitik doch evident. Außenwirtschaft gehörte – im Unterschied zum Binnenmarkt – zu den Bereichen, wo der Staat eine zentrale Rolle spielte.

Die Hauptgegner in der weltpolitischen Auseinandersetzung des 18. Jahrhunderts waren Spanien und vor allem Frankreich. Der Spanische Erbfolgekrieg (Große Allianz England-Niederlande-Österreich) mit den Friedensschlüssen von Utrecht (1713) und Rastatt (1714) dämmte nicht nur Frankreich in seinem Streben nach Vorherrschaft in Europa ein. Großbritannien konnte darüber hinaus seine Position in Nordamerika verbessern (Hudson Bay, Neuschottland) und die wichtigen Stützpunkte Gibraltar und Menorca sichern. Weiterhin erhielt es Handelskonzessionen in Spanisch-Amerika, also in den weiten Gebieten Süd-, Mittel- und auch noch Nordamerikas, die zu Beginn des 18. Jahrhunderts unter spanischer Herrschaft standen. Gerade aus diesen Regelungen aber, die nicht so günstig wie die mit Portugal im Handelsvertrag von 1703 getroffenen Vereinbarungen waren und die für die Dynamik des britischen Außenhandels viel zu eng waren, ergaben sich immer wieder Konflikte und Zusammenstöße zwischen englischen Handelsschiffen und spanischen Küstenwachen im karibischen Raum, wo Jamaika, die Bahamas, einzelne Inseln der Kleinen Antillen und Britisch-Honduras zum britischen Weltreich gehörten.[289] Die Vorfälle, die zum Teil aufgrund bestehender Handelsverträge rechtens waren, zum Teil aber spanische Übergriffe darstellten, führten zu einer heftigen Debatte über den weiteren Kurs der britischen Politik. Der Staat hatte auf Vorfälle zu reagieren, die sich staatlicher Kontrolle entzogen. Überseeische Expansion ging sehr stark von den Kräften vor Ort aus. Die Befürworter konsequenter Expansions- und Wachstumspolitik handelten das Ohr von Kapitän Jenkins

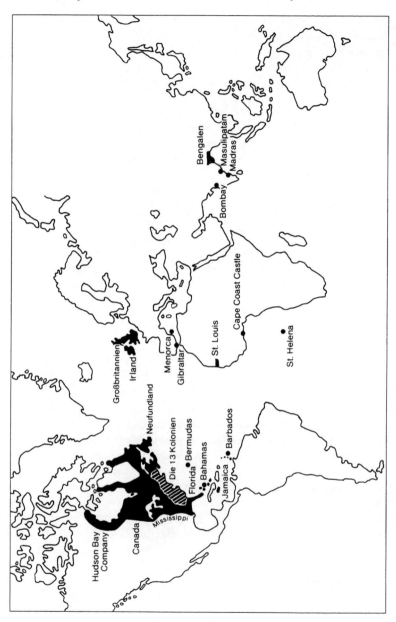

Das britische Weltreich 1763
(Quelle: P. Wende, Geschichte Englands, 1985, S. 196)

beinahe als Reliquie. Es war ihm, wie er behauptete, von den Spaniern abgetrennt worden und gab dem 1739 beginnenden Krieg gegen Spanien den Namen.

Der *War of Jenkins' Ear* war, wie oben ausgeführt, eine innenpolitische Niederlage Walpoles. Er wollte ihn aus seinem Verständnis für die Interessenwahrung des Handelsstaats und aus Kostengründen vermieden wissen. Ein Handelskrieg bedeutete nicht nur die Chance auf Brechung des umkämpften spanischen Handelsmonopols, sondern auch die Erhöhung der auf Landbesitz ruhenden Steuern, abgesehen davon, daß Krieg aus Walpoles Sicht immer ein Konfliktaustrag mit ungewissem Ausgang war. Die Regierung Walpole, die in ihrer Öffentlichkeitsarbeit Krieg als Hemmnis für internationalen Handel darstellte und in der gegebenen Situation für eine defensive Verfolgung britischer Handelsinteressen eintrat, hatte sich mit einer Opposition auseinanderzusetzen, mit der sich die aggressiv-kriegerische Variante britischer Außenhandelspolitik ihre Bahn brach. In den Augen der Opposition konnte Frieden seinen Wert nur dadurch gewinnen, daß er zur Durchsetzung der Belange des Handelsstaats auch tatsächlich beitrug. Man müsse – wie es in einer Petition der Kaufleute von Bristol vom Februar 1739 hieß – für „power, wealth and commerce of this Kingdom" fatale Konsequenzen befürchten, sollte gegen Spanien nicht vorgegangen werden.[290] Die Opposition hatte die Ausweitung der Außenmärkte im Auge, genauer: der amerikanischen Märkte. Dieser Handel versprach im Unterschied zum stagnierenden Handel mit dem Kontinent hohe Zuwachsraten und schien kriegerischen Einsatz durchaus zu lohnen.

In der Auseinandersetzung der gegenläufigen Handelsinteressen unterlag 1739 der unkriegerische dem expansiv-kriegerischen Flügel des britischen Außenhandels – eine Weichenstellung, die außenpolitisches Konfliktverhalten und Weltreichpolitik Großbritanniens in der Folgezeit entscheidend prägte. Ein neues Verständnis des Handelsstaats hatte sich durchgesetzt. Walpoles Politik war den etablierten, konservativen Kräften des britischen Wirtschaftslebens entgegengekommen. Seine politische Niederlage und schließlich sein Sturz 1742 fielen mit dem Rückgang der Monopolstellung der großen Handelsgesellschaften zusammen. Der Krieg gegen Spanien, das Unterstützung durch französische Seestreitkräfte erfuhr, verband sich seit 1740 mit den Kriegen um Schlesien, in denen England auf seiten Österreichs und Frankreich auf seiten Preußens stand. König Georg II. war auch Kurfürst von Hannover. Hannover wurde zum Reizwort in der Auseinandersetzung zwischen kontinentaler und maritimer Denkschule. Lord Carteret, der für die Politik gegenüber dem Kontinent von 1742 bis 1744 zuständige Minister, wurde als „Hanover troop minister" angegriffen. Er begründete das kontinentale Engagement mit der klassischen Formel, die immer wieder zu hören war. Durch

Unterstützung Österreichs gegen die bourbonischen Mächte würden die „common liberties of Europe" verteidigt. Dies nütze dem englischen Empire, der „Protestant religion" sowie der Sicherheit und Unabhängigkeit der Seemächte.²⁹¹ Die Verfechter eines Primats der Seekriegsführung wandten sich gegen die von Wilhelm von Oranien etablierte Orthodoxie der älteren Whigs, Großbritannien sei ein Faktor auch des kontinentaleuropäischen Mächtesystems und müsse auf dem Kontinent militärisch präsent sein. In diesem Punkt trafen sich die jüngeren oppositionellen Whigs mit den ohnehin gegen kontinentale Verwicklungen eingestellten Tories. Objektiv blieben zwar Land- und Seekriegsführung aufeinander verwiesen, wollte Großbritannien eine Weltmachtrolle spielen. Tendenziell nahm aber die Bedeutung der auf Übersee gerichteten *Blue Water*-Strategie seit der Mitte des Jahrhunderts zu.²⁹²

Auch der Friedensschluß von Aachen 1748 führte nicht zu einem Ausgleich in Übersee. Zwischenfälle und Grenzkonflikte in Kanada, im Ohio- und Mississippi-Tal, in der Karibik und in Indien waren an der Tagesordnung. Erst der Siebenjährige Krieg, der erste Weltkrieg um Ressourcen und Märkte, brachte eine Klärung zugunsten Großbritanniens. Jetzt war Großbritannien nach der „diplomatischen Revolution" von 1756 mit Preußen verbündet, das zwischen 1757 und 1760 jährlich 675 000 Pfund erhielt. Insgesamt kostete Großbritannien der Krieg, der die britische Vorherrschaft in Nordamerika und Indien sicherte und neue Positionen in der Karibik und in Westafrika einbrachte, 160 Millionen Pfund. Der britische Triumph war vollkommen, als 1762 auch Spanien geschlagen werden konnte. Spanien und Frankreich hatten gegen die drohende maritime Hegemonie Großbritanniens den sogenannten Familienpakt geschlossen, der auch Portugal als bedeutenden Handelspartner der Briten gefährdete. Der Siebenjährige Krieg veränderte das internationale System von Grund auf: Großbritannien ging aus ihm als Weltführungsmacht hervor. „Das Gleichgewicht der Macht ist in Amerika zerstört worden", befand Choiseul, der leitende Minister Frankreichs, nach dem Verlust Quebecs 1759. „Frankreich kann in seiner gegenwärtigen Stellung nicht mehr als eine Handelsmacht und infolgedessen nicht mehr als eine Macht ersten Ranges angesehen werden."²⁹³ Choiseul hätte auch Indien erwähnen können, wo derselbe Effekt zu verzeichnen war und wo sich die Herrschaft der Ostindien-Kompanie im Siebenjährigen Krieg mit staatlicher Politik zu verbinden begann. Damit setzte der lange Prozeß der direkten Übernahme Indiens durch den britischen Staat ein.

III: Radikaler Reformdruck und die Krise im Weltreich

1. Politischer Radikalismus als Herausforderung der Eliten

Der Siebenjährige Krieg veränderte nicht nur die Stellung Großbritanniens im internationalen System. Er war auch ein Katalysator für Veränderungen im innenpolitischen Kräftefeld. Während sich politische Bewegungen und Auseinandersetzungen nach und als Ergebnis der Glorreichen Revolution im wesentlichen auf die politische Nation beschränkt hatten und die besitzenden Schichten ihr Politikmonopol behaupten konnten, zeichnete sich das letzte Drittel des 18. Jahrhunderts dadurch aus, daß die Adels- und Besitzbürgerherrschaft zunehmend unter den Druck einer breiteren Öffentlichkeit kam. Aus der Sicht der Eliten war es der Mob, der sich seine Bahn brach. In den Augen der außerhalb des parlamentarischen Systems und damit außerhalb der politischen Nation stehenden Massen war es das Verlangen nach politischer Partizipation, die gefordert wurde. Ihre Repräsentanten wurden mit der Sammelbezeichnung *radicals* belegt. Radikale waren es in der Tat, aber zumeist nicht im revolutionären, sondern im demokratisch-progressiven Sinn. Der politische Radikalismus zielte überwiegend nicht auf Umsturz, sondern auf Reformen im Rahmen des bestehenden Systems. Die *radicals* sorgten dafür, daß Erinnerungen an die politische Vielfalt des 17. Jahrhunderts laut wurden. Die Politik wurde im letzten Drittel des 18. Jahrhunderts komplexer. Die bisher regierenden Schichten blieben zwar in ihren Positionen, aber sie hatten sich mit beträchtlichen Herausforderungen auseinanderzusetzen. Dazu gehörten nicht nur die *radicals*, sondern auch die Krone, die seit 1760 ihren Handlungsspielraum stärker auszuschöpfen versuchte, als es unter den beiden ersten Georgs der Fall gewesen war.[294]

Zu den frühen Führergestalten des Radikalismus zählte John Wilkes. Erstmals 1757 ins Unterhaus gewählt, hielt er sich nicht an die überkommenen Regeln dieses Gremiums und suchte die breit angelegte publizistische Debatte und öffentliche Agitation. Als Entgegnung auf die von Bute, dem Tutor und Minister Georgs III., finanzierte und von Tobias Smollett herausgegebene Zeitschrift „The Briton" gründete Wilkes im Sommer 1762 die Zeitschrift „The North Briton", in der er unter anderem für Pitts Politik Propaganda machte, aber auch die Unterrepräsentation der Londoner Kaufmannschaft im Unterhaus kritisierte. Einen Höhepunkt erreichte die Polemik in der No. 45 des „North Briton" vom 23. April 1763, wo Wilkes gegen alle Konvention die Thronrede zum Gegenstand der Kritik machte. Das Parlament ordnete daraufhin die öffentliche Verbrennung der Zeitschrift an, was eine aufgebrachte Volks-

menge jedoch verhinderte. Wilkes und der Ruf nach Freiheit wurden
zum Synonym. Die Eröffnung eines Gerichtsverfahrens gegen ihn und
die Aberkennung seines Unterhaussitzes beobachtete Wilkes aus der si-
cheren Distanz Frankreichs, wohin er geflohen war. Der Vorwurf lautete
„seditious libel", also Gefährdung des öffentlichen Friedens durch Her-
absetzung der Regierung. Die *libel*-Verfahren gaben der Regierung ein
Mittel an die Hand, gegen mißliebige Druckschriften Anklage zu erheben
und auf diese Weise eine – im 18. Jahrhundert allerdings nicht allzu häufig
praktizierte – Form der Nachzensur auszuüben, nachdem die Vorzensur
schon 1695 abgeschafft worden war. Gerichtlich mußte sich auch der
Verleger des „Public Advertiser" verantworten, in dem die anonym publizierten *Junius*-Briefe in einer Auflage bis zu 4800 Exemplaren zwischen 1769 und 1772 erschienen. Einen Höhepunkt erlebte dieser regie-
rungskritische politische Journalismus, als am 19. Dezember 1769 der
„Brief an den König" in Umlauf gebracht wurde. Es handelte sich nicht
nur um ein Plädoyer für die Pressefreiheit, sondern auch für die „ausge-
plünderten und unterdrückten" Iren und die amerikanischen Kolonisten,
die nach Unabhängigkeit strebten. Der König wurde vor einer möglichen
revolutionären Situation gewarnt. Das Schicksal der Stuarts könne sich
durchaus wiederholen.[295]

Wilkes kehrte 1768 nach England zurück und wurde wiederholt ins
Unterhaus gewählt. Das Unterhaus aber warf ihm und seinen Anhängern
gewaltsamen Aufruhr vor und kassierte jedesmal den Sitz. Erst als der
Druck auf das Parlament gar nicht enden wollte und eine *Society of the
Supporters of the Bill of Rights* zugunsten von Wilkes gegründet worden
war, konnte der abermals gewählte Wilkes 1774 seinen Sitz im Unterhaus
einnehmen. Im Zuge dieser Vorgänge machte das Unterhaus ein bedeut-
sames Zugeständnis an die außerparlamentarische Öffentlichkeit: Über
die Parlamentsdebatten durfte jetzt berichtet werden, was bisher nur in
verschlüsselter Form geschehen konnte, weil das Parlament frei von –
allerdings so oder so bestehenden – öffentlichen Pressionen bleiben wollte. Bald nach seiner Wahl brachte Wilkes ein Gesetz zur Reform des
Wahlrechts ein. In der Grafschaft Middlesex gewählt, wo die Nordlon-
doner Stadtteile mit ihrer politisch unabhängig votierenden Geschäftswelt der Händler und Handwerker lagen, forderte Wilkes „wirkliche
Repräsentation" und hielt seinen Kollegen 1776 im Unterhaus vor, daß
254 von ihnen von nur 5723 Briten gewählt worden seien. Seine im Jahr
der amerikanischen Unabhängigkeitserklärung vorgebrachte Forderung
nach dem Ende der „aristokratischen Tyrannei" blieb ein Dauerbrenner
in der öffentlichen Debatte.[296] Wilkes, der 1774 auch Lord Mayor von
London wurde, gehörte dem Unterhaus bis 1790 an. Zu diesem Zeitpunkt kamen 70 Unterhausmitglieder aus „rotten boroughs", 90 aus
Wahlbezirken mit unter 50 Wählern, und 134 stammten aus Wahlkreisen,

in denen es zwischen 50 und 250 Wähler gab. Das ländliche und von kleinen Boroughs übersäte Cornwall entsandte 44 Abgeordnete nach Westminster, das demographisch und ökonomisch expandierende Lancashire nur 14 Abgeordnete.

Das Verlangen nach Parlamentsreform konnte sich leicht mit sozialen Spannungen verbinden, was im Mai 1768 zu wochenlangen gewaltsamen Tumulten in London führte. Wilkes wirkte auch über London hinaus und mobilisierte 50000 Unterschriften für eine Petition. Damit zeichnete sich ein Handlungsmuster ab, das für die nächsten Jahrzehnte beibehalten wurde, in seinem Umfang aber noch beträchtlich zunehmen sollte. Auch bei den *Gordon Riots* in London im Juni 1780 waren politische, soziale und wirtschaftliche Faktoren eng verquickt. Sie begannen als Ausschreitungen gegen Katholiken, weiteten sich aber schnell gegen die protestantische Oberschicht aus. Die sieben Tage dauernden Unruhen ließen ein ungewöhnliches Ausmaß an politisch-sozialer Gewalt erkennen, das sich in dieser Form nur in London ereignet hat, aber selbst für London untypisch war. Am Ende zählte man 300 Tote. Sachschaden in Höhe von 100000 Pfund war entstanden. Als Ordnungskräfte kamen 10000 Soldaten zum Einsatz, in Ermangelung von regulärer Polizei, über die das Land erst im 19.Jahrhundert verfügen sollte.

Überwiegend verliefen die Auseinandersetzungen im letzten Drittel des 18.Jahrhunderts gewaltfrei. Worum es eigentlich ging, war die Modernisierung auch der politisch-sozialen Strukturen, nachdem Großbritannien wirtschaftlich an die Spitze des Fortschritts gelangt war und im internationalen Vergleich den Status einer führenden Weltmacht errungen hatte. Modernisierung hieß Reform des antiquierten Parlaments und Beseitigung gesellschaftlicher Diskriminierung, wie sie etwa durch die Test-Akte gegeben war. Es kann kaum überraschen, wenn man feststellt, daß insbesondere der protestantische Dissent mit dem Aufbruch in die politisch-soziale Moderne an der Schwelle zum Industriezeitalter verbunden war. Die gesellschaftlichen Kräfte mußten sich frei entfalten können. Die radikalen Reformer, die die von Edmund Burke verteidigte „Kette der Unterordnung" sprengen wollten, waren zugleich überproportional stark unter den Trägern der wirtschaftlichen Umwälzung anzutreffen, die sich im letzten Drittel des 18.Jahrhunderts als Industrielle Revolution zu entfalten beginnt. Sie forderten eine Anpassung der politisch-sozialen Verfassung an die Erfordernisse der neuen Zeit. In der Sprache der *Manchester Constitutional Society,* deren Präsident Baumwollfabrikant war: Man wolle nicht die Gleichheit von Reichtum und Besitz, sondern gleiche Rechte. Niemand dürfe in der Gesellschaft benachteiligt werden oder vom Wahlrecht ausgeschlossen sein. Im „race of life" müßten gleiche Startchancen gelten. Ungleichheit könne nur das Ergebnis von Wettbewerb sein.[297]

Was hier unter dem Eindruck der Französischen Revolution formuliert wurde, war freilich seit längerem im Umlauf. Der naturrechtlich begründete Ansturm von Liberalismus und Demokratie erfolgte auf verschiedenen Ebenen und verlief in vielen Brüchen. Er hatte zunächst auch keine wirkliche Massenbasis, die das ganze Land und nicht nur einige städtische Zentren erfaßt hätte. Festzuhalten ist, daß sich das politische System als reformfähig erwies. Die nach der Glorreichen Revolution entwickelte politische Kultur erwies sich integrationsfähig bis ins 19. Jahrhundert hinein, als es zu graduellem Verfassungswandel kam. Nach der „Entscheidungsphase"[298] des 17. Jahrhunderts und der Stabilisierungsphase des 18. Jahrhunderts konnte Großbritannien den Weg der Reform beschreiten,[299] der ein spezifisch britisches Kontinuitätsgefühl hervorgebracht hat und bis heute die „Rolle der Geschichte" als einen positiv verstandenen realen Faktor im politischen System Großbritanniens erscheinen läßt.[300]

2. Die Amerikanische Revolution

Im letzten Drittel des 18. Jahrhunderts geriet nicht nur das politische System Großbritanniens unter Druck, sondern auch das Weltreich. Die Amerikanische Revolution wirkte wie ein Echo auf den englischen politischen Radikalismus, wenn ihr auch auslösende Momente zugrunde lagen, die ihre Wurzeln in den Kolonien selbst beziehungsweise in der britischen Kolonialpolitik hatten. Das Englandbild der Amerikaner, die 1776 ihre Unabhängigkeit erklärten, war maßgeblich von den *radicals* beeinflußt, und mancher von ihnen ging selbst nach Amerika. Zu ihnen gehörte Thomas Paine, der als unzufriedener Steuerbeamter der Regierung seiner Majestät und gescheiterter Ladenbesitzer die Bekanntschaft von Benjamin Franklin, dem Bevollmächtigten der Kolonie Pennsylvania in England, gemacht hatte und im November 1774 in Philadelphia eintraf, wo gerade der erste Kontinentalkongreß gegen die englische Kolonialpolitik stattgefunden hatte. Paine arbeitete als Journalist und veröffentlichte im Januar 1776 seine weite Verbreitung findende Streitschrift „Common Sense", „gerichtet an die Einwohner Amerikas". Er sprach sich für die Loslösung der Kolonien von London aus und gab der Forderung nach einer demokratischen Republik zugleich einen universalen Anstrich: „Die Sache Amerikas ist in hohem Maß die Sache der ganzen Menschheit." Paine wurde ein in seiner Radikalität die meisten Kolonisten übertreffender Propagandist der Revolution gegen das Mutterland und des entstehenden amerikanischen Sendungsbewußtseins, in dem sich die Forderung nach Selbstbestimmung und der Drang zur Menschheitsbeglückung weltgeschichtlich wirksam verbanden.[301] Amerika erschien als das Land der Hoffnung für alle, die das Joch der „Tyrannei" abschütteln wollten: „O ihr, die ihr die Menschheit liebt! Ihr, die ihr es wagt, euch nicht nur der Tyrannei, sondern auch dem Tyrannen zu widersetzen, tretet vor! Jeder Fleck in der alten Welt ist von der Unterdrückung heimgesucht! Die Freiheit ist über den ganzen Globus gejagt worden. Asien und Afrika haben sie schon lange vertrieben. Europa betrachtet sie wie eine Fremde, und England hat ihr befohlen zu gehen. Oh! Empfangt den Flüchtling, und bereitet rechtzeitig ein Asyl für die Menschheit."[302]

Weniger radikal war ein anderer Autor, der im März desselben Jahres mit seiner „Untersuchung über die Natur und die Ursachen des Wohlstands der Nationen" hervortrat, nämlich Adam Smith, dessen wirtschaftsliberale Programmschrift mit ihrer Kernforderung nach Freihandel in die Moderne des 19. Jahrhunderts wies. Smiths epochemachendes Buch ließ noch nichts von der politischen Dramatik in Amerika erkennen, die am 4. Juli 1776 in der amerikanischen Unabhängigkeitserklärung gipfelte. Smith betonte vielmehr die politischen Freiheiten der „Niederlassungen in Nordamerika" und stellte deren relativ „großen Absatzmarkt" heraus. Er übersah zwar keineswegs die Auflagen Londons in Gestalt von Zöllen, Steuern und Handelsrestriktionen und erkannte darin eine Verletzung der „heiligsten Rechte der Menschheit". Doch fügte er hinzu, alle Verbote hätten „den Kolonien bislang noch nicht viel geschadet". Die amerikanischen Kolonien seien die am besten entwickelten Kolonien. Abgesehen vom Außenhandel sei „die Freiheit der Menschen in den englischen Kolonien" „unbegrenzt". „Sie entspricht genau der ihrer Mitbürger im Mutterland. Auch sie wird durch eine Versammlung der Volksvertreter garantiert, die das alleinige Recht hat, Abgaben zur Unterhaltung der Kolonialregierung aufzuerlegen. Die Autorität dieser Versammlung hält die Macht der Exekutive im Zaum. So hat selbst der armseligste und anrüchigste Kolonist, solange er dem Gesetz gehorcht, weder den Unwillen des Gouverneurs noch den der Beamten oder Soldaten in der Provinz zu fürchten. Diese Volksvertretungen sind zwar, ebenso wie das Unterhaus in England, nicht immer eine vollkommene Repräsentation des Volkes, aber sie ähneln ihm doch sehr."[303]

Smiths liberale Grundanschauungen hinderten ihn nicht daran, die Lage in Nordamerika allein aus der Sicht der Metropole wahrzunehmen. Nur wenige Engländer waren bereit oder in der Lage, die Situation auch einmal aus der Perspektive der Kolonisten zu betrachten. Der englische Nonkonformist Richard Price traf genau den Punkt: „Der Geringste unter uns neigt dazu, sich so zu sehen, als habe er Untertanen in Amerika, neigt dazu, beleidigt zu sein, wenn man ihm das Recht abspricht, für sie Gesetze zu machen, obwohl er vielleicht nicht einmal weiß, welche Hautfarbe sie haben oder welche Sprache sie sprechen."[304] Das allgemeine Überlegenheitsgefühl der Engländer und ihre Herrschermentalität, die sie beispielsweise in Irland immer wieder unter Beweis gestellt hatten, führten in den nordamerikanischen Kolonien – wie auch in Indien – dazu, daß es nach dem Siebenjährigen Krieg zu neuen Formen der administrativen Erfassung der Territorien kam. London straffte die Zügel der Kolonialverwaltung und zog die Steuerschraube an. Der Sieg im Siebenjährigen Krieg und die Ausschaltung der französischen Konkurrenz hatten zur Folge, daß man auf die Interessenlagen der Kolonien weniger Rücksicht nahm. Daß der „French and Indian War", wie er in Amerika hieß, auch das Selbstgefühl der Kolonisten gestärkt hatte, blieb in London weitgehend unbeachtet.

Um die Ausdehnung der 13 Kolonien, deren Bevölkerungszahl von rund 400 000 im Jahr 1720 auf weit über eine Million in den sechziger Jahren gestiegen war, zu begrenzen und damit eine bessere Kontrolle der Kolonien zu erreichen, wurde 1763 untersagt, westlich des Appalachen-Kammes zu siedeln. Das Gebiet zwischen den Appalachen und dem Mississippi stand unter Militärverwaltung und sollte den Indianern, die sich 1763 gegen das britische Vordringen erhoben hatten, als Reservat dienen. Auf diese Eindämmung der nach Westen gerichteten Dynamik der Siedler folgten Steuergesetze, die den Druck des Mutterlands auf die Kolonien noch deutlicher sichtbar werden ließen. Um die durch den Siebenjährigen Krieg aufgehäuften Schuldenlasten abbauen und das in Nordamerika stationierte Militär finanzieren zu können, wurden 1764 Zölle auf importierte Melasse (Sugar Act) eingeführt und 1765 Abgaben auf Druckerzeugnisse und gerichtliche Urkunden in Form einer Stempelgebühr (Stamp Act) eingeführt. Mit Erfolg wandten neun Kolonien gegen die Stamp Act ein, daß das Parlament von Westminster kein Recht zur Steuererhebung habe, da die Siedler in ihm nicht vertreten seien. „No taxation without representation" lautete die berühmte Antwort. Die Stamp Act wurde 1766 zwar zurückgenommen. Zugleich aber unterstrich das britische Unterhaus seine prinzipielle Gesetzgebungskompetenz in allen Fällen der Kolonialverwaltung. Adam Smith erklärte sich die Rücknahme des Gesetzes durch die Angst vor einem „Stau" in der „künstlich ausgeweiteten Blutbahn", die der von London regulierte Handel zwischen England und seinen Kolonien darstellte: „Angst und Bangen um einen Bruch mit den Kolonien haben dementsprechend auch dem britischen Volk einen größeren Schrecken eingejagt als früher die spanische Armada oder eine französische Invasion."[305]

In der Folgezeit konnte sich die britische Regierung nicht dazu entschließen, ihren Kurs zu korrigieren und der Empfehlung Smiths zu folgen, der für eine „stufenweise Aufhebung der Gesetze" eintrat, „durch die Großbritannien das ausschließliche Recht zum Handel mit den Kolonien erhält".[306] Vielmehr verschärfte London den Konflikt durch neue Einfuhrabgaben, Verwaltungsvorschriften, Truppenpräsenz und auch durch Militäreinsatz. Parallel dazu wurde Kanada einem Gouverneur mit

weitreichenden Vollmachten unterstellt. Die in den 13 Kolonien selbst-
verständlichen Repräsentativversammlungen wurden in Kanada gar nicht
erst eingerichtet. Die Kolonialbevölkerung reagierte durch Proteste,
Boykotte und auch Aufruhr. Bei der sogenannten *Boston Tea Party* im
Dezember 1773 wurde eine ganze Schiffsladung Tee in den Hafen von
Boston gekippt. Im Ersten Kontinentalkongreß im September und Oktober 1774 traten die Kolonien erstmals gemeinsam auf und bereiteten ein
Handelsembargo gegen England vor. Im Frühjahr des nächsten Jahres
kam es zu ersten Kämpfen zwischen Milizeinheiten von Massachusetts
und englischen Truppen. Versuche des Kontinentalkongresses, einen
Kompromiß zu finden und die offene militärische Auseinandersetzung
zu vermeiden, waren gescheitert, als Georg III. am 23. August 1775 den
Zustand der Rebellion feststellte, die militärisch niederzuwerfen sei. In
dem nun folgenden Unabhängigkeitskrieg erklärten die 13 Kolonien am
4. Juli 1776 ihre Unabhängigkeit.

Die Amerikanische Revolution war eine Auseinandersetzung um Freiheiten und Eigentumsrechte wie es die Englische Revolution des 17. Jahrhunderts auch gewesen war. Die Amerikaner sahen sich einem Herr-
schaftsanspruch des britischen Parlaments ausgesetzt, der ihnen jede
Rechtssicherheit zu nehmen schien, weil die Engländer auf dem Weg
einer als schrankenlos empfundenen Steuergesetzgebung Übergriffe auf
das Eigentum der Amerikaner vornahmen, die an die Grundlagen der
politisch-sozialen Ordnung rührten. Noch stärker als in England selbst
war der Zusammenhang von Eigentum und Freiheit in den amerikanischen Kolonien bestimmend für das Gemeinwesen; stärker deshalb, weil
die politische Nation in den zur Demokratie tendierenden Kolonien viel
umfassender war als im oligarchisch verfaßten parlamentarischen System
Englands und weil die politisch-soziale Stellung fast ausschließlich ökonomisch definiert war. Was die New Yorker Repräsentativversammlung
im Oktober 1764 anmahnte, war durchaus wörtlich gemeint: „Das Recht
auf Verweigerung nicht bewilligter, erzwungener Steuern muß das große
Prinzip eines jeden freien Staates sein. Ohne ein solches Recht gibt es
keine Freiheit, kein Glück und keine Sicherheit. Es läßt sich nicht trennen
vom Begriff des Eigentums. Denn wer kann das sein Eigentum nennen,
was ihm nach Gutdünken von einem anderen fortgenommen werden
kann."[307]

Im Unabhängigkeitskrieg waren die militärischen Erfolge zunächst
verteilt. Die britischen Truppen, die durch Söldnerkontingente unter anderem aus Hessen verstärkt waren, gerieten erst 1778 in eine deutliche
Unterlegenheit, als Frankreich in den Krieg eintrat. Indem Paris versuchte, eine alte Rechnung zu begleichen, übernahm es sich freilich finanziell
und riskierte die Zuspitzung der strukturellen Finanzkrise des Ancien
Régime. Kurzfristig aber stand Frankreich auf der Seite der Sieger. Nach

der englischen Niederlage bei Yorktown im Oktober 1781 war die Auseinandersetzung für London verloren.

Der Krieg offenbarte eine gefährliche außenpolitische Isolierung Englands, die sich seit 1763 nach und nach eingestellt hatte. Bis dahin hatte die britische Außenpolitik darauf vertrauen können, daß der Konflikt zwischen Großbritannien und den bourbonischen Mächten von einzelnen Großmächten auf dem Kontinent – sei es Österreich oder sei es Preußen – geteilt wurde, so daß ein kontinentaleuropäischer Verbündeter fast automatisch bereitstand. Die britische Expansion in Übersee konnte mit Hilfe von starken Alliierten vorangetrieben werden, die wie Großbritannien die „liberties of Europe" und das Gleichgewicht der Mächte gegen die drohende französische Hegemonie verteidigten. Mit der Niederlage Frankreichs im Siebenjährigen Krieg löste sich diese Interessenidentität aus der Sicht der Kontinentalstaaten vorübergehend auf, während London am Axiom des fortdauernden Konflikts mit Frankreich festhielt und vergeblich in Wien oder St. Petersburg nach Bündnispartnern Ausschau hielt. Die britische Isolierung im internationalen System nach 1763 führte dazu, daß Großbritannien im amerikanischen Unabhängigkeitskrieg auf sich allein gestellt blieb. Die Lage änderte sich erst wieder nach der Französischen Revolution, als die Napoleonischen Kriege die Großbritannien in Übersee begünstigende Konstellation wiederherstellten.

Mit dem Frieden von Paris 1783 traten die Vereinigten Staaten, die noch lockere Konföderation der 13 früheren Kolonien, als neues Völkerrechtssubjekt in die internationale Politik ein. Die amerikanische Republik stellte für Großbritannien nun fürs erste kein politisch-militärisches Problem mehr dar, sondern nur noch ein wirtschaftliches. Während des Krieges war der britische Handel mit den Kolonien um die Hälfte zurückgegangen. Bereits 1785 hatte er das Niveau der frühen siebziger Jahre aber wieder erreicht. Die alten wirtschaftlichen Verbindungen waren trotz amerikanischer Schutzzollpolitik schnell wieder angeknüpft. Ein Hauptgrund bestand darin, daß die britische Konkurrenzfähigkeit zu diesem Zeitpunkt schlechterdings unübertroffen war. Wenigstens die wirtschaftliche Herrschaft über Amerika sollte nicht verloren gehen. Dabei wollte die britische Regierung aber nicht nur auf die Marktkräfte vertrauen, sondern auch merkantilistische Steuerungsinstrumente einsetzen. Die letzte Navigationsakte passierte 1786 das Parlament und richtete sich gegen die USA, deren Handel mit Britisch-Westindien unterbunden werden sollte. Doch schon 1794, nachdem Großbritannien dem Frankreich der Revolution den Krieg erklärt hatte, lockerte London die Handelsrestriktionen und konnte daraufhin seine Exporte in die USA verdoppeln. Wirtschaftlich war Großbritannien in Amerika präsenter als je zuvor. Die „friedliche Eroberung"[308] der Welt durch das Pionierland der

Industriellen Revolution auf dem Weg finanzieller und wirtschaftlicher Durchdringung war an der Wende vom 18. zum 19. Jahrhundert ein Strukturgesetz der Moderne, das durch politische Maßnahmen allenfalls kurzzeitig zu beeinflussen war. Das 19. Jahrhundert sollte das Jahrhundert Großbritanniens werden.

Anhang

Abkürzungen

AgHR	Agricultural History Review
ARG	Archiv für Reformationsgeschichte
EcHR	Economic History Review
EHR	English Historical Review
GG	Geschichte und Gesellschaft
HJ	Historical Journal
HZ	Historische Zeitschrift
JBrSt	Journal of British Studies
JEcH	Journal of Economic History
JEH	Journal of Ecclesiastical History
PP	Past and Present
SH	Social History
TRHS	Transactions of the Royal Historical Society
ZHF	Zeitschrift für Historische Forschung

Anmerkungen

1. Zur Struktur wie zur Entwicklung der englischen Wirtschaft in der frühen Neuzeit vgl. grundlegend C. G. A. Clay, Economic Expansion and Social Change. England 1500–1700. 2 Bde., 1984; zur Verteilung der Bevölkerung auf Stadt und Land Bd. 1, S. 165–172.

2. Zur Struktur der Landwirtschaft vgl. generell J. Thirsk (Hg.), The Agrarian History of England and Wales. Bd. 4: 1500–1640, 1967; Bd. 5/I–II: 1640–1750, 1984, 1985; Dies., The Rural Economy of England. Collected Essays, 1984.

3. S. T. Bindoff, Tudor England, 1978, S. 32.

4. C. H. Williams (Hg.), English Historical Documents 1485–1558, 1967, S. 191, das folgende Zitat in Clay (wie Anm. 1) Bd. 1, S. 58.

5. J. A. Sharpe, Early Modern England. A Social History 1550–1760, 1987, S. 142 f.; zur Struktur von Handel und Gewerbe vgl. generell D. C. Coleman, The Economy of England, 1450–1750, 1977; zur Struktur des Binnenhandels: E. Kerridge, Early Modern English Markets. In: B. L. Anderson u. a. (Hg.), The Market in History, 1986, S. 121–153.

6. Vgl. W. Mager, Protoindustrialisierung und Protoindustrie. Vom Nutzen und Nachteil zweier Konzepte. In: GG 14, 1988, S. 275–303; zur Tuch- und Zeugmacherei insb. S. 291 ff.

7. F. Braudel, Sozialgeschichte des 15.–18. Jahrhunderts. 3 Bde., 1985, 1986, hier Bd. 2, S. 12; vgl. ebenda Bd. 1, S. 15 ff. zur begrifflichen Unterscheidung von Subsistenzökonomie, Marktwirtschaft und Kapitalismus.

8. Braudel (wie Anm. 7), Bd. 2, S. 514. Zur Struktur der sozialen Ungleichheit in England vgl. vorbildlich K. Wrightson, English Society 1580–1680, 1982, hier S. 17–38.

9. Zit. nach K. Wrightson, Zwei Wege zur Erfassung der englischen Sozialstruktur des 16. und 17. Jahrhunderts. In: W. Schulze (Hg.), Ständische Gesellschaft und soziale Mobilität, 1988, S. 187–203, hier S. 190.

10. Zur Diskussion der fraglichen Zuverlässigkeit der Kingschen Schätzwerte vgl. G. S. Holmes, Gregory King and the Social Structure of Pre-Industrial England. In: TRHS, 5th series, 27, 1977, S. 41–69 sowie P. H. Lindert und J. G. Williamson, Revising England's Social Tables, 1688–1812. In: Explorations in Economic History 19, 1982, S. 385–408.

11. Zit. R. W. Malcolmson, Life and Labour in England 1700–1780, 1981, S. 11 f.

12. Zur Verwendung des Klassenbegriffs zur Charakterisierung der frühneuzeitlichen Gesellschaft vgl. Sharpe (wie Anm. 5), S. 121 ff. sowie u. S. 60 f.

13. Vgl. G. Batho, Noblemen, Gentlemen, and Yeomen. In: J. Thirsk (wie Anm. 2), Bd. 4, S. 276–305; L. Stone, The Crisis of the Aristocracy, 1558–1641, 1965; G. E. Mingay, The Gentry. The Rise and Fall of a ruling Class, 1967; dazu als wichtige Grafschaftsstudien P. Roebuck, Yorkshire Baronets,

1640–1760. Families, Estates, and Fortunes, 1980 sowie J.T. Cliffe, The Yorkshire Gentry from the Reformation to the Civil War, 1969.

14. Zit. Sharpe (wie Anm. 5), S. 153. Das folgende Smith-Zitat nach Stone (wie Anm. 13), S. 44.

15. Vgl. J. Barry (Hg.), The Tudor and Stuart Town, 1530–1688, 1990.

16. Zit. L. Stone, Social mobility in England 1500–1700. In: PP 33, 1966, S. 16–55, hier S. 18.

17. Zu den Grenzen der Offenheit der adligen Landgesellschaft vgl. L. und J. C. F. Stone, An open Elite? England 1540–1880, 1984.

18. Zit. Batho (wie Anm. 13), S. 301; die folgenden beiden Zitate nach Wrightson (wie Anm. 9), S. 20 und A. Macfarlane, Marriage and Love in England. Modes of Reproduction, 1300–1840, 1986, S. 104.

19. S. o. S. 26.

20. Wrightson (wie Anm. 8), S. 36.

21. P. Bowden, Agricultural Prices, Farmprofits, and Rents. In: J. Thirsk (wie Anm. 2), Bd. 4, S. 593–695, hier S. 657.

22. Vgl. A. Everitt, Farm Labourers. In: J. Thirsk (wie Anm. 2), Bd. 4, S. 396–465.

23. Wrightson (wie Anm. 8), S. 35. Vgl. Ders. und D. Levine, Poverty and piety in an English village. Terling, 1525–1700, 1979.

24. Braudel (wie Anm. 7), Bd. 2, S. 515.

25. Wrightson (wie Anm. 8), S. 38.

26. W. Freitag, Haushalt und Familie in traditionalen Gesellschaften: Konzepte, Probleme und Perspektiven der Forschung. In: GG 14, 1988, S. 5–37, hier S. 20. Die folgenden Abschnitte in enger Anlehnung an Wrightson (wie Anm. 8), S. 39–120.

27. Zur Struktur von Haushalt und Familie vgl. grundlegend R. A. Houlbrooke, The English Family, 1450–1700, 1984; M. Slater, Family Life in the Seventeenth Century, 1984; dazu als neueren Forschungsüberblick R. B. Outhwaite, Keeping in the Family. In: HJ 29, 1986, S. 461–467.

28. Vgl. P. Laslett, The World we have lost, 1965 (dt. Ausgabe 1988); Ders. und R. Wall (Hg.), Household and Family in Past Time .., 1972; Ders., Family Life and Illicit Love in Earlier Generations, 1977.

29. J. R. Gillis, „For Better, For Worse". British Marriages 1600 to the Present, 1985, S. 17.

30. Zit. Houlbrooke (wie Anm. 27), S. 78. Vgl. auch Ders. (Hg.), English Family Life, 1576–1716. An Anthology from Diaries, 1988.

31. Zit. Gillis (wie Anm. 29), S. 16.

32. Vgl. E. A. Wrigley, Fertility strategy for the individual and the group. In: C. Tilly (Hg.), Studies in Fertility, 1978; referiert nach Wrightson (wie Anm. 8), S. 68.

33. Zit. ebenda, S. 69.

34. Macfarlane (wie Anm. 18), S. 291.

35. Zit. Wrightson (wie Anm. 8) S. 77.

36. Vgl. J. R. Gillis, Peasant, Plebian, and Proletarian Marriage in Britain, 1600–1900. In: D. Levine (Hg.), Proletarianization and Family History, 1984, S. 129–162.

37. Wrightson (wie Anm. 8), S. 83; das folgende Zitat ebenda, S. 88.
38. Zit. Houlbrooke (wie Anm. 27), S. 107; das folgende Zitat ebd., S. 108; Vgl. D. M. Meads (Hg.), The Diary of Lady Margaret Hoby 1599–1605, 1930.
39. Vgl. D. McLaren, Marital fertility and lactation 1570–1720. In: M. Prior (Hg.), Women in English Society 1500–1800, 1985, S. 22–53, R. B. Morrow, Family Limitation in Pre-Industrial England. A reappraisal. in: EcHR 31, 1978, S. 419–428; G. R. Quaife, Wanton Wenches and Wayward Wives. Peasants and illicit sex in early seventeenth century England, 1979; N. E. H. Hull, Infanticide in England and New England, 1558–1803, 1979.
40. Zit. Williams (wie Anm. 4) S. 196; vgl. L. A. Pollack, Forgotten Children. Parent-Child Relations from 1500–1900, 1983.
41. Vgl. A. Kussmaul, Servants in Husbandry in Early Modern England, 1981, referiert nach Macfarlane (wie Anm. 18), S. 86f.
42. M. Mitterauer, Sozialgeschichte der Jugend, 1986, S. 42.
43. A. Smith, Der Wohlstand der Nationen ... Hg. H. C. Recktenwald, 1978, S. 107.
44. Vgl. als Hauptvertreter dieser These L. Stone, The Family, Sex and Marriage in England, 1500–1800, 1977; I. Pinchbeck und M. Hewitt, Childhood in English Society, Bd. 1: From Tudor Times to the 18th Century, 1969. Dazu kritisch Wrightson (wie Anm. 10) S. 101 ff., 108 ff.
45. Vgl. L. Stone, Road to Divorce. England 1530–1987, 1990.
46. Macfarlane (wie Anm. 18), S. 226; vgl. S. P. Menefee, Wives for Sale. An Ethnographic Study of British Popular Divorce, 1981.
47. Zur Struktur der lokalen Gemeinschaften vgl. insbesondere die Überblicke von Wrightson (wie Anm. 8), S. 39–65 sowie Sharpe (wie Anm. 5), S. 77–98; ferner C. S. L. Davies, Die bäuerliche Gemeinde in England (1400–1800). In: W. Schulze (Hg.), Aufstände, Revolten, Prozesse. Beiträge zu bäuerlichen Widerstandsbewegungen im frühneuzeitlichen Europa, 1983, S. 41–59. Zur besonderen Situation in London s. St. Rappaport, Worlds within Worlds. The structures of life in sixteenth-century London, 1988.
48. Vgl. K. Wrightson, Kinship in an English village. Terling, Essex 1500–1700. In: R. M. Smith (Hg.), Land, Kinship and Life-Cycles, 1984, S. 313–332; D. Cressy, Kinship and kin interaction in early modern England. In: PP 113, 1986, S. 38–69.
49. Zit. Houlbrooke (wie Anm. 27), S. 42, 50. Vgl. J. J. Hurwich, Lineage and kin in the sixteenth-century aristocracy. Some comparative evidence on England and Germany. In: A. L. Beier u. a. (Hg.), The first modern society ... 1989, S. 33–64.
50. Wrightson (wie Anm. 8), S. 50.
51. M. Campbell, The English Yeoman under Elizabeth and the early Stuarts, 1942, S. 382.
52. Zit. Wrightson (wie Anm. 8), S. 52 f. Zum folgenden ebenda, S. 54.
53. E. P. Thompson, „Rough Music" oder englische Katzenmusik. In: Ders., Plebeische Kultur und moralische Ökonomie. Aufsätze zur englischen Sozialgeschichte des 18. und 19. Jahrhunderts. Hg. D. Groh, 1980, S. 130–167, hier S. 131, 137. Vgl. M. Ingram, Ridings, Rough Music and the reform of popular culture in early modern England. In: PP 105, 1984, S. 79–113.

54. R. van Dülmen, Entstehung des frühneuzeitlichen Europa 1550–1648, 1982, S. 254; vgl. D. Underdown, Revel, Riot and Rebellion. Popular Politics and Culture in England 1603–1660, 1985; B. Reay (Hg.), Populare Culture in Seventeenth-Century England, 1985; Wrightson (wie Anm. 8), S. 61–65; dazu den Forschungsbericht von G. Lottes, Popular Culture in England (16.– 19. Jahrhundert). In: Francia 11, 1983, S. 640–667.

55. Zur Struktur der vertikalen Beziehungen auf lokaler Ebene vgl. Wrightson (wie Anm. 8), S. 57–61.

56. Laslett, The World (wie Anm. 28), S. 65.

57. E. P. Thompson, Patrizische Gesellschaft, plebeische Kultur. In: Ders. (wie Anm. 53), S. 168–201, hier S. 173; das folgende Zitat ebenda, S. 180.

58. Zit. Wrightson (wie Anm. 8), S. 60; vgl. Laslett, The World (wie Anm. 28), S. 185 ff. Zur Rolle der Kirche als Ordnungsfaktor allgemein F. Heal u. a. (Hg.), Church and society in England. Henry VIII. to James I, 1977; P. Collinson, The Religion of Protestants. The Church in English Society, 1559–1625, 1982.

59. Laslett, The World (wie Anm. 28), S. 23 f.

60. E. P. Thompson, Die „moralische Ökonomie" der englischen Unterschichten im 18. Jahrhundert. In: Ders. (wie Anm. 53), S. 66–129, hier S. 69 f.; daran anschließend J. Stevenson, The „Moral Economy" of the English Crowd: Myth and Reality. In: A. Fletcher and J. Stevenson (Hg.), Order and Disorder in Early Modern England, 1985. Vgl. P. Slack (Hg.), Popular Protest and the Social Order in Early Modern England, 1984; B. Sharp, In Contempt of all Authority. Rural Artisans and Riot in the West of England, 1586–1660, 1980; H. Medick, Plebejische Kultur, plebejische Öffentlichkeit, plebejische Ökonomie. Über Erfahrungen und Verhaltensweisen Besitzarmer und Besitzloser in der Übergangsphase zum Kapitalismus. In: R. M. Berdahl (Hg.), Klassen und Kultur, 1982, S. 157–203.

61. E. P. Thompson, Die englische Gesellschaft im 18. Jahrhundert: Klassenkampf ohne Klasse? In: Ders. (wie Anm. 53), S. 246–288, hier S. 286 f.; das folgende Zitat in Ders. (wie Anm. 57), S. 198.

62. Zur politischen Entwicklung Englands im Mittelalter vgl. K.-F. Krieger, Geschichte Englands von den Anfängen bis zum 15. Jahrhundert, 1990; zur Struktur des englischen Staatswesens in der frühen Neuzeit. Ph. Corrigan und D. Sayer, The Great Arch. English State Formation as Cultural Revolution, 1985; A. G. R. Smith, The Emergence of a Nation State. The Commonwealth of England 1529–1660, 1984; H. Gerstenberger, Die subjektlose Gewalt. Theorie der Entstehung bürgerlicher Staatsgewalt, 1990, hier S. 43–260.

63. Vgl. V. Morgan, Some Types of Patronage, mainly in sixteenth- and seventeenth-century England. In: A. Maczak (Hg.), Klientelsysteme im Europa der Frühen Neuzeit, 1988, S. 91–115; dazu in gesamteuropäischer Perspektive G. Asch und A. M. Birke (Hg.), Princes, Patronage and the Nobility. The Court at the Beginning of the Modern Age c. 1450–1650, 1991.

64. P. Williams, The Tudor Regime, 1979, S. 374.

65. Vgl. G. R. Elton, Tudor Government. The points of contact. I: Parliament, II: The Council, III: The Court. In: TRHS 5th series, 24–26, 1974–76; D. Starkey (Hg.), The English Court from the Wars of the Roses to the Civil

War, 1987; daran anschließend die Kontroverse zwischen Elton und
Starkey in HJ 31, 1988, S. 425–434, 921–931; D. Loades, The Tudor Court,
1986; A. L. Rowse, Court and Country. Studies in Tudor Social History.
1987.

66. Vgl. G. E. Aylmer, The King's Servants, 1961, 2. Aufl. 1974; Ders., The
State's Servants, 1973.

67. Vgl. den Überblick in Smith (wie Anm. 62), S. 134–139; dazu die Falluntersuchungen P. Clark, English Provincial Society from the Reformation to the
Revolution. Religion, Politics and Society in Kent 1500–1640, 1977; A. M.
Coleby, Central Government and the Localities. Hampshire 1649–1689,
1987; A. Fletcher, Reform in the Provinces. The Government of Stuart England, 1986.

68. Zit. Corrigan und Sayer (wie Anm. 62), S. 39.

69. Gerstenberger (wie Anm. 62), S. 89 f.

70. H. Wellenreuther, Repräsentation und Großgrundbesitz in England 1730–
1770, 1979, S. 59.

71. Zit. F. Lütge, Studien zur Sozial- und Wirtschaftsgeschichte, 1963, S. 394.

72. Vgl. H. Haan, Prosperität und Krise ... In: G. Niedhart (Hg.), Einführung
in die englische Geschichte, 1982, S. 79–137, hier S. 80–84; dazu ergänzend
D. M. Palliser, Tawney's Century. Brave New World or Malthusian Trap.
In: EcHR 35, 1982, S. 339–353; Ders., The Age of Elizabeth. England under
the Later Tudors, 1547–1603, 2. Aufl. 1992.

73. J. Guy, The Tudor Age (1485–1603). In: K. O. Morgan (Hg.), The Oxford
Illustrated History of Britain, 1984, S. 223–285, hier S. 224.

74. B. E. Supple, Commercial Crisis and Change in England 1600–1642, 1970,
S. 23.

75. F. J. Fisher, zit. C. Wilson, England's Apprenticeship 1603–1763, 1965, S.
XI f.; die beiden folgenden Zitate ebenda.

76. Vgl. E. A. Wrigley und R. S. Schofield, The Population History of England
1541–1871. A Reconstruction, 1981; Wrightson (wie Anm. 8), S. 122–130;
Clay (wie Anm. 1), Bd. 1, S. 1–52.

77. Vgl. E. A. Wrigley, Urban Growth and Agricultural Change. England and
the Continent in the Early Modern Period. In: Ders., People, Cities and
Wealth. The Transformation of traditional Societies, 1987, S. 157–193;
P. Clark u. a. (Hg.), Migration and Society in Early Modern England, 1988;
R. Finlay, Population and Metropolis. The Demography of London, 1580–
1650, 1981.

78. Vgl. R. B. Outhwaite, Inflation in Tudor and Early Modern England, 1969;
P. Ramsey (Hg.), The price revolution in sixteenth century England, 1971.

79. Zit. Sharpe (wie Anm. 5), S. 212. Vgl. E. H. Phelps Brown und S. V. Hopkins, Seven Centuries of Building Wages. In: Economica, new ser. 22, 1955,
S. 195–206; Dies., Seven Centuries of the Prices of Consumables, Compared
with Builders' Wage-Rates. Ebenda 23, 1956, S. 296–314; Dies., A Perspec-
tive of Wages and Prices, 1981; D. Woodward, Wages Rates and Living
Standards in Pre-industrial England. In: PP 91, 1981, S. 28–46.

80. Vgl. allgemein J. Thirsk (wie Anm. 2); E. Kerridge, The agricultural revolution, 1967; Clay (wie Anm. 1), Bd. 1, S. 67–141. R. Lachmann, From manor

to market. Structural change in England, 1536–1640, 1991; A. Kussmaul, A General View of the Rural Economy of England, 1538–1840, 1990.

81. M. Kennedy, Fenland drainage, the central government and local interest. Carleton and the gentlemen of South Holland. In: HJ 26, 1983, S. 15–37.

82. Nach Kerridge (wie Anm. 80), S. 181, war die *up and down husbandry* „der Kern der Agrarrevolution".

83. A. de Maddalena, Das ländliche Europa 1500–1750. In: C. M. Cipolla (Hg.), Europäische Wirtschaftsgeschichte, Bd. 2, 1979, S. 171–222, hier S. 202.

84. Vgl. Kerridge (wie Anm. 80), S. 251–267; C. Lane, The development of pastures and meadows during the sixteenth and seventeenth centuries, In: AgHR 28/I, 1980.

85. Zit. S. Pollard und D. W. Crossley, The Wealth of Britain 1085–1966, 1968, S. 127.

86. Vgl. J. Thirsk, Enclosing and Engrossing. In: Dies. (wie Anm. 2), Bd. 4, S. 200–255; J. A. Yelling, Common field and enclosure in England 1450–1850, 1977; J. R. Wordie, The chronologie of English Enclosure, 1500–1914. In: EcHR 36, 1983, S. 483–505.

87. Thomas Morus, Utopia. In: K. L. Heinisch (Hg.), der utopische Staat, 1987, S. 7–110, hier S. 26f.

88. Zit. K. Marx, Das Kapital …, Bd. 1 (Karl Marx, Friedrich Engels Werke, Bd. 23), 1972, S. 755.

89. Zit. Pollard und Crossley (wie Anm. 85), S. 86; vgl. J. Thirsk, The changing regional structure of English agriculture in the sixteenth and seventeenth centuries, 1980.

90. Clay (wie Anm. 1), Bd. 1, S. 123f.; vgl. T. H. Aston u. a. (Hg.), The Brenner debate. Agrarian class structure and economic development in pre-industrial Europe, 1985.

91. Vgl. Clay (wie Anm. 1), Bd. 1, S. 137–141. Zur Kritik an der These der Agrarrevolution im 16. und 17. Jahrhundert vgl. M. Overton, Agricultural Revolution? Development of the Agrarian Economy in Early Modern England. In: Explorations in Historical Geography. Hg. A. R. H. Baker und D. J. Gregory, 1984, S. 118–139; Ders., Depression or Revolution? English Agriculture 1640–1750. In: JBrSt 25, 1986, S. 344–352; R. B. Outhwaite, Progress and Backwardness in English Agriculture, 1500–1650. In: EcHR 39, 1986, S. 1–18.

92. Pollard und Crossley (wie Anm. 85), S. 95. Vgl. A. B. Appleby, Famine in Tudor and Stuart England, 1978.

93. Zur Weiterentwicklung der Gewerbeproduktion vgl. generell Coleman (wie Anm. 5); Ders., Industry in Tudor and Stuart England, 1975; Clay (wie Anm. 1), Bd. 2, S. 13–102; S. M. Jack, Trade and industry in Tudor and Stuart England, 1977.

94. Wilson (wie Anm. 75), S. 74; vgl. Supple (wie Anm. 74), S. 136–149.

95. Zit. ebenda, S. 155; vgl. D. C. Coleman, An Innovation and its Diffusion. The „New Draperies". In: EcHR 22, 1969, S. 417–429.

96. Vgl. J. U. Nef, The Rise of the British coal industrie, 2 Bde. 1932; E. Kerridge, The coal industry in Tudor and Stuart England. A Comment. In: EcHR 30, 1977, S. 340–342.

97. Zit. E. P. Thompson, Zeit, Arbeitsdisziplin und Industriekapitalismus. In: Ders. (wie Anm. 53), S. 34–65, hier S. 50f.; ebenda, S. 51 das folgende Zitat.

98. Clay (wie Anm. 1), Bd. 2, S. 100.

99. Zur Entwicklung des Außenhandels vgl. allgemein R. Davis, English overseas trade 1500–1700, 1973; zur Entwicklung des Europahandels Coleman (wie Anm. 5), S. 48–68; Clay (wie Anm. 1), Bd. 2, S. 103–181; J. Wiegandt, Die Merchant Adventurers' Company auf dem Kontinent zur Zeit der Tudors und Stuarts, 1972.

100. E. Schulin, England und Schottland vom Ende des Hundertjährigen Krieges bis zum Protektorat Cromwells (1455–1660). In: Th. Schieder (Hg.), Handbuch der europäischen Geschichte, Bd. 3, 1971, S. 904–961, hier S. 925.

101. Vgl. W.-R. Baumann, The Merchants Adventurers and the continental cloth-trade (1560s–1620s), 1990; J. K. Fedorowicz, England's Baltic trade in the early seventeenth century, 1980.

102. Zur Expansion Englands in die außereuropäische Welt vgl. K. R. Andrews u. a. (Hg.), The Westward Enterprise. English Activities in Ireland, the Atlantic and America 1480–1650, 1978; Ders., Trade, Plunder, and Settlement. Maritime enterprise and the genesis of the British Empire, 1480–1630, 1984; Ders., Die Ursprünge des britischen Empire. Einige Probleme der Interpretation. In: J. Osterhammel (Hg.), Britische Übersee-Expansion und Britisches Empire vor 1840, 1987, S. 50–74; T. O. Lloyd, The British Empire 1558–1983, 1984. D. B. Quinn und A. N. Ryan, Englands's Sea Empire 1550–1642, 1983.

103. Andrews, Die Ursprünge (wie Anm. 102), S. 63.

104. Vgl. R. Brenner, The social basis of English commercial expansion, 1550–1650. In: JEcH 32, 1972, S. 361–384.

105. Vgl. N. Zahedieh, Trade, Plunder and Economic Development in Early English Jamaica, 1655–89. In: EcHR 39, 1986, S. 205–222; R. Dunn, Sugar and Slaves. The Rise of the Planter Class in the English West Indies, 1624–1713, 1972.

106. Zur Entwicklung des Außenhandels mit der außereuropäischen Welt vgl. W. E. Minchinton (Hg.), The growth of English overseas trade in the seventeenth and eighteenth centuries, 1969; R. Davis, A Commercial Revolution. English Overseas Trade in the Seventeenth and Eighteenth Centuries, 1967; N. Steensgaard, The growth and composition of the long-distance trade of England and the Dutch Republic before 1750. In: J. Tracy (Hg.), The Rise of the Merchant Empires, ..., 1990, S. 102–153; K. N. Chaudhuri, The trading world of Asia and the English East India Company, 1660–1760, 1978; Coleman (wie Anm. 5), S. 131–150.

107. Vgl. S. Aiolfi, Calicos und gedrucktes Zeug. Die Entwicklung der englischen Textilveredelung und des Tuchhandel der East India Company 1650–1750, 1987.

108. S. W. Mintz, Die süße Macht. Kulturgeschichte des Zuckers, 1987, S. 181.

109. Vgl. Clay (wie Anm. 1), Bd. 2, S. 157–181.

110. Vgl. W. E. Minchinton, The triangular trade revisited. In: H. A. Gemery u. a. (Hg.), The uncommon market. Essays in the economic history of the Atlantic slave trade, 1979, S. 331–352.

111. Vgl. A. Wirz, Sklaverei und kapitalistisches Weltsystem, 1984; H. S. Klein, Neuere Interpretationen des atlantischen Sklavenhandels. In: GG 16, 1990, S. 141–160.
112. Coleman (wie Anm. 5), S. 145. Zur Entwicklung des Binnenhandels vgl. allgemein J. A. Chartres, Internal trade in England 1500–1700, 1977.
113. J. Guy (wie Anm. 73), S. 41. Zum sozialen Wandel vgl. allgemein Clay (wie Anm. 1), Bd. 1, S. 77–236; Smith (wie Anm. 62), S. 181–187 L. Stone, (wie Anm. 16); A. Everitt, Social Mobility in Early Modern England. In: PP 33, 1966, S. 56–73; Wrightson (wie Anm. 8), S. 130–142.
114. Zit. Marx (wie Anm. 88), S. 772; zur „Krise des Adels" vgl. L. Stone (wie Anm. 13), dazu kritisch J. H. Hexter, Lawrence Stone and the English aristocracy. In: Ders., On Historians, 1979, S. 149–226; vgl. daneben H. J. Habakkuk, The Rise and Fall of English Landed Families 1600–1800. In: TRHS, 5th Series, 29–31, 1979–1981.
115. G. Batho (wie Anm. 13), S. 293 f.; zum Aufstieg der Spencers ebenda, S. 290 f.
116. R. H. Tawney, The Rise of the Gentry, 1558–1640. In: EcHR 11, 1941, S. 1–38, hier S. 17; die daran anknüpfende Gentry-Kontroverse wurde zuletzt zusammengefaßt von Clay (wie Anm. 1), Bd. 1, S. 144–158.
117. Richard Baxter, zit. J. Thirsk und J. P. Cooper (Hg.), Seventeenth-Century Economic Documents, 1972, S. 183. Vgl. Clay (wie Anm. 1), Bd. 1, S. 92–99.
118. Campbell (wie Anm. 51), S. 72. Das Folgende in enger Anlehnung an Clay.
119. Vgl. P. Slack, A Divided Society. In: C. Haigh (Hg.), The Cambridge Encyclopedia of Great Britain and Ireland, 1985, S. 181–187; Wrightson (wie Anm. 8), S. 140 ff.; A. J. Fletcher and J. Stevenson, Introduction. In: Dies. (wie Anm. 60) S. 1–15: A Polarised Society?
120. Vgl. Clay (wie Anm. 1), Bd. 1, S. 99–101.
121. Zum sozialen Wandel in den Städten vgl. P. Clark (Hg.), The Transformation of English Provincial Towns, 1984; zur Entwicklung von London: F. J. Fisher, London as an „Engine of Economic Growth". In: J. S. Bromley und E. H. Kossmann (Hg.), Britain and the Netherlands. Bd. 4: Metropols ..., 1971, S. 3–16; A. L. Beier und R. Finlay (Hg.), The Making of the Metropolis, London 1500–1700, 1986.
122. Vgl. J. A. Guy u. a. (Hg,), Law and Social Change in British History, 1986; W. R. Prest, The Rise of the Barristers. A Social History of the English Bar 1590–1640, 1986.
123. Clay (wie Anm. 1), Bd. 1, S. 152; vgl. Stone (wie Anm. 113), S. 34.
124. Sharpe (wie Anm. 5), S. 205.
125. R. H. Tawney, zit. in I. Wallerstein, Das moderne Weltsystem: Kapitalistische Landwirtschaft und die Entstehung der europäischen Weltwirtschaft im 16. Jahrhundert, 1986, S. 424.
126. Zur Entstehung der neuen Armut vgl. P. Slack, Poverty and Policy in Tudor and Stuart England, 1988; Clay (wie Anm. 1), Bd. 2, S. 214–221; A. L. Beier, Poverty and Progress in Early Modern England. In: Ders. (wie Anm. 49), S. 201–239. Ders., The problem of the Poor in Tudor and Early Stuart England, 1983; J. Pound, Poverty and Vagrancy in Tudor England, 2. Aufl. 1986; Zum besonderen Problem der Vaganten: A. L. Beier, Masterless Men. The Vagrancy Problem in England 1560–1640, 1985.

127. Vgl. G. R. Elton, The Tudor Revolution in Government, 1953 (ND 1974)
Ders., Reform and Reformation. England 1509–1558, 1977. Zur Kritik am
Konzept der Tudor-Revolution vgl. vor allem C. Coleman und D. Starkey
(Hg.), Revolution Reassessed. Revisions in the History of Tudor Govern-
ment and Administration, 1986; G. W. Bernard, Politics and Government in
Tudor England. In: HJ 31, 1988, S. 159–182; vgl. ebenda, S. 425–434, 921–
931 die Kontroverse zwischen Elton und Starkey.

128. G. R. Elton, England under the Tudors, 2. Aufl. 1974, S. 127, das folgende
Zitat ebenda, S. 160. Vgl. Ders., Reform and Renewal. Thomas Cromwell
and The Common Weal, 1973; Ders., Thomas Cromwell, 1991.

129. Zur englischen Reformation vgl. neben dem klassischen Werk von A. G.
Dickens, The English Reformation, 1964, rev. ed. 1967, jetzt vor allem J. J.
Scarisbrick, The Reformation and the English People, 1984; C. Haigh (Hg.),
The English Reformation Revised, 1987; G. W. Bernhard, The Church of
England c. 1529–c. 1642. In: History 75, 1990, S. 183–206.

130. Vgl. H. J. Cohn, Reformatorische Bewegung und Antiklerikalismus in
Deutschland und England. In: W. J. Mommsen (Hg.), Stadtbürgertum und
Adel in der Reformation. Studien zur Sozialgeschichte der Reformation in
England und Deutschland, 1979, S. 309–327.

131. Zit. P. Wende, Geschichte Englands, 1985, S. 106.

132. Zit. Williams (wie Anm. 4), S. 759; ebenda, S. 727–760 die übrigen Gesetze.

133. K. Kluxen, Geschichte Englands. Von den Anfängen bis zur Gegenwart,
2. Aufl. 1976, S. 189.

134. Zit. Corrigan und Sayer (wie Anm. 62), S. 45 f.

135. Elton, Reform and Reformation (wie Anm. 127), S. 197.

136. Heinrich VIII., 1542, zit. Smith (wie Anm. 62), S. 126; vgl. J. A. Guy, The
King's Council and Political Participation. In: A. G. Fox and J. A. Guy,
Reassessing the Henrician Age. Humanism, Politics, and Reform, 1500–
1550, 1986, S. 121–147.

137. Wende (wie Anm. 131), S. 110; vgl. ähnlich Gerstenberger (wie Anm. 62).
S. 110 f., 516. Zum folgenden P. Collinson. The Birthpangs of Protestant
England. Religious and Cultural Change in the Sixteenth and Seventeenth
Centuries, 1990; P. Lake u. a. (Hg.), Protestantism and the National Church,
1987; Williams (wie Anm. 64), S. 253 ff.

138. Zit. Gerstenberger (wie Anm. 62), S. 111; ebenda S. 110 auch das folgende
Zitat aus der letzten Rede Heinrichs VIII. an das Parlament (24. 12. 1545).

139. Dickens (wie Anm. 129), S. 345; vgl. P. G. Lake, Calvinism and the English
Church 1570–1635. In: PP 114, 1987, S. 32–76.

140. Scarisbick (wie Anm. 129), zit. nach Gerstenberger (wie Anm. 62), S. 108.
Vgl. A. G. Dickens, The early expansion of Protestantism in England. 1520–
1558. In: ARG 78, 1987, S. 187–222.

141. Vgl. S. Doran und C. Durston, Princes, Pastors and People. The Church and
Religion in England, 1529–1689, 1991; Smith (wie Anm. 62), S. 140 ff.;
Wrightson (wie Anm. 8), S. 206 ff.

142. Vgl. Williams (wie Anm. 64), S. 264 ff.; C. Haigh, From Monopoly to Mino-
rity. Catholicism in Early Modern England. In: TRHS 5th series 31, 1981,
S. 129–47; Ders., The Continuity of Catholicism in the English Reformation.

In: PP 93, 1981, S. 37–69; A. Dures, English Catholicism, 1558–1642, 1983.

143. Zit. Smith (wie Anm. 62), S. 144; vgl. Clark (wie Anm. 67), S. 156.

144. Williams (wie Anm. 64), S. 274; vgl. J. Facey, John Foxe and the Defence of the English Church. In: P. Lake und M. Dowling (Hg.), Protestantism and the National Church in Sixteenth Century England, 1987, S. 162–192.

145. H.-C. Schröder, Die Revolutionen Englands im 17. Jahrhundert, 1986, S. 35; vgl. P. Collinson, The Elizabethan Puritan Movement, 1967; Ders., Godly People. Essays on English Protestantism and Puritanism, 1983; Ders., Puritanism, 1983; P. G. Lake, Moderate Puritans and the Elizabethan Church, 1982; St. Brachlow, The Communion of Saints. Radical Puritan and Separatist Ecclesiology, 1570–1625, 1988; Smith (wie Anm. 62), S. 147 ff. 242 ff.

146. L. Kofler, Zur Geschichte der bürgerlichen Gesellschaft. Versuch einer verstehenden Deutung der Neuzeit, 4. Aufl. 1971, S. 321, mit Bezug auf E. Troeltsch, Die Soziallehren der christlichen Kirchen und Gruppen, 1912. Vgl. D. Wallace, Puritans and Predestination, 1982.

147. Underdown (wie Anm. 54), S. 41.

148. Vgl. Wrightson (wie Anm. 8), S. 206–221; M. Ingram, The Reform of Popular Culture: Sex and Marriage in Early Modern England. In: B. Reay (wie Anm. 54), S. 158–89; kritisch zur These der puritanischen Kampagne gegen die Volkskultur: M. Spufford, Puritanism and Social Control? In: Fletcher und Stevenson (wie Anm. 60), S. 41–57.

149. Zit. Wrightson (wie Anm. 8), S. 200; das folgende Zitat ebenda, S. 204.

150. Vgl. P. Burke, Helden, Schurken und Narren, Europäische Volkskultur in der frühen Neuzeit, 1985, S. 232 f.

151. Zit. Underdown (wie Anm. 54), S. 47 f.; ebenda, S. 48 das folgende Zitat.

152. Zit. Burke (wie Anm. 150), S. 226.

153. Zit. Underdown (wie Anm. 54), S. 59. Vgl. Ders., The Taming of the Scold: the Enforcement of Patriarchal Authority in Early Modern England. In: A. Fletscher und J. Stevenson (wie Anm. 60), S. 116–136.

154. Vgl. P. Collinson, The Elizabethan Church and the New Religion. In: C. Haigh (Hg.), The Reign of Elizabeth I., 1984, S. 169–194.

155. H. Baron, Calvins Staatsanschauung, 1924, zit. Kofler (wie Anm. 146), S. 328 f.; ebenda, S. 329 das folgende Zitat.

156. L. Stone, State Control in Sixteenth-Century England: In: EcHR 17, 1948, S. 103–120, hier S. 111, 115.

157. Zu den verschiedenen Aspekten der Ordnungspolitik des Tudor-Regimes vgl. grundlegend Williams (wie Anm. 64); zur Agrarpolitik ebenda, S. 180–185; Clay (wie Anm. 1), Bd. 2, S. 222–235.

158. Zit Marx (wie Anm. 88), S. 747.

159. Zur Regulierung von Handel und Gewerbe vgl. Williams (wie Anm. 64), S. 139–174; Clay (wie Anm. 1), Bd. 2, S. 206–221.

160. Zit Clay (wie Anm. 1), Bd. 2, S. 230; ebenda das folgende Zitat.

161. Williams (wie Anm. 64), S. 154.

162. Zur Armenfürsorge und Sozialdisziplinierung vgl. allgemein Williams (wie Anm. 64), S. 196–219; P. Slack (wie Anm. 128); Ders., Poverty and Social

Regulation in Elizabethan England. In: C. Haigh (wie Anm. 154), S. 221–41;
Ders., The English Poor Law, 1531–1782. Studies in Economic and Social
History, 1990; Clay (wie Anm. 1), Bd. 1, S. 222–236; M. Dinges, Frühneu-
zeitliche Armenfürsorge als Sozialdisziplinierung? In: GG 17, 1991, S. 5–29.
163. Clay (wie Anm. 1), Bd. 1, S. 228.
164. Zit. ebenda S. 223 f.
165. R. H. Tawney und E. Power (Hg.), Tudor Economic Documents, 3 Bde.,
    1924, hier Bd. 2, S. 331 f.
166. Vgl. K. Wrightson, Alehouses, Order and Reformation in Rural England,
    1590–1660. In: E. Yeo (Hg.), Popular Culture and Class Conflict 1590–1914.
    Explorations in the History of Labour and Leisure, 1981, S. 1–27; P. Clark,
    The Alehouse and the Alternative Society. In: D. Pennington und K. Thomas
    (Hg.), Puritans and Revolutionaries ... 1978, S. 47–72.
167. Wende (wie Anm. 131), S. 123; ähnlich Clay (wie Anm. 1), Bd. 2, S. 241.
168. P. Slack Poverty (wie Anm. 162), S. 239; ebenda, S. 240 f. die folgenden Zitate
    zur Propagandafunktion.
169. Zur Außenpolitik des Tudor-Regimes vgl. grundlegend R. B. Wernham, Be-
    fore the Armada. The Growth of English Foreign Policy, 1485–1588, 1966;
    Ders., After the Armada. Elizabethan England and the Struggle for Western
    Europe, 1588–1595, 1984; W. T. MacCaffrey, Elizabeth I: War and politics,
    1588–1603, 1991; dazu ergänzend den Forschungsbericht A. Pettegree, Eliz-
    abethan Foreign Policy. In: HJ 31, 1988, S. 965–972.
170. M. Sheehan, The Development of British Theory and Practice of the Balance
    of Power before 1714. In: History 237, 1988, S. 24–37, hier S. 25.
171. Smith (wie Anm. 62), S. 37; vgl. G. Williams, Recovery, Reorientation and
    Reformation: Wales c 1415–1642, 1987.
172. G. Lottes, Großbritannien – Souveränität und Nation im multinationalen
    Einheitsstaat. In: Ders. (Hg.), Region, Nation, Europa. Historische Determi-
    nanten der Neugliederung eines Kontinents, 1992, S. 85–94, hier S. 87; eben-
    da, S. 88, das folgende Zitat.
173. Vgl. S. G. Ellis, Reform and Revival. English Government in Ireland, 1470–
    1534, 1986; Ders., Tudor Ireland. Crown, Community land the Conflict of
    Cultures, 1470–1603, 1985. N. Canny, Kingdom and Colony. Ireland in the
    Atlantic World, 1560–1800, 1988.
174. Smith (wie Anm. 62), S. 246.
175. Schulin (wie Anm. 100), S. 918; ebenda, S. 921, zur Intervention Elisabeths.
176. Smith (wie Anm. 62), S. 159.
177. J. Burckhardt, Über das Studium der Geschichte. „Weltgeschichtliche Be-
    trachtungen", Hg. P. Ganz, 1982, S. 348.
178. Vgl. Haan (wie Anm. 72), S. 84–92; zur neuesten Diskussion s. P. Wende,
    Revisionismus als neue Orthodoxie? Parlament und Revolution in der mo-
    dernen englischen Historiographie. In: HZ 246, 1988, S. 89–106 sowie unten
    Anm. 209.
179. Vgl. J. P. Kenyon, Stuart England, 1978, S. 7 f.
180. J. Burckhardt (wie Anm. 117), S. 134.
181. Zit. nach T. Skocpol, States and Social Revolutions. A Comparative Analysis
    of France, Russia, and China, 1979, S. 18.

182. C. Hill, The World turned upside down. Radical Ideas during the English Revolution, 1972, S. 15.
183. Der folgende Abschnitt schließt sich eng an die beste Darstellung der englischen Revolution in deutscher Sprache an: H.-Chr. Schröder (wie Anm. 145), S. 21–48; vgl. daneben B. Coward, The Stuart Age, 1980; D. Hirst, Authority and Conflict. England 1603–1658, 1986; R. Lockyer, The Early Stuarts. A Political History of England 1603–1642, 1989; C. Russell, Unrevolutionary England, 1603–42, 1990; H. Tomlinson, (Hg.), Before the English Civil War, 1983; R. Cust und A. Hughes (Hg.), Conflict in Early Stuart England. Studies in Religion and Politics 1603–42, 1989.
184. Vgl. R. Schofield, Taxation and the political limits of the Tudor state. In: C. Cross u. a. (Hg.), Law and Government under the Tudors ... 1988. S. 227–256; R. Braun, Steuern und Staatsfinanzierung als Modernisierungsfaktoren. Ein deutsch-englischer Vergleich. In: R. Koselleck (Hg.), Studien zum Beginn der modernen Welt, 1977, S. 241–263; Clay (wie Anm. 1), Bd. 2, S. 251–263; R. P. Cust, The Forced Loan and English Politics 1626–1628, 1987.
185. Wende (wie Anm. 131), S. 136.
186. Vgl. M. G. Finlayson, Historians, Puritanism and the English Revolution. The Religious Factor in English Politics before and after the Interregnum, 1983; F. Shriver, Hampton Court Re-visited. James I and the Puritans. In: JEH 33, 1982; N. Tyacke, Anti-Calvinists. The Rise of English Arminianism c. 1590–1640, 1987; W. Hunt, The Puritan Moment. The Coming of Revolution in an English County, 1983.
187. Kluxen (wie Anm. 133), S. 274.
188. R. Ashton, The English Civil War. Conservatism and Revolution 1603–49, 1978, S. 110. Das folgende Zitat Schröder (wie Anm. 145), S. 33.
189. Laud's Sermon, 6. 2. 1626, zit. Smith (wie Anm. 62), S. 425. Vgl. J. S. McGee, William Laud and the Outward Face of Religion. In: R. L. De Molen (Hg.), Leaders of the Reformation, 1984.
190. Schröder (wie Anm. 145), S. 34.
191. Vgl. C. Hibbard, Charles I and the Popish Plot, 1983.
192. D. Hirst, Zit. Schröder (wie Anm. 145), S. 30; ebenda das folgende Zitat aus D. Hirst, The Representative of the People? Voters and Voting in England under the Early Stuarts, 1975; dazu kritisch M. Kishlansky, Parliamentary Selection: Social and Political Choice in Early Modern England, 1986. Vgl. auch die Debatte zwischen C. Hill und A. J. Fletcher in PP 1981–83 sowie R. Cust, Politics and the Electorate in the 1620s. In: R. Cust und A. Hughes (wie Anm. 183), S. 134–167.
193. Schröder (wie Anm. 145), S. 36f.
194. Vgl. J. R. Jones, Britain and Europe in the Seventeenth Century 1966; S. L. Adams, Spain or the Netherlands? The Dilemma of Early Stuart Foreign Policy. In: H. Tomlinson (wie Anm. 183), S. 139–172; T. Cogswell, Foreign Policy and Parliament: the case of La Rochelle 1625–1626. In: EHR 99, 1984, S. 241–267; B. P. Levack, The Formation of the British State. England, Scotland, and the Union, 1603–1707, 1987.
195. Schröder (wie Anm. 145), S. 27; ebenda das folgende Zitat.

196. T. H. Breen, Puritans and Adventurers, 1980, zit. nach Schröder (wie Anm. 145), S. 28.
197. Vgl. P. Zagorin, The Court and the Country. The Beginning of the English Revolution, 1969; daran z.T. kritisch anknüpfend: J. S. Morrill, The Revolt of the Provinces: Conservatives and Radicals in the English Civil War 1630–1650, 1976; D. Hirst, Court, country and politics before 1629. In: K. Sharpe (Hg.), Faction and Parliament. Essays in early Stuart history, 1978, S. 105–137; K. Sharpe (Hg.), Criticism and Compliment. The Politics of Literature in the England of Charles I, 1987; Ders., Crown, Parliament and Locality: Government and Communication in Early Stuart England. In: EHR 399, 1986, S. 325–349; R. G. Asch, Krone, Hof und Adel in den Ländern der Stuart Dynastie im frühen 17. Jahrhundert. In: ZHF 16, 1989, S. 183–220.
198. Wende (wie Anm. 131), S. 138. Vgl. L. Levy-Peck, Patronage and corruption in early Stuart England, 1990; R. Lockyer, Buckingham. The Life and Political Career of George Villiers, First Duke of Buckingham 1592–1628, 1981.
199. The Petition of Right, 1628; Protestation of the Commons, 2. March 1629; A proclamation for suppressing of false rumours touching parliaments, 27. March 1629. In: J. P. Kenyon (Hg.), The Stuart Constitution 1603–1688. Documents and Commentary, 1966, S. 82–86.
200. Schulin (wie Anm. 100), S. 945. Vgl. J. Guy, The Origins of the Petition of Right reconsidered. In: HJ 25, 1982, S. 289–312; L. J. Reeve, The Legal Status of the Petition of Right. In: HJ 29, 1986, S. 257–277; L. S. Popofsky, The Crisis over Tonnage and Poundage in Parliament in 1629. In: PP 126, 1990, S. 44–75.
201. Kluxen (wie Anm. 133), S. 293.
202. Vgl. K. Sharpe, The personal rule of Charles I. In: H. Tomlinson (wie Anm. 138); E. Cope, Politics without Parliaments 1629–1640, 1987; R. G. Asch, The Revival of Monopolies: Court and Patronage during the Personal Rule of Charles I, 1629–1640. In: Ders. und A. M. Birke (wie Anm. 63), S. 357–392; J. Richards, „His Nowe Majestie" and the English monarchy: the Kingship of Charles I before 1640. In: PP 113, 1986, S. 70–113; G. E. Aylmer, The Personal Rule of Charles I, 1629–40, 1989; P. H. Donald, An uncounselled king. Charles I and the Scottish troubles, 1637–1641, 1991.
203. Wende (wie Anm. 131), S. 138.
204. P. Anderson, Lineages of the Absolutist State, 1975, S. 18.
205. Vgl. E. Wolgast, Absolutismus in England. In: Aspekte des europäischen Absolutismus … Hg. H. Patze, 1979, S. 1–22; M. Fulbrook, Religion, Revolution and absolutist Rule in Germany and England. In: European Studies Review 12, 1982, S. 301–321; J. Daly, The idea of absolute monarchy in seventeenth-century England. In: HJ 21, 1978, S. 227–250; H. G. Koenigsberger, Dominium regale or dominium politicum et regale? Monarchies and Parliaments in Early Modern Europe. In: K. Bosl und K. Möckl (Hg.), Der moderne Parlamentarismus und seine Grundlagen in der ständischen Repräsentation, 1977, S. 43–68.
206. Wende (wie Anm. 131), S. 141.
207. Siehe hierzu und zum folgenden Schröder (wie Anm. 145), wo die revolutio-

nären Phasen auch unter vergleichenden revolutionsgeschichtlichen Fragestellungen behandelt werden.

208. Eine deutsche Fassung von „Behemoth oder das Lange Parlament" findet sich im Anhang von J. Lips, Die Stellung des Thomas Hobbes zu den politischen Parteien der großen englischen Revolution, 1927, ND 1970. Die Zitate S. 102 f.

209. Zum Forschungsstand bis zum Beginn der achtziger Jahre unter Einbeziehung revisionistischer Ansätze, die seitdem beharrlich weiterentwickelt worden sind, Haan (wie Anm. 72), S. 84 ff. Für die weitere Debatte, die eine immense Flut von Publikationen hervorgebracht hat, vgl. neben Schröder (wie Anm. 145) A. Woolrych, Revising Stuart Britain: Towards a New Synthesis? In: HJ 31 (1988), S. 443–452; E. Hellmuth, Die englische Revolution in revisionistischer Perspektive. In: GG 15 (1989), S. 441–454; D. Wootoon, From Rebellion to Revolution: The Crisis of the Winter of 1642/43 and the Origins of Civil War Radicalism. In: EHR 105 (1990), S. 654–669. Prägnante Zusammenfassungen neueren Datums der revisionistischen Position, die das Moment der Kontinuität im 17. Jahrhundert betont und die Existenz revolutionärer Zäsuren bestreitet, finden sich bei J. Morrill, Christopher Hill's Revolution. In: History 74 (1989), S. 242–252; J. C. Davis, Fear, Myth and Furore: Reappraising the „Ranters". In: PP 129 (1990), S. 79–103.

210. Rede Pyms im Unterhaus am 7. 11. 1640. Kenyon (wie Anm. 199), S. 203.

211. Für den Text des Gesetzes ebd. S. 219 ff.

212. Ebd. S. 228.

213. Ebd. S. 228 ff.

214. Insgesamt ist hervorzuheben, daß es im englischen Bürgerkrieg nicht zu „deutschen" Verhältnissen kam und die Zahl der Toten weit kleiner war als im Dreißigjährigen Krieg in Deutschland. Siehe dazu B. Donagan, Codes and Conduct in the English Civil War. In: PP 118 (1988), S. 65–95.

215. Essex im Dezember 1644. H. N. Brailsford, The Levellers and the English Revolution. Hg. v. Chr. Hill, 1961, S. 35.

216. Alle Zitate nach C. B. Macpherson, Die politische Theorie des Besitzindividualismus. Von Hobbes bis Locke, 1967, S. 177 f. Das Hobbes-Zitat stammt aus Kap. 10 des Leviathan. Die Leveller-Schriften finden sich in W. Haller und G. Davies (Hg.), The Leveller Tracts 1647–1653, 1944, ND 1964. Eine Einordnung versucht A. Sharp, Political Ideas of the English Civil Wars 1641–1649. A Collection of Representative Texts with a Commentary, 1983.

217. An Agreement of the People for a Firm and Present Peace upon Grounds of Common Right. Abgedruckt bei Kenyon (wie Anm. 199), S. 308 ff.

218. Die Grundpositionen der Debatte sind mit Protokollauszügen wiedergegeben ebd. S. 310 ff. Zu revolutionären Unterschichtenbewegungen B. Sharp (wie Anm. 60), D. Underdown (wie Anm. 54); K. Lindley, Fenland Riots and the English Revolution, 1982. Vgl. auch Haan (wie Anm. 72), S. 97 ff.

219. The Windsor Prayer Meeting 29. 4.–1. 5. 1648. Kenyon (wie Anm. 199), S. 318.

220. John Milton, The Tenure of Kings and Magistrates, 1649. In: H. Erskine-Hill und G. Storey (Hg.), Revolutionary Prose of the English Civil War, 1983, S. 116–144. Zum gesamten Vorgang P. Wende, Der Prozeß gegen Karl I.

(1649) und die Englische Revolution. In: Macht und Recht. Große Prozesse in der Geschichte. Hg. v. A. Demandt, 1990, S. 171–186.

221. K. Kluxen, Die Entstehung des englischen Parlamentarismus, 1966, S. 28.

222. Cromwell am 23. 11. 1654. W. C. Abbott, The Writings and Speeches of Oliver Cromwell, Bd. 3, 1945, ND 1988, S. 511.

223. Vox Plebis: Or, the Voice of Oppressed Commons of England Against their Oppressors, 1653. Zit. bei Schröder (wie Anm. 145), S. 152.

224. Cromwells Rede zur Eröffnung des *Nominated Parliament*, 4. 7. 1653. Abbott (wie Anm. 222), S. 52 ff., insbesondere S. 53 f., 60, 64.

225. Text in Kenyon (wie Anm. 199), S. 342 ff.

226. Näher dazu oben S. 104 f. Allgemein R. Davis (wie Anm. 106).

227. Vgl. D. Armitage, The Cromwellian Protectorate and the Languages of Empire. In: HJ 35 (1992), S. 531–555.

228. Text in Kenyon (wie Anm. 199), S. 365 ff.

229. Die große Bedeutung dieses Vorgangs betont zu Recht J. L. Malcolm, Charles II and the Reconstruction of Royal Power. In: HJ 35 (1992), S. 307 ff.

230. Genauer dazu oben S. 90, 92, 104 f.

231. Nicht nur mit wirtschaftlichen Gegensätzen will den Kriegsbeginn erklären S. C. A. Pincus, Popery, Trade and Universal Monarchy: The Ideological Context of the Outbreak of the Second Anglo-Dutch War. In: EHR 107 (1992), S. 1 ff.

232. Eine Art Wiederholungszwang aus der ersten Hälfte des 17. Jahrhunderts sieht darin J. Scott, Radicalism and Restoration: The Shape of the Stuart Experience. In: HJ 31 (1988), S. 453 ff. Eine Analogie zum kontinentalen Absolutismus bestreitet J. Miller, The Potential for „Absolutism" in Later Stuart England. In: History 69 (1984), S. 187 ff.

233. Text des an Wilhelm von Oranien ergangenen Einladungsschreibens in E. N. Williams, The Eighteenth-Century Constitution 1688–1815, 1965, S. 8 ff.

234. Die vier Whigs waren der Earl of Devonshire, der Earl of Shrewsbury, Henry Sidney und Edward Russell. Ebenfalls als Whig eingestuft wird Lord Lumley von D. Szechi, Mythistory versus History: The Fading of the Revolution of 1688. In: HJ 33 (1990), S. 146 f. Weiterhin gehörten zu den Unterzeichnern der Earl of Danby und der Bischof von London.

235. Unbeschadet der schon früheren Verwendung der Balance of Power-Formel gilt, daß sie erst mit der Thronbesteigung Wilhelms für die britische Politik verbindlich wurde. M. Sheehan, (wie Anm. 170).

236. John Locke, Zwei Abhandlungen über die Regierung. Hg. v. W. Euchner, 1967, S. 283. Lockes „Two Treatises of Government" erschienen zuerst 1690. Zu neueren Problemen der Forschung – insbesondere zu der im Detail wichtigen, insgesamt aber kontrovers bleibenden Arbeit R. Ashcraft, Revolutionary Politics and Locke's Two Treatises of Government, 1986 – M. Brocker, Freiheit und Eigentum. Neuere Literatur zur Politischen Philosophie John Lockes. In: Neue Politische Literatur 37 (1992), S. 64 ff.

237. Der Begriff der relativen Stabilität ist für das 18. Jahrhundert der Gegenbegriff zu Krise und Revolution des 17. Jahrhunderts. Dabei darf man freilich nicht aus dem Blick verlieren, daß das 18. Jahrhundert nicht nur ein stabiles Herrschaftssystem kannte, sondern auch sozial-ökonomische Konflikte um die

Weiterentwicklung des politisch-sozialen Systems. Wir folgen hier dem Ansatz von W. A. Speck, Stability and Strife. England 1714–1760, 1980. Vgl. ferner H.-Chr. Schröder, Die politische Stabilisierung Englands im 18. Jahrhundert. In: H. Schissler (Hg.), Schulbuchverbesserung durch internationale Schulbuchforschung? Probleme der Vermittlung zwischen Schulbuchkritik und Geschichtsbuch am Beispiel englischer Geschichte, 1985, S. 35–87. Die neuere Synthese P. Langford, A Polite and Commercial People. England 1727–1783, 1989 ist nicht unumstritten, insbesondere weil sie sich zu sehr auf die Erfolgsgeschichte der Mittel- und Oberschichten konzentriere. Siehe etwa N. Rogers, Paul Langford's „Age of Improvement". In: PP 130 (1991), S. 201 ff. Zu betonen ist, daß Langford ein politisch-soziales System beschreibt, das sowohl anpassungsfähig als auch integrationsfähig war. Dies unterstrich schon in einem souveränen Überblick über die Forschung zum 18. Jahrhundert F. O'Gorman, The Recent Historiography of the Hanoverian Regime. In: HJ 29 (1986), S. 1005 ff. und bestätigt P. Borsay, The English Urban Renaissance: Culture and Society in the Provincial Town 1660–1770, 1989.

238. Für den Text der beiden Grundgesetze des „Revolution Settlement" Williams (wie Anm. 233), S. 26 ff. und 56 ff. Grundlegend immer noch J. H. Plumb, The Growth of Political Stability in England 1675–1725, 1967.

239. Zur rigiden Schließung der innerkirchlichen Reihen J. Spurr, The Church of England, Comprehension and the Toleration Act of 1689. In: EHR 104 (1989), S. 927 ff.

240. Für eine neuere Bilanz der Forschung S. Taylor, Church and Society after the Glorious Revolution. In: HJ 31 (1988), S. 973 ff.

241. B. Williams, The Whig Supremacy 1714–1760, 2. Aufl. bearb. v. C. H. Stuart, 1962.

242. Grundlegend J. Brewer, The Sinews of Power: War, Money and the English State 1688–1783, 1989.

243. Correspondence of John, Fourth Duke of Bedford. Hg. v. Lord John Russel, Bd. 2, 1844, S. 171 f.

244. P. G. M. Dickson, The Financial Revolution in England. A Study in the Development of Public Credit 1688–1756, 1967.

245. G. A. Ritter, Das britische Parlament im 18. Jahrhundert. In: ders., Parlament und Demokratie in Großbritannien, 1972, S. 86.

246. E. A. Wasson, The House of Commons 1660–1945: Parliamentary Families and the Political Elite. in: EHR 106 (1991), S. 643.

247. Über Tendenzen der Forschung informiert L. Colley, The Politics of Eighteenth-Century British History. In: JBrSt 25 (1986), S. 359–379.

248. Die neuere Forschung korrigiert die lange Zeit bestehende Auffassung der Namier-Schule, wonach Politik im 18. Jahrhundert in gar keiner Weise an Parteilinien entlang formuliert worden sei. Vgl. P. D. G. Thomas, Party Politics in Eighteenth Century Britain: Some Myths and a Touch of Reality. In: British Journal for Eighteenth-Century Studies 10 (1987), s. 201–210. Grundlegend F. O'Gorman, Voters, Patrons and Parties: The Unreformed Electorate of Hanoverian England 1734–1832, 1989.

249. J. Boswell, Das Leben Samuel Johnsons, 1985, S. 457 (engl. Original 1791).

250. Ebd. S. 376.

251. Ebd. S. 416.
252. Ebd. S. 340.
253. Ebd. S. 235.
254. Im einzelnen J. Cannon, Parliamentary Reform 1640–1832, 1973, S. 276ff. und R. Sedgwick, The House of Commons 1715–1754, Bd. 1, 1970, S. 46, 115ff.
255. Dazu grundlegend H. Wellenreuther (wie Anm. 70).
256. Wende (wie Anm. 131) S. 182.
257. O. Goldsmith, Der Weltbürger oder Briefe eines in London weilenden chinesischen Philosophen an seine Freunde im Fernen Osten, 1986, S. 17 (engl. Original 1762).
258. Hier liegt ein fundamentaler Unterschied zu den kontinental-europäischen Großmächten, der von der älteren Whig-Geschichtsschreibung idealisiert wurde, von neueren revisionistischen Arbeiten (z. B. J. C. D. Clark, Revolution and Rebellion. State and Society in England in the Seventeenth and Eighteenth Centuries, 1986) indes zu Unrecht eingeebnet worden ist. Aus der umfangreichen Debatte um die Thesen von Clark vgl. vor allem J. Innes, Jonathan Clark, Social History and England's „Ancien Régime". In: PP 115 (1987), S. 165–200 und die Antwort J. C. D. Clark, On Hitting the Buffers: the Historiography of England's Ancien Régime. A Response. In: ebd. 117 (1987), S. 195–207. Klärend E. Hellmuth (Hg.), The Transformation of Political Culture: England and Germany in the Late Eighteenth Century, 1990.
259. E. Hellmuth, Kommunikation, Radikalismus, Loyalismus und ideologischer Pluralismus. „Popular Politics" in England in der zweiten Hälfte des 18. Jahrhunderts. In: Aufklärung 4 (1990), H. 1: Entwicklungsschwellen im 18. Jahrhundert, hg. v. K. Eibl, S. 82f.
260. Der Verfasser der 1712 erschienenen „History of John Bull" war der Arzt und Satirenschreiber John Arbuthnot (1667–1735). Vgl. insgesamt M. Taylor, John Bull and the Iconography of Public Opinion in England 1712–1929. In: PP 134 (1992), S. 93ff.
261. Anhand dieses Vorgangs hat P. Langford eine exemplarische Fallstudie zum innenpolitischen Kräftefeld in der Walpole-Ära vorgelegt: The Excise Crisis. Society and Politics in the Age of Walpole, 1975.
262. Bolingbroke, A Letter on the Spirit of Patriotism, 1736. In: ders., Works, Bd. 2, 1844, ND 1967, S. 352ff. Vgl. auch Bolingbrokes bereits 1738 verfaßte Schrift The Idea of a Patriot King, 1749, ebd. S. 372ff.
263. Pitt am 8. 3. 1739 im Unterhaus. Parliamentary History of England. Hg. v. W. Cobbett, Bd. 10, 1812, ND 1966, Sp. 1283. Eine glänzende Fallstudie zu diesem Komplex ist K. Wilson, Empire, Trade and Popular Politics in Mid-Hanoverian Britain: The Case of Admiral Vernon. In: PP 121 (1988), S. 74ff.
264. „We are at present no better than a vast mob, drawn together we know not how or why, and dinned with the perpetual harrangues of unwearied and unmeaning speakers. This journalist tells us one thing, that evening writer another, then come a shoal of pamphlets big with new systems, new charges, new projects of peace, or new proposals for carrying on the war: in such a hurry, in such a confusion, how is it possible that the people should discern their true interest, or distinguish their real friends." The Sentiments of a

Tory, in Respect to a Late Important Transaction, and in Regard to the Present Situation of Affairs, London 1741, S. 54.

265. Wasner an Maria Theresia 16. 2. 1742. Zit. bei W. Michael, Englische Geschichte im 18. Jahrhundert, Bd. 4, 1937, S. 608.

266. Nachweise im einzelnen bei G. Niedhart, Handel und Krieg in der britischen Weltpolitik 1738–1763, 1979, S. 163 f.

267. Vgl. dazu auch P. J. Corfield, Class by Name and Number in Eighteenth-Century Britain. In: History 72 (1987), S. 38 ff.

268. E. J. Hobsbawm, Industrie und Empire. Britische Wirtschaftsgeschichte seit 1750, Bd. 1, 1969, S. 31. Zur Modernität der britischen Adelsgesellschaft D. A. Baugh (Hg.), Aristocratic Government and Society in Eighteenth-Century England. The Foundations of Stability, 1975. Vgl. auch H. Schissler, Die Junker. Zur Sozialgeschichte und historischen Bedeutung der agrarischen Elite in Preußen. In: H.-J. Puhle und H.-U. Wehler (Hg.), Preußen im Rückblick, 1980, S. 111 ff.

269. Über die Forschung orientieren am besten P. Mathias, The First Industrial Nation. An Economic History of Britain 1700–1914, 2. Aufl. 1983; R. Floud und D. McCloskey (Hg.), The Economic History of Britain since 1700, Bd. 1, 1981.

270. Als neuere Fallstudien, die die Verschränkung von vorindustriellem und industriellem Wachstum, handwerklichen und großbetrieblichen Produktionsformen, vormoderner und moderner Gesellschaft aufzeigen, seien genannt: M. Berg, The Age of Manufacturers. Industry, Innovation and Work in Britain 1700–1820, 1985; E. Hopkins, Birmingham: The First Manufacturing Town in the World 1760–1840, 1989; R. A. Buchanan, The Engineers: A History of the Engineering Profession in Britain 1750–1914, 1990; Chr. MacLeod, Inventing the Industrial Revolution. The English Patent System 1660–1800, 1988; J. Belchem, Industrialization and the Working Class. The English Experience 1750–1900, 1990. Siehe auch den Überblick G. Niedhart, Großbritannien 1750–1850. In: Handbuch der Europäischen Wirtschafts- und Sozialgeschichte, Bd. 4, hg. v. I. Mieck, 1993, S. 401 ff.

271. Dazu Wrigley und Schofield (wie Anm. 76) und N. L. Tranter, Population and Society 1750–1940. Contrasts in Population Growth, 1985.

272. Hierzu G. Lottes (Hg.), Eigentum im englischen politischen Denken, 1993.

273. Siehe oben S. 209.

274. Zur Sozialstruktur R. A. Houston, British Society in the Eighteenth Century. In: JBrSt 25 (1986), S. 436–466; J. Barry, Consumers' Passions: The Middle Class in Eighteenth-Century England. In: HJ 34 (1991), S. 207–216.

275. Langford (wie Anm. 237), S. 1.

276. D. Jarrett, England in the Age of Hogarth, 1974, S. 172 ff. Einer der großen Meister der Historiographie zum englischen 18. Jahrhundert formulierte den Unterschied zwischen armen und wohlhabenden Engländern: „Violence, born of despair and greed, belonged to the poor alone." J. H. Plumb, England in the Eighteenth Century, 1950, S. 13.

277. Schröder (wie Anm. 237), S. 74.

278. P. Kennedy, Aufstieg und Fall der großen Mächte. Ökonomischer Wandel und militärischer Konflikt von 1500 bis 2000, 1989, S. 135.

279. Holdernesse am 17. 7. 1757 an Mitchell, den britischen Gesandten in Preußen: „I am convinced you will agree with me in one principle. That we must be merchants while we are soldiers. That our trade depends upon a proper exertion of our marine strength. That trade and maritime force depend upon each other. And that the riches which are the true resources of this contry depend chiefly upon its commerce." Memoirs and Papers of Sir Andrew Mitchell, Bd. 1, 1850, S. 261.

280. Im Artikel „Britain" wird in einem zeitgenössischen Lexikon ausgeführt: „There is a distinction frequently made, chiefly by foreigners, between the national and commercial interest of Great Britain; but, in reality, this is a distinction, without a difference; for these are so inseparably united, that they may be very well considered as one and the same . . . Therefore, whatever assists, promotes, and extends the commerce of Britain is consistent with its national interest." A New Dictionary of Trade and Commerce, hg. v. R. Rolt, London 1756.

281. Wellenreuther (wie Anm. 70), S. 48.

282. Boswell (wie Anm. 249), S. 497.

283. Bolingbroke, Some Reflections on the Present State of the Nation. In: Ders., Works, Bd. 2, 1844, ND 1967, S. 458.

284. Johnson zu Boswell 20. 9. 1773: „Ich wäre nie dafür, daß irgendwer Land verkauft, um Geld in Papieren anzulegen, wie es oft geschieht, oder um es mit einem anderen Handel zu versuchen. Verlassen Sie sich darauf, diese ganze Handelsmanie wird sich noch selbst zerstören. Sie und ich werden es nicht erleben, aber die Zeit wird kommen, wo damit Schluß sein wird. Handel ist wie Spiel. Wenn eine ganze Gesellschaft aus Spielern besteht, muß das Spiel aufhören; denn dann gibt es nichts zu gewinnen. Wenn alle Nationen Handel treiben, gibt es nichts durch Handel zu verdienen; und er wird zuerst da aufhören, wo er am vollkommensten entwickelt ist. Dann werden nur die Grundbesitzer die großen Männer sein." Boswell (wie Anm. 249), S. 544.

285. R. Middleton, The Bells of Victory. The Pitt-Newcastle Ministry and the Conduct of the Seven Years' War 1757–1762, 1985.

286. Einen Einstieg in die Forschung und einen Überblick über Hauptfelder der Außenbeziehungen bietet J. Black, British Foreign Policy in the Eighteenth Century: A Survey. In: JBrSt 26 (1987), S. 26–53; ders., A System of Ambition? British Foreign Policy 1660–1793, 1991. Siehe auch M. Duffy, Realism and Tradition in Eighteenth-Century British Foreign Policy. In: HJ 35 (1992), S. 227–232.

287. Dazu auch L. Colley, Whose Nation? Class and National Consciousness in Britain 1750–1830. In: PP 113 (1986), S. 97 ff. Zu dem in der Mitte des 18. Jahrhunderts entstehenden Sonderwegbewußtsein vgl. H. Wellenreuther, England und Europa. Überlegungen zum Problem des englischen Sonderwegs in der europäischen Geschichte. In: N. Finzsch und H. Wellenreuther (Hg.), Liberalitas. Festschrift für Erich Angermann zum 65. Geburtstag, 1992, S. 112 ff.

288. The Present State of Europe, London 1750, S. 24 f. Verfasser dieses anonym erschienenen Traktats war John Campbell, ein zeitgenössisch anerkannter Autor zu Fragen europäischer Politik.

289. Vgl. auch oben S. 212 f.

290. Petition der Kaufleute von Bristol vom 23. 2. 1739. W. E. Minchinton, Politics and the Port of Bristol in the Eighteenth Century. The Petitions of the Society of Merchant Venturers 1698–1803, 1963, S. 49.

291. Black, System (wie Anm. 286), S. 168.

292. Dazu D. A. Baugh, Great Britain's „Blue-Water" Policy 1689–1815. In: International History Review 10 (1988), S. 33 ff.

293. A. Rein, Über die Bedeutung der überseeischen Ausdehnung für das europäische Staatensystem. In: HZ 137 (1928), S. 69.

294. Die Rolle der Krone von den aus der Whig-Geschichtsschreibung herrührenden Dämonisierungen befreit zu haben, ist das bleibende Verdienst der Arbeiten von Namier, ungeachtet seiner Vernachlässigung politischer Strömungen und Parteien sowie der politischen Öffentlichkeit insgesamt: L. Namier, The Structure of Politics at the Accession of George III, 2. Aufl. 1957.

295. J. N. M. Maclean, Reward Is Secondary. The Life of a Political Adventurer and an Inquiry into the Mystery of ‚Junius', 1963, S. 325 ff.

296. Unterhausrede von Wilkes 21. 3. 1776. Williams (wie Anm. 233), S. 215 ff.

297. Thomas Walker, A Review of Some of the Political Events ... During the Last Five Years, London 1794. Zit. bei G. Lottes, Politische Aufklärung und plebejisches Publikum. Zur Theorie und Praxis des englischen Radikalismus im späten 18. Jahrhundert, 1979, S. 239. Vgl. auch D. Nicholls, The English Middle Class and the Ideological Significance Radicalism 1760–1886. JBrSt 24 (1985), S. 415 ff.

298. Schröder (wie Anm. 145), S. 8.

299. Diese Entwicklung wird im 3. Bd. unserer Geschichte Englands dargestellt: G. Niedhart, Geschichte Englands im 19. und 20. Jahrhundert, 1987.

300. D. Kavanagh, British Politics. Continuities and Change, 2. Aufl. 1990, S. 3. Vgl. auch G. Niedhart, Gegenwärtige Vergangenheit. Geschichte als Identifikation und Erblast in der britischen Politik. In: H.-G. Wehling (Hg.), Großbritannien, 1992, S. 27 ff.

301. Grundlegend dazu K. R. Spillmann, Amerikas Ideologie des Friedens. Ursprünge, Formwandlungen und geschichtliche Auswirkungen des amerikanischen Glaubens an den Mythos von einer friedlichen Weltordnung, 1984.

302. Thomas Paine, Common Sense. Hg. v. L. Meinzer, 1982. Die Zitate S. 6 und 55.

303. Smith (wie Anm. 43). Die Zitate S. 480, 483, 489, 491.

304. H.-Chr. Schröder, Die Amerikanische Revolution, 1982, S. 55.

305. Smith (wie Anm. 43), S. 508.

306. Ebd.

307. Petition vom 18. 10. 1764. A. und W. P. Adams, Die Amerikanische Revolution und die Verfassung 1754–1791, 1987, S. 27.

308. S. Pollard, Peaceful Conquest: The Industrialization of Europe 1760–1970, 1981.

Literatur

Im folgenden Verzeichnis liegt der Schwerpunkt auf Publikationen neueren Datums. Für weitergehende Hinweise sowie für Bibliographien, Hilfsmittel und Quellen vgl. H. Haan, K.-F. Krieger und G. Niedhart: Einführung in die englische Geschichte. Hg. v. G. Niedhart. 1982 sowie P. Wende: Großbritannien 1500–2000. 2001.

Gesamtdarstellungen, Strukturanalysen und epochenübergreifende Monographien

The Agrarian History of England and Wales. Bd. 4: 1500–1640. Hg. v. J. Thirsk. 1967. Bd. 5: 1640–1750. Hg. v. J. Thirsk. Teil 1, 1984; Teil 2, 1985. Bd. 6: 1750–1850. Hg. v. G. E. Mingay. 1989.

Allen, R. C.: Enclosure and the Yeoman. The Agricultural Development of the South Midlands 1450–1850. 1992.

Andrews, J. W. (Hg.): William Shakespeare: his World, his Work, his Influence. 3 Bde. 1985.

Andrews, K. R.: Trade, Plunder and Settlements. Maritime Enterprise and the Genesis of the British Empire, 1480–1630. 1984.

Asch, R. G. (Hg.): Three Nations – A Common History? England, Scotland, Ireland and British History, c. 1600–1920. 1993.

Asch, R. G. u. Birke, A. M. (Hg.): Princes, Patronage and the Nobility. The Court at the Beginning of the Modern Age c. 1450–1650. 1991.

Ashley, M.: The People of England. A Short Social and Economic History. 1982.

Ashton, R.: Reformation and Revolution, 1558–1660. 1984.

Barry, J. (Hg.): The Tudor and the Stuart Town, 1530–1688. 1990.

Barry, J. u. Brooks, C. (Hg.): The Middling Sort of People. Culture, Society and Politics in England, 1550–1800. 1994.

Baxter, S. B. (Hg.): England's Rise to Greatness 1660–1763. 1983.

Beattie, J. M.: Crime and the Courts in England 1660–1800. 1986.

Beckett, J. V.: The Aristocracy in England, 1660–1914. 1986.

Beier, A. L.: The Problem of the Poor in Tudor and Stuart England. 1983.

Ders.: Masterless Men. The Vagrancy Problem in England, 1560–1640. 1985.

Ders. u. a. (Hg.): London 1500–1700. The Making of the Metropolis. 1986.

Black, J.: A System of Ambition? British Foreign Policy 1660–1793. 2. Aufl. 2000.

Ders. u. a. (Hg.): Culture, Politics and Society in Britain, 1660–1800. 1991.

Blake, R. (Hg.): Die englische Welt, Geschichte, Gesellschaft, Kultur. 1983.

Borsay, P.: The English Urban Renaissance. Culture and Society in the Provincial Town, 1660–1770. 1989.

Bossy, J.: The English Catholic Community, 1570–1850. 1975.

Bradshaw, B. u. Morrill, J. (Hg.): The British Problem, c. 1534–1707. State Formation in the Atlantic Archipelago. 1996.

Bradshaw, B. u. Roberts, J. (Hg.): British Consciousness and Identity. The Making of Britain, 1533–1707. 1998.

Brenner, R.: Merchants and Revolution. Commercial Change, Political Conflict, and London's Overseas Traders, 1550–1653. 1993.

Brockliss, L. u. Eastwood. D. (Hg.): A Union of Multiple Identities. The British Isles, 1750–1850. 1997.

Brown, R.: Church and State in Modern Britain 1700–1850. 1991.

Burgess, G.: The New British History. Founding a Modern State 1500–1707. 1997.

Bush, M. L.: The English Aristocracy. A Comparative Synthesis. 1984.

Canny, N.: Kingdom and Colony. Ireland in the Atlantic World, 1560–1800. 1988.

Ders.: From Reformation to Restoration. Ireland 1534–1660, Dublin 1987.

Chalklin, C. W. u. a. (Hg.): Town and Contryside. The English Landowner in the National Economy 1660–1860. 1989.

Charlesworth, A. (Hg.): An Atlas of Rural Protest, 1548–1900. 1983.

Clark, J. C. D.: Revolution and Rebellion: State and Society in England in the Seventeenth and Eighteenth Centuries. 1986.

Ders.: English Society 1660–1832. Religion, Ideology and Politics During the Ancien Regime. 2000.

Clark, P. (Hg.): The Transformation of English Provincial Towns. 1984.

Ders. u. a. (Hg.): Migration and Society in Early Modern England. 1988.

Ders.: British Clubs and Societies 1580–1800. The Origins of an Associational World. 2000.

Clay, C. G. A.: Economic Expansion and Social Change: England 1500–1700. 2 Bde. 1984.

Collinson, P.: The Religion of Protestants. The Church in English Society, 1559–1625. 1982.

Ders.: Godly People. Essays on English Protestantism and Puritanism. 1983.

Ders.: The Birthpangs of Protestant England. Religious and Cultural Change in the Sixteenth and Seventeenth Centuries. 1991.

Ders. u. Craig, J.: The Reformation in English Towns 1500–1640. 1998.

Connolly, S. J.: Religion, Law and Power. The Making of Protestant Ireland 1660–1760. 1992.

Ders. (Hg.): Conflict, Identity and Economic Development. Ireland and Scotland 1600–1939. 1995.

Corrigan, Ph. u. Sayer, D.: The Great Arch. English State Formation as Cultural Revolution. 1985.

Coward, B.: Social Change and Continuity. England 1550–1750. 2. Aufl. 1997.

Crawford, P. u. Mendelson, S.: Women in Early Modern England, 1550–1720. 1998.

Dean, D. u. Jones, C. (Hg.): Parliament and Locality 1660–1939. 1998.

Doran, S. u. C. Durston: Princes, Pastors and People. The Church and Religion in England, 1529–1689. 1991.

Douglas, R.: Taxation in Britain since 1660. 1999.

Dures, A. English Catholicism, 1558–1642. 1983.

Earle, P.: The Making of the English Middle Class: Business, Society and Family Life 1660–1730. 1989.

Eastwood, D.: Government and Community in the Provinces, 1700–1870. 1997.

Ehmer, J.: Heiratsverhalten, Sozialstruktur, ökonomischer Wandel. England und Mitteleuropa in der Formationsperiode des Kapitalismus. 1991.

Ellis, S. G./Barber, S. (Hg.): Conquest and Union. Fashioning a British State, 1485–1725. 1995.

Fletcher, A. u. J. Stevenson (Hg.): Order and Disorder in Early Modern England. 1985.

Fletcher, A.: Gender, Sex and Subordination in England, 1500–1800. 1995.

Ford, B. (Hg.): Cambridge Cultural History of Britain. Bd. 3: The Sixteenth Century. 1989; Bd. 4: The Seventeenth Century. 1990; Bd. 5: The Eighteenth Century. 1991.

Gillis, J. R.: „For Better, For Worse". British Marriages 1600 to the Present. 1985.

Goodare, J.: State and Society in Early Modern Scotland, Oxford. 1999.

Graves, M. A. u. a.: Revolution, Reaction and the Triumph of Conservatism. English History. 1558–1700. 1984.

Greenblatt, St.: Verhandlungen mit Shakespeare. Innenansichten der englischen Renaissance. 1990.

Greene, J. P.: Peripheries and Center. Constitutional Development in the Extended Polities of the British Empire and United States 1607–1788. 1990.

Guy, J. A. u. a. (Hg.): Law and Social Change in British History. 1984.

Harrison, J. F. C.: The Common People. A History from the Norman Conquest to the Present. 1984.

Heal, F. u. Holmes, C.: The Gentry in England and Wales, 1500–1700. 1994.

Holmes, G., The Making of a Great Power. Late Stuart and Early Georgian Britain 1660–1722. 1993.

Horne, T. A.: Property Rights and Poverty: Political Argument in Britain 1605–1834. 1990.

Houlbrooke, R. A.: The English Family, 1450–1700. 1984.

Ders.: Death, Religion and the Family in England, 1480–1750. 1998.

James, M.: Society, Politics and Culture. Studies in Early Modern England. 1986.

Jenkins, G. H.: The Foundations of Modern Wales 1642–1780. 1987.

Jenkins, P.: A History of Modern Wales, 1536–1990. 1991.

Jones, C. (Hg.): Party and Management in Parliament, 1660–1784. 1984.

Ders. (Hg.): A Pillar of Constitution: The House of Lords in British Politics 1603–1784. 1989.

Jones, C. R.: Britain and the World, 1649–1815. 1980.

Kerridge, E.: Trade and Banking in Early Modern England. 1990.

Kidd, D.: British Identities before Nationalism. Ethnicity and Nationhood in the Atlantic World, 1600–1800. 1999.

Kishlansky, M.: Parliamentary Selection. Social and Political Choice in Early Modern England. 1986.

Kussmaul, A.: Servants in Husbandry in Early Modern England. 1981.

Ders.: A General View of the Rural Economy of England, 1538–1840. 1990.

Lake, P. u. a. (Hg.): Protestantism and the National Church. 1987.

Landau, N.: The Justices of the Peace 1679–1760. 1984.

Langford, P.: Englishmen Identified. Manners and Characters 1650–1850. 2000.

Laslett, P.: The World we have lost. 1965. Deutsch: Verlorene Lebenswelten. Geschichte der vorindustriellen Gesellschaft. 1988. 3. Aufl. u. d. T.: The World we have lost further Explored. 1983.

Laurence, E.: Women in England, 1500–1760. A Social History, London, 1994.

Lloyd, T. O.: The British Empire, 1558–1995. 1996.

Louis, W. R. (Hg.): The Oxford History of the British Empire. Bd. 1: Canny, N. (Hg.), The Origins of the Empire. British Overseas Enterprise to the Close of the Seventeenth Century. 1998; Bd. 2: Marshall, P. J. (Hg.): The Eighteenth Century. 1998.

Macfarlane, A.: Marriage and Love in England. Modes of Reproduction, 1300–1840. 1986.

Ders.: Witchcraft in Tudor and Stuart England. A Regional and Comparative Study. 2. Aufl. 1999.

Marshall, P. (Hg.): The Impact of the English Reformation, 1500–1640. 1997.

Mitchison, R.: Lordship and Patronage. Scotland 1603–1745. 1983.

Moody, T. W. u. a. (Hg.): Early Modern Ireland 1534–1691. 3. Aufl. 1991.

Morgan, J.: Godly Learning. Puritan Attitudes towards Reason, Learning and Education. 1560–1640. 1986.

O'Day, R.: Education and Society, 1500–1800. The Social Foundations of Education in Early Modern Britain. 1982.

Osterhammel, J. (Hg.). Britische Übersee-Expansion und britisches Empire vor 1840. 1987.

Overton, M.: Agricultural Revolution in England. The Transformation of an Agrarian Economy, 1500–1850. 1996.

Pollack, L. A.: Forgotten Children. Parent-Child Relations from 1500–1900. 1983.

Porter, R.: Disease, Medicine and Society in England 1550–1860. 1987.

Prest, W. R.: Albion Ascendant. English History 1660–1815. 1998.

Rosenheim, J. M.: The Emergence of a Ruling Order. English Landed Society, 1650–1750. 1998.

Roseveare, H.: The Financial Revolution, 1660–1750. 1991.

Sharp, B.: In Contempt of all Authority. Rural Artisans and Riot in the West of England, 1586–1660. 1980.

Sharpe, J. A.: Crime in Early Modern England, 1550–1750. 2. Aufl.1999.

Ders.: Early Modern England. A Social History, 1550–1760. 1987.

Sharpe, P.: Women's Work. The English Experience, 1650–1914. 1998.

Shoemaker, R. B.: Gender in English Society, 1650–1850. The Emergence of Separate Spheres? 1998.

Slack, P.: Poverty and Policy in Tudor and Stuart England. 1988.

Ders.: From Reformation to Improvement. Public Welfare in Early Modern England. 1999.

Ders.: The Impact of Plague in Tudor and Stuart England. 1985.

Ders. (Hg.): Rebellion. Popular Protest and the Social Order in Early Modern England. 1984.

Ders.: The English Poor Law 1531–1782. 1990.

Smith, A. G. R.: The Emergence of a Nation State. The Commonwealth of England 1529–1660. 1984.

Smith, R. M. (Hg.): Land, Kinship and Life-Cycle. 1984.

Smout, T. C.: A History of the Scottish People, 1560–1830. 3. Aufl. 1998.

Solt, L. F.: Church and State in Early Modern England, 1509–1640. 1990.

Starkey, D. (Hg.): The English Court from the Wars of the Roses to the Civil War. 1987.

Steffen, L.: Defining a British State. Treason and National Identity, 1608–1820. 2001.

Stone, L.: Road to Divorce. England, 1530–1987. 1990.

Stone, L. u. J. F. C.: An Open Elite? England, 1540–1880. 1984.

Thirsk, J.: The Rural Economy of England. 1984.

Thompson, E. P.: Customs in Common. 1991.

Thomson, J. A. F.: The Transformation of Medieval England 1370–1529. 1983.

Tracy, J. D. (Hg.): The Rise of Merchant Empires. Long Distance Trade in the Early Modern World, 1350–1750. 1990.

Tyacke, N. (Hg.): England's Long Reformation, 1500–1800. 1998.

Walter, J. u. a. (Hg.): Famine, Disease and the Social Order in Early Modern Society. 1989.

Weatherill, L.: Consumer Behavior and Material Culture in Britain 1660–1760. 1988.

Wellenreuther, H.: Niedergang und Aufstieg: Geschichte Nordamerikas von Beginn der Besiedlung bis zum Ausgang des 17. Jahrhunderts. 2000.

Ders.: Ausbildung und Neubildung: Die Geschichte Nordamerikas vom Ausgang des 17. Jahrhunderts bis zur Unabhängigkeitserklärung im Jahr 1776. 2001.

White, P. O. G.: Predestination, Policy and Polemic. Conflict and Consensus in the English Church from the Reformation to the Civil War. 1992.

Whyte, I. D.: Scotland before the Industrial Revolution. An Economic and Social History, c. 1050-c. 1750. 1995.

Williams, G.: Recovery, Reorientation and Reformation. Wales c. 1415–1642. 1987.

Wilson, C.: England's Apprenticeship, 1603–1763. 2. Aufl.1984.

Wormald, J.: Court, Kirk and Community. Scotland 1470–1625. 1981.

Wrigley, E. A. u. Schofield, R. S.: The Population History of England 1541–1871. A Reconstruction. 2. Aufl. 1989.

Ders. u. a. (Hg.): English Population History from Family Reconstruction, 1580–1837. 1997.

Yeo, E. und S. (Hg.): Popular Culture and Class Conflict 1590–1914. Explorations in the History of Labour and Leisure. 1981.

Das 16. Jahrhundert (1485–1603)

Bernard, G. W. (Hg.): The English Nobility in the Sixteenth Century. 1989.

Caspari, F.: Humanismus und Gesellschaftsordnung im England der Tudors. 1988.

Chrimes, S. B.: Henry VII. 2. Aufl. 1999.

Coleman, Chr. u. Starkey, D. (Hg.): Revolution Reassessed. Revisions in the History of Tudor Government and Administration. 1986.

Cross, C. u. a. (Hg.): Law and Government under the Tudors. 1988.

Dickens, A. G.: The English Reformation. 2. Aufl. 1989.

Ellis, S. G.: Ireland in the Age of the Tudors, 1447–1603. 2. Aufl. 1998.

Elton, G. R.: The Parliament of England, 1559–1581. 1986.

Ders.: England under the Tudors. ³1991.

Fox, A. G. u. Guy, J. A.: Reassessing the Henrician Age. Humanism, Politics and Reform, 1500–1550. 1986.

Fritze, R. (Hg.): Historical Dictionary of Tudor England 1485–1603. 1991.

Graves, M. A.: Early Tudor Parliaments, 1485–1558. 1990.

Ders.: Elizabethan Parliaments, 1559–1601. 2. Aufl. 1996.

Ders.: The Tudor Parliaments. Crown, Lords and Commons, 1485–1603. 1985.

Gunn, S. J.: Early Tudor Government, 1485–1558. 1995.

Guy, J.: Tudor England. 1988.

Ders. (Hg.): The Tudor Monarchy. 1997.

Haigh, Chr.: Elizabeth I. 2. Aufl. 1998.

Ders.: English Reformations. Religions, Politics and Society under the Tudors. 1993.

Hartley, T. E.: Elizabeth's Parliaments: Queen, Lords and Commons 1558–1603. 1992.

Jones, J. G.: Wales and the Tudor State: Government, Religious Change and the Social Order. 1989.

Lake, P. u. Dowling, M. (Hg.): Protestantism and the National Church in Sixteenth Century England. 1987.

Lammers, G.: Council and County. Untersuchungen zum elisabethanischen Privy Council und seinen Beziehungen zur Grafschaft Norfolk 1558–1603. 1987.

Loach, J.: Parliament and the Crown in the Reign of Mary Tudor. 1986.

Dies.: Parliament under the Tudors, Oxford, 1991.

Loades, D.: The Reign of Mary Tudor: Politics, Government and Religion in England 1553–1991.

Ders.: The Mid-Tudor Crisis, 1545–1565. 1992.

Ders.: The Tudor Court. 1986.

MacCaffrey, W. T.: Queen Elizabeth and the Making of Policy, 1572–1588. 1981.

Ders.: Elizabeth I. War and Politics 1588–1603. 1992.

MacCulloch, D.: The Later Reformation in England 1547–1603. 1990.

Miller, H.: Henry VIII and the English Nobility. 1986.

Nicholls, M.: A History of the Modern British Isles, 1529–1603. 1999.

Palliser, D. M.: The Age of Elizabeth. England under the Later Tudors, 1547–1603. ²1992.

Pound, J.: Poverty and Vagrancy in Tudor England. 1986.

Rowse, A. L.: Court and Contry. Studies in Tudor Social History. 1987.

Scarisbrick, J. J.: Henry VIII. 2. Aufl. 1997.

Smith, A. G. R.: Tudor Government. 1990.

Starkey, D.: The Reign of Henry VIII. Personalities and Politics. 2. Aufl. 1991.

Ders. (Hg.): Henry VIII. A European Court in England. 1991.

Wernham, R. B.: The Making of Elizabethan Foreign Policy 1558–1603. 1980.

Ders.: Before the Armada. The Growth of English Foreign Policy 1485–1588. 1966.

Ders.: After the Armada. Elizabethan England and the Struggle for Western Europe, 1588–1595. 1984.

Williams, D. (Hg.): Early Tudor England. 1989.

Williams, P.: The Later Tudors. England 1547–1603. 1995.

Das 17. Jahrhundert (1603–1688/89)

Andrews, K. R.: Ships, Money and Politics. Seafaring and Naval Enterprise in the Reign of Charles I. 1990.

Asch, R.: Der Hof Karls I. von England. Politik, Provinz und Patronage 1625–1640. 1993.

Ashley, M.: The English Civil War. 1990.

Ashton, R.: Counter-Revolution. The Second Civil War and its Origins, 1646–1648. 1994.

Beddard, R. (Hg.): The Revolution of 1688. 1991.

Bliss, R. M.: Restoration England. Politics and Government 1660–1688. 1985.

Brown, K. M.: Kingdom or Province. Scotland and the Regal Union, 1603–1715. 1992.

Burgess, G.: Absolute Monarchy and the Stuart Constitution. 1996.

Carlton, C.: Going to the Wars. The Experience of the British Civil Wars 1638–1651. 1992.

Childs, J.: The Army, James II. and the Glorious Revolution. 1980.

Cogswell, T.: The Blessed Revolution: English Politics and the Coming of War, 1621–24. 1989.

Cope, E.: Politics without Parliament, 1629–1640. 1987.

Cust, R. u. Huges, A. (Hg.): The English Civil War. 1997.

Cust, R.: The Forced Loan and English Politics. 1626–1628. 1987.

Ders. u. Hughes, L. A. (Hg.): Conflict in Early Stuart England: Studies in Religion and Politics, 1603–1642. 1989.

Davis, J.: The Caroline Captivity of the Church. Charles I. and the Remoulding of Anglicanism. 1992.

Donald, P. H.: An Uncounselled King. Charles I. and the Scottish Troubles, 1637–1641. 1991.

Dow, F. D.: Radicalism in the English Revolution, 1640–1660. 1985.

Fletcher, A.: Reform in the Provinces: The Government of Stuart England. 1986.

Freist, D.: Governed by Opinion. Politics, Religion and the Dynamics of Communication in Stuart London, 1637–1645. 1997.

Gentles, I.: The New Model Army in England, Scotland and Ireland 1645–1653. 1992.

Grell, O. P. u. a. (Hg.): From Persecution to Toleration. The Glorious Revolution and Religion in England. 1991.

Greyerz, K. v.: England im Jahrhundert der Revolutionen 1603–1714. 1994.

Harris, T.: Politics under the Later Stuarts. Party Conflict in a Divided Society, 1660–1715. 1993.

Harris, T. u. a. (Hg.): The Politics of Religion in Restoration England. 1990.

Hill, C.: Change and Continuity in Seventeenth-Century England. 2. Aufl. 1991.

Ders.: A Nation of Change and Novelty. Politics, Religion and Literature in Seventeenth Century England. 1990.

Ders.: Über einige geistige Konsequenzen der englischen Revolution. 1990.

Hirst, D.: Authority and Conflict. England 1603–1658. 1986.

Hornstein, S.: The Restoration Navy and English Foreign Trade 1674–1688. A Study in the Peacetime Use of Sea Power. 1991.

Houston, S. J.: James I. 2. Aufl. 1995.

Huges, A.: The Causes of the English Civil War. 1991.

Hutton, R.: The Restoration. A Political and Religious History of England and Wales 1658–1667. 1985.

Ders.: The British Republic 1649–1660. 1990.

Israel, J. (Hg.): The Anglo-Dutch Moment. Essays on the Glorious Revolution and its World Impact. 1991.

Jones, J. R. (Hg.): Liberty Secured? Britain before and after 1688. 1992.

Kishlansky, M. A.: A Monarchy Transformed. Britain 1603–1714. 1996.

Levack, B. P.: The Formation of the British State. England, Scotland, and the Union, 1603–1707. 1987.

Levy-Peck, L.: Patronate and Corruption in Early Stuart England. 1990.

Lockyer, R.: The Early Stuarts. A Political History of England, 1603–1642. 1989.

MacPherson, C. B.: The Political Theory of Possessive Individualism. Hobbes to Locke. 1964 (dt. 1967).

Miller, J.: Seeds of Liberty. 1688 and the Shaping of Modern Britain. 1988.

Ders.: An English Absolutism? The Later Stuart Monarchy, 1660–1688. 1993.

Morrill, J.: Revolt in the Provinces. The People of England and the Tragedies of War, 1634–1648. 1999.

Ders.: The Nature of the English Revolution. 1993.

Nenner, H.: The Right to be King. The Succession to the Crown of England, 1603–1714. 1995.

Pincus, S.: Protestantism and Patriotism. Ideologues and the Making of English Foreign Policy, 1650–1668. 1996.

Reay, B. (Hg.): Popular Culture in Seventeenth-Century England. 1985.

Reeve, L. J.: Charles I. and the Road to Personal Rule. 1989.

Richardson, R. C. (Hg.): Images of Oliver Cromwell. 1992.

Ders.: The Debate on the English Revolution. 3. Aufl. 1998.

Russell, C.: Unrevolutionary England 1603–1642. 1990.

Ders.: The Causes of the English Civil War. 1990.

Ders.: The Fall of the British Monarchies 1637–1642. 1991.

Schröder, H.-Chr.: Die Revolutionen Englands im 17. Jahrhundert. 1986.

Schwoerer, L. G. (Hg.): The Revolution of 1688–1689. 1992.

Seaward, P.: The Cavalier Parliament and the Reconstruction of the Old Regime 1661–1667. 1989.

Ders.: The Restoration 1660–1688. 1991.

Sharpe, K.: Politics and Ideas in Early Stuart England. Essays and Studies. 1988.

Ders.: Remapping Early Modern England: The Culture of Seventeenth-Century Politics. 2000.

Slater, M.: Family Life in the Seventeenth Century. 1984.

Smith, D. L.: A History of the Modern British Isles, 1603–1707. The Double Crown. 1998.

Ders.: The Stuart Parliaments, 1603–1689. 1999.

Sommerville, J.: Royalists and Patriots. Politics and Ideology in England, 1603–1640. 1999.

Speck, W. A.: Reluctant Revolutionaries: Englishmen and the Revolution of 1688. 1988.

Ders.: The Birth of Britain. A New Nation, 1700–1710. 1994.

Spurr, J.: The Restoration Church of England 1646–1689. 1991.

Ders.: English Puritanism, 1603–1689. 1998.

Underdown, D.: Revel, Riot and Rebellion. Popular Politics and Culture in England, 1603–1985.

Ders.: A Freeborn People. Politics and the Nation in Seventeenth-Century England. 1996.

Wende, P.: Probleme der englischen Revolution. 1980.

Williams, B.: Elusive Settlement: England's Revolutionary Wars 1637–1701. 1984.

Zagorin, P.: Milton. Aristocrat and Rebel. The Poet and his Politics. 1992.

Das 18. Jahrhundert (1689–1783)

Badley, J. E.: Religion, Revolution and English Radicalism. Nonconformity in Eighteenth-Century Politics and Society. 1990.

Barker, H.: Newspapers, Politics and English Society 1695–1855. 2000.

Barker, H. u. Chalus, E. (Hg.): Gender in Eighteenth-Century England. Roles, Representations and Responsibilities. 1997.

Bayly, C. A.: Imperial Meridian. The British Empire and the World, 1780–1830. 1989.

Berg, M.: The Age of Manufacturers. Industry, Innovation and Work in Britain 1700–1820. 1985.

Black, J.: Robert Walpole and the Nature of Politics in Early Eighteenth Century England. 1990.

Ders.: British Foreign Policy in an Age of Revolutions, 1783–1793. 1994.

Ders.: Britain as a Military Power, 1688–1815. 1999.

Ders.: Eighteenth-Century Britain 1688–1785. 2001.

Blanning, T. u. Wende, P. (Hg.): Reform in Great Britain and Germany 1750–1850. 1999.

Borsay, P. (Hg.): The Eighteenth Century Town. A Reader in English Urban History 1688–1820. 1990.

Boyer, G. R.: An Economic History of the English Poor Law, 1750–1850. 1990.

Brewer, J.: The Sinews of Power. War, Money and the English State 1688–1783. 1989.

Ders.: Party Ideology and Popular Politics at the Succession of George III. 1976.

Ders.: The Pleasures of the Imagination. English Culture in the Eighteenth Century, 1997.

Brewer, J. u. Hellmuth, E. (Hg.): Rethinking Leviathan. The Eighteenth Century State in Britain and Germany. 1999.

Cannon, J.: Aristocratic Century: The Peerage of Eighteenth Century England. 1984.

Christie, C.: The British Country House in the Eighteenth Century. 1999.

Christie, I. R.: Stress and Stability in Late Eighteenth-Century Britain. Reflections on the British Avoidance of Revolution. 1984.

Colley, L.: In Defiance of Oligarchy. The Tory Party 1714–1760. 1982.

Dies.: Britons. Forging the Nation 1707–1837. 1992.

Conway, S.: The British Isles and the War of American Independence. 2000.

Cooke, A. u. a. (Hg.): Modern Scottish History 1707 to the Present. Bd. 1: The Transformation of Scotland 1707–1850. 1998.

Corfield, P. J.: Power and Professions in Britain, 1700–1850. 1995.

Dies.: The Impact of English Towns 1700–1800. 1982.

Deane, P.: The First Industrial Revolution. 1965.

Derry, J.: Politics in the Age of Fox, Pitt and Liverpool. 1990.

Dickinson, H. T. u. Lodge, R.: The Politics of the People in Eighteenth-Century Britain. 1992.

Dickinson, H. T. (Hg.): Britain and the French Revolution. 1989.

Ders. (Hg.): Britain and the American Revolution. 1998.

Dickson, P. G. M.: The Financial Revolution in England. A Study in the Development of Public Credit, 1688–1756. 1967.

Eastwood, D., Government and Community in the Provinces 1700–1870. 1997.

Ehrmann, J.: The Younger Pitt. 3 Bde. 1969–1996.

Emsley, C.: Crime and Society in England 1750–1900. 1987.

Flinn, M. W.: The History of the British Coal Industry. 2: 1700–1830. The Industrial Revolution. 1984.

Floud, R. u. McCloskey, D. (Hg.): Economic History of Britain since 1700. Bd. 1: 1700–1860. 2. Aufl. 1994.

Fremdling, R.: Technologischer Wandel und internationaler Handel im 18. und 19. Jahrhundert. Die Eisenindustrien in Großbritannien, Belgien, Frankreich und Deutschland. 1986.

Gilmour, I.: Violence in Eighteenth-Century England. 1992.

Harris, J. R.: The British Iron Industry 1700–1850. 1988.

Hay, D. u. Rodgers, N.: Eighteenth-Century English Society. Shuttles and Swords. 1997.

Hellmuth, E. (Hg.): The Transformation of Political Culture in England and Germany in the Eighteenth Century. 1990.

Henderson, A.: Disorderly Women in Eighteenth-Century London. Prostitution and Control in the Metropolis, 1730–1830. 1999.

Hill, B.: Women, Work and Sexual Politics in Eighteenth-Century England. 1989.

Hole, R.: Pulpits, Politics and Public Order in England 1760–1832. 1989.

Holmes, G.: Augustan England. Professions, State and Society 1680–1730. 1982.

Ders.: Politics, Religion and Society in England, 1679–1742. 1986.

Ders. u. Szechi, D.: The Age of Oligarchy. Pre-Industrial Britain 1722–1783. 1993.

Jacob, M. u. J. (Hg.): The Origins of Anglo-American Radicalism. 1984.

Jones, C. (Hg.): Britain in the First Age of Party, 1680–1750. 1987.

Jones, D. W.: War and Economy in the Age of William III and Marlborough. 1988.

Kramnick, I.: Republicanism and Bourgeois Radicalism: Political Ideology in Late Eighteenth-Century England and America. 1990.

Langford, P.: A Polite and Commercial People: England, 1727–1783. 1989.

Ders.: Public Life and the Propertied Englishman 1689–1798. 1991.

Lees, L. W.: The Solidarities of Strangers. The English Poor Laws and the People 1700–1948. 1998.

Lenman, B.: Integration, Enlightenment and Industrialization. Scotland 1746–1832. 1981.

Linebaugh, P.: The London Hanged: Crime and Civil Society in the 18th Century. 1991.

Lottes, G.: Politische Aufklärung und plebejisches Publikum. Zur Theorie und Praxis des englischen Radikalismus im späten 18. Jahrhundert. 1979.

Maguire, W. A. (Hg.): Kings in Conflict. The Revolutionary War in Ireland and its Aftermath, 1689–1750. 1990.

Mathias, P.: The First Industrial Nation. An Economic History of Britain 1700–1914. 2. Aufl. 1983.

McKendrick, N. u.a.: The Birth of a Consumer Society: The Commercialization of Eighteenth-Century England. 1982.

McLynn, F.: Crime and Punishment in Eighteenth Century England. 1989.

Middleton, R.: The Bells of Victory. The Pitt-Newcastle Ministry and the Conduct of the Seven Years'War 1757–1762. 1985.

Monod, P. K.: Jacobitism and the English People, 1688–1788. 1989.

Moody, T. W. u. Vaughan, W. E. (Hg.): Eighteenth Century Ireland 1691–1800. 1986.

Morgan, K.: The Birth of Industrial Britain. Economic Change 1750–1850. 1999.

Mui, H.-Ch. und Mui, L. H.: Shops and Skopkeeping in Eighteenth Century England. 1989.

Newman, G.: The Rise of English Nationalism: a Cultural History, 1740–1830. 2. Aufl. 1997.

O'Gorman, F.: The Long Eighteenth Century. British Political and Social History, 1688–1832. 1997.

Ders.: Voters, Patrons and Parties: The Unreformed Electorate of Hanoverian England 1734–1832. 1989.

Peters, M.: Pitt and Popularity. The Patriot Minister and London Opinion during the Seven Years War. 1980.

Ders.: The Elder Pitt. 1998.

Phillips, J. A.: Electoral Behaviour in Unreformed England. 1982.

Picht, C.: Handel, Politik und Gesellschaft. Zur wirtschaftspolitischen Publizistik Englands im 18. Jahrhundert. 1993.

Pocock, J. G. A.: Virtue, Commerce and History. Essays on Political Thought and History, chiefly in the Eighteenth Century. 1985.

Porter, R.: English Society in the Eighteenth Century. 2. Aufl. 1990.

Price, R.: British Society 1688–1800. Dynamism, Containment and Change. 1999.

Reed, M. u. Wells, R.: Class, Conflict and Protest in the English Countryside 1700–1880. 1990.

Rogers, N.: Whigs and Cities. Popular Politics in the Age of Walpole and Pitt. 1989.

Ders.: Crowds, Culture and Politics in Georgian Britain. 1998.

Rule, J.: The Vital Century. England's Developing Economy 1714–1815. 1992.

Ders.: Albion's People. English Society 1714–1815. 1992.

Rupp, G.: Religion in England 1688–1791. 1986.

Schröder, H.-Chr.: Die Amerikanische Revolution. 1982.

Scott, H. M.: British Foreign Policy in the Age of the American Revolution. 1990.

Shaw, J. S.: The Political History of Eighteenth-Century Scotland. 1999.

Spadafora, D.: The Idea of Progress in Eighteenth-Century Britain. 1990.

Speck, W. A.: Stability and Strife. England 1714–1760. 1980.

Sweet, R.: The English Town 1680–1840. Government, Society and Culture. 1999.

Szechi, D.: The Jacobites. Britain and Europe 1688–1788. 1994.

Tranter, N. L.: Population and Society 1750–1940, Contrasts in Population Growth. 1985.

Stevenson, J.: Popular Disturbances in England 1700–1832. 1992.

Turner, M.: Enclosures in Britain 1750–1830. 1984.

Walsh, J. u. a. (Hg.): The Church of England, c. 1689–c. 1833. From Toleration to Tractarianism. 1993.

Wellenreuther, H.: Repräsentation und Großgrundbesitz in England 1730–1770. 1979.

Winkler, K. T.: Wörterkrieg. Politische Debattenkultur in England 1689–1750. 1998.

Zeittafel

1547–1553 Eduard VI. (minderjährig); Protektoren Somerset (bis 52) und Northumberland (ab 52)

1549 Kett's Rebellion

1549–53 Staatskirche wird protestantisch: Erstes und zweites *Common Prayer Book* (49, 52), *Act of Uniformity* (52), 42 Artikel (53)

1553–1558 Maria

1554 Maria heiratet Philipp II. von Spanien

1554–58 Gegenreformation; Verbrennung von Cranmer und ca. 300 weiteren Protestanten

1555 Gründung der *Moscovy Company*

1557–59 Krieg mit Frankreich; Verlust von Calais; Beginn der Milizreform

1558–1603 Elisabeth I.

1559 Wiederherstellung der Reformation

1559–60 Intervention in Schottland; Vertrag von Edinburgh

1563 Die 39 Artikel regeln das kirchliche Dogma auf der Grundlage des Calvinismus

1563 Lehrlingsgesetz (*Statute of Artificers*)

1563 John Fox: *Acts and Monuments* (Buch der Märtyrer)

1568 Maria Stuart flieht von Schottland nach England, wird gefangengenommen und 87 hingerichtet

1569 „Rebellion der nördlichen Grafen" zugunsten von Maria Stuart

1570 Päpstliche Bulle exkommuniziert Elisabeth und erklärt sie für abgesetzt

1571–93 verschiedene Strafgesetze gegen die Katholiken

1572 Defensivallianz mit Frankreich („Diplomatische Revolution")

1582, 89 *Turkey Company, Levant Company*

1585–1604 Krieg mit Spanien; Sieg über die Armada (88)

1586 Vertrag von Berwick mit Schottland

1594–97 Richard Hooker: *Laws of ecclesiastical Polity*

1595–1603 Rebellion in Ulster (Irland)

1598–1601 Armengesetzgebung

1599 Bau des Globe-Theaters in London

1600 Gründung der Ostindiengesellschaft

1601 Essex-Revolte

1603–1625 Jakob I.; Personalunion mit Schottland

1603 Puritanische *„Millenary Petition"*

1604 *Hampton Court Conference*

1605 *Gunpowder-Plot*

1607	Midlands-Revolte gegen *enclosures*
1610	Scheitern der Sanierung des Staatshaushalts (*great contract*)
1613	Elisabeth Stuart heiratet den Kurfürsten Friedrich von der Pfalz
1614–17	Cockayne-Projekt
1618–48	Dreißigjähriger Krieg
1618	Sir Francis Bacon Lordkanzler Book of Sports (1633 neu aufgelegt)
1619	Handelsübereinkommen zwischen England und den Niederlanden
1620–40	Erste große Auswandererwelle nach Nordamerika
1621	*Impeachment* gegen Bacon
1624	*Impeachment* gegen Cranfield Monopolies Act
1624–30	Krieg gegen Spanien
1625–49	Karl I.
1627–29	Krieg gegen Frankreich
1628	Petition of Right Ermordung Buckinghams
1629	Regierung für elf Jahre ohne Parlament
1633	Laud wird Erzbischof von Canterbury
1634	Krone erhebt *Ship Money*
1637	Aufstand der Schotten
1639	Erster schottischer Krieg
1640	Kurzes Parlament Zweiter schottischer Krieg Langes Parlament (bis 1653)
1641	*Triennial Act*, Abschaffung der Sternkammer *Grand Remonstrance* Hinrichtung Straffords Aufstand in Irland
1642–46	Erster Bürgerkrieg
1645	*New Model Army*
1646	Abschaffung der Bischofsverfassung
1647	Auslieferung Karls I. an das Parlament Leveller-Bewegung, Armeebewegung, *Agreement of the People* Putney-Debatte
1648	Zweiter Bürgerkrieg *Pride's Purge*
1649	Hinrichtung Karls I.

Abschaffung der Monarchie und des *House of Lords*
Erklärung Englands zu „freiem Commonwealth"
Digger-Bewegung, Volksaufstände in London
Unterwerfung von Irland und Schottland bis 1653

1651	Navigationsakte
1652–54	Erster Seekrieg mit Holland
1653	„Parlament der Heiligen" *(Barebone's Parliament)* *Instrument of Government* Oliver Cromwell Lord-Protektor Durchsetzung der puritanischen Sittenordnung
1654–60	Union von England und Schottland
1655	Militärdiktatur Eroberung Jamaikas
1556–59	Krieg gegen Spanien
1658	Richard Cromwell Lord-Protektor
1660	Wiederherstellung und Selbstauflösung des Langen Parlaments Konventionsparlament und Restauration der Stuarts
1660–85	Karl II.
1661–65	Restauration der Anglikanischen Staatskirche (Clarendon Code)
1661	Aufstand der *Fifth Monarchy Men*
1662	Gründung der *Royal Society*
1664–67	Zweiter Holländischer Krieg
1667	Entmachtung Clarendons, „Cabal"-Ministerium
1670	Vertrag von Dover mit Frankreich
1672	Indulgenzerklärung
1672–74	Dritter Holländischer Krieg
1673	Testakte
1679	Habeas-Corpus-Akte Exclusion Crisis (bis 1681)
1681	Karl regiert ohne das Parlament
1683	Rye House-Verschwörung
1685–88	Jakob II.
1685	Monmouth-Rebellion
1687	Rekatholisierungspolitik
1688/89	Glorreiche Revolution
1688	Landung Wilhelms von Oranien in England
1689–1702	Wilhelm III.
1689	*Bill of Rights*

Toleranzakte
Große Allianz gegen Frankreich

1690 Niederschlagung des irischen Aufstands

1691 Vertrag von Limerick beendet Irischen Krieg

1692 Sieg in der Seeschlacht bei La Hogue
Einführung der Land Tax

1694 *Triennial Act*
Gründung der Bank von England

1695 Gründung der Bank von Schottland
Abschaffung der Vorzensur

1697 Friede von Ryswick

1701 *Act of Settlement*

1702–14 Königin Anna

1702–1713/14 Spanischer Erbfolgekrieg

1703 Methuen-Vertrag (Handelsabkommen mit Portugal)

1704 Eroberung Gibraltars

1707 Realunion mit Schottland

1709 Erstmals Verhüttung von Eisenerz mit Koks in Coalbrookdale

1711 Sturz der Whig-Regierung
Occasional Conformity Act

1713 Friedensvertrag von Utrecht zwischen England und Frankreich
Asiento-Vertrag mit Spanien

1714–27 Georg I.

1715 Jakobitischer Aufstand

1716 *Septennial Act*

1720 Zusammenbruch der Südsee-Kompanie

1722 Sir Robert Walpole Premier

1727–60 Georg II.

1733 Scheitern einer Akzisesteuer auf Wein und Tabak
Erfindung des Weberschiffchens

1736 Hexerei wird als Verbrechen abgeschafft

1739 Britische Kriegserklärung an Spanien

1740 Österreichischer Erbfolgekrieg

1742 Rücktritt Walpoles

1743 Henry Pelham wird Premier

1745 Letzter Jakobitenaufstand

1746 Sieg bei Culloden gegen Jakobiten

1748 Frieden von Aachen beendet Österreichischen Erbfolgekrieg

1752	Einführung des Gregorianischen Kalenders
1756	Beginn des Siebenjährigen Kriegs England unter Führung William Pitts des Älteren
1757	Beginn der britischen Vorherrschaft in Indien durch Clives Sieg bei Plassey (nördlich von Kalkutta)
1759	Gründung der Wedgwood Porzellanfabrik Eroberung von Quebec und Guadeloupe
1760–1820	Georg III.
1761	Eröffnung des Bridgewater-Kanals Sturz Pitts
1763	Friede zu Paris
1764	Hargreaves erfindet Spinning Jenny *Sugar Act* in amerikanischen Kolonien
1765	*Stamp Act* (Stempelsteuergesetz) in Amerika: Gebührenmarken für Urkunden und Druckwerke (1766 annulliert)
1766	*Declaratory Act:* Parlament in London beansprucht Gesetzgebungsrecht in Kolonien
1767	Neue Einfuhrzölle in nordamerikanische Kolonien
1768	Tumultuarische Proteste gegen englische Zollpolitik in Boston
1769	Patentierung der Dampfmaschine
1770-82	Lord North Premier
1773	*Regulating Act:* Gesetz zur staatlichen Kontrolle der Ostindien-Kompanie *Boston Tea Party*
1774	Erster Kontinentalkongreß in Philadelphia Englische Regierung schließt den Hafen von Boston
1775	Boulton und Watt gründen die erste Dampfmaschinenfabrik Erste militärische Auseinandersetzungen zwischen britischen Truppen und amerikanischer Miliz
1776	Unabhängigkeitserklärung der USA Wilkes' Antrag auf Wahlrechtsreform Adam Smith's „Wealth of Nations"
1778	Bündnis Frankreichs mit den Vereinigten Staaten (Beitritt Spaniens 1779)
1779	Erste gußeiserne Brücke der Welt über den Severn
1780	„Gordon Riots" in London
1783–1801	William Pitt d. Jüngere Premier
1783	Friede von Paris: Anerkennung der amerikanischen Unabhängigkeit Gründung der Bank von Irland

Die überseeische Expansion Englands
16.–18. Jahrhundert

Mit dem Beginn der Erwerbung war nicht in jedem Fall die vollständige Errichtung formeller Herrschaft verbunden. Daten in Klammern geben an, wann ein Territorium noch vor Ende des 18. Jahrhunderts wieder verlorenging.

1497	Neufundland	1664	New Jersey (1776)
1607	Virginia (1776)	1664	New York (1776)
1609	Bermuda	1670	North Carolina (1776)
1624	St. Christopher	1670	South Carolina (1776)
1624	Nevis	1670	Cayman Inseln
1625	Barbados	1672	Virgin Inseln
1627	St. Vincent	1680	New Hampshire (1776)
1629	Bahamas	1681	Pennsylvania (1776)
1629	Massachusetts (1776)	1702	Delaware (1776)
1632	Antigua	1704	Gibraltar
1632	Montserrat	1708	Minorca (1756–63, 1782)
1632	Maryland (1776)	1713	Neuschottland
1635	Rhode Island (1776)	1732	Georgia (1776)
1636	Connecticut (1776)	1757	Indien
1638	Turcs- und Caicos Inseln	1763	Dominika
1638	Honduras	1763	Grenada
1650	Anguilla	1763	Florida (1783)
1651	Surinam (1668)	1763	Kanada
1655	Jamaika	1786	Malaya
1661	St. Helena	1788	Neu Südwales
1661	Gambia	1795	Kap Kolonie

Quelle: T. O. Lloyd, The British Empire 1558–1983, 1984, S. 405 ff

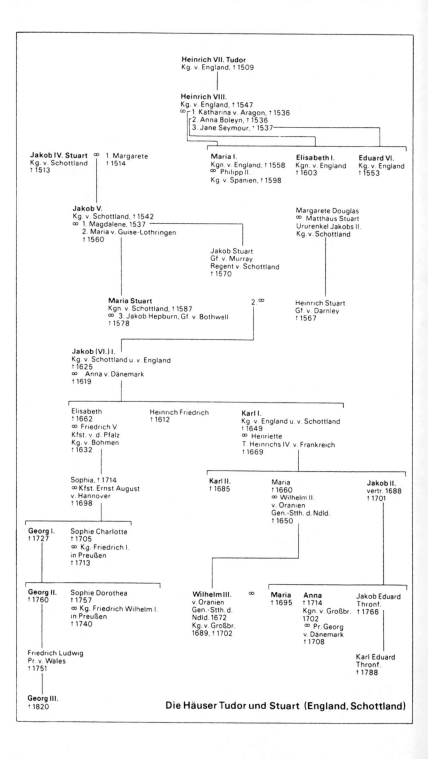

Heinrich VII. Tudor
Kg. v. England, † 1509

Heinrich VIII.
Kg. v. England, † 1547
∞ 1. Katharina v. Aragon, † 1536
2. Anna Boleyn, † 1536
3. Jane Seymour, † 1537

Jakob IV. Stuart ∞ 1. Margarete
Kg. v. Schottland   † 1514
† 1513

Maria I.
Kgn. v. England, † 1558
∞ Philipp II.
Kg. v. Spanien, † 1598

Elisabeth I.
Kgn. v. England
† 1603

Eduard VI.
Kg. v. England
† 1553

Jakob V.
Kg. v. Schottland, † 1542
∞ 1. Magdalene, 1537
2. Maria v. Guise-Lothringen
† 1560

Margarete Douglas
∞ Matthäus Stuart
Ururenkel Jakobs II.
Kg. v. Schottland

Jakob Stuart
Gf. v. Murray
Regent v. Schottland
† 1570

Maria Stuart   2. ∞
Kgn. v. Schottland, † 1587
∞ 3. Jakob Hepburn, Gf. v. Bothwell
† 1578

Heinrich Stuart
Gf. v. Darnley
† 1567

Jakob (VI.) I.
Kg. v. Schottland u. v. England
† 1625
∞ Anna v. Dänemark
† 1619

Elisabeth
† 1662
∞ Friedrich V
Kfst. v. d. Pfalz
Kg. v. Böhmen
† 1632

Heinrich Friedrich
† 1612

Karl I.
Kg. v. England u. v. Schottland
† 1649
∞ Henriette
T. Heinrichs IV. v. Frankreich
† 1669

Sophia, † 1714
∞ Kfst. Ernst August
v. Hannover
† 1698

Karl II.
† 1685

Maria
† 1660
∞ Wilhelm II.
v. Oranien
Gen.-Stth. d. Ndld.
† 1650

Jakob II.
vertr. 1688
† 1701

Georg I.
† 1727

Sophie Charlotte
† 1705
∞ Kg. Friedrich I.
in Preußen
† 1713

Georg II.
† 1760

Sophie Dorothea
† 1757
∞ Kg. Friedrich Wilhelm I.
in Preußen
† 1740

Wilhelm III.   ∞
v. Oranien
Gen.-Stth. d.
Ndld. 1672
Kg. v. Großbr.
1689, † 1702

Maria
† 1695

Anna
† 1714
Kgn. v. Großbr.
1702
∞ Pr. Georg
v. Dänemark
† 1708

Jakob Eduard
Thronf.
† 1766

Friedrich Ludwig
Pr. v. Wales
† 1751

Karl Eduard
Thronf.
† 1788

Georg III.
† 1820

Die Häuser Tudor und Stuart (England, Schottland)

Namen-, Orts- und Sachregister

Ländergeschichten

Helmut Altrichter
Kleine Geschichte der Sowjetunion 1917–1991
2., durchgesehene und erweiterte Auflage. 2001.
266 Seiten mit 33 Abbildungen. Paperback
(Beck'sche Reihe Band 1015)

Albrecht Hagemann
Kleine Geschichte Südafrikas
2001. 133 Seiten mit einer Karte. Paperback
(Beck'sche Reihe Band 1409)

Dietmar Herz/Julia Steets
Palästina
Gaza und Westbank
Geschichte – Politik – Kultur
2. Auflage. 2001.
184 Seiten mit 8 Abbildungen und 12 Karten. Paperback
(Beck'sche Reihe Band 1433)

Andreas Kappeler
Kleine Geschichte der Ukraine
2., aktualisierte Auflage. 2000.
311 Seiten mit 5 Karten. Paperback
(Beck'sche Reihe Band 1059)

Klaus-Jörg Ruhl/Laura Ibarra García
Kleine Geschichte Mexikos
Von der Frühzeit bis zur Gegenwart
2000. 216 Seiten. Paperback
(Beck'sche Reihe Band 1366)

Michael Zeuske
Kleine Geschichte Kubas
2000. 235 Seiten mit einer Karte. Paperback
(Beck'sche Reihe Band 1371)

Verlag C.H.Beck München

Reihe Länder

Martin Pabst
Kenia
2001. 212 Seiten. Paperback
(Beck'sche Reihe Band 885)

Ernst Lüdemann
Ukraine
2., aktualisierte Auflage. 2001.
219 Seiten mit 23 Abbildungen und 5 Karten. Paperback
(Beck'sche Reihe Band 860)

Keno Verseck
Rumänien
2., aktualisierte Auflage. 2001.
208 Seiten mit 22 Abbildungen und 3 Karten. Paperback
(Beck'sche Reihe Band 868)

Gerald Knaus
Bulgarien
1997. 216 Seiten mit 14 Abbildungen und 2 Karten. Paperback
(Beck'sche Reihe Band 866)

Klemens Ludwig
Estland
1999. 158 Seiten mit 19 Abbildungen und einer Karte. Paperback
(Beck'sche Reihe Band 881)

Manfred Pohl
Kleines Japan-Lexikon
1996. 167 Seiten mit einer Karte. Paperback
(Beck'sche Reihe Band 861)

Manfred P. Tieger
Irland
Die grüne Insel
3., überarbeitete und erweiterte Auflage. 1996.
212 Seiten mit 10 Abbildungen und 3 Karten. Paperback
(Beck'sche Reihe Band 801)

Verlag C. H. Beck München